浙江省普通高校"十三五"新形态教材

U0647683

POLITICAL SCIENCE:
EXPLORATION OF A NEW PARADIGM

政治科学：
新范式的探索

操世元 ◎ 副主编　郭剑鸣 ◎ 主编

ZHEJIANG UNIVERSITY PRESS
浙江大学出版社
·杭州·

图书在版编目(CIP)数据

政治科学:新范式的探索 / 郭剑鸣主编.—杭州:
浙江大学出版社,2022.8
ISBN 978-7-308-21182-6

Ⅰ.①政… Ⅱ.①郭… Ⅲ.①政治学 Ⅳ.①D0

中国版本图书馆 CIP 数据核字(2021)第 049364 号

政治科学:新范式的探索

ZHENGZHI KEXUE XINFANSHI DE TANSUO

郭剑鸣　主　编

责任编辑	朱辉
责任校对	葛娟
封面设计	杭州望宸文化传媒有限公司
出版发行	浙江大学出版社
	(杭州市天目山路 148 号　邮政编码 310007)
	(网址:http://www.zjupress.com)
排　版	浙江时代出版服务有限公司
印　刷	杭州高腾印务有限公司
开　本	787mm×1092mm　1/16
印　张	19.5
字　数	474 千
版 印 次	2022 年 8 月第 1 版　2022 年 8 月第 1 次印刷
书　号	ISBN 978-7-308-21182-6
定　价	59.00 元

前　言

政治学的教材已经很多了,为什么还要编写一本呢? 多样性不是主要的理由。进入 21 世纪以来,全球政治生态的变化使人们对政治发展的认识和理解有了更多蕴意,特别是中国之治的崭新面貌让人们对全球治理新格局有了更多的憧憬。如何把这些新意补充到政治学中,使政治学理论有更多源自中国话语的元素是我们努力的初衷。当然,最终能达成几分要由读者来评判。本书以新形态的形式,在原有教材的知识演绎逻辑基础上,增加了不少拓展延伸的阅读和视听的素材,形成了纸质平面知识、学术网站研讨和视听案例三位一体的传授新模式,以培养学生"四个自信"为统领,突出新时代中国特色社会主义理论体系的政治学话语和问题意识,引导学生全面、准确、客观地认识和把握政治生活的基本规律。

一是积极探索新时代中国特色社会主义政治学理论元素。在传统的公共权力来源、主体、运行、制度等基本理论基础上,专门论述了执政党长期执政、以人民为中心、全面依法治国、全面从严治党等中国特色社会主义政治学理论问题,增加了反腐败理论与实践等章节,使政治理论学更具有系统性和时代性。

二是重点建构中国特色政治价值—知识—能力体系。以政治学理论为基础,通过纸质、网络和视频等传播手段对不同国家的政治制度类型进行比较分析,充分认知我国政治制度、发展与改革优势,增强学生从价值、问题和创新三个维度建构政治发展的分析能力。

三是突出展现中国问题意识和新时代政治发展的新气象。贯穿"四个自信",力求用中国学术话语,契合中国国情阐述现实政治与政府治理问题及解决问题的基本路径。

我们也希望通过新形态教材,用新传授方式达成以下教学效果。

在教学目标方面,强调专业学术素养与政治意识紧密结合。一方面传授系统的政治学基本理论和知识体系,培养学生扎实的政治学专业素养,厚植政治学学术逻辑和学术能力功底;另一方面,把中国特色社会主义政治意识的提升贯穿教材始终,注重培养学生家国情怀,深化学生对中国特色社会主义政治制度的理解。

在教学过程方面,强调内容严肃性与形式活泼性有机融合。教材内容体现的学术精神与培养学生"四个自信"的政治理念保持高度一致,同时通过立体的视听案例、情景模拟和网站资源等年轻人喜闻乐见的方式把相关的知识、理论传授给学生,激发学生的兴趣,让学生更好地参与进来,提高学生对政治学的亲和力,爱上政治学课堂。

在教学方式方面,强调创新性教育与研究性学习的耦合。每一章都设计有可延伸阅读和讨论的政治学素材,鼓励教师采用多种创新性教学方式将这些素材转化为课堂教学预设的问题,积极引导学生以这些问题为导向开展研究性学习,激发学生自主从现实政治生活和社会治理中发现问题、分析问题和解决问题的能力,有机地促进教与学螺旋式上升的循环相长。

本教材由国家与社会的关系、国家理论与国家管理体制、政府理论与政府管理体制、政党政治与执政党建设、政治决策与政治管理、腐败与反腐败、政治民主与政治参与、政治文化与政治社会化、政治发展与政治文明和全球化背景中的政治问题等内容构成,重点讲解政治建构与政治发展的新理论、新思维和新方法,提高学生分析政治现象、解决公共性问题的能力。教材主要适用于政治学、公共管理、法学和应用经济学等一级学科下的相关本科专业学生、MPA 专业硕士学位研究生,也可作为研究生入学考试用书,以及党校、行政学院干部培训的参考教材。

全书分导论和十章编写,是浙江省一级一流学科——浙江财经大学公共管理学科全体教师集体智慧的结晶,写作框架由郭剑鸣教授初拟、编写组反复讨论而定。郭剑鸣教授担任主编,操世元副教授担任副主编。各章节的编写者分别为:导论郭剑鸣、第一章郭剑鸣、第二章潘迎春、第三章裴志军、第四章钟伟军、第五章钟伟军、第六章郭剑鸣、第七章潘迎春、第八章操世元、第九章操世元、第十章操世元。最后由郭剑鸣修改定稿。由于时间仓促,试图面面俱到,或许就只能蜻蜓点水;贯通实然和未然,难免被指摘不自量力。"任何学术批评,都会受到最热烈的欢迎!"我们将以此为勉。

在教材付梓之际,我们要感谢王邦佐、王浦劬、竺乾威、陈振明等政治学前辈的长期关心和指导。在编写过程中我们还吸收了国内外许多专家、学者的研究成果,没有这些成果的启示,本书难以达到现在的水平。浙江大学出版社从本书的策划到出版付出了诸多智慧和努力。在此,一并致谢!

郭剑鸣携编写组

2021 年 3 月

目　　录

导论　政治与政治学

本章导读：

本章主要概述政治学的基本概念和原理,讲述政治学发展的历史脉络以及政治学分析的基本方法,建立以公共权力的产生、分配、运行和监督为线索的政治学理论基础。

重点与难点：

1.政治的含义和特征

2.政治学的发展历程与性质

第一节　政治的基本概念

弗朗斯·德瓦尔在《黑猩猩的政治》一书中提出,政治的起源比人类更古老。不少西方语言中的"政治"一词(法语 politique、德语 Politik、英语 politics),都来自希腊语 πολις。最早文字记载这个词的是《荷马史诗》,其最初的含义是城堡或卫城。古希腊的雅典人将修建在山顶的卫城称为"阿克罗波里",简称为"波里",城邦制形成后,"波里"就成为具有政治意义的城邦的代名词,后同土地、人民及其政治生活结合在一起而被赋予"邦"或"国"的意义,之后又衍生出政治、政治制度、政治家等词。因此,"政治"一词一开始就是指城邦中的公民参与统治、管理、斗争等各种公共生活行为的总和。

中国古代也使用过"政治"一词。《尚书》有"道洽政治,泽润生民",《周礼》有"掌其政治禁令"。但在更多情况下"政"与"治"是被分开使用的:"政"主要指国家的权力、制度、秩序和法令;"治"则主要指管理人民和教化人民,也指实现安定的状态等。

中国古代的这些"政治"的含义,与西方的"政治"含义完全不同,很大程度上只是一种君主和大臣们维护统治、治理国家的活动。中文里现代的"政治"一词,来自日本人翻译西方语言时用汉字创造的相同的"政治"一词。当英文的 politics 从日本传入中国时,人们在汉语中找不到与之相对应的词。孙中山认为应该使用"政治"来对译,认为"政就是众人之事,治就是管理,管理众人之事,就是政治"。他的这一说法在当时的中国非常具有影响力。那么究竟如何理解"政治"的含义呢?

一、政治界说

什么是政治?这是古今中外众多思想家和政治家反复探讨的一个重大问题。由于人们观察问题的角度及侧重点不同,因而对政治一词的解释也就

视频:民生话题期待全国两会回应

1

各不相同,认识的结果充满分歧。主要的观点有:

(1)用道德的观点解释政治,认为政治是一种社会价值追求,是一种规范性的社会道德。这是古代东西方国家较为普遍的观点。儒家学说对政治的阐释,寄托着对仁义礼智信的道德追求,如"季康子问政于孔子,孔子对曰:'政者,正也。子帅以正,孰敢不正?'"柏拉图认为,政治的本质在于"公正",他的理想国就是"公正"国,具有智慧、勇敢、节制和正义这四种美德。亚里士多德把国家等同于"最高的善",认为它是人相互间的一种道德性结合。

(2)把政治说成是一种法律现象,认为政治实际上就是一个制定法律、遵守法律、执行法律的过程。"我们只是把国家当成一个法律现象,一个法人……国家是国内法律秩序所创立的社团。国家作为一个法人,是这个社团的人格化,或者是构成这个社团的国家法律秩序的人格化"。持有这种观点的代表人物是奥地利法学家凯尔森。

(3)认为政治就是对权力的追求和运用,或者说政治就是"权术""统治术""权谋"。中国历史上的法家主张"法""术""势""不可一无,皆帝王之具也"。马基雅维利认为"政治是夺取权力、掌握权力的必要方法的总和"。马克斯·韦伯认为"政治意指力求分享权力或力求影响权力的分配"。拉斯韦尔提出"研究政治就是研究权力的形成和分享"。持有这种观点的最有代表性的人物是马基雅维利。

(4)认为政治就是一种管理活动。把政治解释为一种管理(管理行为或管理活动或管理系统),也为历代政治家、政治学研究所重视。所谓"治国平天下",也是指君主与官吏管理国家及民众之事。孙中山曾说:"政治两字的意思,浅而言之,政就是众人的事,治就是管理,管理众人的事,便是政治。"我国政治学家吴恩裕也曾说:"政治乃是用公共的强制力对于众人之事的治理。"由此看来,把"政治"理解为一种"管理"或"治理",基本上概括了中国古代及近代对政治含义的理解。国外行政学界也大都视"政治"为"管理"。其实政治与管理,是相互融合的,在管理过程中体现出的就是所谓的政治,因此很多人认为政治就是治国之道。这种观点的最主要代表是孙中山。

(5)认为政治就是制定和执行政策的活动。把政治解释为围绕着政府制定和执行政策而进行的活动,是一种实现社会价值的权威性的分配的活动。主要观点如政治是指选择公务员和促进政策的活动,政治即政府制定政策的过程。戴维·伊斯顿被美国学术界公认为对政治科学的发展做出突出贡献的当代学者之一。他认为政治系统是为社会规定有价值物的权威性分配(或强制性决定),并且予以实施的行为或互动行为;它由政治团体、体制和权威机构等部分构成,受到自然的、生物的、社会的以及心理的等外部和内部环境的包围,同时对环境的压力有适应能力和反馈信息的功能;系统和环境形成互动的联系,系统的持续通过不断的输入、输出、反馈、再输入过程实现。这是当代西方国家行为主义政治学的观点。

(6)马克思主义经典作家的政治观。马克思主义经典作家如马克思、恩格斯、列宁等,在许多不同场合下都曾对政治进行过深刻的论述:从政治与经济的关系的角度来界定,政治是经济的集中表现;从社会关系的角度来揭示政治的实质,政治是一种特定的社会关系,在阶级社会里,主要表现为阶级关系和阶级矛盾,政治的核心问题是国家政权问题;政治既是一门科学,又是一门艺术。

上述定义,从不同角度揭示了政治的内涵,展示了政治的某个侧面或某一特征,直接或间接地涉及了国家、权力、管理等政治核心问题,因而具有一定的合理性。但是对政治的丰富内涵和外延仍然必须进行更深入的探讨。

二、政治含义的演变

(一)古希腊时期的政治

古希腊的政治是城邦政治。年满 20 岁的公民(不包括妇女、奴隶和外邦人)都参与城邦的管理和统治工作。在古希腊人看来,人是具有德性的,人生活的意义在于实践自己的德行。人是天生的政治动物,因此人也就是天生有德性的动物。人们在公共活动中充分展现其德行。亚里士多德说:"政治的目标是追求至善。"

城邦公民之间通过说服来达到政治目的。肯尼斯·米诺格认为,在古希腊,"人与人之间在政治关系上是完全平等的,大家都只是服从自己制定的法律,并轮流做统治者和被统治者"。

(二)古罗马时期的政治

罗马共和国的政体本质上是一种和古希腊一样的城邦政体,这时的政治就是共和国的活动。"共和国"(Res Public)中的 publicus(公共)源自 populus(人民),当时这个词的意思是"人民的共同事务"。在古罗马的政治中,共和国的建立和维持是其核心。在罗马人看来,王权统治是一种奴役,因此设立了两名执政官和保民官来维持这种统治。

(三)西方中世纪时期的政治

中世纪的欧洲政治处于古代政治和现代政治的转型期。随着西罗马帝国的灭亡,城邦体制被破坏,逐渐形成了赏赐和分封体制,政治已经不再是所有公民平等参与的公共活动,而成了国王和大臣们的活动。政治已经不是为了共同起源、共同信仰而实现正义的活动,而成了一种利益政治。政治活动中解决问题的手段由对话和说服,变成了暴力和战争,成了统治与被统治的关系。政治的超越意义已经不存在。托马斯·阿奎那把亚里士多德的名言"人依其本性是政治的动物"改成了"人依其本性是社会的动物"。

随着基督教的兴起和发展,宗教信仰代替古代时的政治成为人们追求的人生意义。从封建统治下发展出来的这种政治成了现代政治的起源。

(四)现代政治

1789 年的法国大革命对现代政治具有很重要的影响。自此,政治成了获得、保持、夺取权力的各种活动的总称。现代的政治是从近现代的国家上发展出来的,来自市民社会的兴起。这形成了一种以私人利益为基础的社会关系,从而使经济生活对政治生活产生了控制,政治需要从经济中寻求合法性的支持,政治的职能变成了维护经济利益。因此马克思提出,政治是以经济为基础的上层建筑,是经济的集中表现,是以政治权利为核心的各种社会活动和社会关系的总和。

在全球化的影响下,主权政治受到越来越大的冲击,国际政治在现代政治中的地位和作用日益突出,全球治理也成为现代政治的主要内容。

三、政治的科学内涵

如何给"政治"这一政治学的核心概念下一个比较全面而准确的定义，可以说是所有研究、学习政治学的人都要首先解决的一个重大问题。但由于政治这一概念所涉及的问题十分宽泛，要给它下一个比较准确的定义确实具有一定的难度。

目前，中国的绝大多数政治学教科书都对政治这一概念进行了界定，但由于观察问题的角度和侧重点不同，所下的定义也就有不同。主要有以下几种。一是社会关系说。如"政治就是在一定的经济基础上，人们围绕着特定利益，借助于社会公共权力来规定和实现特定权利所形成的一种社会关系"[①]。二是原则、制度说。如"政治是处理社会公共生活和公共事务中关于权力与服从关系的一般原则、制度和策略；在阶级存在的社会里，政治的基本内容是处理以国家权力为中心，以阶级之间的关系和阶级之间的斗争为基础的社会公共生活和公共事务的一般原则、制度和策略"[②]。三是活动政治说。如"政治就是人们围绕公共权力而展开的活动以及政府运用公共权力而进行的资源的权威性分配的过程"[③]；"政治是指一定社会阶级或社会集团，为了实现和维护本阶级的根本经济利益所进行的夺取国家政权、组织国家政权、巩固国家政权，并运用国家政权进行阶级统治和社会管理的全部活动"[④]。四是综合政治说。如"政治是公共权力主体对社会资源的强制性分配以及由此达成的相互关系"[⑤]；"政治是阶级社会中以经济为基础的上层建筑，是经济的集中表现，是以政治权力为核心展开的各种社会活动和社会关系的总和"[⑥]；等等。

由此可见，要给政治下一个比较全面而准确的定义，确实比较困难。为此，我们下定义时，必须遵循以下原则：要考虑到政治范畴的周延性；要考虑到政治范畴的确定性；要考虑到政治范畴的本质性。按照上述原则，综合各家所长，可以给政治下这样一个定义，即政治就是在特定经济基础上，组织或个人为维护和实现自身利益，围绕社会公共权力所从事的一切活动以及由此而形成的特定社会关系。

第二节　政治学的发展脉络

一、西方政治学

西方政治学最早发源于古希腊，创始人是古希腊思想家亚里士多德，其所著的《政治学》被公认为是西方政治学的奠基之作。从这本《政治学》开始，按照历史顺序，可以把西

---

① 王浦劬：《政治学基础》，北京大学出版社1995年版，第8—9页。
② 姜涌：《政治学概论》，山东大学出版社1998年版，第11页。
③ 杨光斌：《政治学导论》，人民大学出版社2000年版，第8页。
④ 王松、王邦佐：《政治学》，高等教育出版社1991年版，第4页。
⑤ 施雪华：《政治科学原理》，中山大学出版社2001年版，第32页。
⑥ 王惠岩：《政治学原理》，高等教育出版社1999年版，第5页。

方政治学的历史发展大致分为四个阶段。

（一）古代西方政治学

公元前5世纪，地中海沿岸分布着数百个奴隶制城邦国家，这些城邦国家的形成和发展，打破了原始氏族部落社会的血缘关系，瓦解了人与人之间的宗法关系，较早地建立了权利关系和契约关系，促成了城市文明、商业文明和海洋文明的形成与发展，这些都为西方古典政治学说的产生提供了沃土和摇篮。古希腊的思想家柏拉图和亚里士多德正是在这样的背景下，撰写了《理想国》和《政治学》等著作，开辟了政治学研究的新领域。

柏拉图（前427—前347），古希腊思想家，其主要政治思想是对"理想国"的描述，主要著作有《理想国》《政治家篇》和《法律篇》。他认为"最好"的政体是"正义之邦"，即"理想国"。在这个规模不大的城邦国家中，分为三个等级，即哲学王、武士和劳动者。哲学王是治理国家的德高望重的哲学家，武士保卫国家，劳动者进行生产——这是柏拉图的理想政体。但如果这三个等级发生了混乱，理想政体的模式会被打乱，代之以军人政体、寡头政体，进而导致民众革命，产生民主政体。柏拉图后期的思想有了一些变化，他设计了"第二等好"的城邦：采用混合政体以取代有可能导致专权的哲人政体；以恢复私有财产和家庭代替了理想国的公产公妻制；按照财产的多少而非天赋划分等级。

亚里士多德（前384—前322），古希腊思想家，柏拉图的学生，代表著作是《政治学》。他考察分析了150多个不同形式的城邦国家，从伦理和利益的角度，研究了国家的基本理论，即国家的起源、性质、目的和任务；研究了国家的政治制度划分原则，并对各种政治制度进行了比较；研究了如何建立以及管理国家等问题，奠定了西方政治学研究的基础。具体内容有：①国家的形成如同雌雄结合，是自然的产物。"早期各级社会团体都是自然地生长起来，一切城邦既然都是这一生长过程的完成，也该是自然的产物，这又是社会团体发展的终点"，"事物的终点，或其极因，必然达到至善，那么，现在这个完全自足的城邦正该是至善的社会团体了"。在亚里士多德看来，国家是自然形成的至善的社会团体。②他认为伦理学研究个人的善，政治学研究人群的善，国家这一社会团体的目的在于达到最高尚、最广泛的"善业"。他指出："政治学的善就是正义，正义以公共利益为依归。""城邦以正义为原则……正义恰恰是树立社会秩序的基础。"③政治权力的分配制度即政体决定着城邦的异同。亚里士多德对各类政体进行了区分和研究之后，认为君主政体、贵族政体与共和政体能够照顾公共利益，其差别只在于掌握最高统治权的人数不同；而僭主政体、寡头政体和平民政体都只会为统治者谋利。④最好最易于实行的是共和政体，特别是以中产阶级为主体的共和政体最为稳定。⑤政体发生变革基于人们对"正义"与"平等"的认识的分歧。寡头会认为基于财产多寡的政治权力不平等是正义的，平民则认为基于人身自由的政治权力的平等分配才是正义的。⑥私有财产和家庭是人本性和城邦的性质，不能取消，但要避免财富的两极分化。⑦城邦要实行法治，并由有公民权的人轮流执政。

亚里士多德时代，古希腊的奴隶制城邦制度已面临着严重的危机，所以，亚里士多德的任务在于努力维护并竭力赞美城邦制，把它看作至善的化身；同时，他又在尽力寻找一种能够挽救奴隶制城邦的政体，认为以中产阶级为主体的共和政体是最稳定的，力图以此化解两个极端的矛盾,维持国家的稳定。

由此可以看出,西方古代政治学说有这样一些特点:①它始于对国家问题的研究,因为它是以城邦国家作为研究和分析对象的。②它强调政治的最高目的和价值取向在于特定的伦理道德,因为它认为政治是研究群体的善,国家的应然状态是至善的社会团体。③它维护奴隶主统治和奴隶制国家。④在研究方法上,柏拉图和亚里士多德有所不同。柏拉图主要运用哲学思辨的方法,并且把政治与哲学、道德、教育以及家庭等问题糅合在一起,在他看来,政治学就是伦理学;亚里士多德主要运用比较分析的方法,通过对 150多个城邦国家的比较,研究不同的政体类型,并开始把政治学与伦理学分开,使政治研究的概念趋于系统化。所以,在方法论上,以柏拉图为代表的哲学思辨研究方法和以亚里士多德为代表的实证比较研究方法,奠定了西方传统政治研究方法两大倾向的基础。

(二)中世纪西方政治学说

欧洲的中世纪有两个明显的特点:一个是封建性,其经济基础是封建领主占有生产资料;另一个是宗教性,教会是最大的封建主。所以,在中世纪的欧洲,占统治地位的思想是神学,一切科学都成为神学的奴婢,政治学也不例外。这个时期的政治学说是神学政治观,其代表人物是奥古斯丁和托马斯·阿奎那。

奥古斯丁(354—430),古罗马基督教思想家,教父哲学的主要代表,主要著作有《忏悔录》《上帝之城》等。他的主要政治思想是"双国论",其内容有:①世界上存在着两个国家,即神国和俗国,神国是上帝之国,俗国是地上之国。②神国是光明的、永恒的,它由上帝的选民组成,其代表是教会;俗国是黑暗的、短暂的,它由上帝的弃民组成。③在末日审判时,神国会享受永生幸福,而俗国将要遭受永世的苦难。

托马斯·阿奎那(约 1225—1274),意大利中世纪的神学家和经院主义哲学家,主要著作有《神学大全》《论君主政治》等。他的政治思想主要有:①关于国家的思想。他认为上帝是万物的源泉和归宿,所以,信仰是高于一切的。那么,现存的一切都是合理的,包括奴役制和等级制,这些都是天意。他说:"一切现存的事物都是由神安排的,天意要对一切事物贯彻一种秩序。"所以,在他看来,国家既是源于人的自然本性,更是上帝的创造。②关于政体问题。他认为最好的政体是君主政体,因为它能促进社会福利,但是这一职责的完成必须依靠神的统治,神在人间的代理是教会,所以,君主必须服从教皇。公民完全有权在教皇的支持下杀死暴君。③关于法的思想。他认为法律的目的是合理安排公共幸福,这根源于人的本性,但究其本质仍是上帝的意志的体现。所以,他认为法的本质是受理性节制的意志。他把法分为永恒法(上帝之法)、自然法(上帝之法在人类中的表现)、人法(国家法)、神法(教会法)四种,并认为永恒法是一切法律的源泉,它代表着上帝对宇宙的统治规则,其他人的法律都必须服从上帝之法。

总之,中世纪政治学说的基本特点有:①鼓吹信仰高于理性,以宗教教义作为判别是非的标准。②强调君权神授,认为教权大于王权,给王权也加上了神圣的光环。③主张神创等级制,以上帝创造万物为借口标榜封建等级秩序的合理性。④在研究方法上,早期的研究多诉诸神秘的直觉,后期即阿奎那时期则运用哲学的严密思维,采用抽象的概念分析方法推导上帝的存在,论证国家、政体以及法的政治思想。

（三）近代西方政治学

14世纪，欧洲封建社会内部孕育了一种新型的生产关系，即资本主义生产关系，伴随着这种生产关系的发展，一个新的阶级——市民阶级迅速兴起并不断走向壮大。新的生产交换方式和新的阶级的利益要求与封建神权政治发生了尖锐的对立和严重的冲突。新兴资产阶级开始要求自己的政治权力，并对政治和国家问题发表自己的看法。16世纪的资产阶级文艺复兴运动代表着资产阶级思想革命的先声。在这场运动中，近代资产阶级政治学说得以脱颖而出。资产阶级伴随着资本主义生产的发展，对政治有了更多的认识和要求，提出了很多不同的政治思想。下面就以时间为顺序，把近代政治学说的发展分为三个阶段，并分别进行说明。

1.16世纪文艺复兴时期的政治学说

这个时期的政治思想家的主要代表人物是马基雅维利和博丹。

马基雅维利（1469—1527），意大利政治家和政治思想家，近代西方政治学的奠基者，主要著作有《君主论》。其思想的鲜明特点是从人性出发，而不是从上帝出发研究社会政治；在方法上以事实和经验为依据，而不再采取经院教条式的推理。马基雅维利的国家学说是基于他的人性恶理论。在他看来，既然人性是恶的，那么，只能依靠强有力的君主专制制度来实现社会的稳定。君主权力的基础是军队和法律，为了达到政治目的，君主可以不择手段，可以不受任何道德约束，他甚至强调成功的君主要具备狮子和狐狸的特点。在马基雅维利看来，国家的职责是阻止人类因贪欲而引发的无休止的争斗，最终目的是建立秩序。马基雅维利认为理想的政体是共和政体。

博丹（1530—1596），法国政治思想家和法学家，近代资产阶级主权理论的创始人，其主要著作有《国家六论》。他在政治思想方面的主要贡献是：①主张以人的眼光研究国家问题。②提出了主权理论。他认为国家主权是指一个中心（或是一个君主，或是一个集团）握有至高无上的权力，它是一种永久性的绝对权力，对于公民和臣民而言，它是不受法律限制的最高权力，政府可以更换，主权永远存在。国家主权通过法律得以体现，并维护社会稳定，使国家合法化。③以主权的归属作为依据，将政体划分为民主制、贵族制、君主制三种类型，赞美合法的君主制政体是最稳定、合理的形式。

这一时期的政治思想家的思想充分反映了时代发展的要求。例如，他们开始尊人重世，以政治权力作为研究的核心取向，使政治学独立于伦理学之外，运用经验实证方法进行研究，等等，这些都是新兴资产阶级对封建神学政治学说的突破。当然，他们的思想也带有阶级局限性的一面，例如马基雅维利的政治权术论——为达目的可以采取任何手段等，是资产阶级利己主义赤裸裸的表现。

2.17—18世纪的政治学说

17—18世纪是西方政治学的繁荣时期。这段时期，由于资本主义生产方式的进一步发展，资产阶级逐渐取得了经济上的统治权，进而在政治上也要求取得相应的统治权，于是资产阶级政治革命开始提上欧洲社会发展的日程，这给西方政治学的发展以极大的推动力。一大批欧美思想家纷纷著书立说，阐发自己对政治的认识，丰富、发展了西方政治学说。主要代表人物有荷兰的格劳秀斯、斯宾诺莎，英国的霍布斯、洛克，法国的伏尔泰、孟德斯鸠、卢梭,美国的潘恩、杰斐逊、汉密尔顿等。

格劳秀斯(1583—1645),荷兰政治思想家,自然法学派创始人之一,近代国际法理论的奠基者,主要著作有《海上自由论》《战争与和平法》。他的政治学说主要有自然法、主权理论和国际法三个重要组成部分。他认为,自然法的基础是自然和人的理性,它体现了正义和公正,用以维护社会安定,从而反驳了神的意志的至高无上性。在主权问题上,他提出主权是自己的行为不受其他权力的限制,也不能被其他人的意志视为无效的一种权力。但同时,为了论证资产阶级统治的必要性,他反对"主权在民"的思想,认为这样会导致国家的混乱和秩序的破坏。在国际关系方面,他认为拥有独立性的主权国家是国际活动中的行为主体,国际行为受国际法约束,国际法以自然法为基础,规范调整各国之间的关系,维护国际秩序。

斯宾诺莎(1632—1677),荷兰哲学家、政治思想家,主要著作有《神学政治论》《伦理学》《政治学》。他的政治思想的理论基础是人性论,认为生存权是人性的根本原则,是人的最高的自然权利。其主要政治思想有国家论、政体论、自由论。国家是人们为保证生存的安全,通过理性地建立契约而形成的,所以,国家权力必须强有力,才能保证人的生命和社会的安全。最符合人的自由的最自然的制度是民主政体,但要格外注意民众的冲动情绪,这有可能会破坏民主。思想和言论是自由的,是每个人的不可转让的权利,但它们必须受法律的限制,不能危及统治者的权威和国家的安全。

霍布斯(1588—1679),英国哲学家、政治思想家,近代自然法和社会契约论的代表人物,主要著作有《自然法与国家法的原理》《论公民》等。他认为自然法不能约束人的行为,人们为了保证和平安全,必须建立起一个大于个人权力的公共权力,于是人们达成社会契约,成立了国家。国家权力的握有者即主权者的权力是由人们通过契约赋予的,这种权力一旦被赋予,就具有绝对性。

洛克(1632—1704),英国哲学家、政治思想家,主要著作有《政府论》等。他的政治思想主要是建立在自然法和社会契约论基础上的天赋人权思想。他认为:人们的生命、自由和财产作为与生俱来的自然权力是不可转让和剥夺的,其中,财产权是核心,具有神圣不可侵犯性;政府的存在价值是为了保护私有财产,因此政府权力应是有限的;为了保证国家实现其民主,防止专制,应当把国家权力分为立法权、执行权和对外权,对每一种权力进行严格限制。洛克第一次系统地论述了天赋人权的理论,奠定了自由主义的基本原则。

孟德斯鸠(1689—1755),法国启蒙思想家、法学家、哲学家,主要著作有《论法的精神》。法的精神是其政治思想的理论基础,代表了历史必然性和客观规律性,具体指国家的法律、政体、自然环境、社会方式、宗教习俗等因素之间的关系。他认为政体原则是一种精神力量,推动着国家的活动,君主立宪制是最合乎理性的政体。他进一步发展和完善了洛克提出的分权学说,系统论述了三权分立思想。他主张按照立法、司法、行政三权分立的原则来组成国家机构,其中,议会行使立法权,君主掌握行政权,法院专管司法权,利用权力之间的相互约束保证它们不被滥用。他认为,只有实行依法治国,才能实现这一目的。

卢梭(1712—1778),法国启蒙思想家,主要著作有《论人类不平等的起源和基础》《社会契约论》等。他强烈抨击私有制,认为封建专制制度是私有制发展的顶峰。他提出了"人民主权学说"和"社会契约论",主张在新社会契约基础上建立人民主权的、实行法制的资产阶级民主共和国。

潘恩(1737—1809)、杰斐逊(1743—1826)和汉密尔顿(1755—1804)都是 18 世纪美国的政治活动家,他们的政治思想有很多共同的特征:①运用欧洲现成的政治理论为美国的政治实践服务,较少进行抽象的理论论证,多具有务实性。著作较少鸿篇巨制、系统严谨,而多以小册子、政论文、文件等形式出现。②围绕着美国独立和建立联邦制共和国展开论述。③运用欧洲流行的自然权利理论论证每个人在追求幸福的能力和机会上是平等的。④将权力平衡作为构建联邦政府的基本原则,认为按照这一原则建立的联邦政府才是完美的政府。当然,他们的思想也各具特色,从不同的角度对西方政治思想进行了发挥和创新,做出了自己的贡献。潘恩是西方政治思想史上第一个阐述天赋权利与公民权利关系理论的思想家,他认为"天赋权利就是人在生存方面所具有的权利",公民权利则是"人作为社会一分子所具有的权利",前者是后者的基础,后者的实现必须依靠国家、政府或法的力量。杰斐逊是美国资产阶级民主传统的奠基人,他的民主自治思想和其他民主思想相比更为具体,更具现实性。为保证人民自治的实现并防止暴政,他提出了限制中央政府权力、中央和地方分权治理以及人民参政等原则。汉密尔顿政治思想的特色是他的性恶论和精英论。性恶论以人性的自私为依据论证了依靠强有力的中央政府维持国家秩序的必要性,这是对霍布斯观点的继承和发展;精英论则把富人和有地位的人排除在人性恶的范畴之外,从而肯定了政权应该由这部分人来掌握的合理性、合法性。

这个时期的政治思想基本上是以人性论及自然法为理论基础,结合政治实践的需要,进行政治制度的构建和政治方案的设计。尽管这些政治学家所论述的角度和问题各有侧重,其政治态度也有激进和保守的区别,可是作为资产阶级政治思想家,他们的政治思想具有一定的共同性,主要表现在:①强烈、全面地批判封建专制的政治制度和社会观念。②从人性论的角度出发创造了自然法学说,强调每个人生来都是平等的,进一步批判神权以及封建等级制。③肯定人们对正义、平等、自由、民主、幸福的追求,形成正义论、平等论、自由论、民主论、天赋人权等理论。④认为国家是人们缔结契约的结果,契约一旦生效,国家权力至高无上。⑤分析政治权力的类别、特性和功能,提出了配置政治权力、构建政体的若干原则。⑥重视法的作用,主张要依法建国、依法治国,按照法处理主权国家之间的关系;正义、平等、自由、民主等权利的实现必须依靠法律的保障,同时,这些权利的活动范围也必须以法律为边界。这些思想学说的本质是自由资本主义的经济和市场规则在政治思想上的投射。

3.18 世纪末到 19 世纪中期的政治学说

从 18 世纪末到 19 世纪中期,资产阶级革命的任务在欧美已经基本完成,资产阶级在政治上已成为统治阶级,同时,随着无产阶级的成长和壮大,资产阶级和无产阶级之间的矛盾已上升为社会的主要矛盾。资产阶级面临的主要政治任务是维护并实现自己的利益。历史主题的变化使得西方政治学的研究主题也发生了相应的转变,从阐发和倡导资产阶级的平等、民主等价值观转向了论述和分析资产阶级个人利益和政治权力之间的关系、资产阶级利益和社会之间的关系,于是,一些政治学家开始运用社会学的世界观对这些问题进行研究,其代表人物有边沁、密尔、孔德、斯宾塞。

边沁（1748—1832），英国政治思想家、法学家、经济学家，主要著作有《政府片论》《道德与立法原理》等。其政治思想建立在功利原则基础之上，他认为：欢乐和痛苦是人类的两大主宰，求乐避苦是人的本性，是人的一切行为的始因和目的；幸福的内容是生存、富裕、安全和平等；每个人的利益和幸福的实现将促进整个社会的利益和幸福的发展，因而追求个人利益和幸福是正当的；评判国家制度和法律的唯一标准是看其能否增进最大多数人的最大幸福。边沁反对天赋权利论、社会契约论以及自然法理论，认为国家是一种恶，它会限制个人的自由，主张奉行国家放任主义，对经济生活毫不干涉；认为应实行法制和分权的代议民主制；提出了改革议会的一系列主张，如由立法权控制行政权、议员不担任行政职务、议员不受政府控制、扩大成年男子选举权等。这些政治思想奠定了边沁作为功利主义学派主要代表的地位，他的议会改革方案直接成为 1832 年英国议会改革的指导原则。

穆勒（1806—1873），英国哲学家、政治思想家，19 世纪自由主义思想的主要代表，著作有《论自由》《功利主义》等。自由论是其政治思想的核心。他主张要维护个人的自由和个性的发展，提出不仅要反对国家的压迫，保证政治自由，还要反对社会习俗和舆论的奴役，维护个人在社会生活中的自由。他指出：个人自由并不是绝对的，个人行为只有不涉及他人利益，个人才拥有完全的行动自由而无须对社会负责；当个人行为危害到他人利益时，这种行为应受到社会控制，个人也要受到社会或法律的相应惩罚。他还第一次从更广阔的社会领域探讨自由并对个人自由与社会控制的关系进行了界定。另外，穆勒还发展了边沁的功利理论，对传统自由主义的放任原则进行了修正，认为放任原则的实施应有一定的限度，国家的干涉有其积极作用，可以为人们提供更多创造幸福、追求自由的机会。在政府理论方面，穆勒阐述了资产阶级议会民主制的一般原则和具体问题，认为议会具有控制政府和批评政府两大职能，强调议会民主制中知识的作用和智力的权威，推崇"杰出人物"的统治等。晚年的穆勒还一度主张将自然资源、矿山、铁路国有化，提出"有限度的社会主义"等主张。穆勒的政治思想体现了传统自由主义向现代自由主义的过渡，是英国自由主义思想发生重大变化的标志，其本人也成为自由主义思想史上最具影响的代表人物之一。

孔德（1798—1857），法国思想家、实证主义的创始人，主要著作有《实证政治体系》。其政治思想主要由实证主义体系和社会团结思想组成。在实证主义体系方面，他指出科学的知识必须以"实证的事实"即经验的事实和经验的现象为基础，现象以外的本质和终极原因是不可能被认识的。他主张把人类认识的发展分为神学、形而上学和实证学三个阶段，与此相适应，人类社会的发展应分为神学的军事时代、形而上学的法学时代和科学的工业时代三个阶段。孔德认为以往的政治学都是以想象为基础的臆测的政治学，主张建立以观察为基础的实证政治学。在社会团结思想方面，他指出社会起源于人的社会本能，社会的精神权力应由科学家来行使，世俗权力应由资本家集团掌握，政府的职责主要在于培养并提高人们的社会感情，保证社会的秩序和进步，实现社会的和谐与团结。孔德的实证主义思想广泛流传，对现代政治学产生了深远的影响。

斯宾塞（1820—1903），英国著名的社会学家、哲学家、政治思想家，社会进化论和社会有机体论的主要代表，著作有《社会静力学》等。他用自然科学概念解释人类社会现象,提出了社会进化论和社会有机体论,这是其政治思想的核心。他指出:人类社会在本质上是一个有机体,不同阶级之间的协作是人类共同生活的基础,从而形成了社会的均衡状态;生物竞争原则完全适用于人类道德规范,优胜劣汰是人类道德的体现。所以,他认为资本主义社会是社会进化的最高阶段,是最完美的社会。以社会进化论和社会有机体论为基础,斯宾塞认为国家和政府是社会进化的必然结果,国家是一种自然单位即个人的合成物,个人合成的唯一法则是平等自由,即每个人的自由只受到其他人获得同等自由的必要的限制,以此发展了自由主义思想家的最大幸福原则。他用自由放任主义的观点看待国家和政府,认为政府是一种必要的恶,但又主张政府作为有节制的必需品,应尽可能少地干预经济,以避免自然规律的选择失去作用。

这一时期的政治思想集中反映了工业资产阶级自由发展商品生产和商品交换的要求,通过确立功利主义和自由主义的思想理论依据,运用社会学世界观,借助自然科学的概念、逻辑和方法,把西方政治学推进到了一个新的发展阶段。当然,在这一时期,随着资本运动的展开、资产阶级和无产阶级矛盾的凸显,无产阶级的利益和政治要求也逐渐凝结成了自己的政治学说,这就是以法国的圣西门、傅立叶和英国的欧文为代表的空想社会主义政治学说。这些政治思想主要揭露现实社会的弊端,批判资本主义私有制,期望通过社会变革达成社会的进步与和谐;变革计划包括诸如建立社会公有、共同劳动的共和国等。这些学说成为马克思主义政治学说的重要思想来源。

(四)现代西方政治学

从19世纪70年代开始,西方社会从自由资本主义向垄断资本主义过渡,垄断资本和国家政权的关系逐步紧密,资本主义社会的内外部矛盾开始充分暴露,社会公共权力的地位和作用日益突出。因此,对国家政权和政治生活的研究成为垄断资本维护统治不可或缺的重要内容。1880年10月,在美国学者伯吉斯的倡导下,美国哥伦比亚大学成立了"哥伦比亚大学政治研究院",开始培养政治学博士和开展具有学科意义的政治学研究,政治学由此获得独立学科地位,标志着西方政治学的发展进入了现代时期。此后,政治学课程在美国普遍开设,许多大学都成立了政治系和研究院。"新政治学运动"的兴起引起政治学研究方法的革新,它主张运用社会学、心理学和统计学的方法进行政治研究,认为价值判断有碍于科学的政治分析。第二次世界大战之后,现代政治学进入发展的兴盛期,行为主义政治学迅速崛起,带动政治学研究从研究对象、研究内容到研究方法、研究理念进行了全方位的革新。直到20世纪70年代以后,行为主义政治学才进入了相对萧条时期。这时由于欧美社会相继发生了一些问题,行为主义政治学对此无能为力,所以,人们提出"政治学的新革命",主张政治学的再理论化、再意识形态化;传统的政治研究理念、研究方法得到重新肯定,现代政治学进入到后行为主义政治学时期。

大体来看,现代西方政治学基本上沿着两个方向发展:一是政治理论,即对传统政治研究的继承和深化,又称现代政治思潮;一是行为主义政治学,即所谓的"政治科学"。

1.现代政治理论

政治理论是西方政治研究的传统项目,虽然在现代相对于科学主义的兴起,其地位有些衰落,但它的研究无论是方法、体系还是观点、内容,都大大超过了以往各个时代。

现代政治理论基本是 17 世纪以来西方政治思想的延续和发展，其显著特点就是学派林立、思潮纷杂。主要有以下几种学派。

新保守主义。新保守主义反对放任主义、极端自由主义和个人主义，它以人性有缺陷作为其立论的基础，认为社会弊病只可减缓，但难以根除。其核心观点是反对一切激进的革命和革新，主张节制政治，以妥协的手段调和各种社会势力的利益冲突；主张社会应尊重财产和技术，政权应由有技术的人来掌握。

新经院主义。新经院主义的立论前提和新保守主义是一致的，认为人性恶，没有责任，欲望很多，所以崇尚过去的道德和体制，认为重精神轻物质才是永恒的价值。但它多从宗教的观点阐述其政治理论，在其政治理论中同时兼有神学和伦理学两种政治观。它认为人的一切权力都来源于上帝，所以，必须为它负责并提供服务；仅仅依靠个人的努力，无法实现政治体制的完善。

新自由主义。新自由主义反对个人主义和国家至上的观点，它认为 19 世纪流行的以个人为基础的自由放任主义极易把个人从社会联系中脱离出来，这样的个人很容易受到专横的国家权力的伤害；国家至上导致的国家权力的扩张是对个人自由和个人尊严构成侵犯的最大威胁。它认为国家和个人联系的中介是各种性质的社会团体，社会团体是真实的人类共同体，主张维护社会团体的权利；国家不是凌驾于社会团体之上的主权者，只是众多社会团体中的一员，所以，国家不能干涉团体内部事务，其作用主要是调节各团体之间的关系；主张把过于集中的国家权力尽可能多地转移给各社会团体，实现政治权力的多元化。

存在主义。存在主义认为，人的本质是自由，人的存在应该是绝对自由的，他人的存在和他人的自由都是对个人自由的限制，个人的自由一旦受到限制，人就会走向异化，人会变成非人；国家和其他集体的存在是使人走向异化的外在力量。在存在主义者看来，生活在 20 世纪西方社会中的人已不复是真正意义上的人，而是被对象化、失去了个性、受社会和他人约束的异化了的人。所以，为了恢复个人的自由，回归人的本质状态，他们号召人们对国家和社会采取一种弃绝和反抗的态度。

西方马克思主义。西方马克思主义是各种自称继承马克思主义理论传统的资产阶级政治理论的统称，它由现代西方各种新老左派政治思潮组成，对资本主义持批判的态度，但却找不到解决问题的根本方法。其主要理论有：卢卡奇、葛兰西对社会主义实践遗留的理论问题的探索；马尔库塞等人把政治学与心理学结合的初次尝试；萨特的存在主义马克思主义；阿尔杜塞的结构主义马克思主义；等等。其中，最有影响力的是以马尔库塞为代表的法兰克福学派，它发挥了青年马克思的人道主义和异化理论，结合弗洛伊德的精神分析理论和其他一些流派理论，批判现代发达资本主义社会对人的奴役和异化，主张建立一个符合人的本性、以自由为特征的社会制度。

无政府主义。无政府主义是一种最激进的政治理论，它不满足于政府和社会制度任何形式上的变革，要求废除国家，认为人的自由意志、个性发展和人的活动才是使社会充满生机和获得进步的力量源泉，鼓吹"无命令、无服从、无制裁"的无政府状态社会。

在内外矛盾充分暴露、战争与危机交错出现的时代，政治理论家从不同的视角解释现代政治现象和设计未来政治理想。尽管他们的政治思想各不相同，有的甚至截然相反,但他们的学说和理论创见开启了现代政治研究的新思路,尤其是研究方法和体系的多样性为政治学立体全方位的研究打开了思路。

2.行为主义政治学

行为主义政治学是指运用实证方法对个人或团体政治行为进行研究的西方政治思潮的总称。它产生于20世纪初期,第二次世界大战后在美国政府的支持下迅速发展,达到鼎盛期。广义的行为主义政治学包括后行为主义政治学。

行为主义政治学的迅速兴起和发展并不是偶然的现象,而有其深刻的时代背景。首先,传统政治学在预测、解释战后世界局势发生的巨大变化方面已失去了影响和价值,政治学理论和实际政治生活严重脱节,政治学的发展明显落后于其他学科的发展,政治学改革的呼声日益高涨。其次,自然科学和行为科学的发展及其在社会科学领域中的广泛运用,现代科学技术尤其是计算机提供了量化的手段,各学科之间的交叉渗透已成为一种普遍现象,这些都为政治学的改革提供了必要的物质条件。最后,实证主义哲学思潮为政治学的改革提供了世界观上的指导方法。20世纪初期,一些政治学学者开始用心理学方法、社会学方法、科学方法、生理学方法研究政治现象和政治行为,为行为主义政治学的迅速发展奠定了一定的思想基础。20世纪50年代以后,行为主义政治学成为影响整个美国和西欧政治发展的政治学流派。

行为主义政治学没有统一的政治理论,各种学派林立,较有影响的有阿尔蒙德的结构—功能主义、西蒙的决策理论、多伊奇的政治沟通理论、伊斯顿的政治系统分析等。

阿尔蒙德是美国政治学家,结构—功能主义的创立者,著作有《发展中地区的政治》等。他主张放弃传统的政治学术语,如国家、权力等,采用政治系统、政治结构、政治功能等新概念。他认为政治系统是由相互作用的政治结构组成的,政治结构是政治行为模式即相关政治角色之间的固定化的关系形式,政治功能是政治结构的后果或影响;政治结构是实现特定政治功能的必要条件,政治系统具有系统、决策和过程三种功能。结构—功能主义试图通过剖析政治结构和政治功能揭示政治系统的运转规律,从部分与整体、结构与功能的相互关系上对政治进行综合性的研究。但它也存在着一些主观上的缺陷,如忽略了政治结构的性质、回避阶级结构和阶级分析等,因此也无法真正认识政治结构。

西蒙是美国的行政学家、管理学家、经济学家,他率先把行为主义引入行政学研究中,认为公务员应参与决策,提出了决策理论。他认为行政管理归根结底是决策。他在《管理决策新科学》中把决策分为四个阶段,即制定决策的依据、谋求可能的行动方案、在诸行动方案中进行抉择、对做出的抉择进行评价。做出正确的决策既是管理的核心,也是管理人员的主要任务。最初,西蒙认为人是有限理性的存在,所以不可能追求最佳的决策;但后来,20世纪50年代中期以后,西蒙认为管理者可以凭借计算做出理性的决策。

多伊奇是美国政治学家,政治沟通理论的创立者,著作有《政府的神经:政治沟通与控制的模式》等。他认为政治系统是一个通信网络,通信在其中具有重要的作用,所有的政治系统都是开放的和相互联系的,人们可以运用各种机构调整其结构和行为能力。他视决策为政治活动的中心,视沟通为决策的环节,认为政治权力取决于社会沟通工具,即储存传播价值观念和各种信息的工具。他认为增加政治系统获得和运用信息能力的必要条件是：①扩大政治系统的公开性，疏通其沟通渠道，便于接受信息；②增强其对环境所做出的有效反应能力；③增加目标的多样性，便于追求和争取。多伊奇从信息沟通的角度考察了政治系统的控制和决策过程，为人们分析并研究政治系统提供了一个新的视角。政治沟通理论已成为政治研究的主要方法。

伊斯顿是美国政治学家、后行为主义政治学的倡导者，政治系统分析理论的创始人，主要著作有《政治系统：政治学研究现状》《政治分析的结构》《政治生活的系统分析》等。他对政治科学的发展做出了两个方面的突出贡献：①确立了政治行为主义的特定含义，认为行为主义政治学是技术和理论双重意义上的革命。一方面，他批评了过去的政治学只研究制度和权力，只注意到政治变革的自然环境和社会环境，忽略了人们在政治行为中的动机与心理及其与环境之间的相互影响，指出行为主义政治研究要遵循 8 个要则，即规律性、验证、技术、数量化、价值、系统化、纯科学、整体化。另一方面，他又批评了半个世纪以来行为分析理论衰落的现象，提出要加强理论建设，倡议行为主义政治学的研究应进入后行为主义时期，主张政治研究要重建新的价值结构，认为成熟的政治学必须具有统一的理论。②建立了政治系统分析理论。他认为政治系统是一个由政治团体、体制、权威机构构成的相互联结的体系；系统与环境（包括内部环境和外部环境）形成一种互动的联系，系统从环境中输入信息并对此做出反应，再向环境输出信息以适应环境的变化或改变环境，这一过程的循环往复就构成政治系统的持续运转。伊斯顿创立的政治系统分析模式被广泛应用于国际政治、国内政治及行政学的研究，产生了很大的影响。他倡导的重建新的价值结构，也进一步丰富了政治理论的研究和发展。

可以看出，行为主义政治学本质上是研究对象和研究方法的革新，其主要特点有：①研究对象是政治行为和行为互动；②研究形式注重数量化、精确化；③注重方法的研究，大量吸收社会科学和自然科学的研究方法，重视学科之间的协作，拓宽了政治学研究领域，形成了许多新学说、新理论，如政治社会学、政治心理学、政治人类学等；④强调价值中立；⑤多从技术角度研究统治和权力的分配，较少探讨统治的合理性问题。在伊斯顿的倡导下，从 20 世纪 60 年代起，行为主义政治学开始逐渐向后行为主义政治学嬗变，政治学家重新肯定了理论和意识形态对于政治研究的价值。

二、中国政治学说的历史发展

中国人对政治的研究源远流长，按照历史的发展顺序，自古及今，中国政治学说在不同时期都有其典型的代表。

（一）诸子百家的政治思想

诸子百家政治思想集中萌发于春秋战国时期，这个时期也是中国历史上政治研究的形成时期。这一时期政治学说的形成有其特定的条件：一个是阶级条件。新兴的地主阶级在经济上日益雄厚，在政治上逐渐壮大，出现了诸侯争霸、群雄逐鹿的政治局面，代表着奴隶主统治的周王室日趋衰微，旧的政治秩序遭到破坏，社会出现了政治大变动；在社会大变动中原来的"士"阶层得到了解放，他们围绕着社会大变动的问题，纷纷发表自己的政治见解。另一个是思想条件。随着奴隶制的衰败和新兴封建制的出现，宗教神学思想的作用大大减弱，一股重人轻神的思想从下层社会迅速崛起，人们可以用更清醒的理性态度来思考社会政治问题。因此，这时期出现了"百家争鸣"的政治局面。诸子百家围绕着"礼"与"法"、"神"与"人"、"君"与"民"、"君"与"国"的关系以及统治手段等问题各抒己见，形成了以孔孟为代表的儒家，以老庄为代表的道家，以商鞅、韩非为代表的法家，以墨翟为代表的墨家以及阴阳家、名家等流派。其中，儒家、法家、道家的政治思想对中国政治思想的影响最为深远。

1. 儒家政治思想

儒家是指中国古代以孔孟为师，主张以仁义道德治国的学派。面对春秋战国时期"王道衰，礼义废，政教失，国异政，家殊俗"的社会现实，儒家提出了一系列以仁学礼治为基本精神的治时救国方案，其著名的代表人物是孔子和孟子。

孔子是春秋时期著名的思想家、政治家、教育家，其思想主要见于《论语》。孔子生活的鲁国是西周宗法礼制传统浓厚的地区，而春秋时代天子式微、诸侯力政的政治局面，以及随之而来的观念的变化，同时构成了孔子政治思想产生的历史渊源和社会条件，其政治思想的基本精神是"仁"和"礼"。孔子的政治思想主要有：①"仁"。"仁"是孔子思想的核心。孔子从不同的角度多次阐述"仁"的作用，在《论语》中，"仁"字出现过百次。在孔子看来，"仁"是待人接物、处世治国的最高准则。"仁者，爱人。""仁"的最初含义指对亲人以及周围的人的爱，把这种爱扩展到整个国家和社会，那么，人就能像爱自己的亲人一样爱君主、爱他人，这个社会就会变得和睦，这样才实现了"仁"的真正含义。②"礼"。"礼"是西周典章制度的总汇，孔子面对当时"礼坏乐崩"的现象，强调礼治：在家庭关系上，主张长幼有序，孝悌忠信；在君臣关系上，要求做到"君使臣以礼，臣事君以忠"；在政治体制上，要"礼乐征伐自天子出"，不能"自诸侯出"，更不允许"陪臣执国命"。为了"复礼"，孔子强调必须"正名"。他指出："名不正，则言不顺；言不顺，则事不成；事不成，则礼乐不兴；礼乐不兴，则刑罚不中；刑罚不中，则民无所措手足。故君子名之必可言也，言之必可行也。"③坚持"为政以德"的治国之道。儒家政治思想主张对民众要"道之以德，齐之以礼"，统治手段要采取以"宽"为主，"宽猛相济"。这是孔子针对当时诸侯暴政提出的"德主刑辅"的统治措施，认为统治者一定要做到"保民""惠民""恤民""养民""富民"。④主张实行"任人唯贤"的用人政策。反对任人唯亲，认为只有道德高尚的贤才才有资格成为执政者。⑤认为最高的政治理想是建立人人平等的"天下为公"的大同社会。

孟子是战国时期著名的思想家、政治家、教育家，其思想主要见于《孟子》一书。孟子在儒家历史上具有仅次于孔子的地位，被儒家后学尊为"亚圣"。他的政治思想主要有：①仁政。孟子仁政的依据是他的人性善理论。他认为人性生来就是善的，人都具有"不忍人之心"，人生来就具有恻隐之心、羞恶之心、辞让之心和是非之心。他认为"人性之善也，犹水之就下也"，现实生活中之所以有"君子""小人"的区别，在于每个人保养心中善性程度的不同，而这一点完全可以通过后天的学习、教化得到改善。所以，以此为基础，孟子认为完全可以而且应该实行仁政，"先王有不忍人之心，斯有不忍人之政"，如果统治者"举斯心加诸彼"，把它推及于人，推及于政，就是仁政。②君臣平等。这是孟子对政权结构内部的君臣关系的认识。他认为君主的权威最高，但这种权力不是绝对的，它要接受臣下的监督,君臣关系是相互的,"君之视臣如手足,则臣视君如腹心;君之视臣如犬马,则臣视君如国人;君之视臣如土芥,则臣视君如寇仇"。君臣关系的处理应遵照"仁义",国君统治地位的稳固与否在于他是否推行了"仁义"。③民贵君轻。孟子认为,"民为贵,社稷次之,君为轻",所以,要维护统治必须"保民"、"养民"和"重民"。为此,孟子主张应"制民之产",保证人民有固定的财产。④"尊贤""用贤"。这是孟子的用人政策,是对孔子用人政策的继承。孟子认为,选拔贤人必须坚持"仁义"标准,甚至还提出了具体的选拔方法,如君主要广泛地听取意见等。⑤"王道"。这是孟子关于统治者如何进行统治的思想。他主张实行"王道",反对"霸道",认为"王道"是"以德行仁",把教化放在统治的首位,"霸道"是"以力假仁",把刑罚作为根本统治手段,只有"以德服人者,中心悦而诚服也"。

孔子的政治思想从"仁"出发,以"礼"为归宿,探讨了春秋时期如何缓和社会矛盾、维护统治秩序等政治问题,奠定了中国古代儒家正统政治思想的基本格局,深刻影响着中国封建社会的政治、经济、文化以及中华民族的政治心理素质。他的政治思想直接为孟子所继承和发展,并得以完善。以孔孟为代表的儒家政治思想从道德教化、修身养性的角度探讨政治统治的手段和形式,"德治"和"仁政"是其核心思想。孔孟政治思想构成了中国古代正统政治思想的基本框架。

2.法家政治思想

法家是战国时期主张以法治国的重要学派,主要代表人物有早期的商鞅和后期的韩非。

商鞅是战国时期著名的政治家、思想家,法家的重要代表人物之一。他是变法改革的积极倡导者和坚定实践者,其思想和著作主要集中于《商君书》中。他的政治思想包括三部分:①社会进化论和变法思想。商鞅认为,历史是从"上世"到"中世"再到"下世",是逐步发生变化的,所以"治世不一道,便国不必法古",应该因时制宜,随机而变。当变则变,国家则兴;当变不变,国家则亡。他在"不法古,不循礼"的变法思想指导下帮助秦孝公实行变法,推行以法治国,加强君权,强调耕战,实行郡县制度,统一了度量衡,使秦国跃入了"战国七雄"的行列。②人性重利说和法治思想。商鞅认为人"生则计利,死则虑名","今之民巧以伪",不易统治,只能采取法治的手段,才能维持正常统治。他以法确立了君主的独裁统治,认为"权制独断于君则威"。他还主张重刑少赏,实行重刑政策,认为信赏必罚是实行法治的关键,提出了一些实施重刑的具体措施。③富国强兵的耕战思想。商鞅认为,"力生强,强生德,德生威,威生于力",力量决定一切,而力量来自农耕和兵战,因此,耕战是"治国之要"。他主张采取重农抑商等政策发展农业,采取赏厚罚重的办法使民不得不勇战,把耕战看作国家这匹马车的两个轮子。

韩非是战国末期的政治家、思想家,《韩非子》是研究他政治思想的主要资料。韩非是先秦法家政治思想的集大成者,他"观往者得失之变",总结了前期法家进行变法改革的经验,继续强调变法改革论,主张以"性恶"为基础的暴力论和富国强兵的耕战政策。在此基础上,他结合慎到倡导的"术"、商鞅提倡的"法"以及申不害强调的"势",发展并形成了一套中央集权的君主专制理论体系。这既是韩非鼓吹的"霸道"即暴力统治的具体内容,也是韩非政治思想的核心。在韩非看来,"法"是指一种调节人与人之间关系的统一的成文法，一经制定，就具有权威性，即人人在法律面前是平等的，法必须公开颁布，但君主却可以不受法的约束；"术"是一种权术，是君主驾驭臣僚的手段；"势"是指君主的权威，是生杀予夺的权力，是"法"和"术"的前提和后盾。韩非认为，君主拥有绝对权威的国家才是富强的国家，只有富强的国家才能保证民众的根本利益。他的"法""术""势"相结合的理论体系构成了完整的君主专制政治学说，这三者是不可分割的整体。

由此可见，法家政治思想与儒家政治思想相比，是反其道而行之，强调法治，实行霸道，主张以明令显法和统治权术驾驭人民。

3.道家政治思想

道家是中国古代以"道"为其基本思想范畴的学术思想派别。在古代政治思想领域内，它是仅次于儒家和法家的思想派别，代表人物主要有春秋末期的老子和战国初期的庄子。道家的主要政治思想有：①理论基础是以"道"为核心的哲学世界观。认为道是客观事物的本原，"道生一，一生二，二生三，三生万物"，"道法自然"，道是自然和社会的最高准则，政治也要以道为法则，做到顺乎自然和无为。②政治主张是"无为而治"。"处无为之事，行不言之教"，即治理国家，一切顺乎自然，"治大国若烹小鲜"，对人民采取不干预或少干预的统治手段。③政治理想是建立"小国寡民"的社会，即"邻国相望，鸡犬之声相闻，民至老死不相往来"，这样才能使人民"虚其心，实其腹，弱其志，强其骨，常使民无知无欲"，天下太平无事。

这些不同的政治思想学说基本上都是围绕着如何进行统治展开的，是对统治手段和统治方法的探讨；运用的研究方法也很单一，从哲学世界观出发，结合实际形势，迎合统治者的需要，得出代表本阶级或阶层利益的政治主张，是历史与逻辑的统一。它们为中国封建社会的后世统治提供了非常重要的理论基础。

(二)儒家政治学说的发展

从秦汉到晚清，中国封建社会延续了两千多年，这期间，政治研究处于缓慢发展时期。中央集权的封建君主专制统治是社会基本特征，社会政治生活被局限在中央集权的封建君主专制主义的总体框架中，政治研究也主要是在前人研究的基础上，尤其是以儒、法、道三派政治思想研究成果为基础，研究内容主要是围绕着如何巩固、加强君主专制主义的中央集权的国家制度展开的。虽然秦始皇统一全国后，通过"焚书坑儒""定法家于一尊"，并将其作为他治国立政的指导思想，但法家思想崇尚严刑峻法，追求急功近利，不利于国家的长治久安。所以，自汉以降，儒家政治学说得到弘扬发展，成为占统治地位的政治思想。

汉武帝上台后，接受了经学大师董仲舒"罢黜百家，独尊儒术"的建议，把孔孟创立的儒家学说经学化、神圣化，使儒家政治学说占据了中国封建社会的思想统治地位。魏晋时期，封建社会的动荡和董仲舒政治研究体系中神学思想受到批判，使得政治研究中的自然主义倾向加强，于是提倡"自然无为"的"玄学"兴起。隋唐时期，封建大一统的政治格局重新确立并得到加强，韩愈提出"道统论"，试图用儒家道统统一各家，使得儒家政治思想在经过一番改造之后，重新占据了政治研究的中心地位。宋、元、明、清时期，中国封建社会一方面继续缓慢发展，一方面危机四伏，统治者进一步加强了中央集权的君主专制制度,以朱熹为代表的理学兴起,其继承了传统儒家思想,提出了一套由格物、致知、诚意、正心到修身、齐家、治国、平天下的完整的"内圣外王"政治学说,儒家政治学说更加臻于精巧和成熟,强化了其在政治研究中的垄断地位。这时,也有一些思想家像陈亮、叶适、李贽、黄宗羲、唐甄等开始对儒学的垄断地位提出挑战,他们抨击君主专制制度,张扬民为邦本的思想,但由于整个政治思想文化领域都受到专制主义的控制,他们的研究并没有摆脱传统政治研究的束缚。封建社会传统政治研究中的代表人物是西汉的董仲舒和南宋的朱熹。

1.董仲舒的"天人合一"观

董仲舒是西汉的政治思想家,儒家学派的杰出代表,有"汉代孔子"之称,现存著作有《春秋繁露》。董仲舒的政治思想是以儒家学说为骨干,吸取先秦阴阳家、道家、法家等学派中有利于巩固封建统治的思想加以融合而形成的。其理论体系是在糅合"天人合一"论和"五德始终"说的基础上,创造了一个"天人感应"的神学目的论世界观。他认为天和人是相通的,天是有意志的,是最高的人格神,人必须按照天的意志去做事。董仲舒把这个神学世界观与封建政治相结合,提出了:①巩固中央集权封建专制主义的"大一统"说。认为"大一统"不仅是世界万物的最高原则和运行秩序,更是"天意"的体现。②加强君权的神学国家观。认为君权是神授的,"天子受命于天,天下受命于天子",人民必须忠于天子。③"三纲五常"的教化主义。"三纲"即"君为臣纲,父为子纲,夫为妻纲","五常"即"仁、义、礼、智、信"五种道德规范。"三纲五常"反映了君权、父权、夫权与神权的结合,体现了封建政治与封建伦理的有机统一,构成了董仲舒对人民实行教化的基本内容。④德主刑辅的统治方式。认为"教,政之本也;狱,政之末也。其事异域,其用一也"。在实行的顺序上,主张德先刑后;在实行的侧重面上,德教是第一位,刑罚是第二位。最终目的都是为了更好地维护封建统治。⑤相对平均主义的经济政策。反对大富大贫,主张小富小贫。董仲舒的政治思想使统治阶级的政治思想进一步系统化、理论化,成为整个封建社会占统治地位的思想,以后封建政治思想的发展,尽管在具体内容和具体形式方面有所变化,但基本观点、基本原则和基本框架都没有超出董仲舒提出的思想范围。

2.朱熹的理学思想

朱熹是南宋的政治思想家、哲学家,著作极丰,主要有《四书集注》《周易本义》《朱文公文集》《朱子语录》等。他的主要贡献在于建立了完整的理学体系,用客观唯心主义的"理"来论证孔孟之道,是理学集大成者。其主要政治思想有:①理学国家观。"理"是朱熹政治思想赖以建立的基石。他说:"理也者,行而上之道也,生物之本也。"在物质世界之外,先验地存在着一个理(也称天理、道或太极),理是万事万物的根源,是社会产生和运行的法则,人君治国只需依理而行,依天理治国便是王道,顺人欲治国则是霸道。朱熹运用理来分析政治现象,指出国家政权即君主和国家的统治是理的体现;统治体系即"三纲五常"不但是永恒不变的,而且是被理所规定的伦理规范;社会等级制度依然是理的体现,人们的贵贱生死寿夭,都是天所命,这取决于人所禀得的气的不同,而气恰恰是理创造万事万物的凭借。理只有通过气才能显现其作为世界本原的功能,而气的清明、浑浊、清高、衰颓之区别,决定了人们由于禀受了不同的气而造成的社会地位的差别,这一切在人没有出世之前已经被理先验地安排好了，无法改变。可见，理学国家观与神学国家观相比更为精巧和隐蔽。朱熹提出要"存天理，灭人欲"，以此束缚人们的思想，维护封建统治秩序。②"严本宽济"的德政主张。他认为仁政就是实行严厉的刑罚，否则，就是害人。"教之不从，刑以督之，惩一人而天下人知所劝戒，所谓'辟以止辟'。虽曰杀人，而仁爱之实已行乎中"，不然，"则人无所恐惧，陷于法者愈众，虽曰仁之，实以害之"，宽政只能使"奸豪"得志，平民遭殃。③郡国并存的行政体制。他认为高度集权的封建专制制度有一定的弊端，古代的郡县制有其优点，主张地方行政组织应以分封制为主要形式，使其"杂于郡县之间"。但这些主张没有什么新意，只不过是分封、郡县以及封建纲常名教的杂混。④相对君权论和君臣平等观。他认为国家大事，君主不可擅作主张，提出"君臣上下两尽其道"。⑤具体的社会改革主张，如抑制兼并、合理赋税、爱惜民力、设立义仓等。朱熹的政治思想是封建社会后期占统治地位的思想，影响深远。

（三）近代中国政治学说

1840 年鸦片战争揭开了中国近代社会的序幕。在此阶段，外国资本主义的入侵和中国封建制度的腐朽，酿成了中华民族的深重危机。中国的社会结构和政治力量都发生了很大的变化，这种变化反映在思想界，出现了两大政治学说相激相争的格局，即西方近代资产阶级政治学说和马克思主义政治学说。

1．"三民主义"与"五权宪法"学说的产生

鸦片战争后，由于民族危机的加深，一大批仁人志士为寻求富国强兵之道，在向西方学习的过程中开始引进并倡导西方资产阶级的政治学说。突出代表人物有改良派的康有为、梁启超、谭嗣同等，革命派的孙中山、章炳麟等。他们通过著书立说和革命实践，宣传西方近代资产阶级政治学说和政治主张，设计中国的资本主义蓝图，对封建政治产生了极大的冲击。

这时的政治研究主要围绕着"救亡"这一核心主题，结合着政治改造运动展开，具有强烈的实践理性色彩，这就影响到研究的全面性、系统性和完整性，未能建立起完整的学科框架。其中，孙中山的"三民主义"和"五权宪法"是较为完整的理论，体现了研究西方政治学的早期成果。

"三民主义"包括民族主义、民权主义、民生主义三个部分，前后经历了旧三民主义和新三民主义两个发展阶段。这一学说是中国近代资产阶级革命派的纲领，其基本内容有：①民族主义，即争取民族解放、实现国家独立。它有两层含义：一层是指"驱除鞑虏，恢复中华"，即反对清政府；另一层是指反对外国帝国主义侵略，争取国家独立，实现国内各民族平等，承认民族自决权。②民权主义，即推翻封建专制制度，建立共和制度，以及包括五院制的政体构想和军政、训政、宪政及施政程序的完整理论。③民生主义，即"节制资本"和"平均地权"，以发展社会经济。三民主义反映了中国近代社会的主要矛盾，概括了民主革命的主要任务，体现了人民的愿望，顺应了近现代的历史趋向。但它缺乏明确的反帝反封建的内容，带有历史局限性。随着旧民主主义革命向新民主主义革命转变，孙中山又重新解释了三民主义。新三民主义明确提出了反帝的内容；发展了"主权在民"的思想，主张人民有选举权、罢免权、创制权、复决权，可以以主人身份管理政府；鲜明

提出"耕者有其田"的土地纲领。新三民主义的核心是联俄、联共、扶助农工三大政策,成为民族民主革命的旗帜和革命统一战线的合作基础。

"五权宪法",即五权分立的制宪原则,是在西方三权分立说的基础上演化而来,指立法、行政、司法、监察、考试五种权力相互制衡。它是民权主义理论的制度化和实政化,直接指导了《中华民国临时约法》的制订。

2.马克思主义政治学在中国的传播

马克思主义政治学说是俄国十月社会主义革命送给中国先进知识分子的一份礼物。自从马克思主义政治学说传入中国,中国政治学研究就发生了深刻的变革。早期的马克思主义者陈独秀、李大钊等率先在《新青年》上发表文章介绍马克思主义政治观。如李大钊的《俄法革命之比较》不仅区别了无产阶级革命和资产阶级革命,还指出了人类的未来文明必将依赖无产阶级的社会主义革命。他的《我的马克思主义观》阐述了马克思主义政治的基本原理。1920 年,《共产党宣言》翻译出版,在初步具有马克思主义思想的先进知识分子中产生了强烈的影响,他们纷纷运用马克思主义观讲授政治学原理。如瞿秋白和张太雷在上海大学曾分别讲授《社会科学概论》和《政治学》,恽代英曾在中央军事政治学校和广州农民运动讲习所讲授《政治学概论》,他们的讲授都贯穿着马克思主义的阶级斗争和无产阶级革命的思想。20 世纪 20 至 30 年代,邓初民先后编著了《政治科学大纲》和《新政治学大纲》,以马克思主义的世界观和方法论为指导,较为全面、系统地阐述了政治学的性质、概念、研究方法以及阶级、国家、政党、政府、革命等范畴的基本原理。与此同时,以毛泽东为代表的中国共产党人把马克思主义政治观运用于中国革命的具体实践,形成了具有中国特色的马克思主义政治学说,成为指导无产阶级和广大人民进行政治活动的理论指南。如毛泽东的《新民主主义论》《论人民民主专政》等,对政治学中诸如阶级和阶级斗争、国家、政权、革命、政党、爱国主义和国际主义、革命的战略和策略等一系列基本问题都进行了深刻的论述和发挥。刘少奇等人也对共产党和国家建设问题做了系统的论述。这些有中国特色的政治理论进一步丰富了马克思主义的理论宝库。

(四)社会主义政治学发展的特点

中华人民共和国的成立,为马克思主义政治学在中国的发展开辟了广阔的天地。中国共产党在长期的革命斗争中形成的一系列政治学原理,为新中国政治制度的建立提供了正确的理论指导。毛泽东等无产阶级革命家的论著,如毛泽东的《关于正确处理人民内部矛盾的问题》《论十大关系》等,深刻论述了社会主义时期的国家任务和阶级关系的新变化以及如何处理各种政治关系等问题,有力地推进了马克思主义政治学的发展。然而由于种种原因,中国政治学的教学和研究工作却被忽略了。从 1952 年起,中国大学里的政治学系被取消,政治学也不再作为一门独立学科而存在。直到党的十一届三中全会后,政治学进入恢复、发展期。邓小平同志 1979 年在理论工作务虚会上指出:"政治学、法学、社会学以及世界政治的研究,我们过去多年忽视了,现在也需要赶快补课。"[①]中国社会的政治发展也向政治学研究提出了迫切的要求。在这种情况下,政治学研究迅速地

---

① 邓小平:《邓小平文选》第二卷,人民出版社 1994 年版,第 180—181 页。

恢复并发展起来,并呈现了如下几方面的特点。

1.学科基础建设逐步完善

1980年,中国政治学会在北京成立。1984年,中国政治学会加入国际政治学会,成为它的集体会员。1985年,中国社会科学院政治学研究所正式挂牌。与此同时,北京大学、复旦大学、吉林大学相继设置政治学专业,招收本科生,随后又招收了硕士和博士研究生。1985年底,国家教委召开政治学研讨会,确定了加强发展政治学学科建设的方针。随后全国许多高校设立了政治学专业,有些院校还设立了行政学专业。为满足教学和研究的需要,政治学界相继出版了许多学术专著,有基本理论和相关专题方面的政治学教材,也有诸如政治体制改革、权力制衡、民主法制、政治发展、人权、决策、现代化、市民社会等问题的研究专著,还大量翻译引进了外国政治学领域的名著和新理论、新思潮。大量关于政治研究的期刊也相继出版发行。这些都极大地推进了中国政治学研究的发展。

2.中国特色政治学体系初步构建

随着政治学研究机构的恢复与发展,中国政治学的理论建设也进入了繁荣时期,逐步确立了政治学的基本框架,大体勾勒出政治学研究的轮廓,构建了中国政治学体系,主要内容有:①初步科学界定政治含义。普遍认为,政治是关于人民的事,关系到人民的根本利益,是事关大局的问题。这就为政治学的发展提供了一种新的思维方式和理论基础。②确立政治学的研究对象。主导观点认为,政治学的研究对象是国家的活动、形式和关系及其发展规律。③开始注意国家职能的探讨和研究。认为传统国家职能观只承认国家的政治统治职能是片面的,国家具有多种职能,尤其是在中国建立并完善社会主义市场经济体制的今天,国家职能更应体现其对整个社会的管理和控制,充分发挥其决策、执行、监督等各种管理职能。④关注政治发展的研究。认为政治发展是人类社会演进过程中存在的一种社会历史现象,具体到不同的国家,即是指不同的政治发展目标、发展模式和发展道路。就中国而言,政治发展的主要任务为健全体制、调整权力、拓展参与、建设文化、开放政治,加强民主法制的建设,突出自主性、主导性、稳定性、渐进性的发展特点。⑤关注政治文化的研究。较为合理的看法认为,政治文化既是指政治心理方面,又包括政治思想方面,是指与政治有关的各个层面的精神现象。政治文化的显著特点便是它的本土化。⑥关注政治参与。认为政治参与是公民或公民团体通过一定的方式和渠道试图影响政治行为的过程。它是一个国家政治民主化和现代化的重要标志,其实现程度要受到制度参与机制、社会经济状况和政治文化的影响。我国的政治参与要在坚持党的领导的前提下,加强制度、文化等方面的建设,积极推进政治参与的进程,使公民政治参与有利于社会的发展和民主政治的建设。⑦进行政治稳定的研究。政治稳定是指政治系统在运行中所呈现的有序性和连续性。政治稳定是经济、社会发展的重要保证,具有战略性意义。我国的学者们对保持政治稳定的方法进行了广泛的研究,认为政治稳定的关键是要运用各种政治稳定机制,为变革中的中国社会创造一个良好的社会环境。

3.实践性的理论成果不断丰富

新中国成以来尤其是改革开放以来,中国政治学研究密切配合中国现实政治的需要,深入实际,调查研究,在马克思主义政治学原理的指导下,不断提高政治学对中国特色社会主义政治的解释力,形成了一系列对中国特色社会主义政治建设有指导意义的具有实际操作价值的理论成果,主要有:①对社会主义民主政治建设的研究。包括社会主义民主的性质、内容、特点以及民主制度的建设和完善,实现最广泛民主的途径和方式,等等。尤其是对基层民主,特别是村民自治的调查研究,更是体现了社会主义民主政治建设研究的深入和具体。②对当代中国政治制度进行系统的理论研究。包括对国体、政体、政党制度和国家结构以及政治制度史的研究。这些研究都取得了丰硕的成果,展现了当代中国政治制度的概貌和特征。③加大了政治体制改革的研究力度。为了发展社会主义,更好地体现社会主义的优越性,必须进行政治体制改革。政治体制改革是一个带有敏感性的现实问题,因此,加大此领域的研究力度,对于坚持和发展社会主义具有至关重要的意义。目前,政治体制改革的理论研究主要涉及机构改革、政府职能转变、人事制度、公务员制度等方面。④对权力制约的研究。特别是党的十八大以来,政治学界认为必须加强对权力运行的制约和监督,以有效地解决腐败问题;加强权力制约必须依靠民主和法治建设,健全党和国家的监督体系。⑤实现和平统一的构想。维护主权和领土的完整,实现统一,是主权国家神圣的职责,也是政治研究的重要课题。"一国两制"的提出是对历史和现实以及广大人民群众的尊重,是实现祖国和平统一的现实途径,是对马克思主义国家学说的发展,更为解决国际争端和历史遗留问题提供了一种新的思路。⑥对国家治理体系与治理能力现代化理论的研究。党的十八届三中全会描绘了新时代中国特色社会主义建设和改革蓝图,推进国家治理体系与治理能力现代化既是深化改革的一大目标,也是保障改革取得成功的重要支撑。国家治理体系与治理能力现代化理论强调以党的领导为核心,以人民为中心,充分发挥我国社会主义政治制度的优越性,不断完善国家治理结构、功能、手段和方式,提高国家治理效能和民众获得感、满意度,是习近平新时代中国特色社会主义思想在政治学领域的最新成果。

4.研究领域趋向多学科化和研究方法的多样化

政治学在恢复初期,研究领域较狭窄,主要集中于政治学概念、原理等基础理论方面。随着学科研究的发展,政治学的许多主干学科诸如行政管理学、中外政治思想、中外政治制度、国际政治学等都有了长足的进展。在此过程中,政治学开始与其他学科融会贯通,形成了一些新兴交叉学科,如比较政治学、政策科学、政治社会学、政治心理学、政治人类学、政治伦理学、发展政治学、民族政治学等。另外,还有一些自然科学家涉足政治研究领域,把统计、数学、计算机科学等先进手段运用到政治研究中。这是中国政治学研究文理科相通的良好开端。与政治学研究领域拓展相伴随的是研究方法的多样化。到目前为止,我国政治学的研究除了运用传统的规范研究方法,如阶级分析法、价值分析法、历史分析法、机构制度分析法以外,也运用现代实证研究方法,并借鉴其他学科的研究方法,如社会学研究方法、人类学研究方法、心理学研究方法、行为科学研究方法、案例研究方法、计量学研究方法以及系统论、信息论、控制论等系统科学研究方法。这些研究方法的运用不仅提高了政治学的科学性和学术水准,而且进一步拓宽了政治学的研究领域。

随着中国改革开放政策的实行,政治学的研究逐渐打破了闭关自守的状态,加强了与世界各国的交流。20 世纪 80 年代以来,中国政治学界先后与世界许多国家的政治研究机构和学者建立了联系,大量的外国政治学名著被翻译介绍到中国来,国外的政治学流派也逐渐被中国学者所熟悉,中外之间的互访日益普遍,这无疑在更高的起点和更宽的视野上推进了中国政治学研究的发展和繁荣。

三、马克思主义政治学的产生和发展

马克思主义政治学说是马克思主义科学体系的重要组成部分,可以说,马克思主义政治学说体系的基本形成是马克思主义科学体系诞生的主要标志。马克思主义政治学说体系,就其自身而言,包括政治哲学、政治理论、特定的政治观点和政治主张以及对于政治理想的设计和评价等;就其历史发展进程而言,包括马克思、恩格斯创立的政治学说,列宁主义的政治学说和第二次世界大战后各社会主义国家和马克思主义政党的马克思主义政治学说。中国特色社会主义理论体系就包含了丰富的马克思主义政治学思想。

（一）马克思主义政治学的产生

马克思主义政治学产生于 19 世纪 40 年代末,它是无产阶级反对资产阶级阶级斗争的要求和理论表现,也是政治思想历史发展的必然结果。《共产党宣言》的发表,标志着马克思主义政治学科学体系的初步形成及其理论基础的初步建立。

资本主义经济的发展,为马克思主义政治学的产生提供了阶级基础和社会历史条件。首先是奠定了阶级基础。从 18 世纪 60 年代开始,随着英国工业革命的发生,人类社会中出现了两个新兴阶级,即资产阶级和无产阶级。大工业和资本主义生产关系的发展不仅加剧了两大阶级之间的对立,还壮大了无产阶级的力量,到 19 世纪三四十年代,无产阶级开始作为独立的政治力量登上历史舞台,为马克思主义政治学的产生提供了阶级基础。其次是提供了社会历史条件。19 世纪三四十年代,欧洲爆发了著名的三大工人运动:1831 年和 1834 年的法国里昂工人武装起义,1836—1848 年的英国工人宪章运动,1844 年的德国西里西亚纺织工人大起义。三大工人运动的斗争实践表明,在欧洲发达国家中,无产阶级和资产阶级的矛盾已上升为社会的主要矛盾,无产阶级反对资产阶级的斗争已发展到一个新阶段。这为马克思主义政治学的产生提供了实践基础。另外,人类历史的文明成果为马克思主义政治学的产生提供了思想条件。马克思、恩格斯为创立科学的政治体系,探求人类社会的发展规律和无产阶级的解放途径,批判地吸收了人类思想史上一切优秀成果。他们批判和改造了德国古典哲学,吸收了黑格尔的辩证法和费尔巴哈的唯物主义,创立了辩证唯物主义和历史唯物主义学说,为建立马克思主义政治学说奠定了方法论基础。他们批判地吸收了英国古典政治经济学的劳动价值理论,创立了劳动二重性学说,揭示了资本主义生产关系的本质和发展趋向,为马克思主义政治学说提供了坚实的理论基础。他们还批判地继承了法国启蒙思想家和唯物主义者以及空想社会主义者的思想,如卢梭的"天赋人权"说和民主理论,基佐等人关于阶级和阶级斗争的学说,等等。至于法国空想社会主义为改造资本主义社会所提出的社会批判理论和社会理想,更是对马克思主义政治学产生了直接的影响。

19 世纪三四十年代,马克思和恩格斯根据其对于社会状况的分析和科学研究的成果,写下了大量的政治学著作,其中代表性的有《1844 年经济学哲学手稿》《黑格尔法哲学

批判》《论犹太人问题》《英国工人阶级状况》《神圣家族》《德意志意识形态》等。这些著述为马克思主义政治学的正式诞生做好了前期准备工作。

1848年《共产党宣言》的问世，标志着马克思主义政治学的完全形成。其主要政治思想有：①论述了阶级斗争问题。认为政治斗争的基础是阶级斗争，阶级斗争的发展必然导致争夺国家政权的政治斗争。②分析了资产阶级国家的本质和职能。③论证了无产阶级革命的必然性及其性质和意义。④全面论述了无产阶级国家问题，构建了无产阶级专政学说的基本框架。⑤明确阐明了无产阶级政党的性质、特点、目的、策略等，奠定了无产阶级政党学说的基本点。

（二）马克思主义国家学说

马克思在其揭示资本主义经济运动规律的巨著《资本论》中分析了国家性质和国家形式问题，认为国家的性质和形式归根到底是由经济基础决定的，即经济基础决定上层建筑，但国家性质和形式又对经济基础具有强大的反作用。

关于马克思主义国家学说的基本原理。1884年，恩格斯写出了《家庭、私有制和国家的起源》一书，科学阐明了私有制、阶级和国家的起源、发展、消亡的规律。恩格斯指出：①国家不是从来就有的，国家产生的前提和基础是生产力的发展引起了社会大分工，进而引起了阶级分化，接着私有制确立，当不同阶级之间的矛盾发展到不可调和的程度时，就需要从社会分离出第三种力量以维持社会的秩序，于是，国家应运而生。②国家与氏族相比具有三个明显的特征。第一，国家是按地区而不是按血缘关系划分它的国民；第二，国家具有同人民大众相分离的公共权力；第三，国家设立了捐税，官吏作为社会机关凌驾于社会之上。③国家的本质是最强大的、在经济上占统治地位的阶级的国家，这个阶级借助于国家而在政治上也成为占统治地位的阶级，因而获得了镇压和剥削被压迫阶级的新手段。④国家的最高形式，民主共和国，在我们现代的社会条件下正日益成为一种不可避免的必然性，它是无产阶级和资产阶级之间的最后决定性斗争只能在其中进行到底的国家形式，这种民主共和国已经不再正式讲什么财产差别了。⑤有产阶级是直接通过普选制来实行统治的。无产阶级应认真对待普选权，当它可以用来选举代表工人阶级利益的代表时，要很好地加以利用，并通过竞选活动来测量工人阶级的成熟程度。⑥随着阶级的消失，国家也不可避免地要消失，国家的最终消失是一种自然消亡的过程。

关于国家权力的独立性及其作用。恩格斯在1886年发表的《路德维希·费尔巴哈和德国古典哲学的终结》一书中着重论述了这个问题。他认为经济基础对于政治制度无疑具有决定性的作用，但是作为政治上层建筑的国家权力具有相对独立性，其对于经济基础和社会经济的发展还具有一定的反作用，表现有三。其一，国家权力和经济发展沿着同一方向起作用；其二，二者沿着相反的方向起作用；其三，国家权力阻止经济沿着既定的方向发展，而使它向另外的方向发展。恩格斯在其晚年针对第二国际机会主义的错误思想以及当时出现的新情况、新问题，对资产阶级共和国、普选制、战争与和平问题提出了自己的见解。例如，他批判国家迷信，认为国家就其实质而言，是一个阶级镇压另一个阶级的机器，民主共和国也不例外。无产阶级革命胜利后，要建立无产阶级专政的国家机器，但应尽量除去国家机器坏的方面，等到共产主义实现时，才能抛掉国家，即国家自行走向消亡。

马克思和恩格斯这对革命战友在科学方法论的指导下，在革命实践过程中，共同创立并发展了以国家学说为核心、以无产阶级专政为主要关注点的马克思主义政治学。它以阶级和阶级斗争为出发点，剖析了国家的产生、本质及消亡，探讨了政治体制的更迭、演变及最高形式，展望了未来社会的理想状况，明确了实现这一理想的根本途径即社会革命以及承担这一历史责任的主体力量即无产阶级。可以说，马克思主义政治学开创了政治学研究的科学时代，为人类认识和掌握政治现象提供了科学的方法论，即辩证唯物主义和历史唯物主义，奠定了政治学研究的科学基础。它把实现人类的最终解放作为政治学研究的最高目标，第一次使政治学研究与人类的彻底解放密切结合在一起。

俄国马克思主义者列宁继承并发展了马克思主义政治学，把它发展到了一个新阶段，即列宁主义阶段。列宁在《国家与革命》中继承和发展了马克思主义国家学说，主要思想有：①建立新型的无产阶级政党。认为无产阶级政党的领导是社会主义事业取得成功的决定性因素；指出无产阶级政党必须是工人阶级先进的有组织的部队，是社会主义和工人运动的结合体，必须以马克思主义为指导思想，以革命家组织为核心，实行民主集中制的组织原则。②党在民主革命中的策略学说。认为无产阶级是俄国最先进和唯一彻底革命的阶级，能够而且应当成为民主革命的领导阶级。③革命转变的思想。指出反对专制制度的民主革命一旦取得完全的胜利，在一定的条件下，应马上将革命转变为反对资产阶级的社会主义革命。④帝国主义理论。指出帝国主义是资本主义发展的特殊阶段，是垄断资本主义，是无产阶级革命的前夜。⑤一国胜利说。通过揭示帝国主义发展的不平衡规律及其与社会主义革命之间的关系，提出社会主义可以首先单独在几个或一个资本主义国家、在不发达的俄国取得胜利的论断。这是对马克思主义政治学中"同时胜利说"的突破。⑥对无产阶级革命和专政的论述。强调无产阶级必须通过革命暴力打碎资产阶级国家机器，建立无产阶级专政的国家；指出无产阶级专政是无产阶级革命的最高表现，是无产阶级阶级斗争在新形势下的继续，是建成社会主义的必要条件；提出了社会主义分阶段发展的著名理论。⑧关于国家形式。认为苏维埃是无产阶级专政在俄国最好的国家形式，符合俄国人民的愿望。⑨关于社会主义民主建设的思想。认为无产阶级专政是民主和专政的统一，是新型民主和新型专政的国家；指出没有民主就没有社会主义，社会主义民主建设是一个过程，在这个过程中，必须注意防止并克服官僚主义。列宁创立的一系列政治学课题对于社会主义国家的政权与民主建设具有重要的理论指导意义。

(三)马克思主义政治学的中国化

中国共产党人在革命和社会主义建设实践中，结合中国实际状况，创造性地运用马克思主义政治学原理，形成了毛泽东思想、邓小平理论、"三个代表"重要思想、科学发展观和习近平新时代中国特色社会主义思想，这一系列思想与理论是中国共产党人对马克思主义政治学的贡献与发展。[①]

---

① 参见《政治学概论》编写组：《政治学概论》(第二版)，高等教育出版社、人民出版社2020年版，第23—30页。

1. 毛泽东思想对马克思主义政治学的贡献

毛泽东思想是马克思列宁主义在中国的创造性运用和发展，是经过实践证明的，关于中国革命和建设的正确的理论体系和经验总结，是中国共产党集体智慧的结晶。毛泽东的政治思想，是马克思主义政治学理论同中国实际相结合取得的重大成果，是马克思主义政治学中国化的光辉典范。①

在半个多世纪的奋斗生涯中，毛泽东写下了丰富的政治理论著述，创立了切合中国实际的中国化马克思主义政治学理论。毛泽东从中国的历史和国情出发，深入研究中国社会的性质、中国革命的特点和规律，创立了无产阶级领导的人民大众的反对帝国主义、封建主义和官僚资本主义的新民主主义革命理论。

在领导中国人民夺取新民主主义革命的胜利、创建新中国政治制度的实践中，毛泽东提出和阐发了统一战线和多党合作理论。建设一个马克思主义的无产阶级政党是一项艰巨的任务，也是一项伟大的工程。毛泽东特别强调理论和实践相结合的作风，和人民群众紧密地联系在一起的作风，以及批评和自我批评的作风，这是中国共产党区别于其他政党的显著标志。他创造了通过批评和自我批评进行全党整风的马克思列宁主义思想教育方式。他在谈到如何避免历史上政权更替、人亡政息的周期率时指出，我们找到了跳出这一周期率的新路，这就是让人民来监督政府。新中国成立前夕，他告诫全党，在取得全国政权以后，要坚持全心全意为人民服务的宗旨，继续保持谦虚谨慎，戒骄戒躁，艰苦奋斗的作风，警惕资产阶级思想的侵蚀，反对脱离群众的官僚主义倾向。

新中国成立后，以毛泽东为代表的中国共产党人领导中国人民建立和巩固工人阶级领导的、以工农联盟为基础的人民民主专政的国家政权，根据中国国情创立了人民代表大会制度、中国共产党领导的多党合作和政治协商制度、民族区域自治制度，确立了马克思主义在意识形态领域的指导地位，不断巩固和发展社会主义制度。

社会主义建设时期，为了探索社会主义建设的规律，借鉴苏联共产党在社会主义建设中的经验教训，毛泽东对社会主义社会的矛盾等一系列重大问题进行了深入思考，提出了调动一切积极因素，团结一切可以团结的力量，为建设社会主义现代化这一伟大事业服务。毛泽东高度重视动员群众、组织群众，调动一切积极因素参与国家建设和管理。

在毛泽东政治思想体系中，还有关于政治是统帅、是灵魂、是经济工作和一切工作的生命线的观点，关于中国革命和建设的政策策略思想，关于加强思想政治工作、关于坚持和发展统一战线、关于加强国防和军队建设、关于坚持独立自主的和平外交思想、关于警惕和防止和平演变等一系列政治理论，这些内容从不同方面丰富和发展了马克思主义政治学，成为指导我国社会主义政治建设的宝贵精神财富。②

2. 邓小平理论、"三个代表"重要思想、科学发展观对马克思主义政治学的贡献

邓小平理论、"三个代表"重要思想、科学发展观，是在新的历史条件下对马克思列宁主义、毛泽东思想的继承和发展，是中国特色社会主义理论体系的有机组成部分。中国

---

① 《政治学概论》编写组：《政治学概论》（第二版），高等教育出版社、人民出版社 2020 年版，第 23 页。
② 《政治学概论》编写组：《政治学概论》（第二版），高等教育出版社、人民出版社 2020 年版，第 23—26 页。

特色社会主义是中国共产党和中国人民为了中华民族复兴和社会主义事业的发展进行艰难探索,付出巨大代价,克服千难万险而取得的根本成就。[1]

围绕建设中国特色社会主义这个主题,邓小平理论、"三个代表"重要思想、科学发展观坚持解放思想、实事求是、与时俱进、求真务实,坚持立足于社会主义初级阶段这一基本国情,创造性地探索和回答了什么是马克思主义、怎样对待马克思主义,什么是社会主义、怎样建设社会主义,建设什么样的党、怎样建设党,实现什么样的发展、怎样发展等重大理论和实际问题,赋予马克思主义理论以新的时代内涵和实践要求,进一步深化了对共产党执政规律、社会主义建设规律、人类社会发展规律的认识,实现了马克思主义与中国实际相结合的新的历史性飞跃,把马克思主义中国化推向了新的发展阶段。

邓小平理论、"三个代表"重要思想、科学发展观内容丰富,涉及国家的经济建设、政治建设、文化建设、社会建设、生态文明建设、党的建设等方方面面,贯通马克思主义各个学科、各个领域。邓小平理论、"三个代表"重要思想、科学发展观中的政治理论,是马克思主义政治学中国化的重大理论成果,在一系列重要问题上丰富和发展了马克思主义政治思想。[2]

(1)关于社会主义初级阶段的理论。邓小平强调:"社会主义本身是共产主义的初级阶段,而我们中国又处在社会主义的初级阶段,就是不发达的阶段。一切都要从这个实际出发,根据这个实际来制订规划。"[3]

(2)关于社会主义社会主要矛盾的理论。1981年党的十一届六中全会指出,在社会主义初级阶段,我国社会的主要矛盾是人民日益增长的物质文化需要同落后的社会生产之间的矛盾。

(3)关于中国特色社会主义政治发展道路的理论。强调发展社会主义民主政治,建设社会主义政治文明,必须坚持走中国特色社会主义政治发展道路。走中国特色社会主义政治发展道路,关键是坚持党的领导、人民当家作主和依法治国的有机统一。

(4)关于社会主义民主的理论。强调人民民主是社会主义的生命,人民当家作主是社会主义民主政治的本质和核心,没有民主就没有社会主义,就没有社会主义的现代化,就没有中华民族伟大复兴。社会主义愈发展,民主也愈发展。坚持和发展社会主义民主最重要的就是要坚持好、发展好适合我国国情的社会主义政治制度。

(5)关于社会主义法治的理论。强调社会主义民主和社会主义法治是不可分割的统一体,必须坚持依法治国,建设社会主义法治国家。

(6)关于政治体制改革的理论。强调政治体制改革是社会主义政治制度的自我完善,是发展社会主义民主政治的必然要求。要适应我国经济基础深刻变化和人民民主意识不断增强的客观要求,积极稳妥地推进政治体制改革。

(7)关于尊重和保障人权的理论。强调尊重和保障人权是发展社会主义民主政治,建设社会主义政治文明的内在要求。人权是具体的、相对的,不是抽象的、绝对的,与一

---

[1]　《政治学概论》编写组:《政治学概论》(第二版),高等教育出版社、人民出版社2020年版,第26页。
[2]　《政治学概论》编写组:《政治学概论》(第二版),高等教育出版社、人民出版社2020年版,第26—30页。
[3]　邓小平:《邓小平文选》第三卷,人民出版社1993年版,第252页。

个国家的政治状况、经济发展、历史传统、文化结构和整个社会发展水平有很大关系。

(8)关于"一个国家、两种制度"的理论。强调实现祖国完全统一,是中华民族根本利益所在,也是全体中国人民不可动摇的坚强意志。

(9)关于国际政治和外交战略的理论。强调和平与发展是当今时代的主题,求和平、谋发展、促合作已经成为不可阻挡的时代潮流。要始终不渝地走和平发展道路,奉行互利共赢的开放战略,坚持韬光养晦、有所作为的战略方针,坚持在和平共处五项原则的基础上同所有的国家发展友好合作。

(10)关于社会主义建设事业的根本力量和依靠力量的理论。强调人民群众是历史的创造者,是中国特色社会主义事业的主体力量。包括知识分子在内的工人阶级和广大农民是推动我国生产力发展和社会全面进步的根本力量,在社会变革中出现新的社会阶层是中国特色社会主义事业的建设者。

(11)关于执政党建设的理论。强调中国共产党是中国工人阶级的先锋队,同时是中国人民和中华民族的先锋队,是中国特色社会主义事业的领导核心。必须坚持党对国家大政方针和全局工作的政治领导,坚持党对军队和其他人民民主专政的国家机器的绝对领导,坚持党管干部的原则,坚持党对意识形态领域的领导,坚持中国共产党领导的多党合作和政治协商。发挥党总揽全局、协调各方的作用,坚持科学执政、民主执政、依法执政,不断完善党的领导体制机制和方式。

3.习近平新时代中国特色社会主义思想对马克思主义政治学的发展

党的十八大以来,以习近平同志为核心的党中央运用辩证唯物主义和历史唯物主义方法,深入分析了世情、国情、党情、民情及其发展变化,深刻阐发了党在改革发展稳定、治党治国治军和内政外交国防等领域的新理念、新思想、新战略,从理论和实践结合上系统回答了新时代坚持和发展什么样的中国特色社会主义、怎样坚持和发展中国特色社会主义这个重大时代课题,创立了习近平新时代中国特色社会主义思想。习近平新时代中国特色社会主义思想是对马克思列宁主义、毛泽东思想、邓小平理论、"三个代表"重要思想、科学发展观的继承和发展,是马克思主义中国化的最新成果,是党和人民实践经验和集体智慧的结晶,是中国特色社会主义理论体系的重要组成部分,是全党全国人民为实现中华民族伟大复兴而奋斗的行动指南。[①]

习近平新时代中国特色社会主义思想在新的历史条件下和实践基础上,从理论和实践的结合上发展了马克思主义政治理论,形成了马克思主义政治学的最新成果。[②]

(1)关于中国特色社会主义进入新时代。中国特色社会主义进入了新时代,这是我国发展新的历史方位。这个新时代是承前启后、继往开来、在新的历史条件下继续夺取中国特色社会主义伟大胜利的时代,是决胜全面建成小康社会、进而全面建设社会主义现代化强国的时代,是全国各族人民团结奋斗、不断创造美好生活、逐步实现全体人民共同富裕的时代,是全体中华儿女勠力同心、奋力实现中华民族伟大复兴中国梦的时代,是我国日益走近世界舞台中央、不断为人类做出更大贡献的时代。

---

① 《政治学概论》编写组:《政治学概论》(第二版),高等教育出版社、人民出版社2020年版,第30页。
② 《政治学概论》编写组:《政治学概论》(第二版),高等教育出版社、人民出版社2020年版,第31—40页。

(2)关于社会主义初级阶段主要矛盾的变化。进入新时代,人民美好生活需要日益广泛,不仅对物质文化生活提出了更高要求,而且在民主、法治、公平、正义、安全、环境等方面的要求日益增长,由此使得新时代我国社会主要矛盾转化为人民日益增长的美好生活需要和不平衡不充分的发展之间的矛盾。

(3)关于中国特色社会主义政治发展道路。方向决定前途,道路决定命运。推进政治发展的根本问题,是选择和确立政治发展的道路问题。以什么样的思路来谋划和推进中国社会主义民主政治建设,在国家政治生活中具有管根本、管全局、管长远的作用。中国是一个发展中大国,坚持正确的政治发展道路更是关系根本、关系全局的重大问题。

(4)关于坚持和完善中国特色社会主义制度,推进国家治理体系和治理能力现代化。中国特色社会主义制度是党和人民在长期实践探索中形成的科学制度体系,我国国家治理一切工作和活动都依照中国特色社会主义制度展开,我国国家治理体系和治理能力是中国特色社会主义制度及其执行能力的集中体现。我国国家制度和国家治理体系具有多方面的显著优势,这些显著优势,是我们坚定中国特色社会主义道路自信、理论自信、制度自信、文化自信的基本依据。

(5)关于中国共产党领导核心地位。中国共产党是马克思主义与中国工人运动相结合的产物,是中国工人阶级先锋队,是中国人民和中华民族的先锋队。中国共产党的领导是中国政治发展历史逻辑、理论逻辑和实践逻辑的必然,是中国特色社会主义最本质的特征,是中国特色社会主义制度的最大优势。党是最高政治领导力量,必须坚持和加强党对一切工作的全面领导。必须坚持和完善党的领导制度体系,提高党科学执政、民主执政、依法执政水平。必须坚持党政军民学、东西南北中,党是领导一切的,坚决维护党中央权威,健全总揽全局、协调各方的党的领导制度体系,把党的领导落实到国家治理各领域各方面各环节。

(6)关于社会主义民主政治。人民民主是中国共产党始终高举的旗帜,是社会主义的生命,人民当家作主是社会主义民主政治的本质和核心。坚持和发展社会主义民主,要贯彻落实以人民为中心的发展思想。必须始终把人民对美好生活的向往作为我们的奋斗目标,践行党的根本宗旨,贯彻党的群众路线,尊重人民主体地位,尊重人民群众在实践活动中所表达的意愿、所创造的经验、所拥有的权利、所发挥的作用,充分激发蕴藏在人民群众中的创造伟力。

(7)关于社会主义法治。强调社会主义民主和社会主义法治是不可分割的统一体,建设中国特色社会主义法治体系、建设社会主义法治国家是坚持和发展中国特色社会主义的内在要求,全面推进依法治国的总目标就是建设中国特色社会主义法治体系、建设社会主义法治国家。

(8)关于尊重和保障人权。必须把人权的普遍性原则同本国实际相结合,坚持生存权和发展权是首要的基本人权。在实践中,人权事业必须也只能按照各国国情和人民需求加以推进。

(9)关于坚持和完善统筹城乡的民生保障制度。增进人民福祉、促进人的全面发展是我们党立党为公、执政为民的本质要求。

(10)关于坚持和完善共建共治共享的社会治理制度,保持社会稳定、维护国家安全。

社会治理是国家治理的重要方面。必须加强和创新社会治理,完善党委领导、政府负责、民主协商、社会协同、公众参与、法治保障、科技支撑的社会治理体系,建设人人有责、人人尽责、人人享有的社会治理共同体,确保人民安居乐业,社会安定有序,建设更高水平的平安中国。

(11)关于巩固和发展爱国统一战线。要高举爱国主义、社会主义旗帜,牢牢把握大团结大联合的主题,坚持一致性和多样性统一,找到最大公约数,画出最大同心圆。

(12)关于中国特色社会主义政治文化建设。必须坚持马克思主义,牢固树立共产主义远大理想和中国特色社会主义共同理想,培育和践行社会主义核心价值观,不断增强意识形态领域主导权和话语权。

(13)关于"一个国家、两种制度"。坚持和完善"一国两制"制度体系,推进祖国和平统一。"一国两制"是党领导人民实现祖国和平统一的一项重要制度,是中国特色社会主义的一个伟大创举。实现祖国的完全统一是中华民族根本利益所在,也是全体中国人民不可动摇的意志。

(14)关于国际政治和外交战略。当代中国同世界关系发生了历史性变化,中国的前途命运日益紧密地同世界的前途命运联系在一起。必须高举和平、发展、合作、共赢的旗帜,恪守维护世界和平、促进共同发展的外交政策宗旨,推动建设相互尊重、公平正义、合作共赢的新型国际关系,推动构建人类命运共同体。

(15)关于执政党建设。必须增强政治意识、大局意识、核心意识、看齐意识,坚决维护党中央权威和集中统一领导,自觉在思想上政治上行动上同党中央保持高度一致。完善坚持党的领导的体制机制,改进党的领导方式和执政方式,提高党把方向、谋大局、定政策、促改革的能力和定力,确保党的领导全覆盖,确保党的领导更加坚强有力。办好中国的事情,关键在党,关键在坚持党要管党、全面从严治党。我们党只有在领导改革开放和社会主义现代化建设伟大社会革命的同时,坚定不移地推进党的伟大自我革命,敢于清除一切腐蚀党的健康肌体的病毒,使党不断自我净化、自我完善、自我革新、自我提高,不断增强党的政治领导力、思想引导力、群众组织力、社会号召力,才能确保党始终保持同人民群众的血肉联系。

马克思主义政治学是一门科学的理论,其最突出的特点是实践性,这就要求不能用教条主义的态度对待马克思主义政治学。随着人类政治实践的不断发展和人们对政治现象认识的不断深化,马克思主义政治学将在实践中不断接受检验并不断得到补充、发展和完善。

第三节　政治学的研究内容与方法

一、政治学的研究对象

与对政治内涵的多种解释相联系,理论界对政治学研究对象的讨论也相当热烈,具有代表性的观点主要有:①研究国家学说、政府的具体机构以及实行革命与专政的理论策略等;②研究以国家为主体的政治关系、政治形式、政治活动及其发展规律;③研究国家,包括国家的一般理论、国家的政治制度、国家的活动以及与国家有关的一切政治力量、政治活动、政治关系等;④研究以国家政治权力为中心的一切政治关系的总和;⑤不限于国家问题,一切政治现象都是政治学的研究对象;等等。概括起来,可以归纳为以下三种学说。

(一)政治学即国家学说

将国家视为政治学研究的永恒主题。这种观点认为,政治现象就是国家活动以及围绕着国家而展开的活动,所以,政治学实际上也就是国家学。从政治学的历史渊源来看,政治学正是从对国家的研究过程中产生的。政治学的创始人、古希腊伟大的思想家亚里士多德所写的《政治学》是举世公认的政治学开山之作。这本书中的"政治"一词,来源于希腊语 polis,意指城邦,即城市国家。古希腊进入阶级社会后,建立了许多城市国家,城市国家的产生标志着政治生活领域的出现。正如马克思、恩格斯在《德意志意识形态》一书中所说:"随着城市的出现,必然要有行政机关、警察、赋税等等,一句话,必然要有公共的行政机构,也就是必然要有一般政治。"随着政治的出现,研究政治的政治学也开始出现了。所以,政治学一产生就是以国家作为其主要研究对象的。古希腊是最早出现城邦国家的地方,在这里也就出现了最早的政治学家亚里士多德,诞生了最早的政治学著作《政治学》。亚里士多德在《政治学》中以国家为中心问题,研究了国家的一般理论问题、国家的具体制度问题以及治理国家的原则、国家兴亡盛衰的道理和国家权力的划分等内容。

历史进入近代以来,随着社会政治生活的日益复杂和政治学研究领域的不断扩展,政治学不再仅仅局限于研究国家的活动和制度的范围,它开始对影响国家活动的、以国家为中心的各种政治现象,包括各种政治行为和政治关系加以研究。如:影响国家活动的各种政治力量,包括阶级、政党、领袖、群众、组织、集团、舆论等;影响国家活动的各种政治关系,包括民族关系、阶级关系、国家与人民的关系、国家与国家的关系等;影响国家活动的各种政治运动和斗争,包括革命、改革、改良等。但这些都是围绕着国家这个中心进行的。正如西方传统政治学研究的代表人物之一、美国政治学家迦纳所说:"国家的现象,在其千变万化之中,对于家庭、部落、民族及其他一切私人集团而言,虽不是毫无关系,究竟有所不同。此种特异的国家现象,即构成政治学研究的主题。简言之,政治学从头至尾即是研究国家的科学。"

现代西方政治学的研究同样没有超出研究国家问题的范围。虽然有的政治学家主张把政治体系或决策或其他的什么对象作为政治学的主要任务和研究中心,但最终都没有超出国家问题这个范围。马克思主义政治学更是强调国家问题在政治学研究中的中心地位。《共产党宣言》标志着马克思主义政治学的产生,在这之后的一系列经典著作都继承并发展了《共产党宣言》的思想,把国家问题作为政治学研究的中心问题。因此,不论从哪种角度看,国家都是政治学研究的永恒主题。

(二)政治学即权力学说

将权力视为政治学研究的本质。这种观点认为,国家并不是政治的同义语。国家如同阶级、政党一样,是一个历史范畴,它是历史发展到特定阶段的产物,在国家产生之前以及将来国家有可能消失之后,甚至在目前非国家层次的许多方面,人类社会中都会有政治存在。例如,在现实生活中存在着许多权力之争,其中有属于国家层面的,如政权归属或政府职位的权力之争;也有不属于国家层面的,如企业、事业单位和社会团体内部的权力之争——人们通常把这些权力之争也看作政治斗争。因此,如果仅仅认为政治学是研究国家问题的科学,那么,这些非国家问题的政治斗争就会被排斥在政治学的研究范围之外,这样的政治学研究是不全面的。另外,权力是隐藏在国家政府机构后面的因素,围绕着国家问题展开的一系列政治活动以及在活动过程中结成的各种政治力量和政治关系往往都是针对并指向权力的,看不到这一点,也就不可能真正认清国家。德国社会学家、政治学家韦伯说:"对我们来说,'政治'意指力求分享权力或力求影响权力的分配。"所谓权力是指一种力量,一个人或一个团体可以借助这种力量,按其自身的愿望去支配其他的人或其他的团体。所以,权力既可以指政治上的强制力量,如国家权力,也可以指某种职责范围内的支配力量。按此观点,可以看出,政治现象并不只限于国家的活动,而是广泛存在于各种人际关系之中,存在于各种人际权力关系之中。正如美国政治学家拉斯韦尔所说:"政治学是一门经验的学科,研究权力的形成和分配。"

(三)政治学即政策学说

将政策视为政治学研究的中心任务。这种观点认为,在社会生活中,人们之间的权力关系十分复杂,某个人或某个团体对其他人或其他团体的支配权力并不都是政治权力。除政治权力之外,还有经济权力,如某人或某团体由于拥有生产资料所有权从而对其他人或团体享有支配权。另外,还有知识权力、宗教权力,等等。政治学不可能也没有必要对所有这些权力现象都进行研究。政治权力以外的其他权力现象应由其他相应的社会科学去研究。

美国政治学家伊斯顿说:"政治研究,首要的乃是企图对一个社会中从事价值分配的权威性政策做一系统了解。"社会是一个大系统,它由若干子系统构成,如政治系统、经济系统、文化系统等。社会大系统的运转是否协调、正常,取决于各个子系统的自身状态以及各子系统之间的关系。其中,政治系统起着非常重要的作用。它的主要功能在于,根据社会系统的需要,通过政策的制定和执行对社会中的各种价值进行权威性的分配,缓解一些不必要的社会纠纷和冲突,使社会的发展趋于稳定。所以,政治学研究的主要问题应该是这种权威性政策的制定和执行过程以及在这个过程中各种因素的相互作用。这样一来,政治学的注意力日益集中在各种实际政策上面,政治学的研究也和社会日常实际政治生活越来越密切地结合在一起。

综观目前政治学界存在的这三种主要观点,可以看出,由于对政治现象或政治形态的理解不同,对政治学研究对象的界定也就不同。第一种观点认为政治现象主要是围绕着国家问题展开的;第二种观点认为政治现象是各种人际权力关系;第三种观点则认为政策的制定和执行才是政治现象的主要表现。但不管怎样,我们认为,政治学就是以政治现象及其发展规律作为研究对象,通过对政治现象的描述和把握,深入研究政治关系的本质联系及发展规律。

二、政治学与相关科学的关系

政治学是社会科学中一门古老的独立的基础性学科,它与其他各门社会科学之间既有联系,又有明显的区别。正是在这种既联系又区别的相互关系中,政治学和哲学、经济学、社会学、历史学、法学等各门社会科学共同为人类文明的发展做出了自己的贡献。同时,我们可以在与其他学科的比较中看出政治学的研究对象。

（一）政治学与哲学的关系

哲学是关于世界观和方法论的科学,它为人们认识世界和改造世界提供基本的观点和方法。对于政治学来说,哲学为其提供理论基础、认识角度和认识方法,从而使人们能够从世界观的角度认识政治现象,促进对政治这一具体的社会现象的研究。马克思主义哲学对于政治学的指导作用更是不言而喻的。马克思主义哲学以辩证唯物主义和历史唯物主义为基本内容,认为人类社会的发展是一个自然的历史过程,它是人类认识史上的革命,是对于客观世界的本质及发展规律的科学总结。同时,政治学对哲学的丰富和发展也具有重要的意义。政治学通过对具体的政治现象的分析研究和理论概括,不断验证、丰富和发展着哲学理论和方法。所以,科学的政治学研究为马克思主义哲学的发展提供特定的动力和丰富的素材。就政治学研究的内容而言,政治哲学在政治理论中占有非常重要的地位。纵观人类思想史,不难发现,许多政治理论家同时也是哲学家,由此足见政治学与哲学关系的密切。

（二）政治学与经济学的关系

经济学研究社会的经济关系、经济活动及其规律和规则,应该说,它与政治学有着不同的研究对象和研究范围。但是,经济学与政治学又有着其自身的内在联系。一方面,经济是基础,政治是经济的集中表现,是建立于经济关系基础之上的社会上层建筑,因此,经济学研究对于政治学有着非常重要的意义。人们只有深刻把握社会的经济现象,尤其是把握经济关系以及由此反映的人与人之间的经济利益,才能深刻把握各种政治现象的内在动因,进而把握政治的本质及发生发展的规律。另一方面,政治作为上层建筑,与经济学相比,不能不具有其反作用的特点。政治是大局,政治的优或劣,对经济的发展具有强大的反作用,所以,绝对不能把对政治学的研究湮没于经济学研究之中。经济学的若干理论成果可以成为政治学的重要内容,马克思主义的政治经济学,更是人们研究政治现象的根本出发点之一。另外,经济学的研究方法也可以为政治学所借鉴和运用,如经验实证研究法、实验法等。

（三）政治学与法学的关系

法学以法作为其研究对象,是一门研究法的起源、本质和发展规律的科学。政治学的一个主要研究对象就是国家,而法与国家有着非常密切的关系。首先,二者都是产生于并决定于一定经济基础之上的社会上层建筑,为其相应的经济基础服务;其次,法是由国家制定的,并由国家的强制力来保证实施;最后,法是体现国家意志的主要形式,是国家机器组织和运作的准则。既然法与国家有如此紧密的关系,法学与政治学必然会有许多相互渗透和相互交叉之处,如宪法、国家构成、组织原则和形式、公民政治权利以及行政法规等。但二者毕竟是两个不同的学科体系,它们有着各自特定的研究内容,政治学的大部分研究领域,尤其是微观领域和动态领域等,更是与法学不同。

（四）政治学与社会学的关系

社会学是一门以全部社会现象作为研究对象的科学。社会学的兴起比政治学要晚，广义的社会学的研究范围比政治学广泛得多。随着社会的发展和社会现象的日益复杂，诸如政治、经济、法律、文化等许多社会现象都已独立成为专门的学科，因此，社会学的研究范围相应缩小。政治学有一些特定的研究对象如政治理论、政治制度、国际政治等，不属于社会学的研究领域，但当代政治学的发展开始更多地渗入社会现象领域，并产生了政治社会学这一学科，诸如社会结构、社会政策、社会舆论、公共参与等，既是社会学研究的问题，也是当代政治学研究的问题。社会学的一些研究方法，尤其是实证研究方法，是政治学研究政治现象的重要方法。

（五）政治学与历史学的关系

历史学是一门综合性的科学。政治学与历史学是一种水乳交融的关系，有人把历史称作过去的政治，把政治称作未来的历史。尽管这种比喻在极左思想盛行时期被绝对化了，但在很大程度上揭示了二者关系的密切程度。可以说，政治学所研究的古今中外的一切政治现象，都是历史的重要组成部分。在政治学研究中，必须要按照历史唯物主义的方法和原则，把所要研究的政治现象和政治问题置于一定的历史背景和历史环境之下进行考察和分析。同时，政治学的一些研究领域，如政治思想史、政治制度史、政治体系发展史等，本身就是历史学研究的重要内容。政治学和历史学的交叉已经形成了政治历史学这一重要的政治学分支学科。

此外，由于当代政治学的新发展，尤其是二战后西方政治学领域兴起的行为主义革命，使得政治学研究越来越关注于政治过程以及政治行为本身，这就在研究中注入了心理、人格、行为、生理等考察因素，试图利用心理学和生理学的知识、原理来更深入地分析各种政治现象背后的内在动因，从而更好地把握政治发生、发展的规律，较准确地预测政治发展的未来。所以，当代政治学的发展使得政治学与心理学、生理学等有了较多的接触。

总之，政治学作为一门基础性学科，在与其他各门社会科学的相互作用中获得了自身的发展，它的发展促进了其他社会科学的发展和进步，同时，其他社会科学的发展对政治学的研究也大有裨益。

三、政治学的研究内容

政治学，顾名思义，就是研究政治的科学，而政治在本质上是人们在一定经济基础上，围绕特定利益，借助于社会公共权力来规定和实现特定权利的一种社会关系，因此，政治学就是研究这种特定的社会关系即政治关系及其发展规律的科学。政治学以政治关系作为研究对象，在实际生活中，政治关系具有多种外延形态，如政治行为、政治体系、政治文化等，这些都是政治学研究的对象。政治学同时又是以探求政治关系的发展规律作为研究的目标和任务的，它要求对政治现象进行描述和对政治表征进行把握，更要求深入研究政治关系的本质联系及发展运动。

政治学是一门独立的学科，它要求人们以客观政治关系为研究对象，以科学态度和科学方法从事研究，其研究的科学成果和结论对于人们认识政治现象、掌握政治规律起着巨大的指导作用。政治学学科构成:政治学基本理论、本国政治、比较政治、行政管理与公共政策、国际政治与国家关系等。

我国的政治学目前大体上是按照政治学基本理论、政治思想、政治制度、行政管理和国际政治五大类来划分基本内容的。

政治学基本理论主要包括政治学原理、马克思主义政治学理论、政治管理学、政治心理学、政治社会学、比较政治学等。

政治思想包括中外政治思想史、中国现代政治思想、西方当代政治思潮、社会主义思想发展史等。

政治制度主要包括中国政治制度史、外国政治制度史、当代中国政治制度、资本主义国家政治制度、中国政府与政治、中国地方政府、中国共产党领导的多党合作和政治协商制度、中国共产党的建设论及监察与监督理论、中国监察和监督制度史、中国选举制度、外国选举制度、"一国两制"理论等。

行政管理包括行政管理学原理、组织理论、人事行政学、行政领导学、公共政策分析、市政学、比例行政学、行政法学、行政学研究方法、组织行为学、中国公务员制度、秘书学与秘书工作、行政公文写作、办公自动化管理等。

国际政治主要包括国际政治理论、国际组织、国际法、国际战略研究、外交学、区域政治和各国政治研究、世界政党研究、国际关系史、中国对外政策等。

四、政治学的研究方法

（一）政治学的基本研究方法

任何一门具体学科的研究方法都要以最高层次的方法论即哲学方法论为指导,政治学也不例外。马克思主义哲学是科学的哲学方法论,所以,马克思主义哲学的辩证唯物主义和历史唯物主义是科学政治学的基本研究方法。

文档:阅读
材料2

辩证唯物主义要求从事物的内部出发,用唯物、客观、全面、联系、发展的观点去分析和研究政治现象;历史唯物主义要求把政治现象和政治事务放在特定的历史环境中去考察和研究,尤其从社会经济生活中去探究政治发展的动因,指出政治活动与社会物质存在的内在矛盾,透过现象看本质,揭示政治现象的客观性和规律性。辩证唯物主义和历史唯物主义的方法论主要包括以下几个方面。

1. 历史分析法

这是马克思主义方法论的第一要求,即研究任何政治问题,都要把它们置于一定的历史、文化、社会范围之内,从特定的历史条件和环境出发进行分析和考察。首先,要具体问题具体分析。列宁曾说,马克思的方法首先就在于在特定的具体情况下、在规定的具体环境中,估计历史过程的客观内容。其次,要用发展的观点去分析政治现象,即要从历史发展的因果联系中把握政治的本质及发展规律。

2. 经济分析法

在马克思主义看来,经济和政治的关系是:经济是基础,它决定政治的方式和内容;政治是上层建筑,是经济的集中反映,它对于经济具有能动的反作用。马克思主义的经

济分析方法作为政治学研究的基本方法主要体现在两个方面。首先,经济可以被理解为人与人之间生产关系的总和,即"物质生活的生产方式制约着整个社会生活、政治生活和精神生活的过程"。所以,要从这一基本观点出发来分析和研究政治现象。其次,经济也可以理解为利益,因为"每一既定社会的经济关系首先表现为利益",分析社会政治"必须到生产关系中间去探求社会现象的根源,必须把这些现象归结为一定阶级的利益"。所以,从利益的角度分析人们结成各种政治社会关系的动因,分析政治的内容和特性,分析不同社会背景、不同社会阶级、不同社会群体、不同社会集团乃至不同个人之间的政治关系及其发展变化,更有助于从根源上把握政治学的本质。

3. 阶级分析法

阶级分析法是马克思主义哲学方法论中的一个基本方法,也是马克思主义用以研究阶级社会中一切政治现象的特有的方法。在马克思主义看来,阶级首先是一个经济范畴。"所谓阶级,就是这样一些大的集团,这些集团在历史上一定的社会生产体系中所处的地位不同,同生产资料的关系(这种关系大部分是在法律上明文规定了的)不同,在社会劳动组织中所起的作用不同,因而取得归自己支配的那份社会财富的方式和多寡也不同。所谓阶级,就是这样一些集团,由于它们在一定社会经济结构中所处的地位不同,其中一个集团能够占有另一个集团的劳动。"这是列宁对阶级所做的经典界定。可见,阶级先天就是经济关系的社会承担者,只有在此基础之上,为了更好地捍卫本阶级的利益,才逐渐形成阶级力量,并开始成为阶级社会中政治生活的主体。阶级社会政治的基本格局和基本内容就是阶级力量围绕着统治地位和政治权力而展开的相互斗争和相互关系。运用阶级分析法研究政治学就是指在考察阶级社会的任何政治现象时都要找出其阶级关系,从本质上深刻揭示政治现象。

4. 实践探索法

实践既是马克思主义哲学方法论的灵魂,也是马克思主义哲学方法论具有科学性的根本所在。首先,实践是以事实为依据,强调调查研究的重要性。其次,实践更注重理论联系实际,注重理论对实际的指导。这是一个从具体到一般,再从一般到具体的过程,即在实践中认识世界、在实践中改造世界的过程。人们认识世界的目的是更合理地利用和改造世界,从而更好地为人类服务。人们对政治现象的分析和研究更应该以实践方法作为基本的研究方法,这就必须做到:①研究政治现象,不能以主观设定的模式去套,必须以事实为依据,从具体的问题入手;②通过研究各种具体问题,得出关于某一方面的普遍理论;③以此理论为指导,解决实际存在的具体问题;④解决具体问题的过程中,必须坚持理论联系实际的原则,即政治学的研究一定要紧密结合实际政治生活,结合时代特色和特殊国情,使政治理论在指导政治实践的过程中得到进一步的发展和完善。

(二)政治学的具体研究方法

在辩证唯物主义和历史唯物主义基本方法的指导下,政治学的具体研究方法主要划分为两大类,即规范性研究方法和经验性研究方法。

1. 规范性研究方法

它强调政治学研究的价值标准,主要对政治现象、政治活动、政治形式乃至政治关系等进行价值判断,运用定性分析手段。这种研究方法是传统政治学的研究方法,主要包括以下几种。

(1)理性研究方法

它主要采取逻辑分析或借助有关理论对政治现象进行归纳或演绎,通过理性思辨得出相关的结论。在研究过程中,注重对政治事务本质的定性分析,重视对国家制度、国家起源、政治权力、自由、平等等抽象概念的研究,但研究者个人的价值观念、意识形态、个人经历等对研究结论有很大的影响,从而使政治研究带有一定的主观色彩。理性研究方法认为,企图用纯科学的方法去研究政治的本质纯属异想天开,再高级的计算机系统也无法解决世界上最为微妙的政治现象的内在关系,只有人类大脑的理性分析才能掌握并有效地解决复杂的政治问题。

(2)历史研究方法

它是指通过搜集、描述政治史料去分析各种政治事件的产生和发展过程,探求其各个组成部分的相互关系,总结历史经验并预测未来趋势。这个过程同样包含了研究者的价值立场,尤其在搜集、整理各种史料的过程中,难免要受到研究者的研究喜好、研究目的等主观偏见的影响。历史研究方法在传统政治学研究中占有非常重要的地位。它为政治学研究科学性的提高创造了条件,因为它为政治研究增加了资料性的实际证据;它为政治学的纵向比较研究奠定了基础,因为它提供了不同时期的不同实际政治状况;它为明晰社会政治现象发展的脉络和水平,为了解过去、现在、将来有关政治现象之间的关系做出了自己的贡献。

(3)制度研究方法

它是传统政治学研究方法的典型。它以各种政治制度作为自己的研究对象,如国家宪法、国家政体、政府形式、权力分配结构等。它有两种基本的研究方法,一种是机构分析法,侧重于制度的结构研究,注重对政治体制的不变性以及政府的原则性等问题的分析;另一种是法律分析法,侧重于以当时的法律文献、宪法文献对法律与政治做出注释性的解释,关注法律结构与非法律制度的依据及其相互影响,不考虑法律实施的实际效果。从本质上讲,制度研究方法是形式主义的静态的分析方法,它不能真实准确地反映丰富生动的社会政治生活,使政治研究停留于机构和制度层面,不能深刻地揭示机构和制度形成和变化的原因,为此曾受到行为主义者的批判,但现在又重新得到了行为主义乃至后行为主义研究者的注意和肯定。

2.经验性研究方法

它强调以实证的数据来检验一般的理论和原则,分析手段主要是定量分析和实证分析,典型方法是调查研究方法。调查研究方法是对生活在特定地理、文化或行政区域中的人们的事实进行系统的收集,根据一定的理论模式对政治行为进行分析的方法。其环节包括设计调查方案、散发问卷、访问、民意测验、控制观察、进行抽样、处理资料等,根据对有关资料的收集和分析,研究人们的态度、意见、行为的社会属性和属性关系。

3.多学科综合研究方法

由于现代政治学的发展越来越多地和其他社会科学相融合,从而产生了很多政治学的分支学科,这就使得现代政治学有条件采用多学科综合研究的方法,从各个方面和各种角度研究政治现象。

（1）社会学研究方法

其中具有代表性的有政治精英分析、政治团体分析、政治角色分析以及政治文化分析。它们都是以社会学的某一理论、学说为背景,通过分析特定的对象,揭示出政治的内容、本质及发展规律。

（2）经济学研究方法

主要包括理性选择分析、博弈—联盟理论、集合选择分析和公共政策分析。它们都是从经济、福利、利益的角度出发,对单个人的政治行为、个人与集体的关系、政策的制定和实施等现象进行分析和研究,以此揭示政治行为发生的基础、机制以及政治的发展规律。

（3）心理学研究方法

现代政治学的研究转入政治行为研究之后,政治行为的心理基础日益成为政治学研究的重要课题。所谓心理学研究方法是指运用心理学的概念如个性、态度、人格等理论来证明政治行为的研究方法。它的主要研究对象是人的政治心理以及在此心理基础上引发的特定的政治行为。

这些研究方法丰富了政治学的研究对象,扩展了政治学的研究范围,深化了政治学关于某个特定对象的研究和认识。同时,由于它们往往只是从某个特定的角度或特定的对象去研究政治,并做出关于政治的概念界定及发展规律的总结,从而使它们有很大的片面性。

现代政治学的研究方法中还有一部分是对自然科学的理论和方法的借鉴,如系统研究方法和沟通研究方法等。这些方法的理论背景是现代科学中的系统论、控制论和信息论。它们促进了政治学和自然科学的融合,提供了政治分析的基本框架,揭示了政治运行的内在机制和规则,增强了政治学研究的科学性。

本章思考题

1. 如何理解当代政治的内涵?
2. 简述西方政治学研究的发展脉络。
3. 综合归纳马克思主义政治学的主要内容。
4. 理论界对政治的解释有哪几种主要观点? 你倾向于哪种观点? 为什么?

文档:参考
学习网站

【案例思考】

美国挑起的贸易战是单纯的经济问题吗?

2018年3月,美国总统特朗普指示美国贸易代表对从中国进口的商品征收关税,贸易争端由此开始。之后,双方就此问题进行多次磋商,这成了中美经济关系中一个非常重要的问题。

中美贸易关系自从建立以来就在摩擦和曲折中发展。一年一度的最惠国待遇审议,与贸易有关或者无关的人权问题,正是中国"入世"前中美贸易关系特点的真实写照。中国"入世"后,随着两国经贸关系的发展,贸易摩擦出现的频率反倒有所增加,美国成了与中国发生贸易摩擦最多、最激烈的国家。美国公司对海外竞争对手提出的倾销指控中,有20%以上涉及中国。尽管庞大的美国市场和迅速崛起的中国市场,以及日益密切的经贸往来,使得这两个国家相互之间存在巨大的经济利益,但是如此激烈的贸易摩擦,不禁让人担心中美经贸关系的前景。美国贸易不是单纯的经济决策,而是经济利益和政治现实的平衡。

从经济因素看,有因一方某些进口激增或者进口限制引起的微观经济摩擦,双方贸易不平衡导致的宏观经济摩擦,与国际投资有关的投资摩擦,因双方贸易制度不同引发的摩擦,因为技术性贸易壁垒引起的技术摩擦,等等。实际上,在经济全球化的背景下,贸易摩擦在所难免。

但美国国内政治的需要或许是中美贸易摩擦的重要引因。

1. 以所谓的公平贸易取代自由贸易。美国在二战后到20世纪70年代这段时间的主调是自由贸易,70年代以后因为巨额贸易赤字等问题开始转向公平贸易政策,其基本观点是认为美国市场开放度远远高于别国。美国从中增强了自己的竞争力,而且常常借此以经济手段制裁其他国家,这就导致别的国家不满,从而产生了贸易摩擦。

2. 以双重标准和单边主义代替多边主义。这种双重标准和单边主义行动,很容易招致其他国家的报复行动,贸易摩擦就在所难免了。

3. 利益集团主导贸易政策。各种利益集团为了实现共同的目标和利益积极影响美国立法和其他政策决策,对直接或间接关系到其成员的决策施加影响。在美国的特有制度下,我们经常会看到,对于有利于美国的事情,美国政界睁只眼闭只眼,而对于不利于美国的事情,哪怕仅仅影响到了一小部分人的利益,也立刻会有反对的意见。

4. 国会管理贸易。美国的宪法规定,国会管理同外国贸易的商务合同,并制定和征收关税。美国的行政部门更具国际视野却无权制定对外贸易政策,国会中的议员通常更注重本地区利益,因此对外贸易政策经常体现贸易保护主义。

5. 代言制度。在美国的民主制度下,议员和政府官员往往是某种利益的代言人。在美国的选举制度下,个人影响力和知名度对于前途有着至关重要的影响,美国的政界人士不是本人拥有巨额的财产就是能得到他人的资助。官员当选后,资助的要求就可以得到体现,因此就很容易因为某些官员的一些利益而导致贸易摩擦。

贸易战是服务美国的政治需要和"让美国重新伟大"的一种工具。

问题:政治与经济存在怎样的辩证关系? 结合美国挑起的贸易战,你如何正确理解"政治是经济的集中反映"的思想?

第一章　国家与社会的关系

本章导读：

本章对中国和西方源远流长的关于政治合法性的理论与实践进行了梳理，由此提出现代政治合法性的基础和构成要素的理论，并且对政治合法性危机的原因及走出路径进行了分析。本章重点介绍西方学者关于此问题的理论发展脉络和核心观念，最后在回顾中国传统与现代语境里的政府与社会关系的基础上，提出该理论与实践在当代中国的重构问题。

重点与难点：

1. 当代政治合法性的基础，现代化过程中政治合法性问题及解决路径
2. 西方政府与社会关系的理论脉络

第一节　政治合法性理论

前一章我们分析了政治的基本属性，古今中外各派学者对政治的定义可谓众说纷纭，但大家都承认政治有一个核心要素——权力。权力是一种非对称的社会关系，权力主客体在社会资源的占有上是不均衡的，权力主体可以通过所占有的社会资源对客体施加影响，迫使其实现既定的目标。正如马克斯·韦伯的定义：权力意味着一种社会关系里哪怕是遇到反对也能贯彻自己意志的任何机会，而不管是这些机会建立在什么基础。[①]但是，权力的这种支配意志需要先解决其合法性问题。

一、什么是政治合法性

分析了政治这种带有强制力特性的权力属性，就会产生一系列相关问题：为什么需要国家？政治从何而来？为什么有个性的追求自由的个体要服从政治？为什么我们不仅要服从政府、服从法律，还要纳税、服兵役？等等。这就需要从政治的合法性谈起。而这些问题正是政治学的核心问题之一。

什么是政治合法性？简单地说，就是人们对于统治地位的确认和服从。"人类特定政治生活的安排需要某种合法性的支持和证明，这几乎是所有社会的一个通则。"所谓"合法性"概念是对英文"legitimacy"一词的意译，也有的学者将其译为"正当性"或"正统

---

① 韦伯：《经济与社会（上卷）》，商务印书馆1997年版，第81页。

性"。这一概念以及随之而来的研究领域是由德国著名学者韦伯在 20 世纪初最先提出的,自此,合法性这一概念日益为学术界广泛接受,成为现代政治分析的一个关键术语。韦伯还进一步区分了合法性的三个来源——传统、个人天赋和法理,基于这些来源,合法性有了三种不同的形式——传统权威、个人魅力权威和法理权威。所谓传统型的合法性是指政治主体依据传统的习惯或文化、出身等获得公众的认同;克里斯玛型的合法性是指政治主体依据个人的魅力,如天赋、气质、风格等因素获得公众的认同;法理型合法性是指政治主体依据法律的授权获得公众的认同。[①]

然而,对合法性这一概念本身的理解却存在着广泛的差异,有时甚至是截然相反的观点。

规范主义的合法性概念,把某种永恒的美德、正义作为合法性的基础,认为一种统治只要它是符合永恒的美德、正义的,即使它得不到大众的赞同和支持,也是合法的。

经验主义的合法性概念,是依据被统治者是否相信、是否赞同某种统治,来确认统治的合法性。韦伯正是在此意义上提出他的合法性概念,在对正当性判断的基础上进一步引申出权威的概念。迈克尔·罗斯金等人的《政治科学》也认为,合法性是一种奠基于"同意"基础上的"统治的心理权利"。[②]

哈贝马斯综合经验主义和规范主义对于合法性的两类理解,形成自己的重建性的合法性理论,并在合法性问题上做出了一个著名论断:"合法性意味着某种政治秩序被认可的价值。"[③]这强调的是符合价值规范基础的支持和忠诚。

结构动能主义运用系统分析的方法,提出了崭新的视角。伊斯顿从区分不同类型政治统治的支持着手分析合法性问题,认为系统成员对政治系统的支持可区分为"特定支持"和"散布性支持"。在伊斯顿看来,政治体系的合法性更主要地是来自"散布性支持"而非"特定支持"。阿尔蒙德把合法性问题与政治文化、政治发展研究领域结合起来,指出合法性可以通过政治社会化的途径获得。

现代规范民主理论进一步扩大了政治合法性的分析框架,将政治合法性与政府有效性结合起来,并具体考察了合法性与有效性的四种组合关系。

政治统治者也必须回答他们统治权存在的原因,以实现统治的长治久安。我们通过历史的考察,可以得到关于政治合法性的基本认识。由于中国与西方本来就有其自身特色的历史前提和逻辑前提,所以,关于合法性的论证,中国与西方有着两种不同的发展逻辑。

二、中国政治合法性思想的演展

在中国,统治者申说自己统治的理由大致经历了四个主要阶段:国家诞生初期的"君权神授"论,西周开始的"天命论",近代社会的"独立的民族国家"和现代社会的"民意代表"。夏、商、周时期是中国国家诞生初期,统治者非常重视祭祀、占卜。《史记·龟策列

---

① 王列:《国家的文化意识形态职能》,《文史哲》1994 年第 6 期,第 52 页。
② 罗斯金等:《政治科学(第 6 版)》,华夏出版社 2001 年版,第 6 页。
③ 哈贝马斯:《交往与社会进化》,重庆出版社 1989 年版,第 184 页。

传》记载："自古圣王将建国受命，兴动事业，何尝不宝卜筮以助善！唐虞以上，不可记已。自三代之兴，各据祯祥，涂山之兆从而夏启世，飞燕之卜顺故殷兴，百谷之筮吉故周王。王者决定诸疑，参以卜筮，断以蓍龟，不易之道也。"这段话生动说明了祭祀、占卜是统治者充分利用宗教力量，凭借神权实现政治目的的手段之一。统治者通过占卜这种手段，把自己的尊严建立起来，增强了对臣属和人民的威慑力和控制力。禹是"敬孝乎鬼神"，但殷人更是迷信鬼神，"殷人尊神，率民以事神"。当时的商王几乎无事不卜，甲骨文是目前所知中国最早的文字之一，内容主要是商王的占卜纪录（卜辞）。"商王和贵族们的活动，事无大小，都求告于祖先，连做梦也以为是祖先降下的征兆。商王自称是神的后裔，以帝俊为高祖，依靠着先公先王的庇佑。他们用龟甲兽骨进行占卜，据说这是沟通人神的工具，占卜的吉凶体现着神和祖先的意旨。实际上，商王每次占卜的结果如何，一般都由王本人决定。"[1]"卜人的占断有效地维护着神的旨意和人王尊严之间的统一性，商王在占卜过程中握有决定性的权威。说明这种三卜制是建立在信奉神灵和服从人王的社会制度基础上的，是借宗教崇拜信仰以树立对人王的绝对服从。"[2]当时，朝廷还设专司祭祀的官员。夏时是秩宗及巫祝，他们是国王与鬼神沟通的"解释天意"的使者，主掌占卜、祭祀等宗教活动。商时是太宗负责宗庙祭祀事宜，太卜掌管占卜并记录占卜情况，太士承办敬神事务。到西周后，巫官与史官分家，但设立专司祭祀官员的制度一直沿用到清末。

到了周朝建立时，甲骨卜辞已经式微，虽然也创造了诸如商人的祖先是顺从天命吞了鸟蛋而生的，周人的祖先是踩了"天帝"的足迹而孕育的等传说，以证明他们的始祖都是"天帝"的子民，但周朝建立者必须回答的是——作为邦国的周何以推翻宗主国殷商，以及自己统治的合法性和正统性。西周创立者最终炮制出了"天命论"，为自己王朝的建立提供了合法性基础。"天命论"的主要内容是：第一，天只有一个，天下只有一个，天命也只有一个，天子也只能有一个。第二，"惟命不于常"，原来荣膺天命的王朝，可以失落天命，降为邦国，这叫作"坠厥命"；原来的邦国，可以获得天命而成为统治天下的王朝，这叫作"受厥命"。第三，天命转移的根据在于能否敬德保民。人君的德行，明明在下，就会赫赫在上，为天帝所知。只有对有德之王，天命才不会改易。有关西周"天命论"的思想，到了春秋时代，孔子及其门生有了进一步发挥。子夏说"生死有命，富贵在天"，这就使"天命论"思想更加普及化了，"天命论"不再是帝王家独有，而是落到了民间，同凡夫俗子的"命运"发生了直接关系，成了广大百姓的"世界观"。于是，"听天由命""命中注定""命里无时莫强求"等消极思想逐渐成为许多人奉行的人生哲学，统治者则通过文学艺术等形式把"天命论"同社会的伦理道德结合起来，使"天命论"成为统治者需要的意识形态。"天命论"为中国王朝的建立提供了合法性基础，但也为推翻一个王朝提供了合法性依据。因为君主可以打着"受命于天"的旗号实施所谓"正统"的统治，而"乱党"和"暴民"也可以以"替天行道""受命改制"的名义推翻王朝的统治。社会的动荡就成为"改天换地"的必要成本。

我们说政治合法性经历了早期的"君权神授"论再到西周开始的"天命论"，这并不意

① 郭沫若：《中国史稿（第一册）》，人民出版社 1979 年版，第 213 页。
② 宋镇豪：《夏商社会生活史》，中国社会科学出版社 1994 年版，第 528 页。

味着二者是截然断裂的，其实它们有着连贯性。中国统治者一直都抓住"天"这一信仰核心，为自己统治的合法性进行辩护。秦改制称"皇帝"，但没有改变"有国有家"以来的"天子"的称谓传统，以后的帝王也没有改变，原因就在于这一逻辑："天"有意志，支配着人事，但这种支配必须有一个中介——"天子"（天的儿子），统治者的统治权来源于"天"的授予。为了证明自己是"奉天承运"的"真龙天子"，历代皇帝都重视表现自己与"天"联络的仪式，祭祀是人感动天的手段之一。古代中国把祭祀视为生活中大事，特别重视祭天、祭地。祭祀也是以"天子"为尊的，天子祭祀用九鼎，诸侯用七鼎，卿大夫用五鼎，士用一鼎或三鼎，均是反映出有等级的统治权。公元前 26 世纪，黄帝营建了明堂以祀上帝，开了中国古代祭祀建筑的先河。以后，中国历代的统治者几乎都建造了专用于祭祀皇天上帝的祭坛，周有明堂，秦有四畤，汉有甘泉宫，唐、宋皆建有圜丘。元世祖定都北京后于丽正门外筑坛祭天，元成宗时再于城东南建成郊坛，合祀天地，因此，北京有祭天之天坛、祭地之地坛、祭祖之太庙。除了祭天、祭地外，历代帝王还大规模进行封禅活动。所谓"封禅"，指在泰山顶上筑圆坛以报天之功，在泰山脚下的小丘之上筑方坛以报地之功，即《史记·封禅书》中的"登封报天，降禅除地"。秦皇汉武都曾举行过封禅大典，封禅随后成为帝王们的盛世大典，成为最受统治者重视的大事之一。封禅活动实质上是强调君权神授的手段。

在传统中国这样一个政治与宗教的分野很不明显，政权处于社会的核心地位，对整个社会形成网络的管理的社会里，社会—政治和文化—道德两个秩序的一体关联性是维系传统王朝统治合法性的最重要的制度基础。但随着近代以来西方的霸权威胁和文明示范、中国国内面向西方的改革和革命，这种文化系统与政治系统自古以来就紧密关联的"普遍王权"逐渐式微。[①] 辛亥革命悲剧地失败后，在这个"新者未得，旧者已亡"的时代，内忧外患造成了传统政治社会秩序的瓦解和文化基本秩序的崩溃。凡此种种，造成"满清是推翻了，不过连我们中国的全部历史也同样推翻了。""一般人对其国家以往传统之一种共尊共信之心没有了。"[②]因此，近代中国最大的主题是需要一个现代的、民族的国家，这个国家要以传统秩序从未设想过的新条件来实现重新整合。不仅需要建立可以适应现代民族国家要求的新政体，而且需要一个新的学说，"从知识上给世界强加一个秩序这种需要的产物"，使其成为凝聚人心、整合社会意识形态的象征。正是由于以上种种原因，爱国主义的旗帜在近代中国成为最有效的社会动员，成为凝聚人心、整合社会意识形态的象征，成为资源整合器和力量聚合器。谁抓住爱国主义这面旗帜，谁就占据了领导现代化的精神制高点，掌握了统治中国改朝换代的合法性资源。

新中国成立以后，中国共产党和人民政府从两个维度为自己的政治合法性展开解释：第一，共产党领导地位的合法性。中国共产党首先通过对历史的论证，说明党的领导地位的历史原因和现实需求；当然，中国共产党的领导地位从根本上是党的性质决定的，在社会主义时代，工人阶级成为先进生产力的代表和方向，基于党的这种先进性，中国共产党应该而且必须成为执政党。第二，政权的合法性。《中华人民共和国宪法》规定，中

---

①　林毓生：《中国意识的危机——"五四"时期激烈的反传统主义》，贵州人民出版社 1988 年版，第 17 页。

②　钱穆：《中国历代政治得失》，三联书店 2001 年版，第 168 页。

华人民共和国一切权力属于人民。但这并不意味着人民都可以直接执掌和行使国家权力，我国规定的途径是人民选自己的代表形成国家的权力机关，这其中最重要的制度是代议制——人民代表大会制度，代表人民、议行合一；并且规定其他国家机关也要成为为人民服务的国家机器。所以说，人民当家作主（实现形式为人民代表大会制度）是中国政治制度合法性的制度来源与保证。

三、西方政治合法性思想的演展

在西方，政治统治合法性的说辞大致经历了三个阶段："自然神所赐"，"君权神授论"，以及"社会契约论"与民主宪政的理论。当然，在近代，为了扫除封建割据，"民族主义"或"爱国主义"也曾经成为政权合法性的渊源之一。

"自然神所赐"源于地中海沿岸的文明古国，古埃及的法老（国王）自称为"太阳的儿子"，巴比伦的汉谟拉比王自称为"月神的后裔"。基督教成为罗马帝国的国教以后，逐渐形成了与世俗政治联系密切的一套包括信仰、情感、节律和礼仪在内的复杂体系，产生了"君权神授论"。一方面，世俗政权时常借助罗马教会的授权和解释为自己统治的合法性提供理由，认为君王的统治权由上帝直接授予，也就是说，他们只对上帝负责。根据该理论，立法机关、法庭、法官和被统治者无权约束国王实行其权力。中世纪时期，查士丁尼皇帝竭力歌颂君主的权力，第一个提出"君权神授"思想，竭力将世俗君权和宗教神权结合起来，从而使东罗马帝国（拜占庭）逐渐发展成为一个神权君主国，实行专制主义的政治体制。直到17世纪英国国王詹姆斯一世还宣称他的权力来自上帝，以反对资产阶级革命，维护其专制制度。近代资产阶级革命前夕的英国国王查理一世还说"国王创造法律，而非法律创造国王，国王应居于法律和议会之上"。而法国国王路易十六也傲慢地宣称"朕即国家"。另一方面，基督教也为中世纪西欧奠定了"君权神授"的理论基础。神学家奥古斯丁最先用"理论"论证了上帝的存在，并进而论证"君权神授"，为罗马帝国的对内专制和对外侵略政策提供了理论根据。

不过，正如"天命论"一样，"君权神授"的学说也为不同的解释和利用留下了空间。它不仅为不同教派争夺权力提供了可能，而且为各国君主反对罗马教会（即王权与教权的斗争）以及各国君主之间的权力斗争留下了余地。当宣称神授君权的国王们在政治或宗教问题上与教会产生不一致时，结果往往会非常有趣（也非常暴力）。讽刺的是，"君权神授论"只对政教分离的思想发展起了部分作用，因为神授君权的统治者声称上帝授予其的权力允许他们统治其王国内的教会（不管教会如何想的），且允许他们无视教会对如何治理世俗国家的任何指示。

纵观历史发展，"社会契约论"可以说是从理论上系统探讨政治合法性问题的开始。社会契约论者从资产阶级理论的角度论证了在私人利益的基础上组建政府的必要性，并进行了相应的制度设计。社会契约论者在考察公民是否尊重国家并服从国家法律的时候，探讨的就是合法性问题。英国早期思想家霍布斯和洛克都讨论过这样的问题：什么时候和在什么基础上，政府可以对社会合法地实施其权威？卢梭的"社会契约论"就是给近代的民主奠定了一个理论的基础。他的主要思想是：人类本来是自由的，是平等的，人类订立契约的前提也是要保障人民作为主人的自由和平等。政治权力来自社会契约，政治统治的合法性基础来自被统治者的"认同"。社会成员定期选举统治者,谁赢得选举,谁就可以合法地成为"统治者"。假如一个政权违反了这一点的话,人民有权废黜这个政权,推翻政府。这一点奠定了法国大革命的基础。法国的《人权宣言》和美国的《独立宣言》就是建立在卢梭的人民主权的理论基础上的。

随着资本主义的发展,人本主义观念兴起。在市场经济的基础上,政治统治和被统治的关系更被归结为一种世俗的交易关系:纳税人出钱养活政府,政府则为纳税人提供公共安全和社会福利;"消费者是上帝",谁能提供更好的公共服务,谁就有资格组建政府。在现代政治生活中,人们把主权和治权分开,使主权属于人民,将治权委托给政府,并用定期选举领导人的宪政程序来代替不可预测的改朝换代。这样,资本主义现代社会政府合法性来源有两种:一是选民直接选举产生政府,政府对选民负责,政府存在以选民信任为依据,政府权威以选民授权为依托;二是人民选举产生议会,由议会产生政府,政府对议会负责,政府存在以议会为依据,政府权威以议会授权为依托。

此外,中世纪后期,城市国家和市民社会兴起,经过宗教改革、文艺复兴和启蒙运动等一系列政治运动的打击,教会(特别是罗马教皇)在俗世的最高权威地位被摧毁,人间一时没有了最高权威这个人类学所谓的"最高仪式、信仰中心和象征符号"。这样,"民族国家"这个"想象中的共同体"便悄然充当起人们的情感和信仰的中心,政治家和统治者找到"民族国家"和"爱国主义"为自己政治统治合法性提供支撑。意大利近代民族主义者马志尼的说法最有表征意义:"阿尔卑斯山和地中海规定了意大利民族的界限,凡是说意大利语的地方,就是意大利人民的家园。"①

"民族主义"成为某种为人信仰、辩护或者反对的中心,从根本上说,是因为资本主义的发展需要统一的市场,扫除西欧封建王权混乱割据的状态。因为"民族主义"的主张就是民族为"国家存续之唯一合法基础",以及"各民族有自决建国之权"。

四、当代政治合法性的基础

政治合法性,是一种公众对政治统治的认可与支持,它关系到政治统治何以持久的问题。如果说在近代以前,统治者可以用"神话故事"为自己的统治提供托词的话,在人类理性得到极大发展的现代,合法性必须基于"认同"或社会公认的原则,来获取民众支持。说到底,政治合法性不是由政治权力主体以及其所代表的政治系统单方面决定的,政治系统无论是追求物质形态的绩效、传播观念形态的思想意识还是设计制定形态的规则,都与社会大众之间构成了某种价值效用的关系。社会大众也会相应地从自身的感受和一定的价值理念出发给予评价和反馈。当政治权力主体与社会大众的价值取向趋于一致时,即达到价值认同的地步,政治合法性的基础才有可能构建起来。"价值认同"是促进政治权力主体与政治权力客体相互作用,生成政治合法性的关键因素。

卢梭认为,即使是最强者也决不会强得永远做主人,除非他把自己的强力转化为权利,把服从转化为义务。强力并不构成权利,而人们只有对合法的权力才有服从的义务,当今西方学者对合法性理论的论述与卢梭的理论已相差甚远,但是卢梭把政治合法性的

---

① 伯恩斯:《当代世界政治理论》,商务印书馆 1990 年版,第 426 页。

基础概念带入了政治领域。把合法性作为一种社会学现象来加以研究的首推马克斯·韦伯。他划分了三种类型的政治合法性基础：传统权威模式，个人魅力权威模式和法理权威模式。韦伯认为在任何一种具有命令——服从关系的统治形式中都包含着最起码的自愿服从的成分，在政治统治中，这种自愿服从一般出于理想和信仰。根据韦伯的观点，现代社会主要以法理型权威为特点，其合法性基础来自人们对正式的合理合法的制度的尊重。

在当代政治合法性问题上，西方政治学界比较多地强调政治权力主体的能动性对于政治合法性的作用。其中结构功能主义学派强调了制度系统本身的合法律性，规范民主理论则强调了"效率"和"政绩"等表明政治系统有效性的特征，葛兰西、利普赛特、伊斯顿等学者强调了意识形态对于合法性的重要意义。

（一）制度的合法律性与政治合法性

政治合法性必须基于政治的正当性来建构，通过政治的公正和政治过程的绩效，考察统治的合利益性、合道德性与合法律性因素。现代民主政治理论广泛认为民主国家政府的合法性基础是建立在"人民主权学说"上的，政治权力的获得必须经过被管理者的同意。规范选举活动的规则如宪法、选举法等成为政府必须严格遵循的规则，政府产生后的具体政治运作也必须是遵循规则的。

马克思·韦伯认为对合法律性的信仰是流传最广的合法性形式，政治系统要接受那些形式上正确的、按照与法律的一致性所构建的规则。罗尔斯在《正义论》的开篇中明确提出："正义是社会制度的首要价值，正如真理是思想体系的首要价值一样。一种理论，无论它多么精致和简洁，只要它不真实，就必须加以拒绝或修正；同样，某些法律和制度，不管它们如何有效率和有条理，只要它们不正义，就必须加以改造或废除。每个人都拥有一种基于正义的不可侵犯性，这种不可侵犯性即使以社会整体利益之名也不能逾越。"

法国政治学家夸克提出了合法性与法律之间的关系：合法性与合法律性存在区别——因为法律本身也存在合法性与不合法性。法若是恶法，那么合法律性存在，合法性不存在；只有良法才存在合法性。关于如何制定良法：首先，法要体现社会普遍价值；其次，法要回应社会的利益诉求，让人们的利益诉求通过法律得以实现；再次，良法中要有"掌握权力的人并非至高无上"理念。

总之，当政治秩序体现出一种被认可的价值时，即在实践中在机制和运行上尽可能地体现和有助于实现大多数民众追求的理想价值，人们才会产生这样一种信念：现存的制度最适合于这个社会。

（二）政府的有效性与政治合法性

政府能否被社会承认也在很大程度上取决于政府所取得的实际社会成就。只有体现公正、协调、可持续等价值取向的经济增长才能获得持久的政治合法性。经济增长过程中出现的贪污腐败、贫富差距悬殊、生态危机都极易形成"成就缩小效应"，最终会动摇政治合法性的基础。利普赛特将运用政治权力取得的成就称为政府施政的有效性。他认为，从长期来看，有效性与合法性之间是正相关关系，长期保持效率的政治制度可以得到合法性。斯蒂尔曼指出，只有当政府的产出与社会的价值范式相符合的时候，一个政府才是合法的。

（三）意识形态的一致性与政治合法性

政府也可以通过政治社会化的途径对民众在意识形态上进行说服和训导,从而在意识形态上获得民众对于政府的价值和情感上的认同和支持。利普赛特认为,政治合法性的水平与意识形态的一致性状况有很大关系。意识形态的一致性是指人们在国家认同上表现出的思想观念的一致性。伊斯顿认为,如果一个意识形态要想成为支持的刺激物,它的内容也必须首先要对系统成员有感染力,意识形态所反映和弘扬的内容必须能够满足大多数人价值偏好的现实的利益需要和对未来的设想。

（四）当代政治性的形式基础与实质基础

政治系统追求政治效能的有效性、制度规则的合法性以及谋求意识形态上的一致性只是构成当代政治合法性的形式基础,而政治权力主体与民众之间达成的价值认同才是当代政治合法性的实质基础。

罗尔斯认为,尽管人们不能在许多问题上达成一致意见,但是在政治领域里人们各行其是的做法是行不通的,必须以某种政治共识作为人们合作的基础,努力寻求并界定政治共识是政治哲学的重要使命。

在当代社会能够被政治权力主体与广大民众认同,且作为在一定时期评判政治合法性的社会价值规范应该具有怎样的特征? 笔者认为应当是具有时代性、普适性、共识性特征的基本社会价值规范,例如,民主法治、以人为本、公平正义、科学发展、诚信友爱、社会和谐、世界和平等。

寻求政治合法性的价值基础（实质基础）,并不等于已经获取了政治合法性。只有当政治权力主体与社会大众取得价值认同,并且通过政治权力主体努力推动的一系列社会实践活动才能将普适性的社会价值规范真正落到实处,并最终在政治合法性的形式基础中体现出来。

第二节　国家与社会关系的两种逻辑

文档:阅读材料1

国家与社会关系的问题是古今中外政治生活的基本问题之一。政治生活在某种意义上说就是国家与社会的博弈。国家力量大了,社会自由就不足,反之,国家的能力又不足以调控社会。在认识国家与社会关系问题上有两种有代表意义的逻辑,一种是马克思唯物主义的逻辑,另一种是黑格尔唯心主义的逻辑。马克思的国家与社会关系观是在批判黑格尔的国家与社会关系观的基础上形成的。他认为黑格尔是用国家来解释逻辑,而不是用逻辑来解释国家,是完全颠倒历史事实的。

一、国家的先天性与历史性

黑格尔唯心主义国家观认为,国家是至上的。国家是一种绝对精神,它不是为私人利益而建立的,也不是某个阶级的国家,而是自在自为的东西。国家不是一种历史范畴,而是先天存在的。人生来就已经是国家的公民了,正是在国家内部才发展出家庭和市民社会。因此,国家先于社会,是先天存在的。

与其相反,马克思主义经典作家是基于唯物史观,从国家与社会关系方面揭示出国家的本质。第一,国家是不同于原始社会公共权力的一种"特殊的公共权力"组织,是社会利益不可调和的产物。国家的起源是从家庭、私有制关系的发展中分离出来的,国家是阶级社会中实行阶级统治的社会公共权力组织,它的本质在于阶级统治。第二,说国家的本质是阶级冲突,国家从根本上是为社会经济中居于统治地位的阶级的利益服务,并不是说国家纯然直接地、亦步亦趋地为某个阶级的特殊利益服务。国家具有相对的独立性和自主性,国家本质上是阶级统治,但是形式上却表现为超然于社会之上的独立力量。第三,国家在实行统治的过程中,必须履行特定的政治管理职能。不过,政治管理只是国家实现阶级统治的手段而不是本质。国家阶级统治与政治管理的二重性正是统治阶级利益的自我实现要求和社会实现途径之间的矛盾在国家性质上的反映。

根据马克思主义的国家观,可以得出国家和社会的定义。国家,是经济上占统治地位的阶级进行统治和社会管理的权力机构,是由许多部件所组成的互相联系的有机整体。从构成要素讲,它是由人口(即国家定居的居民,指同一个国家统治权管辖下的人们),领土(即一个国家的居民永久居住、从事社会生产的领域),政权(通常所说的政府组织)和主权(即一个国家处理其国内事务和国际事务的统一而不可分割的最高权力)四个必备要素构成。社会,是指由一定的经济基础和上层建筑构成的整体,也叫社会形态。它是以共同的物质生活为基础而形成的相互联系的人类生活共同体,是人们以生产关系为基础的社会关系的总和。它是由地境(指与人类社会生活相关联的全部自然条件的总和),人口(指生活在特定领域内具有一定数量和质量的人的总称),语言(即人的思维的表达物)和文化(指作为群体的人的活动方式以及由人的活动所创造的非自然状态的一切物质产品和精神产品)四个必备要素构成的。

二、国家决定社会与社会决定国家

黑格尔基于先验论的国家观,认为国家与社会相比,是最初的、决定性的东西,社会是被国家决定的因素。马克思主义唯物史观的基本观点则从国家与社会之间的辩证统一关系出发,认为社会决定国家,国家管理社会,在特定的历史阶段,国家的功能是不可或缺的。

第一,国家是社会长期发展的产物,是社会共同体的高级形式。国家从属于社会,是社会的派生物;但同时,社会也需要国家的管理。

第二,国家是社会长期发展的产物,是社会共同体的高级形式。国家从属于社会,是社会的派生物;社会是人类生活的共同体,是人们互相交往的产物,其产生和存在的根据在于人类生存和发展的需要。也就是说,社会是自然形成的,是自然界长期发展的产物;而国家则是适应社会发展的需要产生和存在的,它是社会发展到一定历史阶段才产生的,是为了协调和解决社会的普遍利益和特殊利益的尖锐矛盾而产生的社会组织。

第三,国家对社会的管理是以社会生存和发展的需要为其客观基础的,没有社会管理,社会将难以生存和有序发展;国家管理社会是以国家自身的特定需要为现实前提的,没有这种管理,国家自身难以安身立命,更别说保证社会的协调发展。

第四,社会活动的基础是经济活动,社会关系中最主要的也是经济关系,社会发展的基本规律也是经济规律。作为"人们交互作用产物"的社会,它与人类共存亡,只要有人的存在,必然有社会的存在。从一定意义上说,社会是一个永恒的范畴。而作为经济集中表现之一的国家则主要是政治领域的概念,即它要通过政治强制手段去处理政治斗争等其他政治关系,以维护统治阶级的利益。不难看出,国家是一种历史现象,是一个历史范畴,它随着社会的产生而产生,也将随着社会的消亡而消亡。

三、市民社会的地位与边界

马克思的市民社会理论指出,"市民社会始终标志着从生产和交往中发展起来的社会组织","受生产力制约,同时也制约生产力的交往形式就是市民社会"。马克思是把"市民社会"当作人与人之间的广泛的社会经济关系,涉及人的社会生活的广泛领域来研究的。

马克思认为市民社会是"私人利益的体系"或特殊的私人利益关系的总和,它包括处在政治国家之外的社会生活的一切领域。在关于市民社会与国家的关系上,马克思批判了黑格尔的"国家高于市民社会"的观点,认为家庭和市民社会是国家的前提,它们才是真正的活动者。马克思还认为,市民社会与国家的分离是相对的而不是绝对的,是表面的而不是根本的,从最终意义上说,政治国家将统一于市民社会。可以将马克思的市民社会理论概括为以下四个特征。

第一,市民社会是政治国家的基础,市民社会决定政治国家。在马克思看来,政治国家的公民首先是市民社会中活生生的个人,作为市民社会成员的个人是政治国家的自然基础,是政治国家发展的原动力。第二,市民社会的成员与政治国家的成员是同一个人。前者是带有自我利益的、活生生的、现实的人,而后者作为政治国家的公民则是抽象的、人为的、虚幻的人,所以说"不是身为国家公民的人,而是身为社会的人,才是本来的人,真正的人"。第三,马克思指出了政治制度发展的动力,认为政治制度本身只有在私人领域达到独立存在的地方才能发展。市民社会从政治国家或专制权力的束缚中挣脱出来的时候,代议制民主就获得了坚实的基础。这种分离体现了三种意义。①从等级制转变为代表制,使人民在政治上获得了平等的地位。②它使权力的分离成为必要。市民社会必须通过拥有立法权的机关来参与政治国家的事务,政治国家要通过拥有执行权的机关来干预市民社会的事务。③它确立了人权和公民权的原则。所谓人权,正是作为市民社会的成员的个人的各项权利(自由、平等、财产、安全等)。所谓公民权,则是作为政治国家成员的个人的权利,即参与政治共同体的权利。第四,马克思认为,在阶级社会中,随着阶级利益分化为公共利益和私人利益而产生了政治国家和市民社会,随着阶级社会的消失,政治国家和市民社会也将一道消失。所以,从最终意义上说,政治国家将统一于市民社会。①

从马克思的市民社会理论可以看出,他是从历史的范畴,始终站在现实历史和社会

---

① 袁祖社:《权力与自由:市民社会的人学考察》,中国社会科学出版社 2003 年版,第 38—41 页。

的基础上,从物质实践出发解释观念的东西,从社会发展的原动力来阐述市民社会与国家的关系,市民社会既是国家与社会分离的结构性产物,又是建构国家与社会关系的基础。市民社会有着不同于政治国家的权利运作方式,是以自治性和契约性为原则,以各种社会机构、非政府组织和特定的阶层为主体,以关系网络和参与为运作机制,以公共精神为寄托的介于国家与私人领域之间的公共领域。

第三节 政府与社会的关系

前文已经说明,人们在讨论国家与社会的关系时,常常把国家等同于政府(当然,这二者之间有密切的联系),讨论国家与社会关系变成讨论政府与社会、政府与市场、政治权力与公民权利、行政权力与社会自治等方面的关系,使得这一命题变得复杂。而在市民社会和市场经济的社会条件下,政府与社会的关系呈现分界化和复杂化的特征,更加剧了这一命题的争论。

一、政府与国家

文档:阅读材料2

马克思主义国家学说认为:"国家是社会在一定发展阶段上的产物;国家是表示:这个社会陷入了不可解决的自我矛盾,分裂为不可调和的对立面而又无力摆脱这些对立面。而为了使这些对立面,这些经济利益互相冲突的阶级,不致在无谓的斗争中把自己和社会消灭,就需要有一种表面上驾于社会之上的力量,这种力量应当抑制冲突,把冲突保持在'秩序'的范围以内;这种从社会中产生但又自居于社会之上并且日益同社会脱离的力量,就是国家。"[①]在政治系统中,国家是层次最高的政治主体。国家问题作为政治的核心问题,如马克思本人所言,"政治国家在自己的形式范围内(从政治角度)反映了一切社会斗争,社会需求和社会真理"[②]。作为政治实体的国家实际上是一种公共权力的实体,是各种不同的权力主体的交互作用而成的,是各种不同的权力的总和,"国家代表着一种公共权力,而执掌这种公共权力的主体就是政府"[③]。政府相对于国家来说是层次稍低的政治主体,但与国家不同的是,政府重点强调政治权力自身具体结构和作用于社会时的运行状况。政府代表国家来行使管理社会的权力,直接面对社会,体现出更多的社会性。政府有广义和狭义两种,广义的政府泛指各类国家权力机构,即立法、行政和司法机构的总称。从这一意义上理解,凡具有公共性的部门都可以称为政府,政府所对应的是公民。狭义的政府仅仅是指国家机构中执掌行政权力、履行行政职能的行政机构。

政府和国家是一对极易混淆的范畴,原因在于,近代以来国家的功能已经越来越依赖于政府的权力运作和职能履行,政府作为国家的具体化身,在很多方面已经实现了对

---

① 马克思、恩格斯:《马克思恩格斯选集》第四卷,人民出版社1972年版,第166页。
② 马克思、恩格斯:《马克思恩格斯全集》第一卷,人民出版社1956年版,第417页。
③ 桑玉成:《国家错误反思录》,学林出版社2003年版,第3页。

国家的功能替代,故人们在生活中往往只见政府不见国家。但二者还是有很大的区别:

第一,政府权力并不等同于国家主权。主权是无限的统一的不可分的,而政府权力是可以被推翻或灭亡的。一旦国家主权丧失,国家就不复存在。

第二,政府的功能并不能完全替代国家的功能。政府并不具有国家的政治共同体功能,公民可以通过传统习惯团结在国家之中,但始终是独立于政府之外的。

第三,国家的合法性层次高于政府。公民对国家的合法性认同最高,而对政府则最低,公民可以反对政府但不能反对国家,否则就会丧失公民资格。还有合法性来源也不同,国家来源于非选择的传统,因此具有稳定性和持久性。政府合法性取决于政府对社会经济进行统治和管理的有效性,一旦失效,就丧失合法性。

二、政府权力与市民社会

在西方许多学者的观念中,国家与社会之间存在着彼此分离的二元结构,换言之,社会相对于国家是独立的——至少是应该独立的。在西方,人们习惯于将国家行政性关系之外的那一大部分社会生活称为“市民社会”。自由主义传统的理论家则向来把“市民社会”的存在视为公民自由和社会发展的保证。20世纪80年代社会主义国家进入全面改革之后,不少西方学者开始在苏联、东欧寻找“市民社会”的因素,视之为这些国家社会变迁的主要表征。东欧剧变之后,他们继而把“市民社会”的发育看作是“自由民主制度”在那里得以巩固的关键。在此过程中,当然也有人把注意力转向了中国。与此同时,中国学术界也展开了一场关于“市民社会”问题的讨论。

在政治学的视野中,主要是在市民社会与国家关系的框架下探讨国家与社会之间力量的均衡。关于政府与社会的关系,或者具体说政府权力与市民社会的关系,在西方许多学者的理论中是公域与私域的关系,社会需要国家以处理私人之外的事务,但国家的活动是有界线的,这个界线应根据各个社会的具体情况而定。在认识国家与社会关系问题上有两种有代表意义的逻辑。政治生活在某种意义上说就是政府权力与社会的博弈。政府力量大了,社会自由就不足,反之,政府的能力又不足以调控社会。政府与社会的关系有两个极端表现,分别位于谱系的两端:一个表现为“国家强位”[①],社会完全归属于政府权力,社会成为“国家的社会”;一个是表现为“社会强位”,政府从属于社会,国家是“社会的国家”。前者强调国家高于社会,社会依附于国家,受制于国家;市民社会完全淹没于政治国家之中;权力至高无上,社会及其个体毫无权利可言。这样的社会自然与自由、法治无缘,有的只是专制的嚣张和人治的放纵。后者则突出强调社会相对于国家的先在性或外在性,社会先在于国家或外在于国家而存在,并与国家保持着适度的距离,受国家治理的同时也制约国家;市民社会成熟而活跃,与政治国家既对立,又合作;国家倡行法治,国家权力与公民权利在良性的磨合与竞争中保持平衡。

三、政府与社会关系的理论脉络

人类社会发展到一定阶段,便产生了国家——一个“从社会中产生却自居于社会之

---

① 需要说明的是,西方政治学家所说的“国家”即为“政府”,不过,为了叙述方便,本节仍然使用这些西方学者当时使用“国家”一词。

上并日益与社会相异化的力量"。国家产生于社会母体却独立于社会,具有一定的自主性,这样就有了国家、政府与市民社会的分别。古希腊、罗马是城邦的天下,社会个体完全消融于城邦的整体主义之中。在这里,只有城邦意义上的"国家",而没有现代意义上的"社会"。此时的政治文化集中表现为一种整体主义的政治文化观。中世纪后,基督徒取得了"上帝之城"与"世俗之城"的双重身份,社会也随之裂变为两层:一层是世俗社会,一层是教会。世俗社会中的王权与教会中的教权成了独立并行的权力双峰,从而形成中世纪的二元权力体系。进入近代,日益强大的民族国家摆脱教权的羁绊建立了主权。为了约束与制衡君权的专横,人们开始倡导自由的经济领域、法治的宪政国家、代议制的政府体制。于是,维护社会权利、制约国家权力成了近代政治文化一个核心主题。19 世纪,西方社会过渡到传统自由主义自由放任的黄金时代。进入当代,为了修正过度的自由放任的弊病,以罗斯福新政为代表的国家干预政策风头上升,凯恩斯主义走向历史舞台。20 世纪 70 年代末 80 年代初,世界性的经济危机以及随之而来的经济"滞胀"的出现,使凯恩斯主义陷入了困境。紧接着,以撒切尔和里根为首的保守派又反思国家干预政策,主张复兴古典自由主义精神。以哈耶克的经济自由主义、弗里德曼的货币主义以及布坎南的公共选择为代表的新自由主义又走进人们的视野,并日益引起人们的关注。可以说,整个西方社会的发展历程就是在国家与社会的两极间摇摆前行。

国家与社会关系模式的变迁,影响着社会意识的发展。政治理论往往在国家与社会关系的框架内展开——至少它们产生于国家与社会关系的背景之中。回顾思想史,这条线索清晰可见。在古希腊与罗马的城邦时代,无论是柏拉图的《理想国》,还是亚里士多德的《政治学》,都映射出强烈的国家整体主义倾向,公民个体只是"天生的政治动物而已",城邦的光芒掩盖着社会的每个角落。中世纪时国家与社会关系微妙,教会以上帝的名义为基督教开拓了一块不为世俗王权所侵扰的精神领地。中世纪末期,城市共同体的发展与商品经济的蓬勃兴起呼唤着独立、强大的民族国家的建立,于是就出现了将社会置于国家之上的"社会强位"思想。比如洛克认为,人类最初生活的社会是一个自由、平等而又放任的完美的自然状态,人们于其中享有生命、自由和财产等天赋人权。但这个社会由于没有通行的法律、既定的程序和公正的裁决者,再加之个人私欲的冲突,所以既不安全也不方便。因此,人们愿意以契约的形式有限让渡自己权利,建立政治社会即国家。国家基于社会委托的立法权与司法权,对社会负责。显然,在洛克眼里,社会先于国家而存在,国家只获得了一个工具性的身份。洛克之所以把国家与社会关系定位于此,恰如其分地表达了他对国家或政治权力的怀疑,对国家权力与社会权利冲突的担忧。更为重要的是,正如一些学者注意到的,这种关系范式引发了两种"思想导向":一是对限制国家权力,保障个人权利的倡导;二是对社会摆脱国家干预而自治的自信。这些思想夯实了西方政治文化传统的核心理念,传承了传统又衔接着现代,对近代自由主义的发展起到了举足轻重的作用。孟德斯鸠著名的"分权与制衡"理论在很大程度上受到了洛克学说的影响。

黑格尔则主张"国家强位",国家应高于社会。他注意到,洛克的"社会外在于国家"暗含着一种"非政府"的倾向,这种倾向很容易导致无政府状态,所以应该彰显国家的伦理价值,而社会在伦理层面却处于不足的状态。因此,黑格尔将国家定位为目的,社会则被降格为手段。在他看来,国家虽然与社会相互依存但处于不同的发展层次,国家不仅可以保护、维系和完善社会,更是对社会的超越和提升。由于社会中有非正义或不平等的现象出现,人民的普遍利益也需要保障与维护,所以国家对社会的干预就显得必要而正当。黑格尔在不经意间将国家笼罩于神圣光环之下,国家权力的无所不在与社会的完全国家化成了一个必然的逻辑。近代的集权主义和现代的极权主义、独裁主义都从黑格尔"国家高于社会"的理论中汲取了能量,20世纪的国家主义与法西斯极权主义所表现的国家绝对至上就是最好的证明。

洛克和黑格尔的理论架构都是从市民社会与国家关系的角度来分析市民社会的,这两种理论作为学理上的分野看似对立,但实际上都是在关注市民社会得以存在的合理性基础。洛克的理论是建立在政治自由主义的基础之上,将市民社会与国家看成是对立的、相互制约的两个主体,其中,国家只是公民意志的体现,市民社会更多的是契约性原则发展的自组织形态。而按照黑格尔的理论,也承认国家与市民社会的分离,但是国家应该主宰市民社会的发展,市民社会只能在国家的权力和意志下运作。无论是洛克强调的社会相对于国家的外在性,还是黑格尔倡导的国家层次高于社会层次,无一不是建立在这样一个前提之下——市民社会与政治国家二元分离。①

四、政府与社会关系的调适

政府与社会的关系应该如何定位,使之和谐以增进人民的幸福?这在理论和实践上都争论不已。大致上,西方对政府权力的"人性假设"如下。(1)休谟的"无赖原则"假设:人人应被假定为无赖。(2)麦迪逊的"非天使"统治假设:人不是天使,由人组成的政府也不是天使,人的本性即是政府的本性,人必须有外在的制约,政府更必须有外在的控制。(3)孟德斯鸠的"局限存在物"假设:人,作为一个物理的存在物来说,是和一切物体一样,受不变的规律支配;作为一个智能的存在物来说,人类是一个感性的存在,受到种种不定因素的影响,无知与错误是必然的,只能通过社会生活外在的东西(正式规则与非正式规则)予以补偿和纠正。(4)孟德斯鸠的"权力无休止界限"假设:一切有权力的人都容易滥用权力,这是万古不易的一条经验,有权力的人使用权力要一直到遇到界限的地方才休止,这就是权力或权力者的特质。

基于这些"人性假设",西方思想史上形成了关于国家活动(实质为政府活动)界线的几种代表性模式:

1.安全国家观

认为国家是对人类曾经有过的无政府、自我残杀的自然状态的否定和替代。国家与社会是等同的,国家的出现带来了社会的安宁。

2."必要恶"

国家尽管是必要的,但最终必定是一种危险或罪恶。

---

① 邓正来把这两种价值取向具体概括为"洛克式'市民社会先于或外于国家'的架构"和"黑格尔'国家高于市民社会'的架构",并给予详尽的阐释。详见邓正来:《国家与社会:中国市民社会研究》,四川人民出版社1997年版,第40—43页。

3.立宪国家观

认为国家是对自然的完善和补充,国家与社会的界线是含糊的,需要通过立法来加以确定。

4.最小国家观

认为国家是对社会恶的惩罚,是一种必要的邪恶。而社会是自在的,它与国家处于逆反状态,最小的国家是最好的国家。

5.普遍国家观

国家是对社会的超越,它将社会带入更高的和谐中去,因而国家理应受到普遍的欢迎。

6.民主国家观

认为国家与社会是相互依赖又彼此独立的两个实体。国家干预社会,社会通过制衡机制约束国家的活动。

第四节　实践中的国家与社会关系变革

一、国家与社会关系的合法性危机

哈贝马斯说:"任何一种政治系统,如果它不抓合法性,那么,它就不可能永久地保持住群众(对它所持有)的忠诚心。也就是说,就无法永久地保持住它的成员们紧紧地跟随它前进。"[1]因而,合法性基础的构建与塑造对于政治体系具有关键性意义。在对后资本主义社会进行批判的基础上,哈贝马斯提出了资本主义社会合法性危机问题,即政权的信任危机。其主要表现是:人们对政治生活冷漠,与政治体系的互动越来越缺乏激情和效率。哈贝马斯认为政权信任危机/合法性危机产生的原因(民众失去对于权威的信心之原因)在于以下四个方面:国家进行过度干预,造成民众对政治生活不满;公民认为自己在政治、文化各方面的愿望普遍没有得到满足;行政当权者无能力履行预订计划;社会文化系统产生对政治的不信任的因素。矛盾的主要方面来源于国家和政府的行为。

解铃还须系铃人,化解政权合法性危机/信任危机也需要政府对自身的行为做出调整。哈贝马斯认为:政府要约束自己的行为;要遵守与群众的约定,使得公民相信政治家;注重公民的私人领域;尽量保证民众合法要求得到满足。

法国政治学家夸克认为,政党、政府承担何种责任,也与合法性有关。如果无法承担政治责任(特别是在社会领域),其合法性也会产生危机。政府、政党如果是在重大问题上判断、决策失误甚至错误的话,其合法性也会动摇,产生危机。

提高政治合法性,实现政治秩序稳定持久的手段和途径也是多样化的。一个国家政

---

① 哈贝马斯:《重建历史唯物主义》,社会科学文献出版社 2000 年版,第 264 页。

权要实现长治久安,除了必须掌握暴力机器(军队和警察)、拥有文化领导权(令人信服的理论和意识形态)、具有良好的经济绩效之外,更重要的是,必须建立一套合理有效的政治制度。

政治统治合法性危机是社会危机的表现形态之一,然而几乎成为不争的事实的是,无论是西方发达国家,还是处于现代化进程的发展中国家,都难以逃脱合法性危机的困扰。因此,如何维护政治体系的合法性,并不断调整政治统治的合法性基础,自然成为一个极为重要的问题。合法性危机意味着政府的信任危机和权威危机。严格地讲,任何社会都有产生合法性危机的可能,只是发生危机的时间、程度有所不同,也许在有的国家会导致整个系统的崩溃和重建,而在有的国家则只要做出适当的改革或调整。如果一个政权的合法性基础主要建立在短期的可变因素之上,而它又不能或不愿意及时将这种短期的可变性权威转化为合理的制度性权威,那么,它一旦出现合法性危机,其程度会较为严重,而且后果可能就是整个体系的崩溃。相反,如果一个国家合法性基础主要建立在合理的制度之上,那么,它一旦遇到合法性危机,也不会危及整个政治系统。

当出现以下任何一种情况时,政治权威乃至统治的合法性都将受到挑战:反对政治共同体的构成和界限,即当社会共同体内部有一部分势力不承认自己属于该共同体而要求打破现有构成状况的时候;反对共同体内的宪法性安排,即当政治共同体内有成员反对已有的宪法制度,要求推翻这种宪法安排的时候;反对政府做出的某项特殊政策,即当政治共同体内部有人反对政府的某一重大决策(如税收政策、种族政策)的时候。上述三种情况都会危及政府权威乃至政治合法性,但结果可能不同。第一种挑战可能导致政治共同体的解体;第二种挑战可能导致政治制度的瓦解和重建;第三种挑战可能导致政策的修改,或某一届政府的下台。

世界各国的政治合法性基础各不相同。无论哪一类国家,政治革命都是合法性危机的可能结果。马克思主义认为,革命是阶级矛盾激化达到极点的产物,它是被压迫者不再忍受压迫的激进行为。革命到来的时候,对原有政治体系的破坏和对既有社会秩序的冲击是不可避免的。一个社会能否走出"不断革命"的循环困境,关键还在于能否形成一种合理的制度,确立韦伯所谓的法理型权威体系。

政治形态的转换有革命和选举两类方式,不论以何种方式取得政权,都要时刻接受公民认同的考验。任何政权的存在都有一个合法性的问题,并且这个合法性不可能一劳永逸。如何维护和加强合法性,是所有政权必须认真对待和解决的问题,更是执政党需要面对的重大课题。

处于转型时期的中国,政权的合法性危机也随着社会历史条件的变化而不断变换内容和形式。历史的合法性解决的是"凭什么执政",而现实的合法性要解决的则是"凭什么继续执政"。在现代化变迁过程中,随着社会利益格局呈现多元化的趋势,体制改革的深化使社会阶层分化更加剧烈、利益群体的规模愈来愈大。因此,在现代社会,求助于情感或伦理等意识形态的动机再也无法满足执政合法性的要求。在现代社会,一般把政治体系的实际作为即有效性或政绩作为建立其政治合法性的基础,但是,政治体系的合法性与其有效性或政策绩效之间并不是简单的对应关系。有效性并不一定带来合法性,而合法性也不必然需要有效性,而且,单纯追求政绩合法性又会导致唯政绩主义。面对后现代社会不断变化的形势,片面地把政绩作为合法性的唯一可靠基础,事实上非但是不可能的,而且也是非常危险的。从民主政治的发展要求来看,制度规范合法性基础的构建为民主政治的发展提供了一整套稳定的合法性支持。在今天这样"一个后传统社会(post-traditional society)中,权威无法再通过象征性符号或者通过声称情况向来如此而获得合法性"。因此,必须通过令人信服的制度模式实现政治统治的合法性。民主作为"一种社会管理体制",构成了现代社会政治合法化的捷径,因为"在该体制中社会成员大体上能直接或间接地参与或可以参与影响全体成员的决策"。①

二、西方国家对国家与社会关系的调整

15 世纪末,地理大发现和远程贸易的兴起,开启了近代西方社会的现代化进程。西方社会三大领域的变迁促成了国家和社会的分离。在经济领域,生产和贸易的发展使自由市场经济成为普遍的社会经济形式,市场机制逐渐取代了封建权力的干预,社会经济活动与前现代性的政治统治制度相分离。狭隘的城市经济由于拓宽了生产、市场和贸易领域,成长为广阔的现代性地域经济和民族经济。一套以市场化原则为基础的产权制度和交换规则的经济体制也随之确立。在政治领域,国家、政治和法律层面也发生了相应的变革。统治权力及机构走出了君主政体的私人性领域,演变为公共性的权力机构多元主义的政治民主制度取代了封建专制制度。科层官僚制度代替了传统的家长制的管理地位,成为政府行政管理的理性化操作程序和技术手段。宪法和法律则为私有产权制度和契约性交换规则提供了法制保障系统。在文化领域,随着市民阶层在经济和政治上的胜利,资产阶级公共领域的反封建政治功能逐渐消退,一种表达多元社会利益的批判性的现代公共舆论领域开始形成。三大领域的变化标示着西方社会系统发生了一系列结构分化和功能转变,社会最终从国家的阴影中脱离,成为具有现代性的经济、政治和制度性文化的社会。

上述西方社会的由三大领域的变化所标示的国家与社会的分离,是一种由社会自身孕育起来的自然历史过程。在分离过程中,社会是分离的动力源,是积极的推动者,国家则是分离的障碍力量,是消极被动的方面。分离过程始终遵循一条由下而上的路径,最后,强大的市民社会摧毁了旧的国家和政府,并且按照自己所要求的结构功能构造出了一个现代性的国家和政府。可见,西方先发国家的"国家与社会的分离",更准确的说法应当是"社会与国家的分离"。

20 世纪 50 至 60 年代的国家社会主义主张扩大国家权能,追求社会平等,限制市场机制,其主要举措是国家计划＋固定市场＋有选择的国有化＋普遍的社会福利,结果出现经济滞胀,行政效率低下。60 至 70 年代自由主义政党的新保守主义主张限制国家活动,扩大市场,确立市民社会对国家的权威,提出了削减国家职能和强化国家对安全与秩序的保障的两难诉求,造成社会贫富分化严重,社会动荡不安。70 年代末以来社会民主党的民主社会主义介于前两者之间,承认国家与市民社会的分离是资本主义取得的最重要的文明成功,它既不赞成以国家取代市民社会和市场,也不赞成牺牲平等来换取自由。

---

① 吉登斯:《第三条道路:社会民主主义的复兴》,北京大学出版社 2000 年版,第 75 页。

其目标是建立民主的市民社会,在国家生活中有民主机制控制,在市民社会中有平等机制制衡自由。80年代,受"新公共管理"运动的影响和推动,西方国家掀起了声势浩大的地方行政改革运动,这场运动往往被人们描述为追求"三E"(Economy, Efficiency and Effectiveness,即经济、效率和效益)目标的管理改革运动。总的说来,主要包括:(1)放松政府管制;(2)强化地方政府的自治权;(3)转变地方政府职能;(4)地方政府内部体制的再造("重塑政府");(5)强化对地方政府的监督(强化预算监督、绩效评估)。这场新公共管理改革运动的特点如下。

第一,市场化。一是把原先地方政府承担的公共事务交由市场调节。如放松政府管制,把公共事务交由私营机构,允许私企经营以前由政府垄断经营的公共服务事物,或是把国有企业或政府财产卖给私人经营。二是打破传统官僚制度的束缚,把私人企业的管理方法越来越多地引入政府管理中来。如强化地方公营部门与私营企业、团体组织的竞争关系,增强政府内部公务员之间的竞争。

第二,分权化。一是将某些权力连带责任和资源由中央政府转移到地方,赋予地方政府更大的自主权。二是中央政府在保留责任和权力的同时,把某些职能下放给地方政府。三是地方政府把某些职能和职责转移到民间,由非政府组织或社会其他组织承担。

第三,服务化。拓宽地方民众参加地方公共事务的渠道,强化与地方民众、地方团体组织的合作机制,以提高地方政府的服务观念和顾客导向。

三、建构中国特色的国家与社会关系

前文分析的洛克和黑格尔的关于"国家与社会"关系的理论模式,对中国而言均不适用,中国的情况既不属于前者,也不属于后者。在国家与社会的分离中,二者之间应当形成相互补充和促进、互为发展前提的关系,这是实现后发现代化的一个基本要求。其中,国家对于现代化的组织和推动是必不可少的,没有国家的这一作用就没有后发现代化;社会应拥有自己的权力领域和监督国家的能力,没有这样的社会也就根本没有现代化。国家与社会的这种关系和结构对于后发现代化具有根本性意义,应当是后发现代化实践的基本目标之一,并通过政治、经济、文化各个领域的国家与社会的具体分离过程逐渐趋近。由于在后发现代化过程中,国家不仅是推进现代化的主体,也是促进分离的主体,因而对实现这一目标负有更多的使命和责任。

(一)"家国同构"的传统中国

传统中国是个家国同构特征十分明显的社会。政治国家处于社会的核心地位,对整个社会形成网络管理。与巨大的君权相比,社会的空间相对狭小,很难说具有独立的品格。

中华民族很早就实行聚族而居、流动性不强的定居农业生产和生活。因这种自然环境和生产生活方式使然,氏族社会的解体在中国极不充分,氏族社会的血缘关系和血缘观念大量积淀下来,在新的社会历史条件下演变为宗法制。特别是统治者利用国家的强制力量,利用宗法血缘的生理和心理基础,将氏族制发展成为兼备政治权力统治和血亲道德制约双重功能的宗法制,用宗法血缘的纽带将家和国联结起来。社会组织主要是在君臣、父子、夫妇之间的宗法原则指导下建立起来,在社会结构中,由家庭聚合为家族,再由家族纠合为宗族,并与邻里乡党组成村社和社会,进而构成国家。

了解中国传统社会的家族制度和宗族组织,是探知中国国家与社会关系的关键。在传统社会,地方政治制度的基本事实是,在成文制度方面,国家行政权力的边陲是县级,县以下实行以代表皇权的保甲制度为载体,以体现族权的宗族组织为基础,以士绅为纽带而建立起来的乡村自治政治。其主要原因是这种体制能满足封建王朝对乡村资源的索取。中国家庭是自成一体的小天地,是个微型的邦国,社会单元是家庭而不是个人,家庭才是当地政治生活中负责的成分。那么在家族中起统帅作用的就是家族中的长者,产生了费孝通所说的"长老统治"。国有国法、族有族规,就从侧面反映出了当时家法在我国传统乡村的重要作用。

(二)改革开放前我国的国家与社会关系

中华人民共和国成立后,计划经济体制以一种理想化的态度对待国家在社会中应扮演的角色(使政府成为一个干预一切社会事物的万能政府),使各级政府不仅承担着社会公共管理职能,而且作为国有资产者的代表承担着国有企事业单位大量具体的经营管理职能,各种社会实体都变成了行政机关及其工作部门的下属组织。在为人民服务的理念下,全能政府特征的架构和管理行为日益明显。国家作为一个巨大的"利维坦",直接掌握着几乎所有的社会资源,社会的生产、交换、消费活动都被国家的计划和行政命令严格控制着。与这种经济体制相对应的是高度集中的权力中心和权力结构,国家权力和国家意志决定一切,社会依附于国家,甚至连人们的日常生活也被政治化和行政化了。或者说,改革开放前,中国国家与社会的关系从总体上讲是合二为一的,或者说是高度一元化的,国家高度整合、统摄社会,对经济及各种社会资源实行全面垄断,政治、经济和意识形态重叠,社会结构分化很低,社会不断萎缩并消融于国家之中。这种结构从理论上讲有其优越性:它符合社会主义公有制和计划经济的需要,社会动员能力强,可以利用全国性的严密组织系统动员全国的人力物力资源来达到某一国家目标,正所谓"社会主义能干大事"。这样的社会体制从实践来说,也非常有利于解决 1949 年前后中国所面对的政治解体和社会解组局面,并适应了早期以扩大规模为基本内容的动员需求,有利于国力的增强和国家的强大。

然而,这种国家与社会不分,国家压制社会的体制也产生了种种弊端。国家成了整个社会的保姆,全部社会生活政治化、行政化,整个社会几乎完全依靠国家机器驱动,窒息了社会的活力。全能政府只能导致保姆型社会,不利于社会自立精神的培育和市民社会的成长;全能政府还会导致疲劳型政府、腐败型政府、紧张型政府。古往今来,全能政府无法长治久安,或者是短暂的,其优越性只存在于理想之中。社会由于缺乏中间阶层的作用,国家直接面对民众,社会秩序完全依赖于国家的控制和控制的力度。若国家控制受到削弱,社会就会具有一种自发的无政府、无秩序倾向,社会高层的任何一点微小的变化都可能引发社会的动荡,所谓牵一发而动全身。在这种社会里,国家对几乎全部的社会生活实行严格而全面的控制,对任何独立于国家之外的力量,要么予以抑制和压抑,要么使之成为国家机构的一部分,这样"一种强大且僵化的行政集权体制阻碍了中国走上大规模的民间性的制度创新道路,阻碍中国走上一条社会演进型的法制改革道路"。①此外,全能政府导致公共权力滥用、官僚主义严重,出现了"同时拥有太多的政府和太少的政府"(干预太多,而公共物品提供太少)的局面。法律显然也就容易成为国家或政府的附庸,只能被当作一项依靠政府力量自上而下推动的官方统治行为。

(三)重塑国家与社会的关系

党的十一届三中全会后,国家主动地、有意识地从一部分社会领域中退出,社会不断地从国家取得自身权利,开启了一个国家权力有条件地向社会回归的进程。因而,由计划经济体制向市场经济体制的转型,包含了我们对国家能力的理性认识,即承认国家能力是有限的,承认社会有独立的价值。由计划经济体制向市场经济体制的转型包括三个层次:需要退出的领域("越位")、需要强化的领域("缺位")、需要转变的领域("错位")。把阶级斗争年代残留的防范式管理理念和职能转换为运用国家强制力保护人民的权利和自由的引导式管理;把计划经济时代形成的军事管制式经济职能转变为市场经济下鼓励、规范、协调、服务式经济管理职能;把企业、社会、第三部门的职能转移到位,对过时的政府职能实施转变,转向服务性功能,服务性职能中的非行政性服务由政府直接提供变为间接服务;把地方政府履行职能的管理服务幅度、工作力度和政府运作速度统一起来。

在改革开放的40多年间,中国的经济领域由封闭向开放转型,产权多元化和社会运作的市场化促成了一个个具有相对自主性的社会的形成。此时,我们发现国家与社会的关系发生了变化。从国家与社会的纵向关系来看,国家对社会的控制范围在缩小,控制力度在减弱,控制方式也在从直接控制向间接控制转变,从计划经济的传统模式转变为"小政府、大社会"的新型模式。在这一系列变化中,最关键的是国家控制手段的规范化,较有规则的控制手段所表征出来的确定性增强了社会对政府行为的预期,国家力量从乡土农村社会的全面监控干预中收缩回来,又进一步提高了国家与社会的平衡。从国家与社会的横向关系来看,社会成员相对自由地流动打破了传统的差序格局的稳定性,使之多元化,导致了大批边缘人和边缘群体的产生,民间社会的组织化程度增强,各种私营企业、个体户及民间机构成为最具典型的社会组织。这些相对独立于国家之外的社会组织在完成对社会成员重组的同时,也逐渐形成了一种普遍遵守的民间规则。就农村而言,农村实行家庭联产承包责任制,使农民有了生产和分配的自主权。国家对生活资源控制的松动增强了农民生产、生活的社会自主性,具有独立个体、剩余劳动力的出现及部分资源的自由流动客观上打破了城乡的封闭界限,大量的农村剩余劳动力流入城镇无形中也冲击和减弱了户籍制度的控制,模糊了城乡居民的身份界限,打破了长期存在的城乡二元分治结构。

因而,人民公社的解体和家庭联产承包责任制的推行,构成了中国农村社会的重大转型与变迁,标志着中国从一元化的社会变为多元社会,从集权向分权过渡,标志着过去行之有效的从公社到生产队的纵向控制体系瓦解。在这种条件下,社会生活不再完全从属于国家,个人和社会团体摆脱了对国家的依附,实现了人格独立,这些都为农民政治权

①　蒋立山:《中国法治道路初探(上)》,《中外法学》1998年第3期,第19页。

利的实现和国家法治的成功提供了最重要的基础条件。但是，在国家与社会相对分离的转型时期，由于国家开始直接面对无数个体小农，农民成为几乎没有任何组织依托的个体。他们既没有传统社会中的社会组织（如家族）可以利用，也没有形成现代意义上的自治社团，因此在国家与社会发生演变、分权和分化交织在一起的情况下，弄不好有可能发生对社会的双重切割，导致整个社会被切割为无数的片段，演变成"社会碎片化"。在这种情况下，我们应该如何认识国家与社会的关系，如何处理国家法治与社会自治的关系就显得非常重要。

改革开放以来，我国国家与社会关系发生了巨大变化，总体而言，可以归纳为：

第一，国家管制范围缩小和社会力量增强，逐步向"强国家—强社会"的方向发展。

第二，市场经济的发展，焕发了公民的独立人格、权利意识与公民观念，进而增强了社会交往组织的功能，个人与国家、社会与国家的关系有了很大的改变。

针对这样的变化，我国学者提出了很多不同的研究模式用来解释和指导我国国家与社会关系的构建，主要有新权威主义说、市民社会说、法团主义说、分类管理说等，这些理论学说从不同的角度对我国国家与社会的关系提出了不同的见解。比较和梳理这些理论，可以帮助我们更好地理解当前我国国家和社会的关系。但对于动态平衡与良性发展的国家与社会关系这一目标，我们还有很长的路要走。中国是自成一系的文明古国，有着独特的文明和制度，如今，中国的现代化为世人所瞩目，中国一定可以走出一条符合中国自己历史传统、文明模式和现代制度的政府与社会关系的新路。

文档：学习
参考网站

本章思考题

1.韦伯是如何划分合法性类型的？

2.如何处理政治合法性与有效性的关系？

3.马克思主义国家与社会关系观的主要内容是什么？

【案例思考】

如何看待美国公民持枪自由的法律保护

美国最高法院 2010 年 6 月 28 日公布裁决，扩大保障公民持枪自由的宪法条款的适用范围。这意味着目前美国各州及地方有关枪支管制的法律可能面临挑战。

最高法院当天以 5 比 4 的投票结果就芝加哥禁枪令是否违宪一案做出了裁决。判决书说，美国宪法第二修正案中有关公民享有持枪自由的条款同样适用于各州和地方法律。此前该条款只适用于联邦法律和首都华盛顿的法律。不过，最高法院并没有明确裁定芝加哥禁枪令违宪，而是将该案交由一家上诉法庭进行重审。分析人士认为，鉴于最高法院的这一判决，上诉法庭很可能裁定撤销芝加哥实行 28 年的禁枪令。最高法院同时指出，一些长期以来实施的枪支管理法令，如禁止罪犯或精神病患者持有武器，禁止在学校、政府机构等"敏感场所"携带武器等，不应受到质疑。

私人枪支管理一直是美国社会的敏感话题。围绕公民能否持有枪支，政府是否有权禁枪等问题，"禁枪派"和"反禁派"针锋相对，争论不休。2008 年，最高法院裁定华盛顿市禁枪令违宪,为美国其他地区"反禁派"谋求解除禁令提供了一个重要判例。

美国是全世界私人持枪率最高的国家。很多法律专家认为,美国政府允许民众拥有枪支是造成暴力犯罪泛滥的重要因素。一些教育界人士也表示,正是因为民众有自由购买或携带枪支的权利,美国社会才会屡屡发生诸如青年学生持枪进校行凶、失业者或精神受刺激者携枪滥杀无辜的重大枪击案件。

对于众多的枪支权利拥护者来说,拥有和携带枪支的权利和言论自由一样,已被视为最基本的个人权利之一。按照美国宪法第二条修正案的规定,公民享有为个人用途而拥有枪支的权利。美国宪法第二条修正案规定:"管理良好的民兵是保障自由州的安全所必需的,因此人民持有和携带武器的权利不得侵犯。"不少美国人认为,这条修正案保护的是个人的持枪权利,枪支管制是非法的。美国建国前后,拥有和携带枪支的权利和言论自由一样,已被视为最珍视的个人权利之一。另外,在美国的政治文化中,一直就有反政府的传统,认为政府的过度干预和权力扩张会危害人民的自由,不利于个人权利的保障,因而对政府有着潜意识的不信任感。在不少人看来,持有和携带枪支作为宪法"权利法案"中一个不可分割的组成部分,一旦在管制枪支问题上有所突破,就会侵蚀"权利法案"的神圣性,对宪法中所规定的公民权利构成威胁。

美国是个联邦制国家,各州在立法方面拥有很大的自主权,有关枪械管制的法律也不例外。而且,不仅各州的枪械管制法不一样,即使在同一个州,各地的法律也会不同。譬如,各种半自动步枪在纽约州不列入管制范围,但在纽约市,半自动步枪的某些功能和特征受到限制,否则就属非法。美国宪法第六条规定,宪法、依照宪法所制定的联邦法律以及在联邦权力下已缔结和将要缔结的一切条约,均应成为全国的最高法律,即使与任何州的宪法或法律相抵触,各州法官仍应遵守。

问题:试用国家与公民关系理论分析"公民持枪自由的合法性"。

第二章　国家理论与国家管理体制

本章导读：

本章主要从国家理论、国家管理体制和手段三个方面分析国家现象的产生、运行规律，介绍国家组织与社会组织的不同特点，为读者认识国家的价值和行为方式奠定理论和知识基础。

重点与难点：

1. 理解不同形式的政体、国家结构形式的区别
2. 把握国情与国家管理体制选择的关系

国家是政治社会中最普遍、最典型的政治现象，也是一切政治活动的核心和主题。没有国家，一切政治现象将无从谈起，因此国家及其活动规律便成为政治学研究的主要对象。自亚里士多德的《政治学》开始，政治学对国家现象的研究已经持续了几千年，积淀了丰富的国家理论与学科知识。国家理论包括国家的起源、内涵、管理体制等核心内容，而关于这方面的理论流派更是复杂而又多元。

文档：阅读
材料1

第一节　国家理论

一、国家学说

国家作为一种社会现象，乃是一种人造之物，于历史长河中生成，因此，国家既在人之外，又在人之中。所谓国家在人之外，意指对个体而言，国家乃是一种独立于个体之外的客观存在；所谓国家在人之中，意指国家乃是整体人类技艺的结果，它寄托了人类的理念、梦想、希望，包含了人类的主观意志。在对国家的认识过程中，人们往往将客观认识和主观价值融为一体，形成了综合性的国家知识和理论体系。[①] 根据基本观点取向，国家理论主要包括神权国家论、国家社会共同体说、社会契约说、马克思主义国家说。

（一）神权国家论

从国家理论的发展历程来看，神权国家论最早出现。

在中国古代，所谓的"天道"就是把统治阶级的权力说成来自天命，而王朝更替则是

---

① 聂平平、武建强：《政治学导论》，武汉大学出版社 2012 年版，第 81—82 页。

天道轮回;帝王称作"天子"(天的儿子),说他们是天意的执行者,所谓"天子作民父母,以为天下王","天工,人其代之"。

在西方,神权说也由来已久,较早可以追溯到古代犹太人的神权政治君主国,而欧洲的中世纪则是神权说的鼎盛时代。在欧洲中世纪,基督教统治了欧洲,神权凌驾于王权之上,其中,最著名的神权论包括奥古斯丁"双城说"、阿奎那"神法"说等学说。

双城说是著名神学思想家奥古斯丁提出来的,他认为存在着"上帝之城"和"世俗之城"。其中,上帝之城指天国和来世的生活,而世俗之城指代人间和现世生活,就是国家。奥古斯丁认为尘世生活是不值得过的,它本身不是目的,仅仅是进入来世天国的手段;尘世的政治、国家、国王仅仅是维持基本的现世秩序,为人们进入上帝之城做好准备,提供条件。[①]

阿奎那是中世纪最著名的神学政治家,是欧洲经院哲学的集大成者,也是君权神授说的主要理论源头之一。阿奎那认为上帝高于一切,上帝是一切的来源,也是一切的最终归宿;"神法"作为上帝的法则,是人世间一切法则的基础,是最高的法则;世俗的权力领域最终要从属于精神王国,主张在基督教世界实现两种管辖权即教会与国家的和谐统一。[②]

神权国家论纯粹是从宗教的观点出发,把国家说成是神的意志的体现,以此来获得国家权力的合法性,是人类社会很长时间内政治秩序和社会秩序稳定的基础。

(二)国家社会共同体说

国家社会共同体说可以直接追溯到亚里士多德的《政治学》。与神权说不同,亚里士多德将国家、城邦、政治元素纳入人类的现世生活之中,并把国家视作一个共同体,而共同体则包含着特定的精神意涵和价值追求。

亚里士多德政治学说的核心首先在于将人定义为社会动物,即人天生是社会性的动物,人的本性根植于外在的社会共同体之中,而城邦是最基本的共同体。这也就是说,人的本性根植于城邦共同体中,因此只有参与共同体的社会政治生活,关心共同体的公共事务,人才能成为一个完整的人,人才能获得本质上的完整,即著名的"人是天生的政治动物"的政治论断。与此相应,城邦作为最基本的政治共同体,肩负着完善人性的使命。每一种共同体都是为了追求共同善而建立的,追求共同善是政治活动的根本目的,也是国家和个人的根本目的。基于对共同善的追求,城邦便是一个共同体,一个建立在基本道德和价值基础上的共同体。[③] 共同体说影响了西方各个时期的政治学家对国家的看法。

在当代共和主义复兴之下,国家社会共同体说的很多观点都得到研究者的重视和发掘。这种理论将国家而非个人作为独立的行为体,强调国家和政治共同的道德追求,含有十分强烈的价值内涵。但是,理应看到,国家社会共同体说未能很好地把国家与其他社会团体区别开来,而且该学说的流行也导致了现代西方政治学以政治共同体、政治系

① 奥古斯丁:《上帝之城》,人民出版社 2006 年版,第 12 页。
② 聂平平、武建强:《政治学导论》,武汉大学出版社 2012 年版,第 83—84 页。
③ 同上,第 85 页。

统等概念来取代国家概念。

(三)社会契约说

社会契约说是对神权说的直接否定,其核心语词即"意志的""人为的"。该学说的中心内容为合法的国家是具有道德自由人自愿同意的人为产物——即不存在"天然"政治权威的思想。[①] 社会契约说的黄金时代是 17 世纪至 18 世纪期间,主要代表人物有霍布斯、洛克、卢梭。

社会契约说的基本要素是"同意"。霍布斯在《利维坦》中强调人类意志构成一切契约的实质,所有君主的权利从一开始就来自每一个被统治者的同意,而非来自被迫性的惩罚的恐惧。洛克也不例外,他主张自愿同意把政治权力赋予统治者是为了被统治者的利益。而社会契约说的集大成者卢梭则认为人生而自由,每个人都决定性地是自己的主人,国家乃是自由人之自觉的联合,是由全体个人联合起来形成的公共人格。这种联合的最终目的即是为了保障每个契约者的人身和财产安全,使每一个在这种结合形式下与全体相联合的人仅服从于体现公共利益的正当法律,从而维护个体意志的独立性。

社会契约说是西方启蒙运动时期新兴资产阶级反对封建君主专制制度的理论武器,也是近代西方人权和宪政民主的基础。

(四)马克思主义国家说

在国家理论中,马克思主义国家说具有强烈的革命性和批判性。马克思主义认为,经济基础决定上层建筑,国家作为上层建筑的一部分,自然为经济基础所决定。在任何一个有阶级对立的社会中,国家是统治阶级根本利益的维护者,是维护统治阶级利益的暴力工具。也就是说,政治国家的产生是同阶级、阶级矛盾、阶级斗争紧密地联系在一起的,政治国家是阶级矛盾不可调和的产物和表现。

二、国家的内涵

国家这个概念,在不同国家的不同历史时期,有着不同的解释。我国古代很早就有了"国家"一词。汉字"国"字在古文中包含着"一"(土地)、"口"(人口)、"戈"(武力)、"王"(王者)等内容,这些都是当时构成国家的要素。"国"与"家"在最初是有区分的,如《周易》说"是以身安而国家可保也"。秦汉以一国而统天下,由于儒家文化强调"家国同构",家又指家庭、家族,从而形成了"家""国"并提的条件,"国家"指一国的整体,如《说苑》的"苟有可以安国家,利人民者",《明史》的"国家正赖公耳"。但是中国古籍中出现的"国家"并非近代民族国家的观念,而是"天下"的观念。在西学东渐时,才用"国家"一词附会西方的"state"。[②]

在欧洲,古希腊因国家多为城邦而以"城邦"(希腊语 polis)指称国家。古罗马由于四处扩张,进行殖民征服,形成了一个 imperium,也就是帝国。但是这些都不是国家。恩格斯在其名著《家庭、私有制和国家的起源》中指出了原始的政治共同体与国家之间的根本

---

① 米勒:《布莱克维尔政治思想百科全书》(新修订版),中国政法大学出版社 2011 年版,第 540—541 页。
② 施雪华:《政治科学原理》,中山大学出版社 2006 年版,第 124 页。

区别在于两点:第一,是地缘共同体取代血缘共同体;第二,是职业化军队取代民兵。① 到16世纪,意大利人马基雅维利才在其重要著作《君主论》一书中用拉丁文"status"指称国家,其后英国人斯塔基在他作的《英格兰》一书中用"status"的英文"state"指称国家,从此"state"成为西方政治理论中"国家"的专用概念。② 中文常常把"nation"一词也翻译为"国家",这是不够严谨的。nation是民族意义上的国家,主要偏重于民族认同和民族文化概念。而state才是政治意义上的国家,主要是一个政治单位和政治法律概念。在一些发展中国家,由于民族和国家不分,在摆脱殖民化的努力中,以民族为借口,片面强调国家这一政治工具的作用,而忽视了民族主义的建构,从而使政治发展严重受挫。

关于国家的概念,马克思和恩格斯于《共产党宣言》中指出:"原来意义上的政治权力,是一个阶级用以压迫另一个阶级的有组织的暴力。"③在《法兰西内战》一书的导言中,恩格斯为国家下了一个科学的定义:"国家无非是一个阶级镇压另一个阶级的机器。"④国家是阶级统治的暴力工具。在《家庭、私有制和国家的起源》中恩格斯继续论述:"国家是表示:这个社会陷入了不可解决的自我矛盾,分裂为不可调和的对立面而又无力摆脱这些对立面。而为了使这些对立面,这些经济利益互相冲突的阶级,不致在无谓的斗争中把自己和社会消灭,就需要有一种表面上凌驾于社会之上的力量,这种力量应当抑制冲突,把冲突保持在'秩序'的范围以内;这种从社会中产生但又自居于社会之上并且日益同社会脱离的力量,就是国家。"⑤

可以说,马克思主义的国家定义揭示了国家的本质——阶级性,后来的学者只不过是将这一定义具体化。比如列宁,他在马克思和恩格斯的基础上,进一步完善了马克思主义关于国家的概念:"国家是一个阶级压迫另一个阶级的机器,是使一切被支配的阶级受一个阶级控制的机器。"⑥韦伯也基本上沿袭了这一定义:"国家是要求在一定领土内独占、合法地使用暴力的人类群体。"⑦因此,总结以上关于国家的定义,我们可以认为,国家是唯一合法垄断了强制手段的暴力机器⑧。

那么,国家这一庞大的政治单位到底具有什么特征呢?

(1)国家都有固定的领土范围。国家是一种地缘性的社会政治组织,它必须在地球表面的一定空间建立、存在并活动。领土是国家的生存空间,没有领土,国家就不能建立和存在。因此,领土是国家存在的首要条件和重要特征,没有领土就没有国家。

(2)国家在它固定的领土范围内享有至高无上的权力,即主权。所谓主权,即对内对外独立行使的权力。在国内,指有独立的、最高的统治权、管辖权,以及制定和执行法律的最高权力;对外是指独立权和平等权,独立行使外交、缔约等权,而不受他国控制。一个国家享有主权,才能成为独立国家,才能成为国际社会的平等一员。没有主权就不是

①　孙关宏、胡雨春、任军锋:《政治学概论》(第二版),复旦大学出版社2009年版,第56页。
②　施雪华:《政治科学原理》,中山大学出版社2006年版,第125页。
③　马克思、恩格斯:《马克思恩格斯选集》第一卷,人民出版社1972年版,第273页。
④　马克思、恩格斯:《马克思恩格斯选集》第二卷,人民出版社1972年版,第336页。
⑤　马克思、恩格斯:《马克思恩格斯选集》第四卷,人民出版社1975年版,第166页。
⑥　列宁:《列宁选集》第四卷,人民出版社1972年版,第49页。
⑦　韦伯:《经济与社会(下卷)》,北京:商务印书馆1997年版,第731页。
⑧　孙关宏、胡雨春、任军锋:《政治学概论》(第二版),复旦大学出版社2009年版,第58页。

一个独立国家。

(3)每个国家在其疆域内都有一定的人口。现代国家对于公民资格认定有两种不同的标准:文化和政治。文化取向以血缘为根据,从语言、文化、种族的角度对国民进行界定,强调一个人不能随意获得或者放弃国民身份;政治取向认为公民资格是个人选择和对政治实体的忠诚问题。现代国家是由一群具有公民资格的人构成的,不管其文化、种族和宗教倾向是什么,人们都可以自动获得和放弃国民身份。这两种取向越接近,国家就越容易整合。现代国家出现的内部纷争,往往是这两种取向冲突的结果。①

(4)国家拥有代表公共权威的政府。国家的公共权威具有公共性和强制性;国家以政府的形式管理社会公共事务。强制性体现在国家制定具有普遍约束力的法律,以要求全体公民遵守。这些法律的施行以强制力为基础,甚至以武力为后盾,任何人都不能违反。公共性主要体现于国家负有维护社会利益、民族利益和社会秩序的责任,负有保护每个公民的生命和财产安全的责任。为了承担这些责任,国家便拥有唯一能够合法使用暴力的权力,组织军队、法庭、监狱等机构,运用国家权力抵御外侮、平息内乱。②

三、国家的起源

由于对国家本质的理解不同,关于国家的起源有多种不同的说法。

(一)马克思主义关于国家起源的历史阶段论

马克思主义国家观认为,在国家出现以前,人类曾经经历了一个漫长的历史时期,那时的社会既无阶级,也无国家,有的只是氏族和部落。氏族是以血缘关系为纽带组成的社会组织;部落则是由若干个相互通婚的氏族联合起来组成的共同体。由于当时生产力水平低下,人们为维持生存,只能共同劳动,共同消费,生产资料自然为全体氏族所公有。原始人在共同劳动中形成了互助合作的关系,还没有、也不可能有私有制和剥削。对社会公共事务的管理,以及对社会关系的调节,均十分简单,无需专门的公共权力机构来承担。在氏族内部实行由全体氏族成员共同参与管理的原始民主制,氏族的一切重大问题由氏族成员共同讨论解决。在这种被恩格斯称为"十分单纯质朴"的原始氏族社会,没有任何特权,社会秩序的维持主要靠氏族首领的威信、习惯与传统的力量。氏族的所有成员都是平等的,人人享有平等的权利,没有军队、警察、监狱、法庭等暴力机关。

由于这种原始民主制度是建立在生产力水平极为低下基础上的一种社会制度,所以,它并不能适应生产力进一步发展及其所带来的一切新条件,这就决定了它必然要随着生产力的进一步发展而逐渐解体。原始社会末期,生产力有了较大的发展,之后出现了具有历史意义的三次社会大分工:第一次是农业和畜牧业的分工,结果是提高了劳动生产率,人们拥有更多的剩余产品,并成为家庭的私有财产;第二次是手工业和农业的分工,结果是私有制和商品交换的进一步发展;第三次是商业与农业、手工业的分工,结果是商人和货币的出现。它们的出现更加加剧氏族内部的分化,使日益解体的氏族社会最终走向崩溃。随着剩余产品及私有制的出现,社会最终分裂为两大对抗的阶级——奴隶

---

① 李元书:《国家的特征、本质、定义》,《理论探讨》1990年第2期,第17页。
② 赵丽江:《政治学》,武汉大学出版社2008年版,第38页。

主阶级和奴隶阶级,阶级既然产生了,国家的出现也就不可避免了。

社会分工、私有制和阶级的出现,使人类社会第一次出现了巨大的利益分化和利益对立。奴隶主阶级为了维护和实现自己的经济利益,镇压和控制奴隶阶级的反抗,协调内部利益矛盾,需要一种新的、不同以往的特殊的"公共权力"。于是,作为阶级统治的暴力机器的国家也就应运而生了。① 因此,马克思主义认为,国家是个历史现象,是社会发展到一定阶段的产物;国家是阶级矛盾不可调和的产物;国家的作用是缓和阶级冲突,将冲突控制在秩序的范围以内;国家是代表在经济上占统治地位的阶级的利益的。马克思主义关于国家起源的历史阶段论,是基于国家起源发展的实际进程来进行分析的,因此属于唯物史观。

(二)唯心史观关于国家起源的学说

1.君权神授论

这种理论认为,国家来源于神,是根据神的意志建立的,君主是依靠神的意志来行使权力、治理国家的。君权神授论凭借宗教的教义和影响,把国家说成是神的意志的体现,以此来获得权力的合法性。西方的中世纪和中国的传统君主制时代,这种国家起源说都曾流行。

2.社会契约论

社会契约论把国家说成是通过人民或者是人民同统治者之间相互签订契约而建立起来的。该学说主张在国家产生以前人们处于自然状态中,并拥有与生俱来的自然权利,由于人们在自然状态中生活不方便或不安全,因而相互按照理性原则订立社会契约,交出自己的部分权利,由此形成国家。在资本主义上升时期,这种理论是资产阶级关于国家起源的最有影响力的学说,也是资产阶级宪政民主的理论基础。

3.暴力论

这种理论认为,国家起源于掠夺和征服,是人对人使用暴力的结果。其代表人物有德国的杜林、俄国的考茨基等。他们将暴力视为国家产生的决定性因素,甚至将暴力视为整个社会发展的决定性因素,认为较强的原始部落借助暴力对较弱的原始部落进行掠夺、征服、兼并,从而形成了国家。这种理论的根本缺陷在于,否定国家是社会内部发展的结果。虽然暴力在一定条件下对国家的形成起到过促进作用,但它不是国家产生的根本原因。如果没有内部的经济发展要求,没有阶级矛盾的不可调和,单纯的暴力是不会产生国家的。②

四、国家机构

国家机构是统治阶级为了实现自己的意志和利益,维护政治权力的运行,按照一定原则建立起来的国家机关的总和。国家机构作为国家的重要标志,是国家政治权力的物质载体和组织形式,也是统治阶级对全社会实现政治统治和社会管理的物质载体和组织

---

① 黄甫生、刘凤健:《政治学》,湖南人民出版社 2003 年版,第 25—26 页。
② 同上,第 27 页。

保证。一个国家要完成政治统治和实现经济、社会、文化等管理职能,必须建立具有一定功能的组织机构。

（一）国家机构的特征

1.国家机构具有鲜明的阶级性

国家机构是国家性质的体现,是维护统治阶级意志和利益的工具,因此具有鲜明的阶级性。

2.国家机构具有特殊的强制力

国家机构具有制定、颁布和执行法律、法令、命令的权力。这种权力不同于其他权力,它以国家暴力为后盾,对全社会每个成员都具有约束力,以保证国家机构活动的权威性。而非国家机构的社会组织,它具有的权力是内部全体成员协议形成的,只有对内部成员具有约束力,不能涉及全社会每一个成员,也没有国家暴力机关做后盾。

3.国家机构具有严密的组织性

国家机构按照一定的组织原则,构成一个完整严密的有机体,即组织系统。系统内部各部门有着严格的分工和职能分化,做到权力运行合理、高效、有序。各个国家在横向和纵向联系上,遵照分权与制衡的原则,各司其职、各负其责,协同配合,保证国家机构运转的严密性和有序性。[①]

（二）国家机构的设置原则

各国家机构之间通过职能分工和功能衔接形成了一个完整的国家权力运转的有机整体,它们各司其职、共同配合,发挥国家的统治、管理、协调作用。当然,不同时代的不同国家,其机构设置有不同的原则。从社会政治发展历史来看,人类设置国家机构的原则主要有三类:集权原则、分权制衡原则、议行合一原则。

1.集权原则

集权原则是传统君主制国家机构设置的通常原则。其特点是集国家权力于个人,君主专制独裁。集权原则与专制主义政治密切相连。

2.分权制衡原则

分权制衡原则是西方资本主义国家机构的设置原则。其特点是按不同的功能将国家统治权划分为立法权、行政权、司法权,三权分立并相互制衡,以美国为典型代表。[②]

3.议行合一原则

议行合一原则是社会主义国家机构的设置原则,其特点是民选机构人民代表大会是国家最高权力机构、最高立法机关,国家行政机关和司法机关产生于人民代表大会,并对人民代表大会负责。议行合一制区别于西方资本主义国家的分权制衡制度,行政机关和司法机关是从属于立法机关的,故称议行合一制。

[①] 王仲田:《政治学导论》,中共中央党校出版社1997年版,第104—105页。

[②] 美国联邦政府主要包括国会、总统、联邦法院,分别拥有立法权、行政权和司法权。具体参见罗荣渠:《略论美国联邦制度的形成和宪政体制的特点》,《北京大学学报(哲学社会科学版)》1987年第2期,第82—91页。

（三）国家机构的组成部分

现代国家的国家机构主要包括国家元首、立法机关、行政机关、司法机关及军队、警察、监狱等暴力机关。

1. 国家元首

国家元首是主权国家最高权力的标志，它对外代表国家，对内执掌国家最高权力，在国家机构体系中居于首脑地位。国家元首的设置既是国家政府机构内部分工的需要，也是国家对外交往的需要，甚至是民族精神支柱的需要。因此，任何国家都要设置国家元首。在君主制国家，国家元首称为国王或皇帝，世袭且终身任职，并以君主掌握行政权力的虚实分为实质上的国家元首和礼仪性的国家元首。如英国的女王就是世袭、终身的虚位、礼仪性的国家元首。在共和制国家，国家元首称为总统或主席，由选举产生且实行有限任期制。从国家元首的构成来看，国家元首可分为个体元首和集体元首两种形式。个体元首制规定个人为国家总代表并行使元首职权，当今绝大多数国家实行的都是个体元首制。集体元首制规定集体作为国家的代表并行使元首职权，实行集体元首制的国家有瑞士、圣马力诺等。

2. 立法机关

广义的立法机关是指代表公民意志，制定国家法律，决定重大事务的国家机关。狭义的立法机关是指有权制定、修改、废止或恢复法律的国家机关，是国家立法权的组织体现。立法机关一般有国会、议会、国民议会、代表大会等机构，它是国家机构中代表民意的机关，其成员由选举产生，并对选民负责。立法机关的职权主要有立法权、财政权、监督权等。

资本主义国家的立法机关通常称为议会。英国被称为西方的"议会之母"，其议会由上院和下院组成，上院是贵族院，下院是平民院，两院分立，相互制衡。美国则仿照英国的两院设置，议会由参议院和众议院组成。

我国的立法机关是全国人民代表大会，它也是我国最高国家权力机关，其常设机关是全国人民代表大会常务委员会。全国人民代表大会的代表由选举产生，具有极其广泛的代表性，每届任期5年。全国人民代表大会行使15项职权，可分为4个方面：最高立法权、最高任免权、最高决定权和最高监督权。全国人民代表大会常务委员会行使21项职权，可分为6个方面：立法权、释法权、监督权、决定权、任免权和组织权。

3. 行政机关

行政机关也称政府，它拥有国家行政权，是国家行政事务的管理机关，是保证国家政策、法律实行的行政执行组织。

在西方资本主义国家，行政机关包括跟选举共进退的政府内阁机关和日常的办事机构。政府内阁机关工作人员称政务官；日常办事机构的工作人员不跟选举共进退，通过考试或招聘任职，称作事务官，即公务员。

社会主义国家的行政机关是由国家最高权力机关产生的中央人民政府和各级地方政府，国家行政机关实行集体领导制度或集体领导与个人负责相结合的制度。在我国，国务院是国家最高行政机关,实行的是集体领导和个人负责相结合的总理负责制,受全国人民代表大会监督并对其负责。

4.司法机关

司法机关是维护国家法律,行使国家司法权的执法机关。它是国家司法权的组织体现,主要表现为审判机关和检察机关,也包括司法行政机关。审判机关一般设法院,有普通法院与特殊法院之分;检察机关一般设检察院。

5.军队、警察、监狱等暴力机关

军队是国家武装力量的主体。军队对外防止外来侵略,维护国防安全,参与国际社会制止战争和冲突,维护地区和世界的和平与稳定;对内则镇压被统治阶级或敌对分子的反抗,维护社会正常的生产和生活秩序,并有协助国家的政治、经济、社会、文化建设等职责。警察是国家以维护国内社会治安和秩序为主要目的而设置的暴力机关。当然,除维护国内社会治安和秩序外,警察还有参加国家的政治、经济、社会、文化建设等职责。警察机关一般由文人政府的有关职能部门领导和管理。监狱是国家为拘禁、改造、监督、教育罪犯设置的暴力机关。

第二节　国体与政体

一、国体与政体的内涵及相互关系

任何事物都是内容与形式的有机统一,国家也是如此。国家一经产生,即表现为内容与形式的内在统一。这里的内容指通常说的国体,它表明一个国家的阶级性质,也就是社会各阶级在国家政治、经济等各方面的关系和地位。国体说是马克思政治学的概念,西方传统政治学理论很少提及国体,主要讨论的概念是国家的形式,即政体。亚里士多德在《政治学》中最早对政体概念进行了阐述,他说:"关于政体(宪法)为城邦一切政治组织的依据,其中尤其着重于政治所由以决定的'最高治权'的组织。"①亚里士多德的政体论奠定了西方政治学关于政体概念的理论基础,是后世讨论政体的理论依据。中国理论界通常将政体定义为政权组织形式,但是,政体与政权组织形式之间尽管有着密切联系,然而它们的侧重点是不同的:政体侧重于体制,而政权组织形式侧重于机关;政体是对政权组织形式的抽象和概括,政权组织形式则是政体的具体化;政体是拥有国家主权的统治阶级实现其意志的宏观架构,而政权组织形式则是这一宏观权力架构的具体化。②

马克思主义认为,国体与政体是同一事物的两个不同方面,即是内容与形式的关系。③ 一方面,内容决定形式,国体决定政体。在国体与政体的关系中,国体起着主导的

---

①　亚里士多德:《政治学》,商务印书馆 1997 年版,第 129 页。

②　孙关宏、胡雨春、任军锋:《政治学概论》(第二版),复旦大学出版社 2009 年版,第 83 页。

③　国体与政体的关系是马克思主义政治学的基本问题。具体参见李铁映:《国体和政体问题》,《政治学研究》2004 年第 2 期,第 1—6 页。

决定作用,也就是说,国家的阶级性质决定了国家政权所要采取的组织形式。任何政体的选择,都必须与国体相适应,必须符合阶级统治的需要,为统治阶级服务。另一方面,政体也并非完全消极被动的,它可以反作用于国体,并具有相对独立性。也就是说,如果政体选择得当,能够适应阶级统治的需要,它就能够起到巩固和发展国体的作用;反之,就会影响阶级统治的顺利实现,影响国体的巩固和发展。

二、政体的基本类型

(一)政体的传统分类

关于政体的分类,西方古典政治学者柏拉图、亚里士多德和西塞罗都做了深入的探讨,奠定了政体的基本类型,这些类型传到后世,沿用至今。亚里士多德在柏拉图政体观的基础上提出了完整的政体分类方式。他根据统治人数多少把政体分为君主政体(一个人统治)、贵族政体(少数人统治)、共和政体(多数人统治),又根据政体是否正义的标准把政体分为正宗政体和变态政体。变态政体就是正宗政体堕落后的政体形态,即君主政体堕落成的僭主政体、贵族政体堕落成的寡头政体、共和政体堕落成的平民政体(民主政体)。吊诡的是,柏拉图和亚里士多德都认为所有的变态政体中民主政体是最腐败的,可见民主政体在西方哲学家的眼里一开始就是一把双刃剑,行使这把剑要特别小心谨慎。在亚里士多德看来,统治的人数不在多少,关键在于是否符合正义,每一种政体都有利弊,因此最好的政体是混合政体。西塞罗在《论共和国》中进一步继承创新了希腊古典政体理论,提出既然君主政体、贵族政体和民主政体都有利弊,不如混合这三类政体的长处,提出了第四种政体,即共和政体。共和政体就是在政体的权力分配中能兼顾到君主、贵族和平民的权力,三种权力共存制衡,从而避免一种权力独大产生权力失衡。他认为罗马之所以强大就是采用了共和政体。近代西方资本主义国家基本上采用了共和政体,尽管在内容上和古典共和政体有所区别,但政体的主要基因还是得到了传承。纵观古今中外的主要政体类型,我们着重介绍君主制和共和制两类政体。

文档:阅读材料 2

文档:阅读材料 3

视频:共和

1.君主制

君主制是以世袭和终身任职的君主为国家元首,并由君主执掌国家最高权力的政体形式。按照君主所实际享有的权限,君主制又可分为专制君主制和立宪君主制。

专制君主制是指一人不受制约地执掌国家元首职权,国家元首不由选举产生而由世袭确立,且任期无限制的政体。专制君主制的基本特征是君主拥有绝对的至上权力,君主的意志就是国家的意志,君主不受任何人或机关的限制和监督。在专制君主制国家,最高权力完全属于君主,"朕即国家"。孟德斯鸠说:"君主制既无法律,又无规章,君主完全按照一己的意志与反复无常的性情领导一切。"[①]专制君主制是古代传统国家政权组织的典型形式,它特别普遍地存在于古代的东方社会,中国封建社会的历代王朝都是典型

---

① 孟德斯鸠:《论法的精神》,商务印书馆 1961 年版,第 8 页。

的专制君主制。

立宪君主制又称君主立宪制。立宪君主制是指以世袭君主为国家元首,但其权力受到宪法和其他国家机关不同程度限制的政体形式。立宪君主制只存在于某些资本主义国家,通常是资产阶级革命不彻底,资产阶级与封建势力相互妥协的产物。在立宪君主制国家,由于资产阶级和封建势力的力量对比不同,君主和议会的地位和权力也不同,据此可将立宪君主制分为二元君主制和议会君主制。在二元君主制下,君主的权力尽管受到宪法的限制,但仍握有相当大的权力:君主与议会属于相对独立的两大权力系统;君主是真正的权力中心,他不仅有权任命内阁,而且有权任命议会中的部分议员,其行政不受议会的约束,有权否决议会决议,甚至解散议会;国家宪法由君主钦定。这一政体一般产生于资本主义发展较晚、封建势力较强的国家,如摩洛哥、约旦、沙特阿拉伯以及一战前的德国和二战前的日本等国。议会君主制的主要特征则在于:君主权力受到宪法和议会的严格限制,议会是国家权力的中心,而君主只是礼仪上的象征性国家元首;政府内阁由议会多数党或政党联盟产生,向议会负责,如果内阁失去议会信任,要么集体辞职,要么解散议会,重新组织选举。这一政体形式一般产生于资本主义发展较早、但仍然保留着君主制某些传统的国家,比如英国、荷兰、加拿大、澳大利亚等国。[①]

2. 共和制

共和的英文 republic 一词来源于拉丁文 respublica,意即公共事务。共和的根本原则是天下为公,国家权力是公有物,国家的治理是所有公民的共同事业。共和制是指国家最高权力机关和元首都由选举产生并有一定任期的政体形式。共和政体因各国政治、经济、历史、文化等条件的差异而外化为不同的政体表现形式,主要包括总统制、议会制、委员会制和半总统制四种。

总统共和制是总统由选民直接(或间接)选举产生,直接组织政府,政府不对议会负责,只对总统负责的一种政府体制,也是资本主义国家以总统为政府首脑独揽行政大权的一种政权组织形式。总统制以美国最为典型,政府严格根据三权分立的原则建立起来,即立法机关、行政机关和司法机关完全分立,实行分权与制衡原则。总统既是国家元首,又是握有实权的行政首脑,除了某些重要任命须征得议会批准外,政府成员由总统任免,向总统负责。议会和总统均由民选产生,总统无权解散议会,议会也无权通过不信任案将总统解职,但在总统有违宪行为时,议会可对总统提出弹劾案,并提交最高法院审理。

议会制亦称为内阁制,是指议会在国家权力结构中占主导地位,政府内阁由议会产生并对议会负责的政权组织形式。其特点有:议会掌握国家最高权力,具有立法权和组织、监督政权的权力;政府(内阁)产生于议会并对议会负责;政府一般由获得议会中多数议席的政党或政党联盟组成;当议会通过对政府的不信任案时,政府必须总辞职或提请国家元首解散议会,重新选举,以待新议会决定政府的去留;总统是名义上的国家元首,居于虚位,不掌实权,其权力仅限于任命议会中多数党领袖或多党政治联盟领袖担任政

---

① 孙关宏、胡雨春、任军锋:《政治学概论》(第二版),复旦大学出版社 2009 年版,第 101 页。

府总理,在礼仪上代表国家。总统若有违宪行为,与总统制的总统一样,也要受到议会的弹劾或审判,因而其地位和权限与立宪君主制国家的君主类似,区别仅在于,总统是由民主选举产生,而君主则因血缘而世袭。

委员会制是瑞士采用的独特政体形式,其基本特征是政府作为议会的执行机关实行"合议制"。瑞士联邦议会是最高立法机关和最高权力机关,议会选举联邦委员会。委员会设主席一名,由委员轮流担任,任期一年,不得连任。各委员的权力和地位完全平等,重要决策集体决定,集体负责。委员会主席支持委员会,并对外代表国家,充当名义上的政府首脑和国家元首。联邦议会掌握立法权,有权监督委员会,提出质询,但无倒阁权,即议会不能对委员会提出不信任案。委员会执行议会的决议,有权创议立法,但不能否决议会所通过的法律,也无权解散议会。[①]

半总统制起先是由法国政治学家迪韦尔热针对 1962 年以来法国第五共和国的政治结构特点提出的。它是介于内阁制与总统制之间的政权组织形式。其主要特点是,总统由选民选举产生,只对选民负责,不对议会负责。总统既是国家元首,又是实际的权力中心,拥有任免总理、主持内阁会议、颁布法律、统帅武装部队等大权。实行半总统制的国家同时又有领导政府活动的行政首脑,政府须向议会负责,议会可通过不信任案或拒绝政府提出的施政纲领迫使政府向总统提出集体辞职。议会无权弹劾总统,但总统可以解散议会,重新选举,不过无权否决议会通过的法案。由于民选总统与向立法机关负责的总理和内阁共存,所以在半总统制国家中,常常会出现议会多数党(团)支持的总理与属于另一党派的总统共治的现象(简称"左右共治")。在实践中,由于实施这一制度的国家的宪法原则、传统和现实情境以及党派关系等因素的影响,半总统制呈现出不同的运作模式:有时其运行更接近于总统制,如当今的俄罗斯,戴高乐(1959—1969)、蓬皮杜(1969—1974)、德斯坦(1974—1981)、密特朗(1981—1995)领导下的法国;有时则表现出议会制的大部分特点,如印度、奥地利、冰岛和爱尔兰;或者在总统和总理之间进行较明确的权力划分,二战后的芬兰就是典型代表。总统享有各种行政规章的制定权,在对外政策方面负有重要责任,而总理和内阁一般负责制定国内政策。[②]

社会主义国家一般实行共和政体,但是,由于历史条件和各国国情不同,社会主义国家也有着不同的共和制政权组织形式,其中具有典型意义的主要有巴黎公社制、苏维埃制、人民代表大会制。

以人民代表大会制为例。人民代表大会制是中国人民在中国共产党领导下,在长期的政治实践中创造和发展起来的中国特色社会主义共和制政体。全国人民代表大会是我国最高的权力机关、立法机关,全国人大常务委员会是它的常设机关。国家的行政机关、司法机关均由最高的权力机关根据特定程序产生,对其负责,受其监督。全国人民代表大会的代表由选举产生。民主集中制是人民代表大会的基本组织原则,主要表现在:第一,在人民代表大会活动过程中实行少数服从多数的原则;第二,各级人民代表大会之

---

① 王惠岩:《政治学原理》,高等教育出版社 2004 年版,第 114 页。

② 孙关宏、胡雨春、任军锋:《政治学概论》(第二版),复旦大学出版社 2009 年版,第 101—102 页。

间实行下级服从上级的原则。

(二)政体的现代分类

随着现代国家政体结构的日益复杂化,传统的政体划分方式遭到了越来越多的批判。比如,与传统意义上的君主制不同,在当今世界一些发达国家,现代君主制已经演变成为议会君主政体,主权归于议会,君主成为虚君;而在有些国家,国家权力集中在一人之手,却保持着共和制的政体形式。这样,君主制与共和制的唯一区别就在于是否存在君主,这就使得传统分类的现实意义被打上折扣。

目前在西方政治学界,西方学者往往以个人主义价值为基准,从政府对社会团体和个人的政治思想与经济活动的控制程度、意识形态领域的干预、普通民众影响政府政策的范围与程度三个层面将政体归结为三种纯粹类型:民主政体、威权政体、极权政体。他们通常首先假定一个连续体:处于一个极端的是纯粹的民主政体,它以古希腊城邦民主政体为范本,公民能够普遍地参与政治生活;处于另一极端的是极权政体,其具体表现为法西斯统治,它以国家对社会生活及公民人身的全方位的控制为突出特征;而现实中的政体常常处于这一连续体中间的某一位置。在多数西方学者的分析框架中,他们往往将以美、英、法为代表的发达国家纳入民主政体,将二战期间的德、意法西斯国家及苏联一起纳入极权政体,而将多数第三世界国家和地区,如巴西、亚洲"四小龙",以及南亚、中东和非洲的一些 20 世纪 80 年代进入工业化阶段的国家和地区的政体称为威权政体。因而,这种政体的划分透露出西方强烈的意识形态倾向。[①]

1. 民主政体

在当今西方学者的政治语汇中,民主已不是古典意义上的"人民的统治",而被认为是一种基于人民的同意的统治。"民主政治并不意味着人民真正在统治——就'人民'和'统治'两词的任何明显意义而言——民主政治的意思只能是:人民有接受或拒绝将要来统治他们的人的机会。"[②]熊彼特认为,古典民主理论所预设的所谓"共同的善"和"人民的意志"都是虚假的,社会境遇的改变与利益的分化必然带来个人之见、个人与群体之见在众多利益诉求和价值观念上产生分歧,所以"不存在全体人民能够同意或者合理论证的力量可使其同意的独一无二地决定的共同幸福"。[③] 而且,实践证明人民并不具有古典民主理论所认定的"美德",他们的行动往往不是靠所谓理性,而是常常为个人情绪所左右,因而,所谓"人民的意志"也就无从谈起。因此,熊彼特在批判古典民主理论的基础上提出,民主是一种"为做出政治决定而实行的政治安排,在这种安排中,某些人通过争取人民选票取得做决定的权力"。[④] 按照熊彼特的这一定义,民主等同于公民广泛参与的竞争性选举制度。这种制度安排有两个要素:一是政治参与,二是政治竞争。[⑤]

西方学者一般认为民主政体必须建立在以下原则基础上:政府的权力源于被统治者

---

① 孙关宏、胡雨春、任军锋:《政治学概论》(第二版),复旦大学出版社 2009 年版,第 103—104 页。
② 熊彼特:《资本主义、社会主义与民主》,商务印书馆 2007 年版,第 415 页。
③ 同上,第 372 页。
④ 同上,第 395—396 页。
⑤ 包刚升:《政治学通识》,北京大学出版社 2016 年版,第 133 页。

的认可,而且公民有权以一种有意义的方式参与决策过程。为了与传统民主观念区别开来,这种民主政体被称为自由民主政体,具有如下基本特征。

(1)议会制度、选举制度以及政党制度是民主政体根本的制度保障。与古典意义上的直接民主制不同,现代西方政治实践中占主导地位的政府形式是代议民主制政府。在这种形式下,议会被认为是民意最直接的代表机构,其权力来自民众的委托。这种委托是依靠选举制度实现的。选举产生的或当选政治家任命的重要官员都对选民和整个共同体负责。自由、公正、定期的选举被认为是判断一个政治体制是否民主的基本前提。政治参与与政治竞争开放。竞争性政党的存在是民众通过定期举行的公开选举实现利益整合和利益表达的重要工具。因此,在基本制度的保障下,民意表达的渠道多元化、公开化。[①]

(2)政治平等。政治平等指具有平等参与政治、政治表达和投票的基本权利,所有公民在这方面都是平等的。政治平等首先强调的是形式平等和资格平等,而非实质平等和结果平等。当然,对于何谓政治平等仍然存在争议。罗伯特·达尔晚年更强调实质性的政治平等,希望实现不同公民在政治影响力上更为平等。[②]

(3)权力制衡。权力导致腐败,不受制约的权力导致绝对的腐败这一理念成为主要资本主义国家宪政革命和制度实践的指导性原则。因而为了防止权力腐败,立法、行政和司法各权力部门功能必须分离,实现权力的相互制约,从而保卫个人的基本权利与自由。尽管由于特定国家的社会、历史、文化等因素的影响,使得三种权力之间在关系模式上存在差异(如英国的内阁制和美国的总统制),但三个部门在功能上分立日益被视为民主政体的宪制基础。

(4)意识形态领域倡导多元价值观,个人权利至上。价值领域的多元性是现代社会区别于传统社会的一个重要特征,现代民主政体反对用一种意识形态统摄整个社会,主张各种价值信仰都有存在依据。这事实上也是政治平等的一个表现。个人权利不受政治权力的肆意侵害,实现个人对自我权利的表达和维护。

(5)国家与公民社会的结构性张力。公民社会主要指由家庭事务、经济领域、文化活动和政治互动等社会生活领域构成的社会自组织系统。它是在国家控制以外的个人和集团之间自愿组织起来的自治网络,具有多元性、竞争性和开放性的特征。它和政府之间是完全平等的法律主体,并对政府权力构成积极的制约力量。[③]

2. 威权政体

威权政体是指在第二次世界大战后发展中国家(主要分布在东南亚、拉美地区)的军人政体或非军人政体(一党制)的高度集权性政体。这是一个用以描述那些在性质和特征上处于民主政体和极权政体之间的政体形式的概念。一般来说,威权政体下缺少正式的政治参与和政治竞争,政府亦非责任制政府。现代世界的威权政体主要有以下几种类型。

---

① 孙关宏、胡雨春、任军锋:《政治学概论》(第二版),复旦大学出版社 2009 年版,第 105 页。
② 包刚升:《政治学通识》,北京大学出版社 2016 年版,第 136 页。
③ 孙关宏、胡雨春、任军锋:《政治学概论》(第二版),复旦大学出版社 2009 年版,第 106 页。

一种类型是君主制。君主制一般是家族统治，有明确的家族继承关系，统治者从传统中获得一定的合法性。一些中东石油国家至今仍然保留着这种统治形式。军人统治也是过去非常流行的一种威权政体类型。20世纪60年代世界上曾经出现过较长时间的军人统治。非军人统治的个人独裁也是一种常见的威权政体类型。比如，韩国在朴正熙政变之前的较长时间由李承晚统治。李承晚非军人出身，而是一位文职政治家，他统治的后期韩国政治就越来越威权化。另外还有神权统治。这种国家一般是实行政教合一的宗教国家。在这样的国家，经由政治程序产生的最高行政长官至多是该国的第二号人物，该国最重要的政治人物是宗教领袖，他的实际政治权力和影响力往往超过最高行政长官。除此之外，按照萨托利的说法，一党制与霸权党制都是威权主义的统治类型。[1]

尽管第三世界后发现代化国家在政治制度上存在一些差异，但仍然能够从各国具体的政治实践中窥见威权政体的共同特征。

第一，威权政体对社会控制的程度明显弱于极权政体。威权政府的权力是相对有限的，也不具有民主政府的责任性。它不会对经济、社会生活进行全面干预，而是允许或鼓励有限的民间经济活动；国家内部没有政党或者政党政治不成熟；在意识形态方面，也缺乏较系统的现代思想体系。

第二，政治上的非多元化。在这种政体形式下，政治参与和政治竞争受到严格的限制。当然，有些威权国家保留着政治参与的形式，甚至一些国家也有政治竞争，但这种参与和竞争或多或少受到实质性的限制，通常不会出现像民主国家那样的开放的政治竞争。所以，威权政体之下的政治领域带有一定的封闭性，一小部分重要的政治人物决定着重要的公共事务。

第三，在经济体制上实行中央调控下的市场经济。由于长期的殖民统治和资源掠夺，加之二战后世界经济格局的不平等，大多数发展中国家经济基础薄弱，市场发育不全，这就使政府全面介入经济过程获得了机会，并成为必要。然而，由于政治权力自身常常表现出的扩张惯性，这种政府主导型的经济发展模式在经过短期的经济增长后，会使政治权力的运作逻辑由于制度化程度低而最终被市场化。

威权政体是在广大发展中国家面临国内外现代化压力，根据本国国情而采取的制度模式。然而令人遗憾的是，在推进现代化方面，威权政体除了在东亚少数国家或地区获得成功外，在其他地区均未取得让人乐观的成就。[2]

3. 极权政体

"极权主义"一词在西方学界一般用以概括德国纳粹主义及意大利法西斯主义。其最早渊源可以追溯到20世纪20年代的墨索里尼统治时期，当时它是一个用来描述意大利法西斯主义纲领的中性词语。极权主义统治的特征即人人必须遵从官方意识形态、唯一的群众性政党、由政党或秘密警察执行的恐怖统治、对大众传媒的垄断、现代的人身与心理的控制技术、中央组织与控制整个经济。只有同时具备这六个特征，才可以用"极权主义统治"一词来指称。

---

① 包刚升：《政治学通识》，北京大学出版社2016年版，第147页。
② 孙关宏、胡雨春、任军锋：《政治学概论》（第二版），复旦大学出版社2009年版，第107—110页。

极权主义是一种现代专制政体,在此种政体下,国家笼罩着社会各个层面,包括其公民的日常生活。极权主义政府不仅要控制所有的经济、政治事务,还竭力控制人民的意见、价值和信仰,从而消弭了国家与社会之间的一切分别。公民对国家的义务成为共同体首要关注所在,而国家的目标则是用一种完美的理想社会替代现存社会。不同的极权主义制度有各不相同的意识形态目标。

三、现代政体发展的趋势

20 世纪 70 年代以来,越来越多的国家走上了民主化发展道路,从而使民主政治成为世界各国至少在价值取向上的共同追求。民主之所以成为人类共同追求的目标,是因为民主与人类自身的解放密切相关。人类解放是人类获得自由、实现每个人全面而自由的发展。

20 世纪最后 20 年,可以说有两股潮流席卷全球,一股潮流是经济的市场化,另一股潮流则是政治的民主化。而政治的民主化集中表现为非民主政体向民主政体的转型过程。美国政治学家亨廷顿将 19 世纪初至 20 世纪后期的政治民主化进程概括为三次浪潮。第一次民主化浪潮发生在 1828—1926 年间,根源于 18 世纪的美国革命和法国革命。在近一百年的民主化进程中,有 30 多个国家先后建立了资本主义民主制度。第二次民主化浪潮发生在 1943—1962 年间,是由第二次世界大战引发的。二战期间和战后年代,许多殖民地国家纷纷获得民族独立,有 50 多个国家先后建立了资本主义民主制度。第三次民主化浪潮以 1974 年葡萄牙"尉官运动"为标志,民主化浪潮席卷南欧、拉美、非洲和东南亚的大多数国家,使采用资本主义民主政体的国家增至 100 多个,约占全世界国家总数的一半多。可以看出,70 年代以来的民主化浪潮可以称得上是一次世界范围内的"民主革命"。而另一位美国学者福山则对民主的未来更为乐观,他宣称,在其他政体形势纷纷垮台后,西方的自由民主将成为人类普遍的、最终的政体选择,已经没有任何其他意识形态能够与它抗衡,这是意识形态的终结点,也是"历史的终结点"。当然,福山的观点完全代表了西方学者的立场和政治倾向,显示了其视角具有相当的局限性。

西方学者对民主化浪潮的认识固然有其局限性,但也揭示出了这样一个不可阻逆的历史趋势,即随着社会的进步、人类文明程度的提高以及个人独立意识和权利意识的觉醒,当代社会的人们愈来愈要求以民主的方式分配政治资源、组织政府,民主政体将是人类走向政治文明的必然选择。[①]

尽管民主的外部大环境已经对发展中国家产生巨大的影响,并且有促使发展中国家尽快走上民主政体道路的趋势,但是政体的建立与运作常常与一个国家的特定历史、文化、价值观念、民族凝聚力等条件紧密关联,由于这些元素在其国家的落后,因而它们根本无法作为民主政体巩固的地基。发展中国家的稳定性民主政体尚未建立起来,并且由于旧体制的瓦解,新体制无法承担维护国内秩序的功能,导致人民非但享受不到民主政体带来的福祉,反而遭受更为不幸的社会混乱与瘫痪。这也警示了民主政体建立和完善的恒久性和艰巨性,并且要求各国具体问题具体分析,从自身的国情出发,建立适合自身

---

① 孙关宏、胡雨春、任军锋:《政治学概论》(第二版),复旦大学出版社 2009 年版,第 114 页。

当前状态的"满意"政体。

当然,民主政体本身有其他政体无法比拟的长处,美国政治学家达尔将其归纳为以下十项。[①]

(1)民主有助于避免独裁者暴虐、邪恶的统治。

(2)民主保证它的公民享有许多的基本权利,这是非民主制度不会去做、也不能做到的。

(3)民主较之其他可行的选择,可以保证公民拥有更为广泛的个人自由。

(4)民主有助于人们维护自身的根本利益。

(5)只有民主政府才能够为个人提供最大的机会,使他们能够运用自我决定的自由,也就是在自己选定的规则下生活的自由。

(6)只有民主的政府才为履行道德责任提供了最大的机会。

(7)民主较之其他可能的选择,能够使人性获得更充分的发展。

(8)只有民主政府才能造就相对较高的政治平等。

(9)现代代议制国家彼此没有战事。

(10)拥有民主政府的国家,总是比非民主政府的国家更为繁荣。

我们认为,民主政体之所以能够表现出这些长处,在于该政体形式所具备的以下几方面内在素质。

首先,民主政体第一次完成了国家政权合法性与制度合法性的分离和良性互动,并将政治系统的合法性建立在取得其治下民众的信任和支持的基础之上。虽然君主专制政体、极权政体和威权政体在一定时期也可能得到民众的积极支持,但由于制度的合法性完全建立在当政者的个人魅力基础之上,一旦当政者死亡或政府在政策上出现重大偏差或失误,不仅会瓦解当权者的合法性,而且会使整个制度失去民众的支持。历史上各种形式的专制政体虽然曾经一度风光无限,但它们之所以最终未能逃脱走向败落的命运,一个重要的原因即在于此。

其次,民主政体相对其他政体形式具有较高程度的开放性。随着经济的增长,民众物质生活水平的提高以及随之而来的教育的普及,民众自我权利意识觉醒和政治意识提高,对涉及自身生活和福利的政治过程也开始提出新的要求。研究表明,传统国家向现代国家转型过程中的一个重要结果就是民众政治参与要求的膨胀。在如何通过某种体制化途径将民众的政治诉求纳入一个良性轨道方面,民主政体要明显强于其他形式的政体。与其他政体模式在政治上不同程度的排他性相比,民主政体是一个相对开放的政治系统。这种开放性决定了该体制能够较为从容地吸纳、整合由经济发展而动员起来的社会参与冲动和利益诉求,疏解社会矛盾,从而避免体制外大规模暴力事件的发生,维护政治系统乃至整个政治共同体的稳定。

最后,民主政体在国家权力各主体之间建立了法制化的运行规则。"权力导致腐败,不受制约的权力绝对地导致腐败",这是民主政体完成自身体制建构的逻辑前提。以权力制约权力,防止权力集中于一人或某一机构手中而可能导致的暴政。与专制体制和威

---

① 达尔:《论民主》,商务印书馆 1999 年版,第 51—68 页。

权政体中权力不受制约或受限制较少所不同的是,民主政体中政治权力的运用有着较为明确的规则系统,从而抑制了政治权力自身强大的扩张惯性,所以它能够维护公民各项政治与社会权利。[1]

中国在新中国成立后逐步确立了以人民代表大会制度为具体表现形式的社会主义民主共和政体。中国实践或实现社会主义民主本身就是对人类社会民主化发展的重大贡献。正如习近平总书记强调的,我们走的是一条中国特色社会主义政治发展道路,人民民主是一种全过程的民主,所有的重大立法决策都是依照程序、经过民主酝酿,通过科学决策、民主决策产生的。[2] 基于这种多样的发展,社会主义民主建设和发展将努力汇聚人类民主实践的精华,从而在更高层次上对人类社会的民主化进程做出自己的贡献。在今天的中国,全面发展社会主义民主的基础已形成,目标已明确,价值已确立,方略已拟定。因此,我们现在的任务是在积极实践中推进其发展,在不断发展中体现其价值。发展才是硬道理,社会主义民主只有不断实践和发展才能赢得未来。所以,社会主义民主的本质追求,足以决定我们今天所实践的社会主义民主将对人类社会的民主化发展产生深刻的影响和长远的推动作用。

第三节　国家结构形式

所谓国家结构形式,即一个国家纵向的权力安排,它表明国家的整体与局部、中央政权机关与地方政权机关之间的权力关系。在国家产生之初,国家的结构形式较为简单,到了近现代,由于政治、经济、历史、地理、民族等诸多因素的影响,国家结构形式复杂化了。纵观中外,按照中央权力与地方权力的不同构成方式,国家结构形式可以分为单一制和复合制两种基本类型。

一、单一制

单一制指由若干不享有独立主权的行政区域组成统一主权国家的国家结构形式。单一制国家的基本特点在于"单一"或"统一",具体表现如下。[3]

第一,从法律体系上看,国家具有统一的宪法和法律,任何地方政权和公民都必须严格遵循。

第二,从国家组织机构看,国家具有统一的立法、行政、司法机关和权力体系,国家最高权力归中央政权机关掌握。

第三,从中央与地方的权力关系看,各地方行政机关必须接受中央政权机关的统一领导和管辖,其权力由中央政权授予,权限的变更也须听命于中央。地方与中央政权机关是服从和被服从的关系。

---

① 孙关宏、胡雨春、任军锋:《政治学概论》(第二版),复旦大学出版社 2009 年版,第 115—116 页。
② 《习近平:中国的民主是一种全过程的民主》,新华网 2019 年 11 月 3 日。
③ 孙关宏、胡雨春、任军锋:《政治学概论》(第二版),复旦大学出版社 2009 年版,第 118 页。

第四,从对外关系看,中央权力机关代表国家主权在对外关系上是统一的国际法主体,由中央统一行使外交权,各地方政权机构对外不具有独立性,因而没有独立的外交权。即使个别地区享有一定的自治权,但这种自治权被限制在统一的国家主权范围之内。

第五,国民具有统一的国籍。

现代国家大多数都是单一制国家。不过,按照中央与地方权力分配的程度差异,单一制又可以细分为中央集权型单一制和地方分权型单一制两种。

在中央集权型单一制国家中,地方官员由中央委派,或由地方选举,代表中央来管理地方的行政事务;地方居民无自治权,只有经中央批准才能建立地方自治机关;地方机关和地方自治机关都在中央政权的严格控制下,在规定的范围内行使其职权。法国是典型代表。在该国起主要作用的地方国家机关是地方行政机关,其官员具有双重身份:一方面,他们代表中央,按照中央的命令来办事,对国家的内务部负责;另一方面,作为地方官员,他们管理一切地方行政事务。同时,中央有权撤换地方官员。

在地方分权型单一制国家中,地方居民可以依法自主组织地方的公共机关,并在中央监督下依法处理本地区事务,而中央不得干涉地方具体事务。如发现地方议会有越权行为,中央政府可诉请司法机关予以纠正。英国是典型代表。基于其历史传统,该国地方政府实行一定程度的自治,地方设有与中央相应的议会和议会任命的执行机关管理委员会。地方议会通过的决议必须经中央有关部门批准方能生效,法律草案在议会通过前须事先征求中央有关部门意见;管理委员会要执行全国性的政策,负责各项事务的具体管理。随着中央政府对社会的干预和经济管理职能的加强,其对地方政府的监督和控制也逐渐增强。[①]

我国是统一的多民族的单一制国家。我国宪法规定:"中华人民共和国是全国各族人民共同缔造的统一的多民族国家。"在中央与地方的关系上,我国宪法确定了两个基本原则:一是确保中央政府的统一领导,坚持地方服从中央,下级服从上级;二是在中央政府的统一领导下,充分发挥地方的积极性和创造性。另外,针对我国的具体国情,在充分尊重历史与现实的基础上,我国实行民族区域自治制度和特别行政区制度,从而突破了传统的单一制的国家结构形式,创造了一种中国特色的、带有某些复合制特质的单一制。所谓民族区域自治就是在国家的统一领导下,各少数民族聚居的地方实行区域自治,设立自治机关,行使自治权。但宪法同时规定:"各民族自治地方都是中华人民共和国不可分离的部分。"民族区域自治制度是在坚持单一制国家结构的前提下,独创性地解决民族问题,保障民族平等的有效制度。所谓"一国两制"是指在坚持一个中国的前提下,在国家主体实行社会主义制度,而在香港、澳门、台湾保持原有的资本主义制度。作为实行资本主义制度的特别行政区,它们不拥有国家的主权,但享有法律规定的高度自治权,可以有自己的立法、行政、司法机关。实行"一国两制",设立特别行政区,这是在国家结构问题上的重大创造。

---

① 刘吉发:《政治学新论》,中国人民大学出版社 2008 年版,第 189 页。

二、联邦制

联邦制是指由若干个具有相对独立性的政治实体联合组成统一国家的国家结构形式，是一种多中心的复合共和制，是关于自治化、非集权和多样性的宪政安排。联邦制国家结构形式的特点如下。[①]

第一，从法律体系看，联邦制国家具有统一的宪法和基本法律，但在联邦宪法和基本法律范围内，联邦各成员单位有自己的宪法和法律。

第二，从国家组织机构的设置看，联邦设有国家最高立法、行政、司法机关，行使国家最高权力，领导并约束其联邦成员。但是各成员单位也有自己的立法、行政和司法机关，后者同中央机关之间不存在隶属关系，并在各自辖域内独立行使权力。

第三，从中央与地方的权力关系上看，由于在联邦制国家形成以前，各成员单位基本上已经是拥有主权的政治实体，所以，在组成联邦国家时，它们让渡了各自先前拥有的部分权力，建立联邦政府。这样，在联邦制国家中，中央政府的权力源于各成员实体的授予，中央与地方的权限在联邦宪法中做了较明确的划分。

第四，国家主权由联邦与各组成单位分享，联邦政府对外代表国家主权，各联邦成员也有一定的外交独立性，在联邦宪法允许的范围内可以与其他外交主体签订某些次要事项。有些联邦国家的成员还可以以独立身份加入某些国际组织。

第五，国民享有联邦与各成员单位的双重国籍。

美国是典型的联邦制国家，由 50 个州和哥伦比亚特区组成。联邦的权力最初来源于州权，以后联邦权力有一个逐步扩大的过程，即州把一些权力逐步转移给联邦政府统一行使。美国各州都有自己的宪法、法律和政府机构，州政府和联邦政府地位平等，因此州政府不是通常所说的地方政府。联邦和州的权力由宪法加以规定，在宪法规定的范围内，双方独立行使其权力，不受干涉。

三、单一制与联邦制的比较

单一制与联邦制国家结构形式分别有哪些优缺点呢？

1. 单一制的优点

(1)全国具有统一的法律、政策和行政。

(2)统一的组织可以避免在管辖权限上产生各种争执。

(3)统一的组织可以避免在机构设置上重复，相应可以减少官员的数量。

2. 单一制的缺点

(1)单一制国家的中央政府有抑制地方在处理公共事务方面的创造性和积极性的倾向，鼓励官僚习气。

(2)中央政府距离地方过于遥远，对地方的真正需要无法获得充分而切身的了解。与地方事务有关的公共政策和法规常常由中央政府来决定，这使得这些政策不能回应地

---

① 孙关宏、胡雨春、任军锋：《政治学概论》(第二版)，复旦大学出版社 2009 年版，第 119 页。

方的实际情况进而难以有效解决问题。

(3)中央政府通常远离普通公民,一方面使得政府难以感觉到公民的需要和意见,另一方面公民对一个遥远的政府难以监督,也使得公民难以对公共问题产生真正的影响,从而妨碍公民参与公共事务。

单一制政府的缺陷,并不一定必须通过联邦制来解决,这里所分析的单一制的多数缺陷,都可以通过允许地方行政区域实行各种不同程度的地方自治来克服。

3.联邦制的优点

(1)联邦制提供了一种方法,使小国家得以结合成较强有力的国家,既获得联合的利益,而又不牺牲各自的独特性和自主性。

(2)联邦制更有利于联邦的成员保持自己独特的文化和传统,更有利于在一个国家内部保护和维持文化、族群、价值观的多样性。

(3)公民与地方政府的距离比较近,他们更可能影响地方官员,并观察和监督官员们管理公共事务。同样,官员们也比遥远的全国性政府的机构和官员更了解地方事务,更能及时地和敏感地回应地方上的需要,应对特殊情况。

(4)地方政府比更大的政治单元更容易试验新的政策,这种尝试失败的可能性少一些,成本也低一些。

(5)中央政府把无数的地方性问题留给地方政府和民众去决定,减轻中央政府在立法和行政方面的负担,使得中央政府得以更充分地考虑全国性事务,这样,全国性事务和地方性事务得到兼顾。

4.联邦制的缺点

(1)在外交活动中,联邦制国家不如单一制国家方便,原因在于联邦的成员单位可能因为其在某些方面的法律规定和自身考虑,或者对联邦法律执行不力,而妨碍联邦政府对于国际协议的执行。

(2)联邦政府本身,以及联邦和邦之间,在立法、行政和司法上都存在权力的划分,而因为这种权力的划分,通常会有一些事务相互之间存在冲突或重叠,同时又可能有一些事务没有任何机构把其纳入管辖范围,这样就出现了管辖空白。

(3)联邦政府的组织必定是复合性的组织,也就是说各成员单位都各有其自身的立法、行政、司法机构,以组成完整的政府组织,而联邦政府通常在各成员单位内还得设立一些分支部门,这样政府机构不免存在重复。

(4)有许多已经具有全国性特征的事务需要有统一的规定,但是联邦制各成员单位却可能一直拥有不同的法规。

如果联邦的组成部分在文化、经济、语言或历史上存在太大的差异,联邦制也可能带来很强的分离倾向。不管是单一制还是联邦制,在文化方面具有较高的一致性对于维持一个政治体系的良好运转会具有重要的正面作用。

四、现代国家结构形式发展的趋势

近年来,世界各国的国家结构形式发展趋势非常明显,那就是中央与地方权限呈现均衡配置的倾向。传统上偏向中央集权式的国家出现了向地方分权、加强地方自治的势头；而在权限偏向地方的国家，其中央权力机关开始在各领域扮演更重要的角色。

（一）联邦制国家中央与地方权限划分的发展趋势

德国在联邦制国家中属于中央集权程度相对较强的，《德意志联邦共和国基本法》（以下简称《基本法》）在承认地方自治原则和各州独立的宪法地位的基础上，还规定了联邦法律高于各州立法的原则。联邦立法权在《基本法》实施后的一段时期内仍然不断扩大，不仅充分行使了共有立法权，还将框架立法权发挥到了极致，某些框架性法规已经详细地让各州议会没有多少补充的空间。[①] 但这种情况在两德统一之后有了明显改变。1994 年的宪政改革中，《基本法》第 72 条增加了第 3 款，授权联邦法律规定，当某一项联邦立法不再符合第 72 条第 2 款的"需要性"要求时，可以由州法律代替。[②] 2006 年，德国再次进行了联邦制改革，废除了联邦的框架性立法权，将包括集会、环保、新闻、判决执行等 16 项事务从共有立法权范畴划归州专属立法权范围内，体现了在不损害联邦权威的同时加强地方立法权限的态势。[③]

自罗斯福政府实施新政以来，美国的联邦和各州之间相对独立地履行立法职权的格局也被打破，联邦在多个领域，如环境保护、生产安全、社会福利、基础教育等，发挥标准制定和监管的作用。以 1978 年的《公共设施规制政策法》为例，国会规定各州在制定能源政策时，只需要参照国会制定的标准，通过听证程序，便可自由拟定本州的政策。这种中央建议标准、各州自由采纳的方式很成功，各州采用的标准差异很小。[④]

（二）单一制国家中央与地方权限划分的发展趋势

作为地方分权型单一制国家，英国在 20 世纪 70 年代末开始逐步加强中央集权，除了对北爱尔兰实施直接管理外，还通过修改法律撤销了伦敦以及其他六个都市的议会。但自 1997 年工党政府上台以来，地方分权的态势得以继续。苏格兰、北爱尔兰、威尔士分别建立了层级仅次于中央的地区议会，在教育、环保、文化、医疗卫生等领域拥有高度自主的立法权。同时，为提高地方政府和议会的治理能力，英国还对地方政府和议会的许多制度进行了改革，核心内容包括能推进公民参与地方事务的新型协商机制。

自 1982 年以来，中央集权型单一制国家的代表法国开始了三个阶段的中央向地方下放权限的改革。大区的行政地位被正式确认；大区长以及省长职位被取消，设共和国专员常驻地方，代表中央政府，原归属大区长及省长的权力交给相应的地方议会行使。与此同时，市镇会议的实际权力有所增加，以加强地方民主，促进公众参与。在 2003 年，法国对宪法进行了修订，明确法国为分权单一制国家，并肯定了《欧盟宪法》中提到的"辅助性原则"，确认了各地方的条例制定权，构建了真正意义上的公民投票制度等。

---

① 童建挺：《德国联邦制的演变》，中央编译出版社 2010 年版，第 106 页。
② 同上，第 184 页。
③ 同上，第 247 页。
④ 张千帆：《国家主权与地方自治》，中国民主法治出版社 2012 年版，第 95 页。

（三）央地权力关系影响因素及发展趋势

不少学者在研究各个国家央地权力关系的模式时，乐于将各国不同的制度选择归咎于各种自然环境和社会环境因素，如地理环境、科学技术水平、政治环境、历史文化传统等。部分因素确实会导致央地权力关系向特定方向变化，例如民族关系格局。一般情况下，对于特定的民族群体的聚居地，国家很有可能有特殊的央地权力关系划分方式。在我国，民族自治地方的自主权就比一般地方自主权更大。但大多数情况下，它们将如何影响央地权力关系则没有定论。以经济发展状况为例，1929 年开始的大萧条促使了罗斯福新政的出现，从此，美国联邦政府在多个领域中扮演了标准制定者和监管者的角色。我国的历史经验则相反，在经济萧条、人民生活困难的时期，中央对地方的监督和制约机制容易失灵，造成地方自治权的扩大。关于科技发展水平对央地关系的影响，不同的学者也存在大相径庭的看法。学术界普遍认可的规律只有一个：一个国家处于现代化的起步或攻坚阶段时，中央的集权程度普遍较高。

可以看到，西方发达国家，无论是单一制还是联邦制国家结构，在央地权力关系上都呈现出更加平衡的趋势。这些国家的经济发展状况、自然环境、历史文化传统等都不一样，之所以会出现趋同的央地权力关系发展趋势，应该是社会发展阶段相同、社会问题复杂程度相近的缘故。

以立法权为例。在中央层面，无论最初的宪法对中央的立法权做出了多大的限制，到后来，各国的中央立法权都在实际上得到扩大。例如，美国联邦在打击毒品犯罪方面的立法权并没有在宪法中清楚列明，是通过对控制州际贸易等条款的扩大化解释得到的。中央立法权逐渐涵盖社会生活的各个领域的主要原因，在于许多问题的国家化。例如，环保问题在许多国家曾经是各地方的立法事项，但由于环境污染的蔓延和普遍存在，大多数国家的中央立法已经环保立法权收入囊中。

与此同时，在中央立法权限扩展的同时，地方立法的范围和自由度也在提升。在这一点上，明显的例子是英国和日本。英国议会和日本国会的立法权都几乎不受任何限制，然而近年来都在实施赋予地方更多自主权的改革。日本从 1994 年起就开始推进地方分权，先后制定了《地方分权推进法》《地方分权一览法》，减少并限制了中央政府对地方的干预，加强了地方的公众参与和议会活力。法国为了推进地方分权，甚至通过修宪来明确地方自治地位。

中央权限涵盖范围增大，地方的自主权增强、范围扩张，这两种看似矛盾的变化并没有在这些国家中造成困境。原因在于，中央和地方的权力通过中央在共有立法事项上更为多元化的参与方式，以及央地立法间更充分的合作找到了共存的途径。例如，美国在环保、公共卫生与健康等领域开展了充分的立法合作；加拿大成立了联邦—省际会议，为中央和地方在不同立法事项上的意见交换提供了很好的平台。在如今的国家中，中央立法权力不可避免地要触及各地方内部的事务，而地方的立法权限也可能对中央的决策造成影响，设立央地权力的合作以及沟通机制就显得很有必要。[1]

---

[1] 林若尘：《中央与地方立法权限划分问题初探》，华南理工大学，第 28—30 页。

本章思考题

1. 如何理解家庭、私有制和国家起源的逻辑关系？
2. 单一制与联邦制国家结构形式的关键性区别何在？
3. 如何把握现代政体和国家结构形式发展的新趋势？

文档：学习
参考网站
与书目

【案例思考】

政治视点：1861—1960，加拿大百年政治管理转型

加拿大政府从19世纪中叶起，持续百年发力构建福利国家体系，下面以救济、医疗、教育等民生基础建设为例，展现加拿大福利建设的"百年大计"特征。

在1861年前，社会救济工作只救济穷人。

1867年，工业化使人们大量涌入城市。随着工业化的不断发展，社会开始分化，社会结构开始多样化，加拿大人越来越感到面临的社会风险加大。

1914年，加拿大实施了第一个现代社会保障计划《安大略工人赔偿条例》，条例规定，受伤的工人有权得到固定收入。

1916年，曼尼托巴省通过《母亲津贴条例》，在法律上为寡妇和离异或被丈夫遗弃的女人提供数量不大但有保障的经济来源，使她们有能力抚养孩子。

1927年，加拿大首次实施老年津贴计划。

1944年，通过《家庭津贴条例》，这是加拿大第一个面向所有加拿大人实施的家庭补助计划。

1945年，联邦政府推出社会保障计划。

1951年，联邦政府建立广泛的老年津贴制度。

1966年，联邦政府通过《医疗保险条例》。

1960年代，实施全民教育，加拿大的福利国家最终建立起来。

问题：为什么福利建设需要持续性？请结合加拿大政府百年施政的演变，谈谈你对政治理念、政治职能、政府工作重心的认识。

第三章 政府理论与政府管理体制

本章导读：

本章着重讲述政府理论、政府职能、政府管理体制及其改革，研究国家与政府、政府与市场的关系，厘清政府职能的内容和边界，分析各种政府管理体制的优缺点，探索政府间关系体制改革的方向。

重点与难点：

1. 政府与国家、政府与市场的关系
2. 政府体制改革的新趋势

第一节 政府理论

文档：阅读
材料 1

一、政府的含义

英文"政府"一词 government 的动词使用形式，govern 源于拉丁文 gubinere，原指驾驭、掌舵，后引申为指导、管理和统治之意，其名词形式则指进行管理和统治的实体组织形式。关于政府的定义，至今仍然是众说纷纭，尚未取得一致。[①]《不列颠百科全书》把政府定义为"由政治单元在其管辖范围内制定规则和进行资源分配的机构"。《美国百科全书》把政府一词定义为"适用于管理团体和国家的机构及其活动"。美国《科里尔百科全书》把政府解释为"在一个有组织的社会中执行国家职能的机构或者是指执行这些职能的人们"。《中国大百科全书》对政府做了广义和狭义的两种界定：广义的政府，是指国家立法机关、行政机关和司法机关以及国家元首等，它们通称为政府；狭义的政府，是指中央和地方各级国家权力机关的执行机关或国家行政机关。[②]

尽管什么是政府这个问题一直纠缠着中外学者，但从政治学意义上讲，政府有广义和狭义两种理解。广义的政府泛指各类国家权力机构，即立法、行政和司法机构的总称，也即政府主要包括国家立法机关、行政机关和司法机关，政府的功能为立法、司法、执法、行政管理。因此，广义地理解，凡具有公共性的部门都可以称为政府，政府所对应的范畴是公民，政府权力来源于公民的同意或委托，对公民负责，并接受公民的监督。狭义的政

---

① 姜大谦：《政府理论概要》，黄河出版传媒集团、宁夏人民出版社 2005 年版，第 4 页。
② 乔耀章：《政府理论》，苏州大学出版社 2003 年版，第 2 页。

府仅仅是指国家机构中执掌行政权力、履行行政职能的行政权构。《美国百科全书》认为,通常它指的是诸如英国或日本这些民族国家或其分支(如省、市)地方政府的组织机构及法定程序。政府对已经确认为某一民族国家中成员的事务进行管理。政府就是一个国家或社会的代理机构。[①] 因此,狭义地理解,政府只是公共权力的一个组成部分,政府所对应的范畴除了公民,还包括立法和司法机构,要受到后两者的制约或监督。[②]

正确认识和理解政府,主要应把握如下几点。[③]

第一,政府是国家组织。马克思主义认为,国家是社会在一定发展阶段上的产物。在国家产生之前,社会处于不可解决的自我矛盾之中,并分裂为不可调和的对立阶级。而为了使这些对立、利益互相冲突的阶级,不致在无谓的斗争中把自己和社会消灭,就需要有一种凌驾于社会之上的力量。这种力量可以缓和冲突,把冲突保持在"秩序"的范围以内,这种从社会中产生但又自居于社会之上并且日益同社会脱离的力量,就是国家。国家是阶级矛盾不可调和的产物,而国家与氏族、胞族、部落等组织区别的根本标志,就是国家建立起了系统完整的政府组织。因此,政府就是国家机器的重要组成部分,是国家缓和冲突、控制秩序的主要工具和手段,是国家主权的代表和具体化身。政府执行国家意志,行使国家权力。没有政府,国家既不会稳定地存在,也不会有安全和秩序,完整的、系统的政府组织的存在是国家的标志性特征。

第二,政府是统治阶级的组织。国家在本质上是由统治阶级掌握的。国家是阶级统治、阶级压迫和控制社会秩序的机器,因而,政府作为国家机器的主要组成部分,必然是由统治阶级组织和建立起来的,并且是具体实施阶级统治、阶级压迫和社会控制的工具。统治阶级通过政府使自己的意志上升和转化为国家意志,并借助政府执行和贯彻统治阶级意志,进而使统治阶级意志成为整个社会的行为规范,确保统治阶级的秩序和利益的充分实现。从这个意义上说,统治阶级是政府及其活动的主导性力量,是决定政府组织构成、制度设计、政策制定与执行、价值取向和各种实际工作的真正主体。

第三,政府是国家权力的执行机关。政府作为国家机器的主要组成部分,承担着代表国家进行阶级统治、缓和冲突、控制秩序的职责与任务,而要确保政府有效地履行和完成这样的职责与任务,必须赋予其相应的国家权力。如果没有国家权力的保障,政府就会因缺乏权威性而难以履行其职责、完成特定的任务。国家治理社会的有效性主要取决于政府的权力运作资源是否充足。从静态来看,政府必须具备与其职能相适应的健全的权力体系,包括机构和权力设置的合理,法律制度体系的健全,等等;从动态来看,政府必须具备其权力运作所需要的能力,其中最为重要的,乃是政府的财政能力和政策能力。[④]

第四,政府是社会管理机关。在国家、政府和社会的关系中,政府居于中枢的位置。一方面,政府代表国家行使表现为国家意志的统治阶级意志,确保统治阶级利益的实现,从而获取以国家名义对社会进行管理的阶级基础和政治基础;另一方面,政府也以形式

①　乔耀章:《政府理论》,苏州大学出版社 2003 年版,第 4 页。
②　孙关宏、胡雨春:《政治学》,复旦大学出版社 2010 年版,第 59 页。
③　张顺、成伟、张喜红:《当代中西政府体制比较分析》,东北师范大学出版社 2009 年版,第 1—3 页。
④　孙关宏、胡雨春:《政治学》,复旦大学出版社 2010 年版,第 38 页。

上的公正者和中立者的面貌出现,以公共组织身份,代表社会汇集和综合各方面的意志与利益诉求,并通过一定的程序和途径,以制度、规则、政策以及政府行为回应社会的公共利益诉求,从而获取以公共利益的名义对社会进行管理的合法性与合理性基础。[①]

二、政府的特征

国家为了维护社会秩序、管理经济生活、行使公共权力,组建了政府。政府作为一种专门的国家机构或政权实体,既是统治阶级利益的代表者,也是国家意志的直接体现者和执行者,表现出以下特征。

（一）阶级性与公共性统一

政府作为国家主权的代表,其目的就在于承担国家政权的统治和管理功能。一方面,国家是统治阶级用来维护本阶级的利益、维护社会统治秩序、调节各种社会关系的工具。国家意志的形成和执行,如制定和执行法律、维持社会治安、保障公民福利、保卫国家安全等,基本上都要通过政府来实现。政府作为国家意志的体现者,作为国家职能的执行机关,其活动必然会表现出鲜明的阶级特性。另一方面,正如恩格斯所说的,国家作为政治共同体,其法律对于全体公民普遍适用,无论是居于统治地位的阶级还是被统治阶级,违反国家的法律都要受到惩罚,并且,统治阶级并不直接掌握权力,而是通过公共权威机构政府进行统治。因此,政府作为国家政权的具体运作机构,从社会公共利益出发履行社会管理职能,以公共目标为依归,并不单纯服务于统治阶级的特殊利益。

（二）统治性与管理性统一

政府作为国家机构的最重要组成部分,首先具有统治性,即政府是统治阶级意志和利益的代表者,依靠国家强制力,通过直接行使国家权力履行国家的政治统治职能,这方面集中体现了政府的政治目的与阶级价值。同时,政府作为社会管理机关,又具有管理属性,这种管理属性主要表现在两个方面:一方面表现在统治阶级内部,即政府是统治阶级共同意志和共同利益的代表者,通过行使政府权力协调统治阶级内部关系和管理统治阶级内部事务;另一方面表现在社会范围内,即政府是表面上或实际上的公共意志和公共利益的代表者,依靠自身的合法性与合理性,通过行使公共权力履行国家的社会管理职能。

（三）政治性与社会性统一

一方面,政府是建立在统治阶级的根本利益基础之上的,通过暴力手段来镇压被统治阶级的反抗,维护统治阶级的利益。因此,政府必然为统治阶级服务。政府是统治阶级为维护和发展本阶级利益,处理本阶级内部以及与其他阶级、民族、国家的关系所采取的组织形式和组织手段,政府功能与统治阶级的利益是一致的,具有鲜明的政治性。另一方面,正如恩格斯所说的,政治统治到处都是以执行某种社会职能为基础,而且政治统治只有在它执行了它的这种社会职能时才能持续下去。政府要从根本上维护统治阶级的利益、维护社会的统治秩序,就必须履行社会管理任务。只要社会存在,就需要有对社

---

① 张顺、成伟、张喜红:《当代中西政府体制比较分析》,东北师范大学出版社 2009 年版,第 3 页。

会公共事务的管理,政府得将管理公共事务作为自己的重要职责。

(四)强制性与合法性统一

任何政府都以强制性作为其功能运作的基础,政府权力的产生、政府执行和贯彻国家意志,都以法律制度为依托,以暴力手段为后盾。一方面,政府具有凌驾于社会之上的普遍的强制力和权威性。政府以整个社会生活为自己的控制对象,拥有凌驾于整个社会之上的权威,运用各种手段来维持社会的政治秩序、经济秩序和文化生活秩序。政府的管辖对象,包括社会各种团体和全体公民,都有义务而且必须服从政府的一切合法的规定、命令,服从政府的指挥、领导和管理。另一方面,政府的强制性并不是天然就具备的,而是公民以各种方式同意或授予的。也就是说,政府之所以具有强制性与权威性,乃是由于这种权力本身是公民委托和广泛认同的,政府权力必须严格地规限在追求公共目标和普通福利的范围内,否则政府的强制性就失去了合法性基础。具体而言,政府的任务、责任、权力是由宪法和法律赋予的,政府行使职权和实施管理的原则、方式、方法、程序等,都必须以法律为基本依据,不得超越宪法和法律所规定的范围。

三、现代政府组织原则

政府的组织原则是一个政府在政治活动中遵循的标准和基本准则。国家在构建政府时,无一例外地遵循了一些共同的组织原则。政府组织因时空的不同而形成了不同的政府类型,一般可以将其分为传统社会的政府和现代社会的政府。现代政府所共有的基本组织原则包括:人民主权原则、有限政府原则、责任政府原则、法治政府原则。

(一)人民主权原则

人民主权也就是主权"在民"而不是"在神"或者"在君",国家主权属于人民,而不是专属于某个个人或社会集团。人民主权强调政府的合法性来源于人民,政府的最终权力是由人民行使的,人民委托政府行使国家权力,政府必须对人民负责;强调人民有参政权。尽管人民委托政府行使国家权力,但仍保留参与政府管理的权力;强调政府的目的是谋求公共幸福,为了公共利益。[①] 根据人民主权原则,政府权力的合法性也取决于人民的意向或委托。人们相互签订契约将权力委托给政府,从而使政府拥有了治权。因此,政府只是受人民委托来行使这些权力,权力的行使必须服务于人民,而不能借助这些权力凌驾于人民之上。政府组织必须以人民的利益和要求为目标,并通过民主和法治的规则实现公民对政府权力的控制和监督。值得注意的是,人民主权原则更多的是一种政府理念而非组织体制,它的意义在于倡导了一种公共利益至上的政府管理精神,为政府按照民主的要求运行奠定了思想基础。[②]

(二)有限政府原则

有限政府原则,首先是政府的权力有限,表现在政府的权力受到宪法、法律的制约,受到立法机关、司法机关的制约,受到公众的监督。维护公民合法权益,既是政府存在的理由,

① 陈尧:《当代中国政府体制》,上海交通大学出版社 2005 年版,第 15 页。
② 李宗楼:《政治学概论》,中国科学技术大学出版社 2005 年版,第 84 页。

也是政府权力运作的目标。政府不能以任何借口侵犯乃至剥夺公民的合法权益,而应该保护公民的合法权益。政府不能直接干预公民的生活,政府的政策和行为必须符合人民的根本利益,接受人民的监督,只要人民的多数不满意政府的治权行为,人民就有权收回给予政府的治权。其次,是政府的职能有限,有限政府的职能应该是为实现整体社会福利的增长创造外部条件,政府必须尊重公民的生活自决权,不应强行代替公民选择,即通过法律等社会调控手段创造和维持一个良好的社会环境,而不是去直接参与市场活动。

（三）责任政府原则

责任政府是指政府在职能、规模、行政方式及其组成人员的行为上对国家、市场和社会的责任体现、责任精神和责任效果。政府的责任与其权力是对称的,是其义务的具体体现。政府具有什么权力和多大限度的权力,就具有相应的义务和责任。政府责任通常包括政治责任、法律责任、行政责任等。责任政府原则,强调政府必须克服政府自身的"异化",保持其公共性;强调政府必须保持政府的自主性,避免政府受制于某一个政党、组织或某一个领袖;强调政府在运行的过程中承担宪法、法律所规定的职能的同时,还必须充分体现"民治"的本质。责任政府意味着,如果政府不承担责任的话,那么政府理应改变。一个不承担责任或不管人民死活的政府,人民有权用相应的合法手段去改变政府。[1]

（四）法治政府原则

法治政府原则是指政府的组成、政府权力的范围、政府权力的行使必须依照法律规定,按法定程序进行。法治是针对政府权力行使而非针对公民而言的,是从法律上对公民权利加以规定和保护,以此构成了对政府权力限度最为根本的勘定。法治政府实质上意味着以外在于政府的法律力量对政府权力进行规范和制约,政府不能超越法律许可的范围行使权力,不能以任何借口剥夺或侵犯公民的合法权益。法治政府原则包括:法律必须经过法定的合理程序加以制定,必须公之于众;法律一经制定,政府必须带头奉行和严格遵守,公民按法律享有正当的权利,政府必须保护公民的这些权益;如果剥夺公民的法定权利,必须依据法律和法定程序进行,司法必须独立,法律面前人人平等。[2]

视频:政府为何要将大众福利放在首位

四、现代政府治理创新

政府治理改革与创新,是政府随着内外生态环境的变化,有意识地对其结构、功能、行为、政策乃至文化进行不断调整和改变,以谋取政府治理体系与环境之间的动态平衡,从而实现政府治理效能的行为或过程,是寻找和建立新的治理途径和方式,从而实现和创造公共目的和公共价值的过程。政府治理改革与创新,是重新思考、重新设计和重新建构治理体系,提升政府治理能力的过程。改革与创新,不仅仅是活力政府的核心和关

① 李宗楼:《政治学概论》,中国科学技术大学出版社 2005 年版,第 85 页。
② 孙关宏、胡雨春:《政治学》,复旦大学出版社 2010 年版,第 66 页。

键所在,也是应对国际国内社会环境变化,提升国家竞争力的策略。[①]

（一）全球化与政府治理创新

全球化是 20 世纪 80 年代以来世界范围内日益凸显的现象,是当今时代的基本特征。德国社会学家贝克认为,全球化描述的是相应的一个发展过程,这种发展的结果是民族国家与民族国家主权被跨国活动主体,被它们的权力机构、方针取向、认同与网络挖掉了基础。全球化不限于经济领域,还包括信息、服务、生态、教育、科技、文化、各类社会组织等在世界范围内的交流、合作和相互影响。全球化意味着政府权力的削弱。对于全能政府来说,全球化确实削弱了其某些权力,但这正说明全球化是促成全能政府向有限政府转换的重要原因。应对全球化,政府改革势在必行。而对于研究政府改革的人来说,探求全球化过程中出现的不确定性因素,进而研究政府应对这些新因素应如何进行改革,才是既有重要理论意义又有重要现实意义的问题。

全球化对传统的政府理念正在形成强烈的冲击,传统的政府理念正处在深刻的变革之中。应对全球化,政府治理改革需要确立三个理念。首先,人类社会的发展水平,不是以各国各地区的平均发展水平来衡量的,而是以世界最先进的国家或地区的发展水平来衡量的。政府在思考国家的发展和社会管理时,要站在全球社会经济发展的高点上客观地认识历史发展的趋势,用历史机遇的眼光来看待本国的发展与世界发展的关系。其次,确立"全球"的空间理念。政府在思考国家发展和社会管理问题时,要消除狭隘的地域观念和民族自我中心主义,以世界眼光来看待国家和民族之间的交往,扩大交往的空间和内容。再次,要确立"人类命运共同体"的价值理念。政府在思考国家的发展和社会的管理时,要树立"人类意识",以人类共同利益为评价各种活动的价值标准,对人类社会整体利益负责。[②]

（二）信息化与政府治理创新

信息化是指以大规模集成电路为核心的现代信息技术被广泛应用于经济、政治、社会等各个领域的社会发展过程,以网络化和知识化的兴起为主要标志。从 20 世纪 80 年代开始的现代通信技术革命,特别是互联网的发展和普及对人类社会产生了革命性的影响,它不仅改变了生产方式,也改变了人类的生活方式和交往方式。人类社会进入了网络社会和知识经济的时代,这一时代呈现出了如数位化、虚拟化、去密集化、动态化、即时性、流动空间等与传统时代不同的特质。在网络化的社会中,知识已经成为经济活动的根本生产要素,成为国家创造经济增长,形塑竞争优势,积累附加值的主要驱动力。从世界范围来看,在信息化时代,信息已成为战略性资源,信息资源管理成为各行业的核心管理领域。

以网络社会和知识时代的兴起为重要特征的信息化,深刻地改变着人们的生产、生活、工作方式乃至价值观念,同样也改变了政府施政的外部环境。动态、复杂、多元的环境,对政府的职能和角色、政府的组织形态与结构功能以及政府的运行方式提出了新的

[①] 张成福:《政府治理创新与政府治理的新典范:中国政府改革 40 年》,《国家行政学院学报》2018 年第 2 期,第33—39、135 页。

[②] 张尚仁:《应对全球化的政府改革》,《云南民族大学学报(哲学社会科学版)》2005 年第 2 期,第 25—30 页。

要求。同时,通信技术革命也为政府治理创新提供了新的技术和手段,催化着新的治理方式,成为推动政府改革与创新的最佳媒介与策略动力,为建立以服务民众为中心的、灵活、高效、透明的政府创造了可能性。① 政府信息化作为信息社会生产生活的主要模式,其最终目标在于通过技术创新、管理创新和模式创新,提升政府的社会治理与服务能力。信息化所要求的政府治理模式,其要义就是以公民需求为治理导向,以信息技术为治理手段,以协调、整合和责任为治理机制,对治理层级、功能、公私部门关系以及信息系统等碎片化问题进行有机协调与整合,不断从分散走向集中,从部分走向整体,从破碎走向整合,为公民提供无缝隙且分离的整体性的政府治理模式。

（三）智能化与政府治理创新

智能化是指事物在网络、大数据、物联网、人工智能等技术的支持下,所具有的能满足人的各种需求的属性。智能化是通过智能技术的应用,逐步具备类似于人类的感知能力、记忆和思维能力、学习能力、自适应能力和行为决策能力,在各种场景中,以人类的需求为中心,能动地感知外界事物,按照与人类思维模式相近的方式和给定的知识与规则,通过数据的处理和反馈,对随机性的外部环境做出决策并付诸行动。基于大数据、云计算、人工智能的智能化社会的形成,挑战和冲击着传统的政府治理技术体系,使得技术驱动的政府再造和社会治理创新成为新的发展趋势,同时也为解决当前政府治理所面临的现实困境提供了新途径。②

为有效应对智能社会的到来,政府应当充分运用大数据、人工智能、物联网、互联网等智能技术,将其嵌入到政府治理的各领域和各环节,提高政府决策、执行、监管等方面的智慧化水平。一是决策智慧化。决策智慧化最重要的是要实现决策民主化与科学化。通过完善公民电子参与模式,完善电子决策咨询机制,提高政府决策民主化、科学化。二是执行智慧化。即政府通过大数据、人工智能,建立与完善自动记忆、自动提醒、自动排序、移动办公的智慧办公系统,完善政府知识管理系统与政务智能系统。三是监管智慧化。通过打造智能信息收集与处理系统,运用大数据、人工智能、互联网等手段实现信息共享,通过物联网技术打造智能视频监控系统、智能联动系统,实现对监管对象的自动感知、识别与跟踪和智能处置。③

（四）国家治理现代化与政府治理创新

国家治理现代化包括两个方面,一是国家治理体系现代化,二是国家治理能力现代化。国家治理体系现代化主要体现在制度体系的完善上,即必须构建系统完备、科学规范、运行有效的制度体系。从严格的政治学角度来看,国家治理能力是指国家权力的实践状态。具体而言,影响经济社会发展的国家治理能力包括汲取能力、再分配能力、强制能力、建制能力以及协商能力等。④ 国家治理现代化即是国家治理体系和治理能力建设的

① 张成福:《政府治理创新与政府治理的新典范:中国政府改革40年》,《国家行政学院学报》2018年第2期,第33—39、135页。
② 卫鑫、陈星宇:《智慧政府的功能定位及建设路径探究》,《中国行政管理》2020年第7期,第91—94页。
③ 黄贵辉:《国家治理现代化视域下的政府治理改革》,《中共南昌市委党校学报》2020年第3期,第49—53页。
④ 刘建军:《体系与能力:国家治理现代化的二重维度》,《行政论坛》2020年第4期,第25—33页。

总目标是实现国家治理体系和治理能力现代化。国家治理现代化是近代以来从权贵统治到共和治理的一次公共治理变革,也是国家治理的第一次变革。①国家治理能力现代化的重点是建立一个真正意义上的现代政府。② 国家治理体系和治理能力现代化,首先是政府治理体系和政府治理能力的现代化。因为,政府走在国家治理的前台,国家主要靠政府治理,所以,政府治理体系和治理能力对整个国家治理的影响非常大。③ 政府治理改革是实现国家治理现代化的重要前提,对推进国家治理现代化起到了决定性作用。④ 同时,国家治理现代化为政府治理改革规定了方向,政府治理改革应当在国家治理现代化框架下进行,符合国家治理现代化的内在要求。

国家治理体系和治理能力现代化要求政府治理优化转型,要求政府改善自身的管理水平,认真反思优化内部组织架构,积极谋求机制体制的改革,着力提升制定和执行公共政策的能力,推动政府活动向民主、法治、科学的方向发展。政府机构决策的科学化、运转和服务的高效化都是治理能力提升的重要表现,政府职责体系的优化更是治理能力提升的重要保证。国家治理现代化强调政府要着眼于多中心的网络治理格局,确立科学的治理理念,通过简政放权、积极引导和鼓励参与等方式调整政府与社会、市场、公民的关系,依靠社会、市场、公民等的共同努力,强化多中心的"合作治理"新理念,尊重各个主体在参与社会事务过程中的权利和地位是公正而平等的,尊重社会和市场的独立性,给予其充分的自主权,尽可能地促使各方力量的活力,从而释放社会的活力与创造力,形成健全完善的新型政府治理格局。⑤

文档:阅读材料2

第二节　政府职能

一、政府职能的含义

职能,即职责和功能,泛指人、事物、机构应有的作用。职能具有本质的规定性和局部的可变性的特点。政府职能,是指政府根据社会发展需要而应履行的职责及其所应起的作用与能力,反映了政府代表的国家的阶级实质和活动的基本方向、根本任务和主要作用。政府职能是国家职能的具体实施和国家本质的外在表现,规定着政府组织机构、政府权力、政府利益和政府管理的实际运行。⑥ 政府职能是一种社会历史现象,它随着社

① 古洪能:《论人类公共治理变革史中的国家治理现代化》,《党政研究》2019年第4期,第101—109页。
② 薛澜、张帆、武沐瑶:《国家治理体系和治理能力研究:回顾和前瞻》,《公共管理学报》2015年第3期,第1—12页。
③ 汪玉凯:《国家治理现代化首先要实现政府治理现代化》,《国家治理》2019第42期,第39—42页。
④ 黄贵辉:《国家治理现代化视域下的政府治理改革》,《中共南昌市委党校学报》2020年第3期,第49—53页。
⑤ 胡建华、赖越:《国家治理现代化视域下我国政府治理转型研究》,《江西理工大学学报》2018年第4期,第104—108页。
⑥ 乔耀章:《政府理论》,苏州大学出版社2003年版,第190页。

会历史的发展而不断改变其配置方式。① 从政府职能的定义上看,它包含着以下几个方面的内涵。

（一）政府职能是一种国家职能

政府是国家机器最主要的组成部分,是国家缓和冲突、控制秩序的主要工具和手段,是国家主权的代表和具体化身。即是说,政府是国家权力体系的构成部分,是执行行政管理权力和履行公共管理功能的机关,政府职能是国家职能在这一方面的体现。所以,政府职能体现了国家意志,反映了政府所代表的国家的性质和活动的基本方向,并为占统治地位的阶级所赖以存在与发展的经济基础服务。因此,政府职能是一种国家职能,是代表国家执行国家意志的管理方面的职能。

（二）政府职能是一种公共职能

政府职能是政府对国家事务和社会公共事务实施管理时所表现出来的职能。与非政府、非公共性的机构的内部管理不同,政府职能是一种公共职能,而非政府、非公共性的机构的管理职能是个别领域的,是"私人性"的职能。尽管在一般管理规律上,作为公共职能的政府管理与私人性的管理有许多相通之处,但两者职能具有严格的界限,即私人领域的管理职能不能渗入政府公共职能,同时,政府公共管理职能也不能取代、否定私人领域的管理职能。

（三）政府职能是政府组织的职能

政府职能的发挥必须通过一定的组织机构来实现。政府组织是政府职能的必要载体,离开了这一载体,政府职能就无法实现。所以,政府职能是政府组织体系的设置基础和考核依据。政府职能是建立政府组织的根本依据,政府组织的设置必须依据政府职能的标准来设置。政府职能的状况在很大程度上决定了政府组织的设置、规模层次、数量以及运行方式。同样,政府组织体系的效率高低,就看其履行政府职能的状况。

（四）政府职能是一种法定职能

政府行使职能的依据是国家通过宪法和法律赋予行政主体的行政权力,它实际上是行政权力的具体化和"外化"。国家为实现其基本任务,必须赋予行政主体以一定的权力,政府正是通过运用这些权力来有序地完成国家所赋予的职能。政府应依法履行职责,即政府应该管什么,管到什么程度和怎样去管,都由宪法与法律所规定。

（五）政府职能是一种系统职能

一方面,政府职能的内容涉及政府行政系统对国家事务和社会公共事务进行管理的全部活动,政府职能构成了政府管理的全部工作范围。另一方面,政府内部各纵向层级和横向部门间又有各自的职能领域。这样,政府职能就是一个各构成要素纵横交错、相互依存又相互制约的职能体系。所以,理解政府职能要从整体上予以把握,理清各领域、各层级的相互关系,以及整个职能系统和外部环境之间的关系。再一方面,政府职能活动是一种管理活动,政府行使政府职能的过程是一个系统的管理过程,政府管理过程的

____

① 谢庆奎:《中国政府体制分析》,中国广播电视出版社1995年版,第126页。

运转状况及各个环节之间的衔接情况,管理各阶段所产生的实际影响和效果,是一个完整的系统。

二、政府职能的特征

政府职能是一个现实的、历史的概念[①],加之政府职能所包含的内容共同决定了政府职能具有以下特征。

（一）动态性

政府职能是一种动态发展的过程,政府主要根据社会关系的矛盾来配置其职能。政府职能的动态性主要表现以下四个方面:一是国家性质发生变化,引起政府职能本质的相应变化;二是社会形势和任务发生变化,政府职能的主次地位也将发生相应转移;三是随着社会环境和各种体制的改变,政府职能的某些具体功能发生根本性变革;四是随着科学技术的发展,人类社会生活日益丰富多彩,政府职能的内容、方法和手段发生变化。[②]由此,政府职能在不同国家因宪政体制、文化传统、经济形态和发展程度、文明程度的不同而不同,同一个国家在不同社会发展阶段的政府职能也不同,同一个国家特别是大国由于地区发展的不平衡和不同地区的发展特点政府职能也有不同。

（二）公共性

政府源于社会,社会是政府的母体。政府的产生在于协调社会矛盾,从政府的产生看,政府比其他任何组织都具有更广泛的社会公共性。政府在本质上是一种为公民和社会的共同利益提供服务的组织。按照宪政理论的逻辑,公共需求和公共利益的存在是政府存在的根本前提,公共需求和公共利益的谋取和提高,也是政府存在的根本前提。从政府职能的内涵来看,政府的职能是对公共事务的管理,政府职能的公共性决定于政府的公共性,政府应当对所有社会阶层和成员提供普遍的、无差别的、公平公正的服务。

（三）法定性

政府作为国家行政机关,尽管处于相对独立的地位,但并不是抽象和绝对独立的,其职能从属于国家的性质,体现国家的意志和利益,政府职能必须严格地在国家的基本政策和法律允许的范围内执行,并与其保持高度一致,不得有丝毫偏误,更不允许有任何抵触。[③]任何政府所履行的职能,无不反映着国家的性质。在人类历史上,既没有抽象的政府职能,更没有脱离国家性质的政府职能。政府职能的法定性主要体现于宪法和法律对政府职能的权限、行使方式、保障、程序、结果、绩效、救济等方面进行严格的规范和限制。政府职能的法定性实际是对公权力扩张的制约（或称为限制）,从而使得公权力在法定的范围内、法定的层次内由法律授权的主体依照法定的程序依法行使。[④]

（四）强制性

政府职能以国家职能作为后盾,政府行使职权、履行职责具有国家强制性。政府职

---

① 杜创国:《政府职能转变论纲》,中央编译出版社 2008 年版,第 17—18 页。
② 姜大谦:《政府理论概要》,黄河出版传媒集团、宁夏人民出版社 2005 年版,第 55 页。
③ 同上,第 54 页。
④ 董武主:《政府体制比较》,北京出版社 2008 年版,第 60 页。

能在本质上是国家权力的执行，即通过履行政府职能实现国家权力。政府是社会全体成员的选择，政府职能是社会全体成员赋予的，政府职能不同于其他社会主体的职能，政府职能是社会全体成员利益的共同需要，是社会全体成员为实现公共需求和利益而赋予政府的必要工具和手段，具有强制性。因此，法律规定政府行为一经做出即具有法律效力，非有法定理由并经法定程序不得停止执行。

（五）复杂性

政府职能极为复杂。从横向上看，政府职能的范围很广，政府的地位决定了它自身必然会渗透到社会生活的方方面面，其职能涉及政治、经济、社会、文化各个方面，涵盖社会各个领域，体现在对整个社会的管理和控制上，会对经济、政治、社会生活诸方面产生影响。从纵向上看，政府职能表现为一定的层次性，处于不同层次的政府部门，其行使职能的范围、内容和方法不尽相同。从政府职能的程序来看，政府职能包括决策、计划、组织、指挥、协调、控制等职能。从政府职能的属性来看，政府职能包括统治、保卫、管理、服务等职能。

视频：政府大包大揽的治理思路难以为继

三、政府职能的构成

关于政府职能的构成，不同的理解角度和分类依据有着不同的认识。但是，从基本职能角度上看，政府职能的内容涉及狭义的政府对国家政治、经济和社会事务进行管理的全部活动。因此，政府的职能可以分为政治统治职能、经济管理职能和社会管理服务职能。[①]

（一）政治统治职能

政治统治职能就是指维护和巩固国家政权统治的一项基本职能，它存在于自国家产生以来至国家消亡之前的任何形式的政府之中，其核心在于通过国家强制机构来行使约束、控制和镇压被统治阶级，从而维护有利于统治阶级的社会秩序的稳定和持续，进而在根本意义上确保统治阶级利益的实现。一般而言，政治统治职能包括对内政治职能和对外政治职能，前者的目的是提供社会正常生活所需的内部环境，而后者的目的则在于为国家创造一个良好的外部环境。

对内政治职能表现为专政职能和民主职能两个方面。专政职能就是行政机关以国家统治者的身份通过运用各种形式的国家强制力量，如军队、警察、监狱等，来制裁危害社会秩序的一切行为，打击任何形式的犯罪，坚决镇压叛国和颠覆政府的活动，从而确保国家的主导意识形态与价值体系、国家的基本政治制度和法律原则等得到普遍的遵从和贯彻。民主职能就是政府不断完善诸如选举制度等各种机制和体制来扩大公民参与政治的可能性，拓宽政府同群众联系的渠道，提升公民参政议政和对政府行为实施监督的意识和能力，从而最终提升国家民主政治的水平。对外政治职能主要是国防外交职能，即任何现代政府都担负着维护国家主权独立和领土完整，抵御外来侵略，保卫国家政治、

---

① 董武主：《政府体制比较》，北京出版社 2008 年版，第 17—20 页。

经济等各方面的安全,最大限度地维护和实现国家利益等职能。[1]

（二）经济管理职能

经济管理职能是政府在实施和推进对国家经济事务进行规范、管理等过程中所具有的职责范围和所应发挥的作用。社会经济环境既是政府体制存在和发展的条件,又是政府管理的重要对象。在政治社会中,整个政治上层建筑都是建立在一定的经济基础之上的,维护和巩固赖以生存的经济基础,是全部政治上层建筑的共同任务。政府作为上层建筑的主要组成部分,必须以积极手段推动社会生产力的发展。政府的经济管理职能包括宏观调控职能和微观管理职能两个方面,其主要目的是提高经济效率,改善收入分配,通过宏观经济政策稳定经济和执行国际经济政策。

政府经济管理职能的具体任务主要包括三个方面:其一是维护统治阶级对基本生产资料的占有关系,保持统治阶级的经济成分在国民经济体系中的支配地位,进而巩固统治阶级在经济上的统治地位;其二是确定和巩固与社会经济性质相适应的经济形式,确保统治阶级的经济物质利益的持续实现;其三是协调和化解不同经济成分之间和经济利益主体之间的矛盾或冲突,保证社会经济体系的正常运行,促进社会经济水平的提高和社会生产力的发展。[2] 在现代,政府经济管理职能主要是通过对社会经济生活的宏观调节、干预和控制来实现的:一是通过财政政策和货币政策调节经济发展,保证宏观经济的稳定增长;二是通过税收和财政支出等手段,对社会财富进行再分配,保证社会的公平和稳定;三是控制垄断行为和外部不经济行为,提高资源的配置效率;四是积极创造条件,促进经济结构的优化和转型。[3]

（三）社会管理服务职能

社会管理服务职能是指通过制定社会政策和法规,依法管理和规范社会组织、社会事务,保障公民宪法权利,化解社会矛盾,调节收入分配,维护社会公正、社会秩序和社会稳定。[4] 社会管理服务职能主要是通过组织动员全社会力量对社会公共生活领域进行管理并提供服务,是政府对除政治、经济领域之外的所有事务进行的管理,包括对环境保护、城市规划、科技、教育、文化、医疗卫生、体育、社会保障等方面的管理与服务。社会管理服务职能的直接目标是维护社会稳定和推动社会发展。政府对社会管理职能的履行具有公共性质,并不仅仅针对统治阶级的特殊利益,而是出于社会整体利益的需要,因此,社会管理职能又称为政府的公共职能。

政府的社会管理职能主要包括:保障公民的宪法权利,维护社会治安和秩序;利用税收等多种手段,调节收入分配,协调社会矛盾;加强安全工作,保障公民生命财产安全;加强危机管理,有效应对各种重大自然灾害和突发事件等。[5] 政府的社会服务职能主要有:提供社会和公民所需的信息、商业、教育、文化、娱乐、保健、交通、通信、市政设施等方面

———————————

[1]　张顺、成伟、张喜红:《当代中西政府体制比较分析》,东北师范大学出版社 2009 年版,第 26 页。

[2]　同上,第 25—26 页。

[3]　李宗楼:《政治学概论》,中国科学技术大学出版社 2005 年版,第 98 页。

[4]　范文:《中外行政体制理论比较》,国家行政学院出版社 2009 年版,第 160 页。

[5]　同上。

的服务;进行社会发展方面的各类专门的和综合性的研究;向社会和公民提供生产和生活所需的各种自然资源、福利、保险、救济、慈善服务等。[1]

四、政府职能转变

政府职能是上层建筑中政治体制的重要组成部分,是为经济基础服务的。它总是随着经济社会的发展而不断变化,特别是当代社会,由于经济革命的巨大推动,政府职能转变更具有迫切性和经常性。这是被世界各国历史和现实所证明的。[2] 正如奥斯本和盖布勒所说的:"对于那些视政府为固定不变的人来说,想要重塑政府实有大言不惭之嫌。但实际上各级政府均处在不断变化之中。在过去一个历史时期中,政府的兵工厂制造各种武器,没有人会设想让私营企业来承担如此重要的工作。而在今天,则没有人会设想让政府来制造军火。"[3]政府职能转变是指政府的职责与功能的变化、转换与发展变化,包括管理职权、职责的改变,管理角色的转换,管理手段、方法及模式等的转变。政府职能转变包括以下三个方面内容。[4]

(一)政府职能权限的转变

政府职能是执行国家权力的过程和效能,政府职能的强弱状况取决于国家权力的分配。政府职能转变首先要转变政府的管理权限。政府职能涉及政府与市场、国家与社会关系问题,转变政府职能的实质就是要随着国家经济和社会的发展适时地调整政府应当履行的职能的范围,正确处理政府与市场、社会的关系,解决好管什么和如何管的问题。[5]在现代,在政府与市场关系上,一方面要通过政府向市场放权,使市场在资源配置中起决定性作用,增强市场活力;另一方面,由于市场机制不能自觉维护公共目标,不能自然实现社会经济秩序,因此,政府职能是充当公益人、协调者、守夜人三种角色,以维护正常的市场秩序和保障社会公共利益。[6] 在政府与社会关系上,是一种"强政府与强社会"合作伙伴关系,政府不再是唯一的社会管理的主体和享有绝对的权威,政府与社会都是国家治理的重要主体。政府与社会在国家治理中不再是单纯的统治与被统治、管理与被管理的关系,社会既是被管理者,又是治理主体,二者在自由、平等、互信的前提下平等对话,是相互依赖与优势互补的关系。[7]

---

① 乔耀章:《政府理论》,苏州大学出版社 2003 年版,第 196 页。
② 杜创国:《政府职能转变论纲》,中央编译出版社 2008 年版,第 33 页。
③ 奥斯本、盖布勒:《改革政府:企业家精神如何改革着公共部门》,上海译文出版社 2006 年版,第 1—2 页。
④ 杜创国:《政府职能转变论纲》,中央编译出版社 2008 年版,第 31—32 页。
⑤ 潘小娟:《中国政府改革七十年回顾与思考》,《中国行政管理》2010 年第 10 期,第 25—32 页。
⑥ 范文:《中外行政体制理论比较》,国家行政学院出版社 2009 年版,第 159 页。
⑦ 周伟、邹巧丽:《国家治理体系现代化中政府与社会关系的定位与重塑》,《观察与思考》2018 年第 3 期,第 71—79页。

（二）政府职能内容的变化

政府有众多的职能，但在众多职能中，有些被认为是更重要的职能。[①] 不同社会形态的政府，其职能是不尽相同的；同一社会形态不同时期的政府，其职能是有区别的；就是在同一时期，政府基本职能的比重也是逐步倾斜、此消彼长的。从政府职能的内容上看，政府职能转变经历了"统治型—管理型—服务型"的演变过程，其职能重心则体现了逻辑与历史的统一并会相应地发生变化。[②] 因此，现代政府职能的主要内容要体现在公共服务上，即政府为满足社会公共需求，提供全体公民共同消费和平等享用的公共产品和服务。公共服务具有普惠性、公平性和动态性的特征。普惠性是指每个公民都享有公共服务的权利，公共服务应面向全社会。公平性是指公共服务的提供建立在公平正义的价值基础上，所有服务对象包括社会弱势群体在内都平等享受公共服务。动态性是指公共服务随着经济社会发展水平的发展呈现出不断扩展和提高的趋势。公共服务职能是指政府为整个社会及全体公民提供公共产品与服务的职责与功能。公共服务职能在内容上主要表现为基础教育、公共医疗卫生、就业服务、社会保障、保障性住房、基础科技和公共文化、公共安全、环境保护、基础设施等方面的管理与服务。[③]

（三）政府职能实现方式的转变

即政府职能实现方式由以行政手段为主转变为行政的、经济的、法律的多种手段相结合，其中又以经济手段为主：以指令性计划为主转向以指导性计划为主；以直接管理为主转向以间接管理为主；以微观管理为主转向以宏观管理为主。这种变化，是政府职能运行的方式和途径的改变。随着社会生产力和科学技术的迅猛发展，社会分工越来越细，新的领域日渐增加，政府的社会经济管理职能将增加新的内容，管理的手段和方式也必须改变。这种转变是市场经济发展的需要，是社会现代化的需要，也是管理科学化和民主化的需要。在社会管理的方式上，要实现从"全能政府"向"有限政府"、从"管制型政府"向"服务型政府"理念的转变，实现管理与服务的有机结合，寓管理于服务之中，在服务中实施管理，在管理中体现服务。[④]

总的来看，政府职能转变涉及权限、内容和实现方式三个方面。职能转变涉及的职能重心和职能行使方式总要随着情况的变化而变化，这一变化有其合理性，但它们不构成政府职能转变的主要方面，主要方面在于职能定位，也就是政府具有相对稳定的权力边界[⑤]，这也成为政府职能转变的重点与难点。

文档：阅读材料 3

① 竺乾威：《政府职能的三次转变：以权力为中心的改革回归》，《江苏行政学院学报》2017 年第 6 期，第91—98页。
② 同上。
③ 范文：《中外行政体制理论比较》，国家行政学院出版社 2009 年版，第 155 页。
④ 杜创国：《政府职能转变论纲》，中央编译出版社 2008 年版，第 31—32 页。
⑤ 竺乾威：《政府职能的三次转变：以权力为中心的改革回归》，《江苏行政学院学报》2017 年第 6 期，第 91—98 页。

第三节 政府体制

一、政府体制的含义

政府体制是与政府相关的政治制度的具体表现形式。任何国家的意志都是由国家政权通过国家权力的行使得以体现的。国家权力行使需要一定的组织形式,需要在政治活动中进行制度化的设计与安排,使整个国家机构得以稳定、有序运作,才能真正有效地体现国家意志。在国家结构体系中,政府的组织体系及其功能通过制度化的形式构成了政府体制。[①] 政府体制是国家政治体制与各种社会体制发生作用的中介点,其不仅关系着整个政治体制的性质和特点,而且影响着整个经济体制及其他一切社会体制的调整和优化。[②] 理解政府体制的概念应把握如下几层含义。[③]

第一,政府体制受制于政府管理环境。任何国家的政府体制都是在一定的社会环境中形成和发展的。国家的阶级本质、阶级关系和阶级力量的对比状况对政府体制具有直接的决定性意义,而社会生产方式是政府体制变化和发展的最终根源。民族国家的政治文化传统及其所处的自然地理环境,也对政府体制产生重要影响。

第二,政府体制是一个国家政治制度体系的重要组成部分,是国家基本政治制度的进一步延伸和具体化,是统治阶级治理国家的基本原则的贯彻和落实。因此,政府体制在总体上受国家基本政治制度的制约,并以充分体现基本政治制度的要求为取向。

第三,政府体制的载体和表现形式是政府组织机构,包括国家元首、立法机关、行政机关、司法机关和执政党及其内部人员的组织结构等。若没有相应的政府组织机构,政府体制也就不存在了。

第四,政府体制的核心内容是政府组织的权力和职责的统一。作为一个复杂的有机体,政府体制主要包括政府的职能构成、机构设置、人员配置、权力关系、组织结构和运行机制。政府体制的建设和发展,都是以确保政府管理主体的权力和职责的统一为首要任务和基本目标的。

二、政府体制的特征

政府体制是统治阶级凭借国家权力进行管理活动的方式。因此,任何国家的政府体制都具有强烈的阶级性,它是按照统治阶级的意志和利益上升为法律规定的活动方式,直接目的是实现国家统治职能。除了具有阶级性这一基本特征外,政府体制还有另外一些特征。[④]

---

① 陈尧:《当代中国政府体制》,上海交通大学出版社 2005 年版,第 7 页。
② 高洪贵、苏文生:《改革开放以来中国政府体制创新:动力、内容及发展方向》,《黑龙江社会科学》2019 年第 6 期,第 59—64 页。
③ 张顺、成伟、张喜红:《当代中西政府体制比较分析》,东北师范大学出版社 2009 年版,第 8—9 页。
④ 同上,第 9—10 页。

（一）组织性

政府体制不是单个人之间的控制与管理方式,它是整个统治阶级有组织、有计划、有目的的政治活动方式。统治阶级在实施对全社会的政治管理时,必须通过一定的组织形式将本阶级的意志和政治利益集中起来,并把这些意志和利益转变为国家的意志,制定出全社会必须遵守的法律、政策、命令。同时,统治阶级为实现其阶级意志还必须协调好社会上各种利益关系,确保本阶级的意志和利益在社会生活中得以贯彻和实现。缺乏自觉的组织行为过程,不仅统治阶级的意志无法实现,而且国家的管理也会失去整体效能,法律、政策、命令也无法贯彻落实。

（二）整体性

在现代社会政治生活中,政府管理系统通常由政党、国家机构、社会政治组织构成。这三部分在政府管理过程中有着各自的功能与作用,要发挥一个国家政府管理的整体功能,就必须将这三个部分有机地结合起来,以形成管理的整体性。如果各个部分相互分离,各自为政,其整体效能会受到极大的影响,整体的运作也会中断。要保证政府管理活动的整体性,就要建立健全相应的政府体制,除了确保各个政府主体自身的良好运行外,还必须保持相互间的密切配合与协调运行。这样,才能实现国家政府管理过程的合理秩序和优化功能,保证其整体性。

（三）程序性

作为整体的政府体制要充分发挥其功能,就需要在具体的运行过程中保持一定的程序性。这种程序性既表现在执行政府管理职能的各种组织机构的内在结构上,也表现在这些组织机构的活动机制上。在政府管理的整体系统中,各个政府主体在实现本阶级意志的活动中,都应当明确各自所扮演的角色和要完成的职责,这些如果不在程序上加以约束,必然造成整个内部系统的混乱。在政府管理的过程中,各个政府主体都必须严格遵循政治管理的程序,保证信息反馈渠道的畅通。为了使整个政治系统的纵向和横向的活动程序都是完整有效的,国家政府体制的各个环节都要能够按照既定的步骤、原则和渠道运转,因为任何一个中间环节发生违反程序的现象,都会导致整个运行过程的紊乱甚至中断。

（四）制约性

政府体制的制约性主要表现在两个方面。一方面表现为对管理对象的制约,使全体社会成员无一例外地受到国家政府管理权力的制约和管理。社会上存在各种各样的权力,通常各种非政府权力只对社会的特定人群有效,唯有政府管理权力才对全体社会成员有效。另一方面表现为对政府管理权力自身的制约,这种制约主要是体制内的制约与体制外的制约。体制内的制约是政府管理制约的核心,它是指政府体制各结构要素之间形成的权力控制机制,包括立法、行政、司法三者的关系及其相互制约机制。体制外的制约主要来自社会权力对政府管理权力的制约,它表现在社会的经济、文化等各个领域的不同层次上,并形成完整的社会制约网络。

三、政府体制的构成

（一）政府领导体制

领导活动存在于社会生活的各个领域，包括政治领域。政府领导指的是政府机关使用管理权力和权威，通过对政府管理客体施加影响力，确定社会政治生活的性质、目的以及与政治统治相关的原则和方向。政府领导活动居于人们整个社会活动全局的主导地位，是有计划、有组织地为实现一定的社会目标，并取得综合社会效益的实践活动。[①] 领导体制包括组织结构、组织制度、议事规则三个分析层次，三个层次互相连接，互为一体，即通过什么样的组织结构，基以一定的组织制度并按照怎样的议事规则，来做出集体性的领导行为，以实现有效的领导。[②] 政府领导体制指国家意志和政府职能借以实现的组织机构形式、组织制度和意识规则，包括领导机构设置、权限划分以及与之配套的各种法律、规章制度等。政府领导体制是政治体制的一部分。

（二）政府决策体制

政府决策是政府组织为实现国家的根本利益和特定目标而做出的全局性的重大决定。政府决策体制包括主体结构、决策方法形式和决策运行机制三个关键体制。政府决策主体结构是指参与经济社会发展重大事务决策的行为主体之间相互关系的组合方式。决策主体结构反映决策权力的分配格局和静态关系，决定着决策方式的安排和决策机制的设计，影响着公共权力运行的整体效能，是决策体制最为关键的组成部分。政府决策方法形式是指决策主体行使决策权力的方式。决策方法形式反映了决策能力的强弱状况和水平高低，决定着决策信息的处理效率，影响着政策产出的最终结果，是政府决策体制的重要组成部分。政府决策运行机制是指相互关联的决策环节步骤按先后次序排列所形成的决策流程和决策规范。决策运行机制反映了决策权力的动态过程及其运行状况，决定着决策过程的规范化，影响着决策系统的功能运行，是政府决策体制不可或缺的部分。[③]

（三）政府执行体制

政府执行体制是指承担政府执行任务的机构、人员和规范政府执行活动的各种制度以及由此而形成的政府执行模式的总称。政府执行体制是一个国家政治、经济、文化在政府体制中的反映。构建什么样的政府执行体制必然要受到国家政治文化、政治体制的影响和经济发展水平的制约。[④] 政府执行机构指对决策机关做出的指示、命令、决议等加以实施的机构，主要包括职能机构和派出机构。职能机构是在行政领导机构的领导下，负责组织和管理某一个或多个专门的行政事务，具有执行性、专业性和局部性的特点。派出机构是一级政府按管辖区域依法授权委派的代表机构，该机构并非一级政府，而只

---

① 张顺、成伟、张喜红：《当代中西政府体制比较分析》，东北师范大学出版社 2009 年版，第 21—22 页。

② 桑玉成、张彦青：《领导体制中的议事规则研究》，《江苏行政学院学报》2018 年第 6 期，第 88—93 页。

③ 卢爱国、吴家庆：《新时代完善我国重大决策体制的三个关键环节》，《宁夏社会科学》2018 年第 1 期，第 12—20 页。

④ 霍海燕：《优化公共政策执行体制的设想》，《理论探讨》2002 年第 3 期，第 61—63 页。

是一级行政机构的一个分支机构,起着承上启下的作用,其主要职责是指导检查并监督下级机构贯彻执行上级机构的有关指示、决策的情况,向委派机构报告辖区情况,完成上级机构下达的其他任务。

（四）政府咨询体制

政府咨询体制是指为政府决策提供意见和建议的机构的构成、制度和模式,是政府为了提高决策的科学化、民主化和法制化水平,把相关的决策咨询机构（包括专家学者）纳入政府决策过程。政府咨询体制包括组织机构、规章制度、工作程序等三部分主要内容。政府咨询体制在组织机构上,是建立独立的政策咨询机制,引进专业的具有丰富的知识、技能、信息和经验的政策咨询人才,完善咨询机制内部的职责划分,使得人才能在各自的岗位上各得其所;在规章制度上,加强关于政府咨询机制建立和运行的相关规则制度的建设,保障决策咨询的规范科学;在工作程序上,是通过调查、研究、分析、预测等规范严谨、完善的决策咨询过程来为决策制定提供更为客观可靠的建议、意见、对策、报告、方案。

（五）政府监督体制

政府监督体制是指为了防止权力的滥用,使政府权力在所掌握职权的正当范围内活动,而对其进行的监视、检查、控制、纠偏等活动的总称。政府监督体制是现代国家政治制度的重要组成部分。建立和完善政府监督机构及其体系,颁布和实施有关行政监督的基本法规和制度,是实现行政法律化和制度化的重要方式之一。政府监督体制的基本构成要素一般包括四个方面,即监督主体、监督方式、监督内容、监督程序,监督手段等多个要素构成,这些要素相辅相成,构成完整的监督体系。

四、政府体制改革

政府体制改革的本质是政府适应社会经济发展和履行职能需要进行的政府组织结构的自我调整和完善[1],主要包括政府权力结构调整、政府组织结构优化和政府运行结构变革三个方面主要内容[2]。

（一）政府权力结构调整

政府权力结构是指权力在各主体、各部门以及不同层级政府之间的授受、分工、配置、运行、回收和由此形成的相互间的互动协调、监督制约关系。一般来讲,它包括纵向结构和横向结构两个层面。从纵向结构上看,主要是理顺中央政府与地方政府在财权、事权划分上的关系,使各级政府都有自己的权力范围和运行轨迹,从而实现了中央选择性集权与地方有限分权的充分结合和良性互动。从横向结构看,主要是政府决策权、执行权、监督权的配置及其相互关系,建立决策权、执行权和监督权既相互制约又相互协调的权力结构与运行机制。无论是在纵向结构层面还是在横向结构层面,政府权力结构调

---

① 王澜明:《政府体制改革研究》,《中国行政管理》2011年第12期,第7—11页。

② 高洪贵、苏文生:《改革开放以来中国政府体制创新:动力、内容及发展方向》,《黑龙江社会科学》2019年第6期,第59—64页。

整都需要政府权力结构朝着更加科学合理的方向发展。

（二）政府组织结构优化

政府组织结构是指政府系统内有形、静态的各层级政府之间以及政府各职能部门之间按照一定的规则所组成的结构关系模式，主要包括政府层级结构和政府部门结构两个方面。在政府层级结构方面，政府体制改革是基于国家结构形式，通过调整管理层级与管理幅度的关系，由传统的等级式金字塔结构向扁平化结构转型，建立适当灵活的政府层级结构，减少政府的行政成本，加快信息在上下级政府组织之间的传播速度，提高政府的行政效能。在政府部门结构方面，政府体制改革是以构建系统完备、科学规范、运行有效的国家机构职能体系为目标，由臃肿式、分散化向精简式、统一化方向发展，使政府的部门结构、职能配置实现持续优化，为提升政府治理能力奠定良好的组织基础。

（三）政府运行结构变革

政府运行结构是指政府运作的过程及由此形成的结构关系，包括决策、执行、监督、评估、反馈等主要环节。政府体制改革要使政府决策过程逐步实现权威性、民主性、科学性与法制性的统一，要在实践中不断加强政府执行力建设，提升政策执行的效度和力度，要实现对执政党和政府及其运行的全方位、全过程监督，要建立评估主体的多元化、评估指标的严谨化、评估方法的科学化的政府绩效评估体系，提升政府服务效能，要完善和优化政府系统内自我反馈机制和政府系统外客体反馈机制。

文档：阅读
材料 4

文档：学习
参考网站

本章思考题

1. 如何理解政府与市场、政府与社会的关系？

2. 如何理解政府的权力有限性？

3. 为什么说现代政府职能主要体现在公共服务上？

4. 如何理解政府体制改革？

【案例思考】

贵州大方县在教育发展上如此不"大方"[1]

2020 年，根据群众在国务院"互联网＋督查"平台上反映的问题线索，国办督查室派员赴贵州省毕节市大方县进行了明察暗访，发现大方县自 2015 年起即拖欠教师工资补贴，截至 2020 年 8 月 20 日，共计拖欠教师绩效工资、生活补贴、五险一金等费用 47961 万元，挪用上级拨付的教育专项经费 34194 万元。同时发现，大方县假借推进供销合作社改革名义，发起成立融资平台公司违规吸纳资金，变相强制教师存款入股，截留困难学生生活补贴。

---

[1] 摘选自 2020 年 9 月 6 日国务院办公厅督查室《关于贵州省毕节市大方县拖欠教师工资补贴 挤占挪用教育经费等问题的督查情况通报》。

　　经查,大方县擅自改变上级专项转移支付教育经费用途,挪用中央专项资金问题严重。2018 年、2019 年两年间,大方县共挪用上级教育专项资金 34194 万元,其中中央直接下达部分 26027 万元,占被挪用总数的 76%。主要包括生均公用经费 13482 万元、校舍改造等基础设施资金 7937 万元、改善办学条件等项目工程资金 5806 万元、薄弱学校改造资金 3355 万元、营养改善计划经费 2650 万元、其他经费 964 万元。

　　大方县改变家庭经济困难学生生活补助原有发放渠道,通过乌蒙信合公司代发 2020 年春季学期义务教育阶段和高中阶段困难学生生活补助,涉及困难学生 4.2 万多名。截至 2020 年 8 月 20 日,乌蒙信合公司共有社员 7.56 万人,其中 18 岁以下未成年社员的比例高达 56%,主要是因发放困难补助而被动入社成为"股东"的中小学生。同时,乌蒙信合公司还以提供社员股金服务名义,直接克扣每名学生 50 元作为入社资格股金,导致 210 多万元困难学生补助被违规截留。上述行为违反了教育部办公厅《关于进一步规范义务教育阶段家庭经济困难学生生活补助工作的通知》关于"各地应将补助资金直接发放至学生本人或监护人银行卡,坚决防范截留克扣、挤占挪用义务教育阶段家庭经济困难学生生活补助"等要求。

　　问题:试用政府职能相关理论分析贵州省大方县政府在履行教育发展职能方面存在哪些问题。

第四章 政党政治与执政党建设

本章导读：

本章主要讲述政党政治的基本理论，分析西方国家的政党政治制度的类型和特点，根据科学执政的理念研究新时期执政党建设的基本规律和方法。

重点与难点：

1. 政党的特征与功能
2. 新时期执政党建设的基本规律和方法

第一节 政党理论

政党是当今政治活动最为重要的主体之一，通过政党治国理政，以政党为纽带实现利益整合和表达，以政党为核心实现政治合作与互动，等等。可以说，当今社会，离开了政党，各国政治和世界政治无法想象。政党现已成为世界上绝大多数国家的政治运作方式。除少数实行君主立宪制的酋长国等禁止政党存在外，世界不同国家存在着 6200 多个不同类型的政党。[①] 同样，政党也成为国际和区域政治日益重要的主体，世界各国政党跨区域、跨国界就面临的共同问题展开合作，进行经验交流。例如，2017 年 11 月 30 日至 12 月 3 日，一场规模空前、在世界政党史上都颇为罕见的全球政党大会在北京隆重举行，中国共产党与来自世界各国近 300 个重要政党对话，共商大计，凝聚共识，强化合作。这一章，我们带大家走进政党的世界，了解政党的含义、历史和制度，了解我国独特的政党制度。

一、政党的含义和特征

何为政党？当我们一提到"党"的时候，一些人恐怕马上就会想到不少宫廷剧里的什么"阉党""太子党""八爷党"之类的。其实在古代中国，东汉时期出现过"朋党"，唐代有过所谓"牛党""李党"，宋朝有所谓"元祐党"和"元符党"，明朝的"东林党"更是轰动一时。仔细思考可以看出，这些"党"往往都被贴上了负面标签。在外国，古代希腊有过"山地党""平原党""海滨党"之类的社会组织，古代罗马也有过"贵族党""平民党"之别。然而，这些所谓的"党"，大都是奴隶主阶级或封建统治者内部为了争权夺利、施展阴谋诡计而

---

① 周余云：《如何认识当今世界的政党政治？》，《当代世界》2011 年第 10 期，第 41—44 页。

形成的有政治色彩的派别,都已随着奴隶制社会和封建社会的灭亡而退出了历史舞台,给后世留下的是令人厌恶的劣迹。此外,中国历史上还产生过一些带有封建迷信色彩的民间秘密的"会党"组织,诸如哥老会、洪门会、青帮和红帮,等等。它们有的是下层民众互助性的团体;有的是被当时统治阶级利用的组织,往往成了危害社会的地下黑势力。[①]总之,这跟现代政治中的政党是完全两回事,千万不能混为一谈。

（一）政党的含义

萨托利在《政党与政党制度》一书中对"政党"一词的历史进行了考证。他认为政党一词源自拉丁语,来自动词"partire",其含义是"分开"。其历史悠久的前身词源是"secare",含义是"割断、切开",也即"分裂"。政党本身所含的意思是"部分",并非一个贬义词。从部分"part"变成"party"的时候,政党一词有了两个词源:"分开 partire"与"参与 participation""分享 partaking",其中后一个词源联系相对密切。[②] 之后"party"这个词被翻译成"政党"。政党所指代的具体对象在现代政治中应该说没有什么争议,但是,政党的内涵却不同的人从不同的角度提出了不同的看法。例如英国政治家柏克对政党的定义广为引用,在他看来,政党是基于大家所一致同意的某种特定主义,以共同奋斗来促进国家利益而结合的团体。也就是说,成为一个政党首先是一群人而不是一个人,有共同的目标,有共同的价值观念,而且是为了国家的利益。这一定义后来被一些学者所批判,核心在于,政党到底是不是为了国家的利益而存在和行动的。实际上,在更多的学者看来,政党首先是为了自身的利益,特别是权力而努力,是为了追求职位、为了登上权力的宝座而行动的。如熊彼特就说,"一个政党并不是如古典学说(或埃德蒙·柏克)要我们相信的那样,是旨在'按照他们全体同意的某个原则'来推进公众福利的一群人",因为"任何政党在任何特定时间里当然要为自己准备一套原则或者政纲,这些原则或政纲可能是采取它们政党的特征,对它的成功极为重要,一个政党是其成员打算一致行动以便在竞选斗争中取得政权的团体"。[③] 在西方的政治体制中,政党就是为了选举而存在的,是为了谋取权力而努力的组织,这一定义被越来越多的学者所接受,成为政党最普遍意义上的认知。如张伯斯把政党视为为了追求权力而聚集在一起的人的组织,他说现代意义的政党是具有相当持久性的社会集合,它追求政府中的权力与职位,建立起联系政府的民心领袖与政治领域内(无论中央与地方)的大批跟随者的组织结构,以产生共同的观点或至少效忠的认同的符号。布洛克斯在《政党与选举问题》一书中指出,"政党乃是一个由个人基于自愿所组成之政治团体,为政府提供一般措施、建议,或者制定政策,选举与支持领导人物为公职候选人,以作为实现其主义与政策最有效之方法"[④],美国学者罗斯金对政党的定义简单而直接,他说,政党"是以通过赢得大选的方式来影响政府为目标的组织"[⑤]。

---

① 梁琴、钟德涛:《中外政党制度比较》,商务印书馆 2000 年版,第 2 页。
② 萨托利:《政党与政党体制》,王明进译,商务印书馆 2006 年版,第 13 页。
③ 熊彼特:《资本主义、社会主义与民主》,商务印书馆 2002 年版,第 413 页。
④ 杨爱珍:《当代中国政党制度研究》,学林出版社 2004 年版,第 3—4 页。
⑤ 罗斯金等:《政治科学(第 6 版)》,华夏出版社 2001 年版,第 227 页。

受到西方政治学的影响，我国一些学者也从这一角度来定义政党，如燕继荣教授就将政党定义为人们为了通过选举或其他手段赢得政府权力而组织的政治团体。当然受到马克思主义的影响，更多的中国学者是从阶级性出发来看待政党的，认为阶级性是政党的根本属性。如著名政治学学者高放对政党的定义是这样的："政党是代表一定阶级、阶层或集团的利益，旨在执掌或参与国家政权以实现其政纲的政治组织。"①又如我国著名政治学学者王浦劬教授在分析近代以来西方诸多政治学家给政党所下定义的不足后，认为政党"本质上是特定阶级利益的集中代表者，是特定阶级政治力量中的领导力量，是由各阶级的政治中坚分子为夺取或巩固国家政治权力而组成的政治组织"②。可以看出，政党产生的背景、原因不一样，也就决定了政党的定义以及相应的作用、功能不一样。同样，政党的定义以及相应的作用或者功能，甚至在获取政权前后也就不一样。因此，政党的定义在不同的国家，甚至在相同国家的不同历史时期也就应该有不同的内涵外延。2011 年出版的马克思主义理论研究和建设工程重点教材《政治学概论》对政党的定义是这样的："政党是代表一定阶级、阶层或社会集团的根本利益，由其中一部分最积极的成员所组成，具有特定的政治纲领和政策主张，采取共同的行动，为参与、取得和维护政权而展开政治活动的政治组织。"③就我国来说，阶级分析法是我们对政党学说必须坚持的基本方法。从政党的历史看，毫无疑问，马克思主义政党是阶级斗争的产物，因此，从这个角度来说，我们认为政党是由本阶级先进成员组成，具有特定的政治纲领和政策主张，由领导集团所领导，具有组织纪律的，以获得政权和维护政权为目的的政治性组织。

（二）政党的特征

从政党的定义出发，我们可以看出政党与一般社会组织和利益集团不同，它有自身特征。这种特征主要体现在以下几个方面。

一是阶级性。阶级性是政党的根本特征，在存在阶级和阶级对立的社会，社会成员因其与生产资料的关系的不同而区分为不同阶级，作为阶级之间政治斗争组织形式的政党，其存在的社会基础是特定阶级，不存在代表社会全体的所谓"全民"的政党。资产阶级政党往往宣称自己是全民的代表，而不是代表某个阶级、阶层利益要求的政治组织。马克思主义经典作家基于唯物史观，科学地揭示了阶级性是政党的本质特征，判断一个政党的性质，就要辨别其阶级属性。

二是组织性。政党具有共同的行动纲领和意识形态，为了更好地贯彻统一的意识形态和行动纲领，必须建立在有效的组织和动员机制之上。政党作为阶级的先进分子的组织，担负着为实现本阶级根本利益而围绕政权展开斗争的功能，这一功能决定了政党组织必须具有较为严密的纪律。工人阶级政党尤其需要具有严格的组织纪律，只有如此，才能作为工人阶级的先锋队存在、发展和领导工人阶级开展各种形式的斗争。因此，政党一般都拥有正式成员，建立较为稳定的组织机构，制定自上而下的组织纪律。

三是权力性。政党是基于政权目标而存在和活动的政治性组织，这是政党与社会组

---

① 高放：《政治学与政治体制改革》，中国书籍出版社 2002 年版，第 351 页。
② 王浦劬：《政治学基础》，北京大学出版社 2003 年版，第 265 页。
③ 《政治学概论》编写组：《政治学概论》，高等教育出版社 2011 年版，第 141 页。

织和利益集团区别的重要特征。政党在没有获得权力之前，是通过政治斗争的方式，与对立阶级进行政治角力，并最终取得胜利，实现执政的目标。在获得政权之后，通过制定有效的政策和行之有效的治理手段，不断提升执政绩效，得到人们认同和拥护，从而有效维护自身政权。

（三）政党的产生与发展

政党普遍认为诞生于 17 世纪的英国。17 世纪 70 年代末 80 年代初，"天主教徒阴谋"及其引发的"排斥危机"，直接刺激了英国近代两党——托利党和辉格党的诞生。1678 年，一名叫泰特斯·奥茨的教士声称，一群耶稣会天主教徒曾在伦敦的"白马酒馆"秘密集会，计划谋杀国王查理二世，在英国恢复天主教，并打算邀请法国军队入侵，大举屠杀新教徒。这一传言震动了英国，也激起了广大人民对天主教的愤恨。同时，这一事件使詹姆士的王位继承权问题成为社会争论的焦点。查理二世指定詹姆士为王位继承人，然而根据英国法律规定，天主教徒不得担任公职，当然无权继承王位。1679 年 4 月召开的议会中，政府反对派萨弗兹伯里提出《排斥法案》，要求取消詹姆士的王位继承权。查理二世使用特权蛮横地解散议会，排斥运动失败。在为期三年的"排斥危机"期间，出现了两个对立的政治派别：反对国王兄弟、天主教徒詹姆士继承王位的"辉格党"，其前身是"绿带俱乐部"；拥护詹姆士继承王位的"托利党"，其前身是"红带俱乐部"。前者代表新兴资产阶级和新贵族的利益，后者则代表土地贵族的利益。当时的英国议会，出现了托利党和辉格党，英国人开始用 party 一词指代这种新形成的政治势力。这就是政党的最早的来源。当时的托利党和辉格党，与今天的政党，其实是非常不一样的。那个时代的议会政治，只是一种小圈子政治。小圈子当中一定会有派系，托利党和辉格党其实就是最后形成了两个比较稳定的派系。因此，从 17 世纪下半叶开始，一直到 19 世纪上半叶，"政党"的含义基本都是议会内政客小圈子，与今天我们所说的政党有着很大的区别。

与英国早期的政党一样，一些其他早发的资本主义国家的政党多是因为某些重大的政治原则分歧而由政府内部的政治派别组合形成的。最初的政党主要是掌握政权和监督政府，与普通大众并无紧密关系。他们的活动也局限于议会和政府内部。而真正现代意义上的政党是产生于 19 世纪中叶的欧美。1848 年，欧洲很多国家都爆发了革命，然后出现了一种"大众党"（mass party）。这与当时的社会主义运动和民族主义运动密切相关，在这种背景下需要动员起广泛的大众参与。很多人愿意参与这些运动，以使自己的诉求能够得到满足。这就需要一个大平台，也就是大众党。大众党形成以后，党就不再是一个小圈子，而可能容纳几万、几十万、几百万甚至几千万党员。大众党的出现，改变了原来党作为精英党的很多特性。比如精英党作为一个小圈子，可以不需要经费。但大众党一定需要经费，这就出现了所谓的"党费"。[①] 尽管如此，依然有大量的人积极加入各种政党，成为普通党员。随着经济关系和利益格局发生剧烈变化，越来越多的人基于共同的利益和政治诉求日益紧密地结合在一起，成为具有强大集体行动的团体，在政治斗争中表现出惊人的力量。在这个时期，资产阶级和无产阶级政党开始登上了历史舞台，

---

① 　王绍光：《政党政治的跨国历史比较》，《文化纵横》2018 年第 4 期，第 67 页。

政党作为政治活动重要的主体日益活跃，欧洲的资产阶级政党战胜了封建权贵阶层，开始掌握国家政权。从 19 世纪 60 年代到 20 世纪初，随着欧美产业革命的发展和工人阶级的成熟与壮大，一大批工人阶级政党（例如社会党、社会民主党或工党等）相继成立，这是世界政党发展史上的一个重要时期。在此期间，还产生了一些宗教政党、地方政党和民族政党。在 20 世纪 20 至 30 年代前后，在激烈的社会政治斗争中，欧洲产生了共产党和法西斯政党。二战后，基督教民主党的复兴、民族主义政党的崛起和绿党的诞生使政党群体显得更斑斓驳杂、异彩纷呈。[①] 正如迪韦尔热所言，到了 1950 年，政党已经在大部分文明国家活动了，政党已经成为各国政治活动和政治统治中一个普遍的现象。当然，一些政党经历住了历史的洗礼，也有一些政党在政治斗争中消失了。近年来，随着西方不少国家，尤其是欧洲，陷入日益严重的各种危机，政党格局发生了非常剧烈的变化，政党力量分化组合，大党式微，小党崛起，政党碎片化，新的政党崛起，对传统政党产生严重冲击。

（四）政党的类型

政党数目繁多，纷繁复杂，不同的人从不同的角度对这一组织进行分类。如可以从政策纲领的角度将政党划分为极左、中左、中派、中右、极右政党。基于政党产生的方式，可以将政党分为"内生党"和"外生党"，"内生党"是产生于议会内的政党，"外生党"是产生于议会外的政党。按政党在政府、议会中的地位与作用，可以把政党划分为执政党和在野党（非执政党）。但总体上来说，人们主要从组织和功能两个大的层面来划分政党的类型。

所谓组织的角度就是从政党作为一个组织的规模、成员结构等角度来划分政党。如迪维尔热就从政党的成员特征将政党分为干部型政党和群众型政党。干部型政党的成员主要由享有较高社会经济地位的政治精英组成，是一种相对松散的政治联盟性组织。而群众型政党则主要由普通的大众成员组成，在组织方面具有较为严密的纪律和组织体系，是通过对社会的动员而形成较大的组织规模。依照政党内部的组织特征和运行过程，意大利学者安杰洛·帕内比安科将政党分为群众官僚型政党和选举职业型政党。前者是指像政府一样的官僚组织结构的政党，后者是越来越像一个选举机器的政党。

另外一种常见的分类是基于政党承担的功能和追求的目标来划分的。美国政治学家西格蒙德·纽曼开创了政党类型学研究的功能主义路径。他以这一视角将政党分为个体表达型政党、社会整合型政党和完全整合型政党。个体表达型政党的功能主要限于对具体社会群体利益的表达。社会整合型政党拥有健全完整的组织，并向党员以及追随群众提供一系列政治和社会服务，而党员和群众则以会费或志愿活动来回馈政党，这样政党将党员和群众融入了以政党为中心的社群。完全整合型政党则致力于执掌政权或者激进地改变社会，往往要求其党员对政党的高度认同和无条件服从。

卡雷·斯特罗姆和史蒂文·沃林茨以政党在政策、选民和公职三种功能方面的偏好为依据，把政党分为追求政策型政党、追求选民型政党和追求公职型政党三类。虽然政党在行为时往往综合考虑这三种功能取向，但总是对某一种取向有相对稳定的选择偏

---

① 林建勋：《西方政党政治的历史与发展》，《当代世界与社会主义》2007 年第 4 期，第 160—161 页。

好。根据其对这三种取向的选择偏好,斯特罗姆和沃林茨采用四个指标来进一步区分这三类政党:内部政策辩论、选举过程、政策立场和政策支持基础。追求政策型政党在内部政策辩论中花费人力和物力较多,政党成员对政策辩论的参与度较高。北欧的社会民主党、欧洲的多数新左翼政党和自由党、欧洲的部分基督教民主党和极右翼政党都属于追求政策型政党。追求选民型政党将更多资源花费在选举过程之中,政策制定主要集中在领导层。如加拿大和美国的政党、法国的戴高乐主义政党、德国的基民盟等都属于追求选民型政党。追求公职型政党在内部政策辩论、政策立场和支持政策基础等指标上的特征与追求选民型政党类似,但较忽视政策议题在选举中的作用,更加偏好低风险战略。意大利的多数政党(包括基督教民主党、社会党、自由党)和荷兰的基督教民主党等都属于这一类型。[①]

但是,不管是以组织形态还是以政党的功能目的指向为分类标准,虽然都有一定的合理性,但都存在着自身的缺点。在各种分类标准中,意识形态的标准具有特殊的重要性,政党之间因不同的价值取向而呈现出不同的主张,表现出不同的功能,呈现出不同的组织特征,也使得人们更加容易直接区分不同的政党。因此,我们更加强调从意识形态的角度来划分政党,基于意识形态标准,把政党划分为 7 类:共产主义政党、民主社会主义政党、保守主义政党、民族主义政党、法西斯主义政党、生态主义政党和地区主义政党。[②](1)共产主义政党是各国无产阶级先进分子的组织,信奉马克思、恩格斯创立的科学共产主义,继承 1847 年建立的共产主义者同盟的传统。一般都是在 1917 年十月革命后从旧的社会民主党中分立出来或者新建的。(2)民主社会主义政党,指欧洲、美洲、大洋洲各国信奉民主社会主义的社会党、社会民主党或工党。(3)保守主义政党是对西方资本主义国家中传统的资产阶级政党的统称。这些政党一般总是否认自己的阶级属性,而往往以全民利益的代表者自诩。(4)民族主义政党是以争取或维护民族独立、发展民族经济文化为主旨的政党,其成分较为复杂,大多以民族资产阶级的代表为主体。(5)法西斯主义政党是实行法西斯主义的反动独裁政党,是在二战期间德、意、日等国出现的极端主义政党。(6)生态主义政党是指 20 世纪 70、80 年代以来在主要资本主义国家出现的以保卫和平、保护环境、促进发展为宗旨的"绿党""生态党"。(7)地区主义政党是一些国家发展起来的以地区经济、社会和文化事业发展为目标的政党,如在法国、英国、荷兰等不少国家都有很多这样的政党。

(五)政党的政治功能

现代政治离不开政党,是由政党在政治生活中所扮演的重要角色和功能决定的。政党的功能是围绕政权而展开的各种价值和角色的体现。在不同的时期、不同的阶段、不同的国家,政党在具体功能的表现方面呈现出明显的差异性,但是总体上来说,政党是依托于政治系统发挥其功效的,其功能发挥模式必然有一定的相似之处。政党的主要功能是目标制定、利益表达、社会

文档:阅读
材料 1

---

① 高奇琦:《西方政党类型学研究:历史主义与整合主义的新发展》,《探索》2011 年第 6 期,第 53—54 页。

② 郭定平:《政党与政府》,浙江人民出版社 1998 年版,第 6—10 页。

化和动员、精英的形成与遴选。[①] 我们认为，政党在现代政治中主要承载了以下几种共同的政治功能。

1. 利益聚合与表达

任何阶级都有自己特定的利益要求和政治意识，而政党则以自己的理论纲领和方针政策使本阶级的利益要求和政治意识有效地凝聚。政党是阶级利益的代表，其重要的功能就是聚合本阶级的利益诉求，通过政治的行为在政治系统中加以呈现并不断地实现和维护。由于政党聚集了本阶级的精英分子和骨干，以及广泛的成员规模，因此具有较强的政治力量、影响力和聚合力，不仅能把民众与社会的利益进行表达和聚合，而且还能通过一定的政治方式将这些利益加以整合，从而能完整、有效地体现和实现利益。这些利益整合和聚合最终转化为政党的意识形态、政治纲领、政策，加以理论化、集中化、政治化、深刻化、明确化，并指导政党的政治行动。政党比利益集团、社会团体等组织在利益代表和整合上更具有政治优势和政治资源。

2. 政治社会化与动员

政党在将利益整合进政治系统的同时，也要传播政治游戏规则，使社会各个阶级、各个阶层和成员对国家的基本制度、价值观和政策原则达成共识，提高政治认同，确保政治秩序的稳定。同时，政党为了提高本党成员赢得支持和执掌政权的能力，还要通过组织学习培训、参加会议等各种政治实践活动提高本党党员的政治能力。政党需要教会他们的成员如何玩政治游戏，学习如何公开演讲、组织会议，从而提升他们的参政能力，使他们在整个政治体系中合法化。[②] 政党是阶级利益的集中代表者，但阶级利益的实现并非仅靠政党自身可以完成的，政党为了使得本党获得并巩固政权，还要通过各种政治动员的方式来拓展本党的支持力量，动员更多的社会成员支持本党的政策和主张，最大程度地壮大自己的政治力量。[③]

3. 精英的培养与选拔

政党不仅是阶级利益的代表者，而且是特定阶级政治社会化的重要机构。因此，政党不仅聚集着本阶级的政治精英和中坚分子，而且还以其特定的党纲、理论、组织原则和活动方式创造着特定的政治文化氛围，并在这个氛围中教育党员，提高党员的政治素质，强化党员为本阶级奋斗的政治意识和精神，培养党员的实际政治能力。因此，正是政党，为本阶级培养和准备着政治骨干分子，并通过他们率领本阶级来实现特定的政治和社会目标，完成阶级的历史使命。在西方，政党通过内部政治系统的运行，锻造党内精英，推选候选人，参与政党竞争；在我国，中国共产党建立了一整套行之有效的干部培训和选拔机制，为党和国家输送大量作风优良、能力过硬的精英。

4. 监督和完善政治运行

从本质上讲，政党作为政治组织，总要代表一定的社会阶层的利益，总是通过一定的

---

① 米勒、博格丹诺：《布莱克维尔政治学百科全书》（修订版），中国政法大学出版社 2002 年版，第 652 页。
② 罗斯金：《政治学与生活》，中国人民大学出版社 2014 年版，第 195 页。
③ 孙关宏等：《政治学概论》，复旦大学出版社 2017 年版，第 179 页。

方式去影响直至掌握、维持公共权力。在西方政治条件下,每个政党要实现这一目的都不能回避激烈的竞争。处于执政地位的党对政治系统的控制和运作,时刻都被置于在野党和反对党的严密监督之下。由于这种监督是以取而代之为目的的,因而是十分苛刻的,甚至是"鸡蛋里面挑骨头"式的,其监督力度是任何其他监督因素所不可比拟的。并且由于政党间竞争的实质是夺取政权,因而其他各种监督最终都要通过政党竞争发挥其作用,政党监督的力度又因此进一步被强化。在我国,共产党是唯一的执政党,但同时,共产党也需要接受其他民主党派的监督,共产党和民主党派之间同样存在"相互监督"的关系,不断完善中国特色的政党制度和政治运行体系。

第二节 西方国家的政党制度

视频:政党制度

不同国家和地区的政党在政治活动中所呈现出来的功能、角色和活动方式往往不尽相同,同样,同一政党不同历史阶段的功能、角色和活动方式也可能存在着差异,这是由政党所处国家的政党制度所决定的。不同的结构产生不同的功能,政党制度结构不同,政党制度的运行机制就会不同。不仅如此,不同的政党制度结构下各个政党的内部运作机制也会相应地发生改变。所以,要了解政党,必须了解其背后的政党制度。

一、政党制度

政党制度是现代国家政治制度的重要组成部分。所谓政党制度,就是有关国家法律规定或实际生活形成的政党的社会地位和作用,特别是政党执掌、参与或影响国家政权的具体体制和运行机制,也包括与其他政党的相互关系制度。关于政党制度应当包含的内容,学术界存在争议。有人认为政党制度是国家对政党活动的法律规定,有人认为政党制度是执政、参政的体系和党与党之间的关系,也有人认为政党制度是政党内部的组织方式和活动规则。通常情况下,政党制度是指政党执政、参政的方式和党际关系。有些国家则只是遵守惯例,没有任何法律要求,例如英国在大选中获得多数席位的政党成为执政党,该党领袖担任英国首相。在有的学者看来,国家对政党的有关法律规定不应视为政党政治的具体内容,原因在于,法律只是一国政党制度形成的因素之一,而不是政党制度本身。只能说法律是政党制度的规定要素之一,而不是外显的政党制度本身。基于此,政党制度主要包括两个方面的内涵:一是一国执政、参政和党际关系模式,即政党制度的体制模式;二是政党的内部组成和活动规则,即政党的组织结构。① 一个国家的政党制度是由该国特定的社会历史条件和现实条件决定的。首先,它取决于国内各阶级、阶层和集团之间力量的对比,以及各政党的状况。其次,它同国家政权的组织形式直接相关。再次,各国不同的选举制度对政党制度起着促成和巩固作用。

关于政党制度类型有几种划分标准。有的侧重意识形态,分为资本主义政党制度和社会主义政党制度;有的侧重政党与政权关系,划分为一党制、两党制和多党制;有的则

---

① 孙关宏等:《政治学概论》,复旦大学出版社 2017 年版,第 168 页。

侧重于选举制度中政党之间的相互关系,分作竞争性政党制度和非竞争性政党制度。不同的划分标准必然会产生各种各样的关于政党制度类型的理论。总的来看,比较主流的做法就是依据政党是否有执政权力以及政党与政权的关系来划分政党制度类型。按照这种划分方法,在目前世界上大多数民主国家中,政党制度模式最基本的就是一党制、两党制和多党制。但是,需要注意的是,这种分类方法不是针对某一国存在的政党的绝对数量而言的,而是萨托利所说的"相关性政党"的数量。所谓"相关性政党"就是看某个国家有机会执政或参加联合执政以及即便不能参加执政但却能对执政党的政策策略发挥影响的政党的数量。简言之,如果一个政党,只要它在一段时间里是多余的,也就是在任何可能的联盟多数中不再被需要或利用,就可以作为不相关的政党而被忽略。反过来,一个较小的政党,不论它有多么的小,如果它在一段时间里或在某些时刻处于至少是可能的政府多数之一的位置,则不能被忽略不计。[①] 具体而言,政党是不是相关政党,有一个分界。这个分界往往落实在一个或几个少数政党身上。怎样确定政党的"相关性"?萨托利认为,要看它的政治"潜能",简单来说,就是政党就组织政府或政策问题与其他政党讨价还价的能力。如果一个政党的存在或出现将影响政党竞争的策略,尤其是改变了"执政取向"政党的竞争方向,使其向左转、向右转或同时左右转,由向心的竞争变成离心的竞争,都有资格称之为"相关性政党"。[②]

二、两党制

两党制是资本主义国家中实行两个主要政党交替垄断政权的制度,两党交替执掌政权。采用两党制的国家,通常由在议会(特别是下议院)中占有多数议席或在总统选举中获胜的一个政党作为执政党组织政府(内阁),代表资产阶级整体利益,以国家的名义行使阶级统治权。在议员或总统的竞选中失败而不参加政府的另一政党,则作为反对党,监督政府的政策实施,牵制其行政活动。实行两党制的国家,不是说本国只有两个政党存在,实际上,还有其他政党,有的国家政党数量还不少,但势力很小,不能影响两党轮流执政。

正如我们前面提到的,早在17世纪英国资产阶级革命时,议会中就形成了两个政治派别——辉格党和托利党。当时在议会中有两个派系:一个是代表新兴资产阶级和新贵族利益的辉格党(后改称自由党);一个是代表地主阶级和封建贵族利益的托利党(后改称保守党)。两党交替执掌政权,后来逐渐形成一种制度,被美国等其他资本主义国家相继采用,至今仍流行于英国、美国、澳大利亚、加拿大、新西兰等国。两党制有两种类型:一种以英国为代表的议会内阁制的两党制,其特点是一般由在议会中特别是下议院中占有多数议席的政党作为执政党,它不仅掌握行政权力,而且掌握立法权力;另一种以美国为代表的总统制的两党制,其特点是通常由在总统选举中获胜的一个政党作为执政党,它虽然掌握行政权,但不一定同时掌握立法权,具有立法权力的议会下议院的多数席位很可能被总统竞选中失败的另一党占有。

---

① 萨托利:《政党与政党体制》,商务印书馆 2006 年版,第 173—174 页。
② 李金河:《价值取向下的政党制度类型比较研究》,《中央社会主义学院学报》2009 年第 6 期,第 10 页。

两党制是资本主义民主政治制度的一种表现,实质上是为资产阶级服务的,是掩盖资产阶级专政本质的一种手段。实行两党制的国家,除对立的两大政党之外,还存在着一些较小的党派,如美国除民主党、共和党两大政党外,还有共产党、社会党、社会劳工党、社会主义工人党;在英国,除保守党和工党两大政党外,还存在自由民主党等若干别的政党,甚至还存在威尔士民族党、苏格兰民族党等地方性的政党。这些较小的政党,在议会或总统选举中,均无法同两大主要政党相抗衡,在政治生活中也不能与其相提并论,甚至还经常受到两大政党的排挤和分化瓦解。因此,在英美,虽有多个政党存在,但是在国家政治生活中,长期由两个最大的政党通过竞争交替组织政府,轮流执政,其他政党无法与两大党抗衡;同时,两党执政也无需它们的支持,因而其他政党基本上无缘进入政府,即使执政党出于某种目的起用其他政党人士入阁,也不能称之为联合政府。所以,在理解两党制的时候,不能简单认为实行两党制的国家只有两个政党,也不能认为一个国家存在两个政党就是两党制。两党制是指一个资本主义国家内,政治上存在着举足轻重而又势均力敌的两个政党,它们通过控制议会的多数席位或争取总统选举的胜利,用轮流上台的方式交替组织政府。只要保持两党制的基本因素不变,即国家制度、政治体制和选举制度不变,两党竞争、轮流执政的局面还将长期存在下去。

当然,两党制在不同的国家具体表现方式和内在逻辑有着不同,如最典型的英国和美国的两党制,两者就有很大的不同。

英国两党制与议会制相结合。英国是实行君主立宪制的资本主义国家,实行由两院组成的议会制。上议院议员是世袭的或由国王任命的,与政党制度无关。下议院由选举产生,两大党靠竞选争夺下议院席位,获多数席位即为执政党,由它组阁掌握国家权力,获少数席位即为在野党(或称反对党)。这样,政府和议会是统一的,在一届议会中,执政党能完全控制议会权力。执政党和在野党的界限在形式上是十分明显的。

美国的两党制与总统制相结合。美国实行的是总统共和制政体,两大政党竞争主要表现在总统选举上,哪个党的候选人竞选获胜当上总统,这个党就被视为执政党,因为总统既是国家元首又是政府首脑,掌握行政实权。相反,竞选失败的党就为非执政党。美国国会也是选举产生的,但是,两党在国会中席位的多少与执政党或非执政党的地位无关,有时执政党在国会中可能占少数席位,而非执政党则可能拥有国会的多数席位。在国会中,美国的两大政党只是多数席位与少数席位的关系,并不是执政党和在野党或反对党的关系。[①] 因此,在美国的两党竞争中,很少存在一党完全执政、一党完全在野的情况。常常出现的情况是:一党赢得总统选举,另一党赢得国会选举;一党控制总统职位,一党或两党共同控制国会。

三、多党制

多党制是某些资本主义国家多党并立、互争政权的政治制度,各政党可以单独或联合参加议会选举或总统选举。由在议会中占多数席位的一个或几个政党联合组织政府,参加政府的政党即为执政党或在朝党;只有少数议席、不参加政府的政党则为在野党,起

---

① 何勇钦:《英美两党制之比较》,《经济与社会发展》2011 年第 2 期,第 49 页。

监督政府并牵制其活动的作用。多党制起源于法国。1789 年法国大革命后,有 30 多个政治派别在活动,并且参加了当时国民议会的选举。这些派别势均力敌,没有一个派别能够左右政局取得稳定的多数,各个派别为了争取议会多数上台执政,便组成联盟参加竞选。法国自 1870 年 9 月 4 日法兰西第三共和国成立至今,基本上实行多党制。此外,意大利、比利时、丹麦、荷兰、挪威等国,也实行多党制。

采取多党制的国家往往社会结构比较复杂,存在多元的利益、思想和宗教,分别代表不同的政治主张,形成了多党纷争的局面。同时在选举制度上,这些国家普遍采用比例代表制和少数代表制,使一些小党也能取得选票,争得一定数量的议席,从而在议会选举中难以形成取得绝对多数议席的大党。这种选举制度有利于巩固多党政治的局面。第二次世界大战以后,世界上许多国家都建立起多党制。实行多党制的国家虽然在法律上和制度上允许任何政党单独或联合参加竞选,并在获得议会多数席位情况下单独或联合执政,但实际上一个政党单独获得议会多数席位而执政的情况极少,党派联盟是多党制下常见的政党参与竞争和执政的形式。由于各政党代表的利益和政治主张不同,由党派联盟组成的政府不易稳定,在一些国家,政权更迭频繁。

一般来说,多党制又可以分为温和的多党制和极端的多党制两种形式。

1. 温和多党制

温和多党制的国家一般有 3 个以上的政党,这些政党之间虽然存在着竞争,但是相互之间在意识形态领域的对立或纷争并不尖锐,相互之间比较友好,政党之间的相互合作、团结倾向要比对立的倾向更加明显,即使存在竞争也是在团结的、友好的氛围中的一种制度性的、理性的竞争。政党间的意识形态距离较小,政党间的相互作用基本上是"向心力竞争",因此,温和多党制国家中多党之间关系较为和谐。温和多党制以德国、比利时、瑞典、卢森堡、丹麦、瑞士、荷兰等国为典型,其特点是:政党数量一般在 3~5 个,允许出现联合政权并且具有鼓励联合政权的政治结构,政局总体比较稳定。

2. 极端多党制

在极端多党制国家,政党往往比较多,通常在 5 个以上,政党之间意识形态距离比较远,相互之间存在着明显的政治分歧,在一些主要问题上的价值观存在着较为明显的对立,相互之间在意识形态方面很难达成一致,政党之间是一种相互排斥、相互对立的关系。正因为如此,在极端多党制的国家,政权呈现明显的分离趋势,难以形成聚集力和向心力,政局通常不稳定,一旦一个政党获得政权,通常会不遗余力地排斥、打击其他政党,而其他政党同样会不择手段地获得竞争优势,排斥与自己不同立场的政党。极端多党制以意大利、法国、德国(魏玛共和国),尤其是历史上的魏玛共和国和法兰西第四共和国为代表,这些国家政党数量为 6~8 个或更多,政党间的意识形态距离较大,"政党分散化"倾向严重,左翼和右翼存在着互不妥协的纯纲领政党。相互排他的在野党势力向执政党挑战,一个或几个政党占据着中间位置,展开多级竞争,向心力受阻,离心竞争盛行,政权交替频繁。有机会掌握政权的大多是中右或中左势力,部分政党常常被排除在政权之外,因此存在着不负责任的在野党,缺乏公平竞争。极端多党制常常造成政局不稳,如1946 年至 1957 年法兰西第四共和国时期,11 年半就更换了 20 届政府,每届政府执政时间不过半年,最短的仅仅只有 2 天。意大利 1945 年到 1979 年的 34 年中就更换了 37 届政府,每届政府执政时间平均不到一年。

相比两党制,多党制通常呈现以下几个方面的特点。第一,联合执政。由于政党众多,选票分散,一党往往难以单独取得多数而执政。因此,各主要政党往往在大选之前(如法国)或大选之后(如德国)组成党派间的联盟,来争取选举的胜利。即使是极端多党制,如法国和意大利,也通常通过联合执政的方式上台。第二,选民的政治选择更具有意义。因为两党制的党纲往往向中间温和方向靠拢,因而两党的政纲往往非常接近,公民的投票就会因两党之间相互雷同的方案而失去政治选择的意义,而多党制可以有效地避免这种缺陷。第三,政党对政府的控制力相对较弱。由于是联合执政,各个政党代表的利益又不尽相同,因此,任何政党都不可能把自己的意志完全贯穿到政府行为中去,政府的政策往往是各党派调和、妥协的结果。这使执政呈现两个特点:一方面,政策体现了各种意见的综合性,能代表较多人的愿望,因而其中的民主成分比两党制更多;另一方面,任何政策都不能由一党决定,都要由各执政党协商,因而决策的时间较长,效率相对较低。第四,小党能量不可小视。小党左右大党在以色列表现得尤为突出。以色列的工党和利库德集团分别代表左、右两翼,它们中哪个党组阁执政,不仅取决于谁在选举中能够比对手获得更多的议席,而且还取决于谁能争取到足够的小党的支持,凑足过半的议席。因此,众多的小党往往在两个大党中待价而沽,起到"四两拨千斤"的作用。

除了两党制和多党制外,一些人认为还存在着一党独大制(一党优势制、一党多元制)。但是,我们认为一党独大制应该算是多党制中的一种特殊情况,就是在一些国家中,进入议会的政党不止一个,但政权却长期为一个政党垄断。从理论上看,其他政党都有执政的可能,但是实际上小党处于劣势,很难打破一党独占政权的局面。典型的如新加坡和马来西亚,以及曾经的日本。如在马来西亚,马来民族统一机构(巫统)执政 60 余年;在新加坡,人民行动党从 1959 年至今一直保持执政党地位。

四、西方国家政党政治发展的新趋势

近年来,随着西方世界面临新的危机和困境,面对新的经济社会环境和新的国际政治环境,国内政治结构和利益、意识形态等发生变化,政党政治产生了很多令人关注的新趋势。传统政党的地位、角色和功能发生变化,新的政党力量崛起,政党力量的分化组合使得政党政治面临新的问题,对本国、区域甚至整个西方世界的政治产生了重要影响。尤其是以下几个新的变化值得关注和思考。

(一)政党功能的日益衰弱

进入 21 世纪以来,西方国家政党出现了普遍的衰弱趋势,主要体现在几个方面。[①]

首先是政党组织萎缩。最近几十年,西方政党组织整体呈现萎缩衰落的趋势,传统主流政党遭遇支持率下降、党员流失的情况,各国登记为政党党员的人数大幅下降,各党党员占选民比重大幅下降。从下面这张表格中可以看出,欧洲主要国家的主要政党党员

---

① 龚少情:《西方的政党在衰落》,《党政论坛(干部文摘)》2012 年第 7 期,第 16 页。

数量自 1980 年以来流失的规模十分惊人。把这些国家加在一起，平均党员数量比率在过去 30 年中下降了差不多 5 个百分点。这些党员数量的原始数据也减少了很多。在英国和法国，各政党在过去 30 年中损失了接近 100 万党员，相当于 1980 年前后记录的党员数量的三分之二左右。意大利各政党现在的党员数量比第一共和国时期少了 150 万，相当于损失了早期党员数量的三分之一。斯堪的纳维亚国家，特别是挪威和瑞典也遭受了重创，它们的原始数据分别减少了 60% 多和 50% 左右。在所有这些国家中，基于绝对数的平均党员数量水平从 1980 年以来下降了一半。(见表 4-1)[①]

表 4-1　1980—2009 年间欧洲主要国家的党员数量变化

国家	时段	数量变化	变化率
捷克	1993—2008	−379575	−69.65%
英国	1980—2008	−1158492	−68.42%
挪威	1980—2008	−288554	−62.60%
法国	1978—2009	−923788	−53.17%
瑞典	1980—2008	−241130	−47.46%
爱尔兰	1980—2008	−50856	−44.67%
瑞士	1977—2007	−178000	−43.22%
芬兰	1980—2007	−260261	−42.86%
丹麦	1980—2008	−109467	−39.70%
意大利	1980—2008	−1450623	−35.61%
比利时	1980—2008	−191133	−30.97%
荷兰	1980—2009	−126459	−29.35%
奥地利	1980—2008	−422661	−28.61%
德国	1980—2007	−531856	−27.20%

　　其次，政党功能也在弱化。西方政党曾经承担的利益表达、利益整合、政治动员与政治社会化、政治录用等功能，现在已经受到削弱。除了非政府组织活跃的影响外，信息技术的发展也使政党选举越来越依赖媒体的组织、宣传。同时，政党政策的趋同趋向和意识形态的模糊，使政党的监督功能和组织、动员等方面的功能都受到影响。

　　再次，政党认同下降。政党认同是社会对政党信任和支持的表征，但如今西方政党日益走中间路线，失去相互区别的标志，加上政党腐败产生，常导致选民不以党派作为选择标准，而多根据候选人的特点决定自己的政治态度，结果是政党的党派认同危机出现。在欧洲国家，传统政党已越来越难以得到公众的信任。在美国，情况同样如此，认同民主、共和两大党的"党人"也越来越少。据统计，1972 年以前，超过七成美国人要么认同民主党，要么认同共和党。但是，此后情况发生了很大变化，对两党都不认同的"独立人士"

---

① 比森、迈尔、波甘克：《论当今欧洲政党党员数量的衰减》，《比较政治学前沿》2017 年第 1 期，第 34 页。

越来越多,但依然少于两大党中至少某个党。2009 年以后,美国政党政治出现重大变化:"独立人士"的比重既超过了共和党,也超过了民主党。假如他们构成一个单独政党的话,它已是美第一大党,占美国民众的 45% 左右。但在美国的政党体制下,你只能投给两党的候选人,投给"独立人士"或第三党都是没用的、是废票,因为美国的选举制度是专为两党设计的。也正因此,在"占领华尔街"运动中,出现了一个被普遍使用的口号,即"华尔街有两党"——两党都属于华尔街,不属于民众。①

（二）极端化政党的崛起

近年来,西方国家尤其是欧洲国家政党政治领域出现一系列新的变化和新的现象,其中尤为引人关注和担忧的是极端政党的日益兴起,这对欧洲传统的主流政党造成了前所未有的严重冲击,并在不同程度上影响和改变着一些国家的政党政治格局。在近年来的选举中,一些具有意识形态极端化倾向,如民粹主义、极端民族主义的政党纷纷登堂入室,进入到国家权力的最高领域。2015 年 5 月,欧洲大约 150 个极右翼政党的代表在俄罗斯圣彼得堡举行"国际保守派论坛",声称是为了推广传统价值观,将欧洲和俄罗斯以国家

视频:西班牙四十年来首次有极右翼政党进入地方议会

利益为重的组织联合在一起。但论坛在俄罗斯社会遭到强烈批判,许多人称之为"新纳粹论坛"。尽管引发外界强烈担忧,但是,一些极端政党在国内政党竞争中屡屡取得"佳绩"。据统计,截至 2018 年 6 月底,在 28 个欧盟成员国中,有 7 个国家的执政党(单独执政或加入执政联盟)为民粹政党:匈牙利、波兰、捷克、保加利亚、希腊、奥地利和意大利。而在几乎所有欧洲国家,民粹政党都在全国性议会中获得了议席(只有爱尔兰和葡萄牙等少数国家除外),在北欧和中东欧国家的影响尤其突出。彭博社通过对 22 个欧洲国家 1987—2017 年选举情况的分析,得出结论认为,目前民粹政党获得的支持率比 30 年以来的任何时候都要高(2017 年民粹政党在议会选举中的平均支持率为 16%,而 10 年前这一比例为 11%,20 年前仅为 5%)。因此,无论是否成为执政党,民粹政党都对本国的政党政治产生了不可忽视的影响,甚至成为左右政党体系的关键因素。

例如在德国,两次世界大战的惨痛教训使其向来对极端势力十分警惕,在二战后长达 70 多年的时间里,德国是欧洲唯一不存在有影响力的极端政党的国家。但 2017 年的大选改变了这一格局:2013 年成立的"选择党"(AfD)赢得 12.9% 的选票,一跃成为第三大党,并成为二战后首个进入联邦议会的民粹政党。这一政党在 2013 年 9 月的德国议会选举中就异军突起,只差 0.3% 的选票险些进入议会,而当时这个党派才刚成立半年。在法国,以"国民阵线"(现名"国民联盟")和"不屈的法国"为代表的极右和极左翼政党都取得了历史性突破,从长期处于政治边缘一下子跻身于政治舞台的中央:"国民阵线"领袖玛丽娜·勒庞在 2017 年总统选举第二轮投票中获得了将近 34% 的选票,是其父亲 2002 年所获支持率的 2 倍还多;在国民议会选举中,"国民阵线"虽仅获得 8 个席位,但已是其有史以来的最好成绩,而"不屈的法国"与法国共产党联盟共获得 27 个席位。在意大利,2009 年成立的"五星运动"在 2018 年议会选举中成为得票率最高的单一政党

---

① 王绍光:《政党政治的跨国历史比较》,《文化纵横》2018 年第 4 期,第 70 页。

(32.6%),而极右翼"北方联盟"(联盟党成员之一)的支持率也高达18.2%。这两个政党均进入了联合政府。[①]

之所以会出现这种状况,首先是因为这些国家近年来陷入了越来越多的治理危机,特别是金融危机、难民危机、恐怖主义危机以及以英国脱欧为代表的一体化危机。面对这些危机,这些国家社会价值观念混乱,治理体系僵化,治理能力不足。尽管传统主流政党大都试图推进经济社会等层面的改革,但是往往难以提出切实有效的政策,难以凝聚民众信心和社会共识,从而引发公众普遍失望并对其失去信心,转而把选票投给其他政党。而一些民粹主义政党以反欧盟、反移民、民族主义为主张,提供了求新求变的解决方案,迎合了一些民众的多元利益诉求和寻求变革的社会心理。其次,近年来,西方国家出现了明显的反全球化倾向,保守主义、孤立主义、狭隘民族主义回潮,加上大量难民涌向欧洲,给欧洲国家的政治、经济和安全带来巨大冲击,在欧盟内部造成了巨大分歧,反一体化、反全球化呼声更加高涨。受历史传统和现实体制多重制约,传统的主流政党不敢公开对外来移民采取严厉的限制性措施,这引发很多选民的不满,为民粹政党在欧洲发展提供了社会土壤。

(三)政党格局的碎片化

与极端化政党崛起相伴随的另一个现象是政党格局的日益碎片化。所谓政党格局的碎片化就是越来越多的小党进入到西方国家的议会,传统大党主导政治的局面日益被打破,"小党蜂起、大党失色"。2017年是欧洲不少国家的大选年,观察选举进程及结果会发现,西方主要发达国家的政党碎片化格局正进一步加剧,重大政治议程推进乏力。以英、法、德等国大选为代表,多年来占据政坛主导地位的老牌大党荣光不再,曾经长期处于政治光谱两端、相对边缘化的诸多小党则趁势崛起,有的甚至开始在本国乃至国际舞台扮演起举足轻重的政治角色。同样以德国为例,在2017年举行的德国第19届联邦大选中,联邦议院中首次出现了6个政党,这在联邦德国的历史上尚属首次;联盟党和社民党的议席相加的占比为56.3%(没有达到总议席的三分之二),其中联盟党占34.7%,社民党占21.6%;另类选择党作为第三大党进入联邦议院,并且获得了94个议席,超过第二大党社民党所占议席的一半。至此,德国形成了碎片化的政党格局。[②]类似的情况在法国也有体现,2017年举行的法国大选就打破了第五共和国中左、中右两大党轮流坐庄的传统,社会党和共和党的候选人均在第一轮被淘汰出局,进入第二轮投票的候选人均来自"第三势力"。在随后举行的国民议会选举中,两大党的选举联盟也丧失了多数地位。随着马克龙、勒庞和梅朗雄等新兴政党领袖的崛起,法国的"主导政党型体制"面临终结。

实际上,还有多个欧洲国家的政党格局碎片化程度远超德、法两国。在西班牙,人民党和工人社会党长期轮流执政,但2015年12月和2016年6月的两场大选以及其后的组阁僵局彻底终结了西班牙的两党制,多党联合执政成为新常态。2018年意大利议会选举结果表明,没有任何一个政党或政党联盟在议会选举中获得绝对多数席位。据统计,欧

① 李靖堃:《多重危机背景下的欧洲政党政治格局》,《国际论坛》2019年第1期,第52—53页。
② 杨解朴:《德国碎片化政党格局的表现、成因及影响》,《德国研究》2019年第3期,第6页。

洲近年来有约 20 个国家出现了边缘小党大举进入议会的现象。值得注意的是，两党制典范的英、美两国也未能幸免。尽管英国保守党和工党在 2017 年大选中的总得票率创造了 1987 年来的最好成绩，但苏格兰民族党稳固的地区性优势、独立党在英国"脱欧"过程中发挥的关键作用，以及连续出现悬浮议会和联合政府的事实，都表明两大党已经越来越难以轻松主导全局。在美国，虽然两党制的框架依然稳固，但茶党、"自由党团"不容小觑的影响力，已经让一些人发出了"美国两党制已名存实亡"的感叹。

西方政党格局的进一步碎片化，意味着西方政治，尤其是欧洲国家的政治进入日益不确定的时代，也意味着西方政治面临着更加艰难的格局：政党林立，没有有能力的政党可以主持大局，政治联盟难以建立，数目繁多的政党相互拆台、相互对立，政治纷争日益尖锐，政府频繁更迭成为常态，任何政治共识都难以达成。国家的稳定、经济的发展和可预期的政治和解、社会和谐恐将成为奢望，这些西方国家的国家治理能力也将不可避免受到严重削弱。

第三节　科学执政与执政党建设

视频：各国政党：中国是世界的未来

与西方国家不同的是，中国实行的是中国共产党领导的多党合作和政治协商制度，这是中国特色政党制度，也是我国一项基本的政治制度。这一制度包括以下几个方面的基本内容。第一，中国共产党是执政党，各民主党派是参政党，中国共产党和各民主党派是亲密战友。中国共产党是执政党，其执政的实质是代表工人阶级及广大人民掌握人民民主专政的国家政权。各民主党派是参政党，具有法律规定的参政权。其参政的基本点是：参加国家政权，参与国家大政方针和国家领导人选的协商，参与国家事务的管理，参与国家方针、政策、法律、法规的制定和执行。第二，中国共产党和各民主党派合作的首要前提和根本保证是坚持中国共产党的领导和坚持四项基本原则。第三，中国共产党与各民主党派合作的基本方针是：长期共存，互相监督，肝胆相照，荣辱与共。第四，中国共产党和各民主党派以宪法和法律为根本活动准则。

因此，在中国，中国共产党是唯一的执政党，其他民主党派是参政党，不存在西方政党政治中所谓的执政党与在野党的概念，中国共产党与民主党派之间也不存在竞争执政的问题。这一政党制度有着西方国家政党制度无法比拟的优势，在 2020 年席卷全球的新冠肺炎疫情中得到了充分的体现。作为唯一的执政党，中国共产党的建设显得尤为重要。如何不断地提高执政党的执政能力和水平，推进科学执政、民主执政、依法执政直接决定着我国政治制度的特色、优势和效能的发挥。

一、执政党建设的基本规律

执政党的建设必须遵循基本的规律，所谓基本的规律就是从过去执政党建设的历史总结的经验，是在比较各国执政党建设中得到的反思，也是从一些国家如苏联执政党建设的教训中得到的启示，是符合中国特色的制度体系和当前政治、经济和社会发展的基本要求,满足广大人民群众对未来国家和社会发展的目标期待。

(一)必须全面维护党中央的权威

维护党中央权威和党的集中统一领导,既是一个成熟的马克思主义政党的重大建党原则,也是在革命和建设的实践中总结的重要经验,是中国特色社会主义政治发展道路的历史必然,是推进新时代党和国家各项事业的根本原则。党的十九大报告中指出,党政军民学,东西南北中,党是领导一切的。新时代要确保党在世界形势深刻变化的今天始终走在时代前列、确保党始终成为全国人民的主心骨,就需要一个团结统一集中的中国共产党,需要坚决维护党中央的权威。强调党作为整个社会主义事业的领导核心,充分发挥统领各方的作用,必须继续强化整个政党的统一集中领导。回顾世界社会主义发展和无产阶级斗争的历史,维护统一的权威一直以来都是马克思主义政党建设中非常重要的课题。过去的斗争历史也清晰地表明,失去统一领导和集中意志往往成为失败的重要原因,正如恩格斯所言,"没有权威,就不可能有任何的一致行动……没有这种统一的和指导性的意志,要进行任何合作都是不可能的"①。同样,回顾中国无产阶级斗争的历史,中国共产党之所以取得社会主义革命和建设的伟大成就,重要的经验之一就是有效地维护党中央的集中统一领导。在遵义会议之前,由于没有形成成熟的党中央,党的事业几经挫折,甚至面临失败危险。遵义会议确立毛泽东同志在红军和党中央的领导地位,我们党开始形成坚强的领导核心,从此中国革命便焕然一新。正是在党中央坚强有力的领导下,经过一代又一代中国共产党人团结带领人民接续奋斗,中国革命、建设、改革事业才取得举世瞩目的伟大成就。②

(二)必须全面从严治党

全面从严治党是中国共产党作为执政党的政党建设与西方国家政党建设重要的区别。所谓从严治党,就是将严格的规范、严格的纪律、严谨的作风作为对党员行为的基本政治要求。正如亨廷顿所言,共产党国家在建立政治秩序方面之所以相对成功,很大程度上就是由于其自觉地把建立政治组织一事摆在优先地位。③ 与西方不少政党松散的政治纪律不同,中国共产党作为唯一的执政党,具有严格的政党纪律和组织机制,对党员的行为具有严格的政治要求和纪律约束,包括政治纪律、组织纪律、廉洁纪律、群众纪律、工作纪律、生活纪律,并制定了严格的惩罚机制。中国共产党历来以"从严"作为管党治党的基本方针。在七届二中全会上,毛泽东同志提出了"务必使同志们继续地保持谦虚、谨慎、不骄、不躁的作风,务必使同志们继续地保持艰苦奋斗的作风"④。邓小平周志在改革开放的历史背景下,强调"在目前的历史转变时期,问题堆积成山,工作百端待举,加强党的领导,端正党的作风,具有决定的意义"⑤。在市场经济体制改革与完善的过程中,江泽民同志提出"党要管党,从严治党"命题,指出"党执政的时间越长,越要抓紧自身建设,越

---

① 马克思、恩格斯:《马克思恩格斯文集》第十卷,人民出版社 2009 年版,第 372 页。
② 栗战书:《坚决维护党中央权威》,《人民日报》2016 年 11 月 15 日第 6 版。
③ 亨廷顿:《变化社会中的政治秩序》,上海人民出版社 2008 年版,第 334 页。
④ 毛泽东:《毛泽东选集》第四卷,人民出版社 1991 年版,第 1438—1439 页。
⑤ 邓小平:《邓小平文选》第二卷,人民出版社 1994 年版,第 178 页。

要从严要求党员、干部","坚持党要管党的原则和从严治党的方针,各级党的组织必须对党员干部严格要求、严格教育、严格管理、严格监督,坚决克服党内存在的消极腐败现象"。① 胡锦涛同志强调:"必须把党的执政能力建设和先进性建设作为主线,坚持党要管党、从严治党,贯彻为民、务实、清廉的要求。"②党的十八大以来,习近平总书记高度重视从严治党的落实,将"从严治党"提升为"全面从严治党",将其作为"四个全面"战略布局的基础与保障,这是中国共产党对马克思主义政党学说的新发展。

之所以强调全面从严治党,是因为马克思主义政党根植于人民群众,只有从严从实,才能始终获得人民的认可、支持和拥护。全面从严治党体现了马克思主义政党建设的基本原理,继承与发展了中国共产党历史上不同时期形成的治党思想和理论。党的历史就是一部从严治党史,党的未来更应该是一部长期执政史。全面从严治党是对党70多年执政经验的总结与提升,是将传统治党思想理论与新的实践相结合的最新理论成果。

(三)必须不断推进执政党的现代化

所谓政党现代化,就是政党适应客观环境及其变化的需要,适应社会发展进程,使自身结构、功能、机制和活动方式不断制度化、规范化、科学化的过程。③ 对于执政党来说,要想不断强化自身的合法性和有效性,就必须不断地适应新的环境变化,不断地满足日益变化的民众的需求和主要矛盾变化,积极地推进制度、组织、活动方式的革新,这是执政党建设的关键内容。从很大程度上来说,政党的现代化往往决定着国家、社会的现代化过程和方式。政党在所有当代社会的现代化竞争中如此重要,以至于不同社会走向现代化的道路往往是由政党所决定的。④ 中国共产党作为唯一的执政党,其重要性更是不言而喻。因此,对于中国来说,执政党的现代化从根本上决定了国家治理能力现代化,决定着整个政治、经济和社会的现代化。执政党的现代化就是要在深化从革命党到执政党转变的同时,实现从传统政党到现代政党的转变,巩固党的执政基础和执政地位,在世界形势深刻变化的历史进程和新的时代发展的要求中始终走在前列。因此,党的建设的重要目标就是要树立现代的执政意识,推进党的理论体系和执政思维现代化,实现党的指导思想的与时俱进。这要求我们用中国特色社会主义理论体系及其最新成果武装头脑、指导实践、推动工作,在新的理论指导下不断推进领导方式和工作方法的现代化,结合中国实际不断探索和遵循共产党执政规律、社会主义建设规律、人类社会发展规律,以科学的思想、科学的制度、科学的方法领导中国特色社会主义事业。

二、科学执政与学习型政党建设

执政党建设的核心是实现科学执政、民主执政和依法执政,而科学执政是前提和基础。科学执政,首先意味着必须把执政视为一门有着自身规律的科学来对待。共产党要

① 江泽民:《江泽民文选》第三卷,人民出版社2006年版,第290页。
② 胡锦涛:《高举中国特色社会主义伟大旗帜 为夺取全面建设小康社会新胜利而奋斗》,人民出版社2007年版,第49—50页。
③ 王长江:《政党论》,北京:人民出版社2009年版,第284页。
④ 阿普特:《现代化的政治》,上海人民出版社2011年版,第136页。

不断提升执政能力,就必须依照规律办事,掌握并尊重执政科学,按科学规律执政。其次,科学执政,必须坚持用科学的理念、科学的思想、科学的意识指导行动。科学的思想理论必须来源于实际、来源于客观世界、来源于真实的现实,而不是主观判断,这很大程度上决定执政目标体系的科学性和执政实践的科学性。对于中国来说,最重要的是坚持把马克思主义的原理与中国不断发展的现实相结合,基于中国的特殊国情、特殊的发展阶段、未来发展的目标需求,用不断发展的马克思主义中国化的最新思想作为指导,这是实现科学执政的时代要求和根本保障。最后,科学执政必须建立在制度保障基础上,建立在有效的规范和约束基础上,避免执政行为的盲目性和随意性,优化执政资源配置,减少执政成本,提高执政效率。要实现科学执政,最重要的是建设学习型政党,可以说学习型政党建设是科学执政的基础。习近平总书记指出,"中国共产党人依靠学习走到今天,也必然要依靠学习走向未来"[1],提出"要增强学习本领,在全党营造善于学习、勇于实践的浓厚氛围,建设马克思主义学习型政党,推动建设学习大国"[2]。

学习型政党就是不断学习、善于学习,努力掌握和运用一切科学的新思想、新知识、新经验的政党。学习型政党,首先强调的是务实求真、敢于探索的精神,就是要积极探索规律、追求真理,着眼培养科学精神和科学态度,引导党员干部大力发扬求真务实精神,坚持真理、修正错误,在实践中不断深化对执政规律、国家建设规律、人类社会发展规律的认识,不断增强按客观规律办事的自觉性。其次强调要具有创新精神,在掌握规律的基础上顺应时代的发展要求和科学执政的内在逻辑,推动各项改革的深化。学习的目的是推动发展,是改革和创新。学习型政党,必须着眼树立创新意识、焕发创造激情、激发创造活力,引导党员干部解放思想、更新观念,不断把思想从那些过时的条条框框中解放出来,做解放思想的先锋、改革创新的模范,不断以新的认识、新的思路、新的举措开创事业的新局面。改革创新是时代精神的集中反映,也是执政党始终保持旺盛生机的源泉。最后强调全方位的学习,全员学习。全方位学习就是从学习的内容来说,积极向书本学习、向实践学习、向群众学习,优化知识结构,提高综合素质,增强创新能力,使各级党组织成为学习型党组织、各级领导班子成为学习型领导班子。[3] 全员学习就是所有党员、党组织都应该保持积极学习的状态,更加崇尚学习,积极改造学习,持续深化学习,跟上时代发展的步伐,跟上事业发展的需要。

三、科学执政与长期执政能力建设

科学执政最终需要落实到具体的执政能力和执政行为上,学习型政党建设的最终目标同样需要内化为具体的能力和素养,内化为科学的理念、意识,从而形成行之有效的具体行为。中国共产党作为唯一的执政党,承载着国家富强、民族振兴、人民幸福、社会安定、经济繁荣的历史重任。与西方国家政党轮流坐庄的短暂执政不同,中国共产党需要

---

① 习近平:《在中央党校建校 80 周年庆祝大会暨 2013 年春季学期开学典礼上的讲话》,人民出版社 2013 年版,第 12 页。

② 习近平:《习近平谈治国理政》第三卷,外文出版社 2020 年版,第 53 页。

③ 于景森:《学习型政党研究:关于中国共产党建设学习型政党的历史、理论与实践》,人民出版社 2009 年版,前言。

为全体民族、国家和人民未来长远目标负责,在能力建设方面,不仅仅着眼于当下,更需要着眼于未来、着眼于整体。因此,对于中国共产党来说,执政能力是长远的执政能力,在能力建设方面面临更高的要求、更前瞻性的战略性的目标导向。而在当今世界,长期执政面临着各种更加复杂的国内外风险和不确定性因素。从国内来说,面临人民日益增长的美好生活需要和不平衡不充分的发展之间的矛盾,面临随着改革不断深入导致的新的复杂的利益格局,面临经济、社会、环境、科技带来的各种风险,面临各种重大的突发性公共危机的挑战;就国外来说,面临着经济全球化、一体化带来的挑战,面临国外各种政治敌对势力的渗透和意识形态的冲突,等等。此外,重要的挑战还体现在短期目标与长远目标之间经常性的紧张关系。因此,加强党的长期执政能力建设,必须全面提高党的领导水平和执政本领。长期执政的党既要政治过硬、组织坚强,也要能力过硬、本领高强,必须顺应国际风云变幻的趋势,与时代发展的脉搏同频共振,与经济社会进步的要求相协调。中国共产党必须永葆先进性和纯洁性,永葆青春活力,永远得到人民拥护和支持,才能实现长期执政。

对于中国共产党来说,长期执政能力的建设包括以下几个方面。[1] 一是必须保持与时俱进和执政理念的不断创新。坚持解放思想、实事求是、与时俱进、求真务实,把马克思主义基本原理与中国具体实际相结合,不断推进理论创新,是我们党永葆生机活力,始终走在时代前列的重要保证。从新时代新视角深化对共产党执政规律、社会主义建设规律、人类社会发展规律的认识,在长期执政的实践中坚持并不断发展。二是必须牢固树立以人民为中心的执政理念。人心向背是决定一个政党、一个政权兴衰的根本因素。作为长期执政的党,要使执政地位坚如磐石,最根本的就是坚持以人民为中心。坚持长期执政,首先要正确回答和解决为谁执政、靠谁执政的宗旨问题。立党为公、执政为民,践行全心全意为人民服务的根本宗旨,才能赢得最广大人民的拥护和支持。作为长期执政的党,更需深化对执政宗旨的认识,把党的宗旨内化为执政理念、外化为执政方略。三是勇于自我革命,从严管党治党。实践证明,越是长期执政、越是历史使命艰巨,就越要持之以恒地练好内功,有效发挥党的政治、思想和组织优势,凝聚党心民心,形成应对困难挑战的强大动力。把党的政治建设、思想建设、组织建设、作风建设、纪律建设、制度建设有机统一起来,不断提高党的建设质量,用持之以恒、善作善成的决心和毅力,把全面从严治党的思路举措搞得更加科学、更加严密、更加有效。四是需要全面提高党的领导水平和执政本领。只有执政本领高强,党才能立于不败之地。按照加强党的长期执政能力建设的思路,十九大报告明确提出了增强学习本领、增强政治领导本领、增强改革创新本领、增强科学发展本领、增强依法执政本领、增强群众工作本领、增强狠抓落实本领、增强驾驭风险本领等八个方面的具体要求,形成了相互关联和有机整合的长期执政本领体系。只有适应长期执政能力建设的新要求,建设一支政治过硬、本领高强的执政队伍,增强战略思维、创新思维、辩证思维、法治思维,才能把总揽全局、协调各方的要求落到实处,不断提高党的执政能力和领导水平,才能真正实现长期执政。

① 钟宪章:《踏上长期执政能力建设新征程》,《光明日报》2017年11月29日第6版。

本章思考题

1.为什么说政党是现代国家政治的支撑?

2.西方国家政党政治有什么新特点?

3.学习型政党建设的内涵是什么?

文档:学习
参考网站
与书目

【案例思考】

民粹主义政党兴起与欧洲主流政党面临执政困境①

北京时间 2018 年 3 月 5 日,意大利议会选举结果出炉。因丑闻下台的前总理贝卢斯科尼领导中右翼联盟获得 37％ 的席位,民粹主义的"五星运动"获得 32％ 的席位,2016 年因修宪公投失败而辞职的前总理伦齐领导的中左翼联盟只获得 23％ 的席位。由于没有政党或政治联盟的票数足以单独组阁,意大利总统马塔雷拉即将与所有党团代表磋商组阁事宜。

作为一种政治意识形态的民粹主义在欧美国家长期存在,其主要特征是反精英、反建制、反官僚。二战后,由于欧洲主流中左、中右翼政党能够代表多数选民的利益,民粹势力一直处在边缘位置。近年来,在金融危机、欧债危机、难民危机背景下,欧洲国家的民粹政党迅速崛起。其中,激进的左翼民粹政党包括希腊的"激进左翼联盟"、意大利的"五星运动"和西班牙的"我们能"等,保守的右翼民粹政党包括法国的"国民阵线",英国的"独立党",德国的"另择党",奥地利与荷兰的"自由党",瑞典的"民主党",芬兰的"正统芬兰人党",波兰的"法律与正义党",匈牙利的"青年民主主义者联盟",葡萄牙、瑞士和丹麦的"人民党"等。虽然这些政党的主张差别很大,但其最大的共同点是全方位反对长期轮流执政的中左和中右翼政党,以"人民的名义"提出各种颠覆中间派路径的政策主张。

欧洲国家民粹政党崛起给主流政党造成程度不等的执政困境。第一,主流政党不得不对民粹政党的诉求做出回应。在 2014 年 5 月举行的欧洲议会选举中,"独立党"在英国得票最多,使得退出欧盟在英国成为各党必须回应的重要话题。2016 年 6 月,英国通过全民公投决定脱离欧盟。第二,民粹政党上台,主流政党失去执政地位。1998 年,维克托·欧尔班领导的匈牙利"青年民主主义者联盟"上台,成为战后欧洲第一个主政的民粹政党。2015 年 1 月,希腊"激进左翼联盟"上台。同年举行的波兰总统和议会选举中,"法律与正义党"成为波兰第一大党单独执政。2015 年 4 月举行的芬兰大选中,"正统芬兰人党"成为议会第二大党参与执政,党首蒂莫·索伊尼出任外长。第三,主流政党上台难、施政难。2016 年,西班牙由于"我们能"迅速崛起,政党格局发生很大变化,导致议会花了一年时间才艰难组阁成功。法国 2014 年欧洲议会选举和 2015 年大区选举首轮投票中,玛丽娜·勒庞领导的"国民阵线"得票率都居榜首,超过左翼的社会党和右翼的共和党。在 2017 年法国总统选举中,勒庞毫无悬念地进入第二轮投票,迫使社会党和共和党共同支持作为"第三方"的新人马克龙,才阻止勒庞当选总统。2017 年德国议会选举中,由于"另择党"得到大量席位,组阁谈判耗时 5 个月才重组中右中左合作的"大联合政府"。默克尔虽然保住总理职位,但施政空间受到的限制明显增加。

---

① 田德文:《欧洲政党光谱和政治格局进入调整期》,《中国社会科学报》2018 年 4 月 10 日第 1 版。

　　从政党格局上看,民粹政党兴起意味着二战后欧洲"共识政治"时代的终结。20世纪五六十年代,多数欧洲国家的执政政党都在建设"福利国家"方面达成共识,尽管左右两翼在具体政策上仍有差别,但都以不破坏福利国家的基本结构为前提。20世纪七八十年代,以"撒切尔主义"为代表的欧洲右翼政党推进福利国家改革,打破战后欧洲第一波政治共识。20世纪90年代末,以英国布莱尔工党政府上台为标志,欧洲左右翼政党以推进新自由主义改革为前提,再次进入共识政治状态。如果说,二战后欧洲第一波共识政治是以右翼政党做出改变为基础的,那么第二波就是以左翼政党改变政治主张为基础实现的。2008年金融危机后,二战后欧洲第二波"共识政治"逐渐走向末路。以反对新自由主义改革为主要诉求的左翼民粹主义和主要强调"民族国家"价值的右翼民粹主义政治势力迅速崛起,长期执政的中左和中右翼政党经常需要组成"大联合政府""抱团取暖"才能保住执政地位。欧洲政党格局似乎正在形成新的左中右力量格局,在这个转型的过程中,中间派政党面临的上台难、施政难的困境日益严重,而崛起中的民粹政党又不能完全控制国内政局,加之民粹主义政客一般都不太"专业",大选时忽悠老百姓尚可,但在复杂政治格局中的执政能力较低,这就使得欧洲不少国家出现主流"老党"和民粹"新党"相互掣肘、谁也难以有所作为的"弱政府"时代。

　　问题:为什么近年来欧洲一些国家出现了政党极端化的现象?

第五章　政治决策与政治管理

本章导读：

本章主要讲述政治决策的基本理论，分析政策决策的基本过程与方法，研究不同时期的政治管理类型及其特点。

重点与难点：

1. 政治决策的理论与方法
2. 后官僚制形态的政治管理特点

第一节　政治决策理论

政治决策是政治系统最为重要的活动之一。制定正确的政策和有效执行政策的能力，或者说正确地选择作为或不作为的能力是现代政治活动主体，特别是国家和政府等公共权力组织最为重要的能力体现，也是国家治理能力现代化最重要的体现。

一、政治决策思想与理论流派

决策作为一种政治活动中最为常见的行为可以说自从政治产生的那一刻起就与其相伴相随了，但是，形成系统的政治决策的理论和研究则是相对比较晚的事情了，特别是二战以后，科学意义上的政策分析产生并不断发展，面对日益复杂和现实的各种政治问题，如何有效地进行决策分析，正确地做出选择和有效地执行并进行及时的评估成为政治科学中日益重要的内容。不同的学者基于不同的视角对政治决策这一问题进行了系统化的研究，并形成了几种颇具代表性的思想和流派。

（一）多元主义视角下的政策决策

在多元主义看来，政策过程其实就是不同权力、不同利益集团之间角力和均衡的过程和结果。政治科学中的多元主义思想流派分析论述了西方国家政治决策过程到底是如何运作的，政党以及压力集团所扮演的角色。在多元主义理论的倡导者罗伯特·达尔看来，在西方工业化社会，权力广泛地分配于不同的利益团体，任何团体都有影响决策的权力，任何团体充分确定的政治偏好和愿望都希望能够得到实现。政策的制定过程涉及国家、政府、官僚机构、利益集团，而联系起它们之间关系的基本变量就是权力关系。所以对政策过程的研究，就需要建立在对权力的性质深入分析的基础上。在达尔看来，权力体现为一种过程，即"A可以让B做他不愿意做的事情，A就对B拥有了权力"。这样权力关系就变成一种可以考察的政策过程中的行为活动,从而脱离了以往关于对权力的政治哲学式论述。在此基础上,20世纪50年代,达尔对美国纽黑文市的公共教育、城市发展和政治任命权三个公共政策问题进行了实证考察。认为在这三个问题的解决过程中,决定权力配置的资源是高度分化的,不是由一个团体来控制的,政府部门本身也是一个利益集团,作为政府部门的代表——市长并没有处于支配的地位。所以他得出了以下的结论:从1780到1950年,纽黑文市逐渐由寡头统治转变为多元统治。在他的研究基础上,一些学者对多元主义进行了更深入的探索。有学者认为,在利益集团的斗争过程中,政府是中立的,是各种利益集团的调停者。政策的产生实际上是各种利益集团平衡和均衡的结果。而达尔则认为,政府也有自己的单独利益,具有自身的偏好。无论多元主义内部如何分歧,他们都承认,"权力不是按照等级和竞争排列的,是各种不同利益的许多团体之间'无休止的讨价还价过程'的一个必然组成部分"[①]。多元主义对权力关系和性质的认定影响到各个政策主体在政策过程中的地位和作用。在多元主义看来,政策过程是建立在多元权力主体之上的,政策过程中的多元主义本质是一种利益集团与政府的作用模式,各种利益集团相互竞争,以便接近政策制定过程,从而影响政治政策的产生。政府仅仅扮演消极的权威性分配社会资源的角色,政策实际上是利益团体之间利益均衡的结果。由于存在着权力分散的政治结构以及个人主义至上的政治文化,在多元主义的理论框架中,支撑其逻辑假设的是各种利益集团在政策产生过程中地位的平等,拥有平衡分布的资源,利益集团与政府、议会、官僚机构呈现出非科层制的关系。要把权力分配给各种不同的社会团体,即实现权力的多元化,社会政治权力应该互相分割、互相独立、互相制衡,从体制上防止政治权力集中到任何一个机关或某一官员之手,防止一个持久、一致、连续、强大的政治联盟和权力中心的出现。必须建立更加开放性和竞争性的政治,让更多的团体和民众有更多的机会参与公共事务管理。"当一种制度变得更加具有竞争性和包容性时,政治家们就要寻求那些现在比较容易参与政治生活的集团的支持。"[②]

然而,多元主义的政治决策理论招致了不少批评,最主要的批评来自多元主义决策所假设的所谓的权力平等和政治包容的前提。实际上,这在西方政治现实中是不太可能的。正如米切尔·黑尧所言,在政治决策中,多元主义所描绘的政治系统实际上是一个政治市场,在这一政治市场中,一个团体能做什么实现什么,取决于它所拥有的资源及其"分值"。存在着运用暴力阻挠需求进入政治决策过程的行为,规则和程序可能用来阻碍不受欢迎的政策议题进入[③]。

（二）精英主义视角下的政治决策

精英主义的政治决策模式强调决策就是具有影响力的、有能力和权力的精英的事情,与普通的"普罗大众"关系不大。在精英主义看来,"精英"(elite)一词最早出现在17世纪的法语当中,用来描述特别杰出的商品,后来被扩大到指优秀的社会团体,如精锐部

---

①　赫尔德:《民主的模式》,中央编译出版社2004年版,第1页。

②　达尔:《多头政体:参与和反对》,商务印书馆2003年版,第34页

③　黑尧:《现代国家的政策过程》,中国青年出版社2004年版,第30页。

队或较高层的贵族。而真正使"精英"这个术语在社会科学中流行起来的要数帕累托了，他首先提出了一个非常普遍的概念，根据这个概念，精英由每个人类活动领域中能力最强的所有人组成。接着，帕累托集中关注相对于非精英或较低社会阶层则而言的所谓"统治精英"。[①] 因此，在帕累托眼里，那些拥有高能力的人就是精英，其他在能力上的"平庸之辈"就是大众。而另外一位精英论者，帕累托的同胞莫斯卡则强调精英在社会学意义上的、组织上的和个人的特征。他在1896年出版的《统治阶级》一书中认为，社会存在着两个阶级的人们，人数较少的统治阶级和人数众多的被统治阶级。统治阶级并不是经济上占统治地位的资本家阶级，而是社会的精英，即社会各个领域中最杰出的优秀分子。"在所有社会中——从那些得以简单发展的、刚刚出现文明曙光的社会，直到最发达、最有实力的社会——都会出现两个阶级——一个是统治阶级，另一个是被统治阶级。前一个阶级总是人数较少，行使所有社会职能，垄断权力并且享受权力带来的利益。而另一个阶级，也就是人数更多的阶级，被第一个阶级以多少是合法的、又多少是专断和强暴的方式所领导和控制。被统治阶级至少在表面上要供应给第一个阶级物质生活资料和维持政治组织必需的资金。"[②]罗伯特·米歇尔斯似乎更为激进，在他看来，由于大众天生的"无能"，而不可能参与决策过程，所以他们渴望强有力的领袖。因此，他依照各人在组织结构中的权力来定义精英和大众，在组织结构上的统治寡头，处于领导地位的人即为"精英"，而那些能力低下、缺乏知识和对政治漠不关心的人就是"大众"，因此任何组织都划分为处于统治地位的少数精英人群和处于被统治地位的大多数大众。这样，组织发展的结果，必然使得每一政党，或每一职业团体少数的指挥者和一批多数的被统治者。[③] 而拉斯维尔从价值的分配角度来定义精英和大众，在他看来，"权势人物是在可以取得的价值中获取最多的那些人们。可望获取的价值可以分为尊重、收入、安全等类。取得价值最多的人是精英；其余的人是群众"[④]。激进的精英主义者赖特·米尔斯则从决策影响力来定义精英和大众，认为在美国，社会等级金字塔的最高点是精英，由军队、政府和经济界人物的顶层群体构成，他们控制着社会中的大部分重要决策。第二等级是由特定利益群体组成的一个多样化群体，代表权力的中间水平，执行权力精英的命令。第三等级是大众社会，是无权力、无组织的，由受上层控制的微粒般的个体组成。[⑤] 包括韦伯、熊比特、帕特南等人，都对精英主义的决策提出了自己的看法。

（三）网络主义视角下的政治决策

网络主义理论更多地把决策过程视为一种人际互动的过程。最早可以追溯到德国的社会学家齐美尔。从20世纪50年代起，社会学开始大规模地使用网络分析的理论框架，引入了"嵌入性"的概念，认为"行动者并非如同原子个体一般在社会网络之外行动或者决策，他不会一成不变地恪守其社会角色的职责。他力图进行有目的的行动是嵌入在

---

① 米勒、波格丹诺:《布莱克维尔政治学百科全书》(修订版),中国政法大学出版社 2002 年版,第 236 页。
② 莫斯卡:《统治阶级》,译林出版社 2002 年版,第 97 页。
③ 米歇尔斯:《寡头政治铁律——现代民主制度中的政党社会学》,天津人民出版社 2003 年版,第 28 页。
④ 拉斯维尔:《政治学:谁得到什么? 何时和如何得到?》,商务印书馆 1992 年版,第 3 页。
⑤ 米尔斯:《权力精英》,南京大学出版社 2004 年版,第 4 页。

具体的、当前的社会关系网络中"。在这个思路的基础上,社会学家们将社会网络定义为联结结构中行动者的一系列社会联系和社会关系,并从网络规模、关系强度、网络密度、关系内容等社会结构和个人在结构中等几个方面来分析和解释行动者的社会行为。可以看出,社会网络理论为解释个体行为提供了一个中观和微观的基础,由于它的许多概念具有很强的操作性,同时还能进行相关的验证,就可以比较真实观察到不同层次的个体和结构的互动。由于具有以上的优势,所以在整个社会科学界兴起了网络主义分析的浪潮,不同的学科纷纷借助网络分析的工具来对相关问题进行研究。

　　同样,由于网络分析具有中观和微观的理论优势,引起了政治学家尤其是政策分析学家的重视和关注。如同社会网络的概念一样,把政治政策视为本质是公民与各种组织互动的产物,引入网络分析的方法可以真实地认识到政策过程中的现实图景。避免政治科学和政策科学在规范理论和经验分析之间摇摆不定的局面,从而建立起有效沟通两者的桥梁。概括而言,目前,对于政策网络的研究主要包括美国学派、英国学派和欧洲学派。美国学派因为美国政治发展本身的特殊性,在延续过去相关的研究的基础上,着重研究各制度层面内微观层次的人际间关系对网络互动关系的消极和负面影响。但是,学者们却赋予它们以新的理论意义,如议程设定、政策之窗和代理人理论。例如美国学者,强调开放性的"议题网络"在政策过程中的重要性。英国学派则重视制度层面内组织的相互影响关系,认为英国政治中出现了一种新的治理结构,即各个政策领域中都出现了由多元组织构成相互关联的网络。而以德国和荷兰学者为代表的欧洲学派则将政策网络提升到宏观层次,重点考察国家与社会制度之间的关系。认为在政策过程中,网络、官僚组织与市场呈现出三足鼎立的关系,政府机构与其他利益相关者之间应建立起制度化的互动模式。在这个模式中,他们对关心的议题进行对话和协商,使得参与者的政策偏好或政策诉求得到重视,以便增加彼此的政策利益。通常政策网络内的行动者包括行政人员、国会议员、专家学者、利益团体等与该政策有利害关系的个人或团体,这些个别行动者或团体因为具有法定权威、资金、信息、专业技术与知识等资源的相互依赖性,进而结合成行动联盟或利益共同体。

二、政治决策的含义与特征

　　对于什么是政治政策,这是一个比较难以回答的问题。通常,我们提的更多的是公共政策。而这两个概念很多的时候是难以区分并可以通用的,例如,戴维·伊斯顿就认为,政治就是对社会价值进行权威性分配的决策活动①。这显然是从政治学的角度来理解公共政策的,因为伊斯顿所讲的"价值"实际上是包罗万象的,其中最重要的是政府基于公共目的所进行的各类决策活动,从这个层面上来说就是公共政策,当然也包括其他政治主体,如国家权力机关、政党等所做的权威价值的分配过程,从这个层面上来说就是政治决策。同样,政治学者拉斯韦尔认为政策就是一项含有目标、价值与策略的大型计划。这同样把政治政策和公共政策都包含在内。一些政治学者更多地从政治学的角度来理解公共性的政策,而一些公共行政领域的学者则侧重于以政府作为主体来分析政策

---

　　①　伊斯顿:《政治生活的系统分析》,华夏出版社 1989 年版,第 13 页。

过程。从广义的角度来说,公共政策属于政治政策的范畴,而政治政策包含到了公共政策。基于这种分析,我们认为,所谓的政治决策是指国家权力机关、政府或政党等政治管理主体依照法定的程序,对政治生活的重大问题指定和选择行动方案的过程,是对政治生活的方向、目标、原则、方法和步骤进行抉择的过程。政治决策是一个动态的过程,即有关国家和社会整体利益的重大决定和一般决定的形成和实施的过程。其主体是国家机关、政府、政党等及与其相联系的个人决策者或决策参与人;政治决策的目的是形成和实现阶级、政党和国家的意志;政治决策所形成的决定以国家的强制力为后盾,带有普遍的、强制的性质。

政治决策具有以下几个鲜明的特征:

1. 权威性

政治政策的权威性来自政治权力的权威性。政治权力的行使要得到全体公民的认可,得到法律的授权,因此,政治权力带有一定的权威性。政治权力的权威性表现在政治权力主体的权威性上。政治权力主体指的是行使政治权力的个人和机构,主要包括国家权力机关、各种社会阶级集团、群众团体的组织和机构,以及承担公共职务的个体。他们代表部分或全体公民行使公共权力,体现团体利益或公共利益。政治权力的权威性还表现在行使政治权力的行为的权威性上。由于政治权力是一种公共权力,反映的是公共意志,受到民意、法律、组织等支持,所以,其权力行为具有权威性。政治政策是这些具有建立在合法性基础上的权威性主体参与的决策,因此,政治决策也就具有权威性。

2. 强制性

政治决策是具有合法性的权威主体通过合法的程序所做出的权威性的决定,从逻辑上来说,政治决策一旦做出,就具有强制力,对公众或相关的组织具有约束性和规范性,并具有服从的义务。政治权力本身就是一种要求政治服从的强制力量,为了更好地保障政策的有效执行,它一般通过严密的组织,以行政的、经济的、法律的、军事的等多种手段作为备用,奖励和惩罚是维护政治政策的基本原则,为了实现政治政策的有效服从,暴力往往是最后的强制性后盾。

3. 复杂性

与一般的政策相比较,政治政策显得复杂得多。这种复杂性一方面体现在政治政策所涉的主体的复杂性,政治政策不管是在制定还是在执行过程中都涉及纷繁复杂的主体关系,不同的主体从自身的利益、权力和理念出发参与到政策过程,因此,政治政策的过程其实就是不同主体之间相互博弈、相互协调、相互妥协的过程,有的时候甚至表现为激烈的斗争,在一些极端的情况下可能引发暴力冲突。这种复杂性还体现在政治决策所涉及的问题的复杂性。与其他的政策不一样,政治决策不仅涉及地区问题、国家与国家问题甚至还涉及全球的问题。就国内政治问题来说,同样非常复杂,有的时候还比较敏感,如涉及族群问题、恐怖主义、基本人权等问题,这些问题一旦处理不好可能引发比较严重的冲突和矛盾。而政治政策很多的时候难以均衡所有人的诉求和利益,任何政策都可能遭到一些人的反对,因此,政治政策需要更加宽广的视野和战略性的能力。

三、政治决策的影响因素

在伊斯顿看来,决策过程其实就是一个内外部系统互动的过程,政治本身就是一个开放的系统,决策的过程就是不断地受到外部环境的影响和刺激,对外的一个反应过程。因此,政治系统的决策源于其所处的环境的支持与要求,从这个角度来说,政治决策不是政治系统内部的事情,而是受到外部环境影响与外部环境保持高度互动的过程。所以,影响政治政策的除决策制度、决策方法外,更重要和根本的是受到政治、社会、经济、文化、法律等外部环境的影响和约束。具体来说,主要体现在以下几个方面:

（一）基本政治制度

政治制度一般指统治阶级用以统治国家的方式和方法,如政体制度、国家结构形式、政党制度、选举制度、官吏制度、决策体制与程序等。而政治决策是党和国家制定政策法令所采用的方式方法,涉及最高决策权是什么、最高决策者是谁、决策需经过什么样的合法程序、需要遵循什么原则等。它们都对政策具有重要影响。从本质上说,不同的政治制度以及相应的决策制度对政策的影响,主要是通过决定谁是最高决策者、什么是最高决策权体现出来的。并且,由于决策制度还涉及决策程序和原则的问题,而决策程序和原则又决定了所采用的决策形式和决策方法,因而政治和决策制度还会通过这一系列的传递作用影响到所制定政策的质量,即政策的科学性、有效性和可行性。例如在西方三权分立的政治框架下,最高行政机关与最高立法机关之间往往由于由不同的政党所主导,而不同政党往往存在中比较激烈的利益纷争,对一些重大的问题存在着明显的分歧甚至是对立,二者之间在重大决策方面往往相互斗争相互博弈。从而导致一些重大决策由于相互之间难以达成一致,形成旷日持久的决策悬置现象。而在中国特色社会主义制度下,立法机构和行政机构在利益上保持高度一致,都是代表人民的根本利益,在重大决策方面形成了高度的默契。

（二）政党与利益集团

政党作为一种层次更高、组织更严密更正规、肩负的责任更大也更有影响力的政治组织,是最重要、对政策的影响最大的代表一定社会阶级、阶层、集团根本利益的团体。如在基本主义国家里,立法机构内部由于席位被不同的政党所把持,而政党为了讨好选民,以赢得选举,正如我们在政党政治这一章所谈到的,一些政党往往会走向极化,相互之间存在着意识形态的离散现象,对一些问题持有完全不同的看法,对于一些重大的政治决策难以达成共识。利益集团对政策的影响方式,首要的是通过代表本集团利益的直接参与决策的人员提供政策备选方案、支持或反对某个政策方案等途径直接影响政策;其次是影响公众舆论,利用大众传媒宣传鼓动民众支持自己的主张;在资本主义国家里,通过形成多样的压力集团,通过游说等方式说服直接决策者或对他们施加压力,以影响政治决策过程。值得注意的是,在我国这样的社会主义国家,由于人民群众根本利益的一致性,因而不存在资本主义国家那种相互争权夺利的利益集团。但现阶段我国也存在着国家利益、集体利益和个人利益之间的矛盾,也还有在各地区、各行业、各部门之间的利益分配问题,因而不同群体之间利益的差异也是客观存在的。他们也要通过各种方式表达和争取自己的利益,同样也会对政策产生影响。此外,我国的民主党派对共产党和政府的各项政策也具有重要影响。

（三）社会舆论与媒介

社会舆论实质上是对社会存在的反映,是众人对普遍关注的社会事件或社会问题公开表达的一致意见,或者说是信息沟通后的一种共鸣,从中反映了公众的知识水平、道德水平、价值取向、需要和期望。社会舆论可以促使大众所关心的重大问题及时进入政策议程,它表达和反映人民群众的愿望、呼声和要求,对政策制定起到一种中介推动作用,因而对政策具有非常重要的影响。但社会舆论要通过传播媒介的广泛传播才能形成,才能引起决策系统的关注。媒介包括以互联网为代表的新媒体,如微博、微信和各类社交类的媒介应用。在当今信息化的社会,网络等新媒体在社会舆论方面扮演着越来越引人注目的角色,在一定的社会空间内,通过网络围绕中介性社会事件的发生、发展和变化,形成和凝聚民众对公共问题和社会管理者产生和持有的社会政治态度、信念和价值观。随着因特网在全球范围内的飞速发展,网络媒体已被公认为是继报纸、广播、电视之后的"第四媒体",网络成为反映社会舆情的主要载体之一。而广播、电视、报纸等传统大众媒体深刻地影响着人们的价值观,影响着人们对外部世界的认知,因而也影响着人们的判断与选择,影响着社会舆论乃至整个社会的行动。这都会对政治决策产生非常大的影响。

（四）国际环境

任何国家都要与其他国家发生某种关系,特别在当代更是如此。这种关系以及所处的关系状态必然会影响到一个国家的政治政策,不仅是对外政策,也包括国内政策。当代随着全球经济一体化进程的加快和信息技术的高速发展,各国之间相互依赖程度不断加强,国际环境对各国的政治政策正发挥着越来越大的影响。

（五）总体文化

文化是一种社会现象,是人们长期创造形成的产物,同时又是一种历史现象,是社会历史的积淀物。按照美国文化人类学家本尼迪克特的说法,文化是通过某个民族的活动而表现出来的一种思维和行动方式,一种使这个民族不同于其他任何民族的方式。特定社会的总体文化给该社会成员规定了一套比较明确的行为规范和价值标准,它归根到底是一套价值体系。由于人们制定政策是以价值和利益为基础的,因而文化对政策的影响是显而易见的。由于文化的改变往往是一个漫长的潜移默化的过程,所以文化对政策的影响往往是久远的。当然,文化占主导地位的社会价值观是因时、因地、因社会制度不同而有区别的,文化占主导地位的社会价值观也会变化,这就会直接影响到政治政策的变动。

四、政治决策模式

通常来说,有关决策模式的争论是在理性主义和渐进主义之间进行的。理性主义模式是一种规范性的理论,而在对理性主义模式进行批判的基础上所提出的渐进主义模型则是一种实用性更强的模式①。而以德罗尔为代表的学者对渐进主义同样提出了批评，并在此基础上提出了综合决策模式。

（一）理性主义决策模式

理性主义决策模式，就其思想渊源而言，可以追溯到古典经济学理论。因为这种理论已经提出了有关人类行为决策的一个绝对标准，即人们在决策时所遵循的是最大化原则，这就是谋求最大效益，在经济领域则是求得最大利润；在抉择方案时进行最优化选择，即从诸多方案中选择最优方案。在这一理论原则的指导下，随着现代管理技术的发展和决策分析手段的现代化，人们迫切地希望使决策成为完全理性的和十分科学的事情，因而逐渐地在西方世界形成了一整套理性决策模式的理论和学说。理性决策模式主要由以下六个要点构成，或者说，它把决策过程分为以下六个步骤，形成了一套比较系统的决策程序理论：

一是发现问题。决策者之所以要进行决策，首先是因为在实际的管理过程中面对一个存在的问题，需要对这个问题加以解决。二是提出目标。理性决策模式理论假设作为决策主体的人是完全理性的，他根据自己的目的或价值观，针对已发现的问题提出解决问题的目标，并将这些目标进行排列或组合。三是设计方案。决策者将所有可能的解决问题的方案全部一一列举出来，以供备用。四是预测后果。决策者运用一系列的科学方法对每一决策方案进行评估，预测执行该方案后所要达到的结果及其可能带来的新问题。五是分析比较。决策者将各个方案进行一一对比，在比较的基础上排列出先后顺序。六是选择最优方案。决策者在对各个方案进行比较分析后，选取其中一个预期效果与目标最为一致的方案作为决策的最佳方案。在上述六个步骤中，作为决策者的人始终是理性的，每一步活动都是理性的活动，不存在任何非理性的成分，整个决策过程都是理性化的。以寻求问题解决的最佳方案为核心，寻找问题解决的全部可能方案，全面地预测和评估每个方案，然后根据实现目的的程度比较各个方案的活动。寻求问题解决的最佳方案，就是寻求能够最大限度地实现目标或者节约资源的问题解决方案。其中隐含着一个假设：人在面对其他问题时，常常希望最大限度地实现某种目的或节约某种资源。确定最佳方案，要求找寻、预测、评估和比较所有方案，是一个反复研究和反复思考的过程。

（二）渐进主义决策模式

渐进主义决策理论是由美国政治学家和政策科学家查尔斯·林德布洛姆教授提出来的决策模式。这一模式是在对理性主义决策模式的批评的基础上提出来的。在林德布洛姆看来，理性主义决策模式显然太过理想化了，在现实中根本不太可能存在，因为理性主义决策模式必须建立在决策主体具有完全的理性，掌握所有的信息。而政策过程是一项非常现实的行为，是基于基本实践的基础上的，根据实际政策的特点，应该强调"决策实际上如何做"而不是相反强调理论上"应如何做"。理性决策要求先有一个既定的问题，然后才有制订方案、选择方案和实施方案等阶段。然而在实际生活中，决策者面临的

---

① 黑尧：《现代国家的政策过程》，中国青年出版社 2004 年版，第 82 页。

问题并非完全既定,同时面对既定的问题,不同的人往往有不同的看法,存在各种争论,从而无法完全准确地界定问题。其次,理性分析并非万能。对一项复杂的决策而言,分析永远是无穷的,有时甚至还会造成错误。同时,在现实的决策模式中,由于受到时间和费用的限制,决策也不可能无止境地分析下去。最后,决策还会受到个人价值观的影响。由于决策集团内部个人价值观的不同,因而在进行方案选择时就必然会出现意见的不一致,但仅依靠理性分析却不能很好解决这一问题。

基于对理性主义决策模式的批判和分析,林德布洛姆提出了渐进主义决策模式,其主要内容包括:首先,决策是一个循序渐进的过程。林德布洛姆认为,政策的制定是在过去经验的基础上,经过逐渐修补的渐进过程来实现的。渐进主义者具有勇敢、应变和足智多谋的特征。在他看来,这种看起来"按部就班,修修补补的渐进主义者或安于现状者,或许看起来不像一个英雄,但却是个正在同他清醒地认识到对他来说是个硕大无朋的宇宙进行勇敢的足智多谋的斗争的问题解决者"①。其次,决策是一个不断完善和修正的过程。林德布洛姆认为,渐进主义决策看上去似乎行动缓慢,但它实质是决策效果累积的过程,是量变到质变的过程。其实际变化的速度往往要大于一次重大的变革。也就是说,渐进决策并不是不要变革,而是要求这种变革必须从现状出发,通过变化的逐层累积,最终达到根本变革的目的;再次,应该在实现稳定的前提下求变求新。林德布洛姆认为,渐进决策步子虽小,但却可以保证决策过程的稳定性,达到稳中求变的效果。决策上的巨大变革是不足取的,因为往往欲速则不达,会带来诸多不适甚至是抵制,从而危及社会稳定。渐进的方式则比较容易获得支持,可以达到稳中求变的目的。林德布洛姆提出了渐进主义决策模式的三种基本形式:连续的有限比较型渐进主义、离散型的渐进主义和调试型的渐进主义。第一种模式是针对少量不同内容进行的改革决策模式;第二种是对动态之中的不同之处进行改革的决策模式;第三种是不同利益集团之间一直处于相互协调中的模式,这种模式的特点在于并没有一个主要协调者出现,只是不同利益集团之间的相互调试过程。渐进主义模式采用的形式多数是不同利益集团之间相互妥协,通过协商、谈判等形式达成基本的一致,因此该模式下的决策结果往往并不是绝对最优决策结果,即并不是对各利益集团而言都极为满意的结果,却是相对最优决策结果,以及经过妥协后达到的基本满意的状态。

(三)综合决策模式

渐进主义决策模式同样面临来自一些人的批评,其中德罗尔最具代表性。德罗尔认为,渐进主义决策模式不过是"保守的和反对变革的社会力量的意识形态屏障",是用来反对社会变革的思想武器。在他看来,只有现行政策基本上是令人满意的,问题的性质具有高度的连续性,可用来解决问题的手段具有高度的连续性,渐进主义决策模式才是一个可接受的模式。在那些并不充分具备上述条件的国家,和那些期望进行重大社会变迁的国家中,渐进主义决策模式就不是一个适当的决策模式。在此基础上,德罗尔提出了一个综合决策模式以替代渐进主义决策模式,但是这不是一个理性—综合模式,而是

---

① 林德布洛姆:《决策过程》,上海译文出版社 1988 年版,第 43 页。

能够将现实主义和理想主义结合起来的规模最适度的模式。概括起来,这一决策模式主要试图提高决策中的理性和超理性因素。这里的超理性因素主要包括判断力的运用、创造性的发现、头脑风暴法和其他一些决策方法。理性因素则并非指综合考察备选方案及其后果,充分阐明价值和目标,而是有选择地考察备选方案,对决策目标进行一定的阐明。

概括起来,这一模式具有以下几个方面的特征:

1.确认重要的政策目的、决策标准和基本的价值判断标准。

2.积极探讨解决问题的政策方案,尤其需要探讨具有创意的新方案,而创意的灵感来自比较研究、历史研究、实践经验总结和新的研究成果学习。

3.预先审视各种政策选择方案的期望和政策期望与代价,在充分比较的基础上再选择风险最小的、效果最佳的政策方案。

4.政策者可以首先应用渐进主义的政策分析模型检视现行的政策,再应用多种相关的知识、理论、分析技术检视现行政策的可能的政策后果,并确定主要的政策期望,然后决定是否需要制定新的政策。

5.判断政策是否最佳的有效方法,在于不同的分析者在整个分析过程中经由坦诚和自由的讨论后取得的协商一致的意见。

6.决策者在决定对一项政策进行广博理性的分析之前,首先需要积极进行是否值得的求证。

7.只要是合理的,本模型不拒绝应用任何有益的分析方法,譬如,理论知识与实践经验、理性分析和超理性分析。至于不同的分析方法如何实现综合,取决于政策问题的特质以及方法本身的可行性和兼容性。

8.为了提高政策的质量,有必要切实改进政策制定系统,包括提高政策者的个人素质和整体素质,优化组织结构,加强实践感受力等。

在确定政策模式要点的基础上,德罗尔按照决策的实践顺序进一步提出了构成决策模式过程的三大主要阶段及其内含的 17 个较为细化的阶段。[①]　如表 5-1 所示。

表 5-1　综合决策模式过程

	1	处理价值问题
决策前	2	认识现实环境
	3	认识问题
	4	调查、处理与发展资源
	5	设计、评价与重新设计决策体系
	6	分配、问题价值与资源
	7	决定政策策略

---

① 张国庆:《现代公共政策导论》,北京大学出版社 2001 年版,第 247—248 页。

续　表

	8	细分资源
	9	建立配合优先顺序的动作目标
	10	建立一套配合优先顺序的其他重大价值
决策中	11	准备一套主要的政策方案(包括好的与坏的)
	12	对于各种不同方案的利益与成本进行可靠的预测
	13	在比较预测的成果后,建立各种不同方案可能得到的利益所需的成本,并指出最佳的方案
	14	评估最佳方案的利益与成本,并决定其好坏
决策后	15	激励政策的执行
	16	执行政策
	17	执行政策后的评估

第二节　政治决策过程

政策议程设立是政治政策的逻辑起点,它在整个政策过程中扮演着重要的角色。正如托马斯·戴伊所言,"决定哪些社会问题成为政策问题的权力,对于政策制定过程来说是关键性的。决定哪些问题将成为政策问题甚至比决定哪些将成为解决办法更为重要"①。政治决策过程是从问题的提出、确定目标开始,经过方案选优、作出决策、交付实施的全部过程。而所有的政策必须在实践中执行和实施,在实施过程中反过来修正决策,决策的目的在于执行,而执行又反过来检查决策是否正确、环境条件是否发生重大的变化,因此,决策的过程是一个"决策—实施—再决策—再实施"的闭环过程。

一、政治政策议程的确定

所谓政策议程的确定就是将一个问题转化为政策议案的意识形态的过程。就是某一引起政治政策决定者深切关注并确定必须解决的问题,以及正式提起政策讨论,决定政府是否对其采取行动、何时采取行动、采取什么行动的政策过程。帕森斯通过一个案例,描述了这一过程的逻辑次序。问题:露宿街头的人们—问题的性质:无家可归—政策:提供更多的住房。也就是说,政策议程是一个问题引起决策者关注,并进入政策的讨论并赋予其意义的过程。

从主体角度来说,一般可以把政治政策议程划分为两种类型,一是公众议程,二是政府议程。所谓公众议程就是指某个政治问题已经引起了社会公众的普遍关注,社会公众对该问题展开进行了广泛的讨论,要求有关组织和部门采取措施加以解决的过程。正如拉雷·格斯顿所认为的那样:"就像日报上的标题一样,每天都在变化的问题也向政府领导

---

① 戴伊:《理解公共政策(第11版)》,北京大学出版社2008年版,第31—32页。

人提出了挑战。大多数问题易于被日常生活所吸收而少有结果,而在经济、社会和技术这些领域出现的其他问题则不同程度地受到公众重视。这些问题就成为公共政策议程的部分。公共议程是最敏感问题的政治晴雨表,而问题受到负责管理和处理的政策制定者的关注。"①一个公共问题要进入公众议程,往往需要具有三个条件:一是该公共问题必须在社会上广泛流行并受到广泛注意,或者至少为公众所感知。二是大多数人对这一问题产生了强烈的诉求,当问题呈现不断扩散和恶化的趋势的时候,社会公众的诉求也越来越强烈,越来越多的人认为有必要采取行动以终止和解决这一问题;尤其是社会公众认为到了非解决不可的程度。三是公众普遍认为,这个问题是某个组织和部门责任范围内的事务,它们必须站出来解决问题。一些问题还可能引发社会公众集体性的抗争或社会运动,以向相关的政治组织和机构施加压力。公众议程讨论的途径和方式是多种多样的,传统的大众媒体和以互联网为代表的新媒体都是对政策问题展开讨论的主要途径,当然也包括街头巷尾的公众讨论。而互联网由于其传播速度极快和传播不受时空的限制,而成为公众对政策问题进行讨论的非常重要的途径。我们经常可以看到,公众对政策问题的讨论很多都是从互联网发起的。当然,并不是所有公众议程讨论的问题都能够引起政治组织和机构的注意,但是公众议程的讨论会对政府形成一种外在压力,从而使得该问题或多或少具有进入政治议程的可能性。

政府议程又称为正式议程,是指某些问题在公共权力系统范围内引起很多官员和政治人物的关注和讨论,政府有关部门感觉到必须对其采取行动,从而将其列入正式的议程,对其进行讨论。政府议程是实质解决政策问题的议程,因为政府议程是政府部门按正式或固定的程序行动的过程,所采用方法是比较严谨的和科学的,所分析的内容也比较具体和集中。在政府议程中,政府决策人员和专业分析人员是政策问题分析的主体。由于政府所面临的公共问题往往既有旧的或常规的政策问题,又有新出现的政策问题,这两种类型的政策问题都可能会进入政府议程中,按照此标准又可以将正式议程分为旧项目和新项目两种类型。旧项目是指以某种常规形式出现于政策议程中的问题或事项。政府每年、每季度或每月都需要进行处理和解决问题的过程就属于旧项目。例如,每年的公共预算、日常性的公共项目和定期的政府规划等等都是旧项目。新项目是指需要讨论的出现的新状况、新问题。例如,突发性的疫情控制、临时性的紧急事件。由于政府对于旧项目比较熟悉,且有比较成熟的解决方法,通常来说对这种问题的讨论基于按部就班的程序。而对于一些突发性的状况或新的问题,存在着较大的不确定性和模糊性,对于新问题的认知很难形成,讨论可能存在着较大分歧,也对政府的决策能力提出了更高的要求。

二、政治方案的拟定与优选

当政治问题进入议程展开讨论的时候,政治决策者对于政策欲达成的目标需要有明确的认知并达成一致。所谓政策目标是政策所希望取得的结果或完成的任务。如果没有目标,政策方案是无法确定的。但目标不明确,也同样会使政策出现偏差。所以必须要求目标明确,具体落实。一般来说,政策的目标既不能朝令夕改,要具有稳定性,又要

---

①　格斯顿:《公共政策的制定:程序和原理》,重庆出版社 2001 年版,第 52 页。

伴随着社会环境的变化,具有应变能力。在确定目标的基础上,下一步就是实现这一目标的方案的拟定和优选。为实现某一目标,可采用多种手段或措施,它们统称为备选方案。拟定可供选择的各种备选方案,也是政策分析的基础。由于好与坏、优与劣都是在对比中发现的,所以需要拟定出一定数量的可行方案进行对比选择。对于政治决策来说,必须避免陷入"霍布森选择效应"①的陷阱。为了避免这种陷阱,关键在于拟制备选方案和优选方案。必须深入实践,广泛调研,获得更加充分的信息,找出解决问题、实现目标的限制条件和起决定性作用的因素。通过综合与分析,判断优劣,权衡利弊,拟制多种预案作为备选方案,在此基础上选择最满意的方案作为决策方案。备选方案的设计是指围绕政策目标采取的,以实现政策目标为目的而进行的设计、谋划、拟定解决方案的活动过程,是寻求解决政策问题的方法与途径。为了达到预定的目标,提出的策略(行动方案)必须至少有两个以上,而且必须说明各自的优劣和得失,可供决策者考虑和选择。备选方案设计通常应该包括:实践主体,行动的方法、手段,时空环境。设计备选方案也是一个动态过程,可以分为设想、分析、初选、评定、淘汰等若干环节。备选方案应该尽可能地把所有方案包括进去,备选方案彼此之间应该是相互排斥的,设计备选方案必须依据实际,并具有一定的前瞻性,对可能出现的变化有充分的估计。

备选方案的筛选就是在对备选方案进行全面评估的基础上择优的过程。评估的基本内容包括:对方案价值、方案可行性、方案效果、对方案风险进行论证评估。对备选方案的筛选要遵循以下三个标准:第一,政治价值标准。对于政治决策来说,这点尤其重要。所谓政治价值标准就是决策本身必须体现基本公平公正的政治价值标准,体现本国的核心意识形态和制度逻辑,体现社会大多数人的利益诉求。第二,成本—效益的标准。在坚持政治价值标注的前提下,能够以最小的成本达成最大预期的社会整体效益的政策方案才是高质量的政策方案。第三,伦理道德标准。良好的政治政策方案要符合社会普遍认同的道德规范和伦理准则。

政策方案的最终抉择与合法化。在经过备选方案的筛选之后,将进入政策方案的最终抉择阶段。这一阶段就是在评估、论证各种备选方案的基础上进行比较,最后选择出最佳政策方案的过程。备选方案的筛选是确定最终政策方案的前提,最终政策方案的抉择是筛选备选方案的结果。在确定最终政策方案的时候通常是通过集体选择来确定的,通过民主和充分沟通达成共同意志的基础上实现。常见的集体选择规则有:

第一,一致同意规则。这是指参与选择的全体成员必须一致同意选择某个政策方案才能通过。第二,多数抉择原则。即少数服从多数原则,以多数票来决定最终政策的出台。第三,赞成投票原则。由群体成员对所有他认为可以接受的方案投赞成票,得票最多的备选方案即可胜出。在中国,政治决策通常是采取更有特色、更加高效的民主集中

---

① 霍布森选择效应的典故来自英国。英国剑桥有个从事马匹生意的商人霍布森,他对顾客说,你们买我的马、租我的马,随你的便,价格都便宜。霍布森的马圈大大的、马匹多多的,然而马圈只有一个小门,高头大马出不去,能出来的都是瘦马、小马,来买马的左挑右选,不是瘦的,就是小的。霍布森只允许人们在马圈的出口处选。大家挑去挑去,自以为完成了满意的选择,最后的结果可想而知——只是一个低级的决策结果,其实质是小选择、假选择、形式主义的选择。人们自以为做了选择,而实际上思维和选择的空间是很小的。有了这种思维的自我僵化,当然不会有创新,所以它是一个陷阱。后来管理学家西蒙把这种没有余地的选择称之为"霍布森选择"。

制来实现的,也就是在充分沟通、充分发挥民主的基础上,在民主基础上的集中和集中指导下的民主相结合的机制,最大限度地发扬创造力和活力的同时,形成统一的思想和行动,有效克服议而不决、决而不行的弊端。方案在被决策时必须由权力机关按照一定的法定程序予以审议和批准,才能转化为正式的政策而具有合法性,才能得到社会的认可与遵循。取得了合法性的方案具备了强制力,可以交付执行机关去贯彻落实。

三、政治方案的试验与推广

政策试验和推广是中国一个独特的治理机制。在我国,涉及比较重大的问题,一般在正式的决策推广之前,为了保证政策的科学性、谨慎性,会选择在一定范围进行一定时间试验,总结其中存在的问题和经验,再在全国范围推广。这是了解中国独特的政策制定过程的关键。当然,中国独特的制度前提是政策试验获得成效的基础。[①] 何为试点与推广?政策试验是把自然科学的试验方法移植到了政策研究和公共政策的实践中。就中国的情况而言,凡是影响持久、深入、广泛的重大的决策,都会选择小范围地区边试边行,然后在归纳经验的基础上,再进一步形成概括性政策或者再全面推行的一套做法。边试边行的那些局部范围被叫作"试点",在点上进行试验的过程被叫作"做试点";点上的经验经过总结形成正式的政策或者对已颁布的政策予以详细化并进行补充然后再推行全面实施,被称作推广。[②]

通常来说,政策试点的具体类型包括各种形式的试点项目、试验区等。试点项目侧重于时间维度,也是中国政策过程中最为典型和普遍的一种政策试点类型,它是指在一定时间段和一定范围(特定的地域、政府部门或企事业单位)内所进行的一种局部性政策探索及实施活动。通常来说,政策试点项目包括三类:一是探索型试点,是指在某一新的开拓性改革领域内,为从改革实践中探索得出较为可行的全新政策方案设计而开展的试点工作。通过赋予试点单位相应的权限并要求其制定出新制度、新政策,是这一类试点进行的基本形式和目标。一般而言,在某项改革的初始阶段所进行的试点大多属于这一类型,比如改革开放初期的各种改革试点基本都是探索型试点。由于是进入新的改革领域,出于稳妥的考虑,探索型试点中选择的试点单位——即所布置的"点"的数量一般较少,有时甚至只有一个。在这一类型的试点中,试点单位可以获得开展试验的权限、政策支持等,但试点的具体内容、路径和操作方法等细节都需要自己来独自摸索。二是测试型试点,是指在全面推行某项制度之前,为进一步调整、完善该政策方案,而将其先行放置于个别地区或部门实施、观察制度实际运行效果的一种试点类型。测试型试点一般多出现于较为成熟的改革领域或某项改革的中后期阶段。与探索型试点不同的是,测试型试点是在具有较为充分的理论和实践准备这一状态下开始的,特别是在政策方案上已经有了一个初步的设计。所用于进行测试的制度文本,或来自改革倡导者的预先设计,或来自对具体改革实践的经验总结。三是示范型试点,是指为推动某项新制度、新政策的实施,选择部分地方或部门按照较高的标准率先执行这些新政策、实现既定政策目标,以

---

① 参见韩博天:《中国经济腾飞中的分级制政策试验》,《开放时代》2008 年第 5 期,第 31—51 页。

② 参见宁骚:《政策试验的制度因素——中西比较的视角》,《新视野》2014 年第 2 期,第 27—33 页。

对新政策的实施方法、现实成效尤其是积极意义上的效果进行具体的展示。开展示范型试点的出发点和目的,是在于通过对新制度、新政策进行现实示范,为政策实施单位提供可供参考和学习的对象,打消个别部门在执行过程中所可能遇到的问题和疑惑。而试验区侧重于空间维度,它是指为探索或实施某一项或某一领域的新政策、新制度而选定的一个地域性区划单位,具体表现为各种样式的综合性试验区、专门性试验区以及特区、新区、开发开放区、示范区、合作区等。全国各类试验区可以归纳为四个层面,即:国家综合配套改革试验区、部省共建试验区、国务院部委指导建设的试验区、地方自建试验区,等等。

现实中的各种试点项目基本都是沿着以下三条路径进行的:一是通过直接赋予某些"点"以先行先试的"政策探索权限",使其能充分地探索和创设新政策和新制度;二是把某项新政策布置在一些选取出来的"点"先行实施,根据在这些"点"所获得的各种反馈和经验进行进一步的完善,然后才"由点到面",以全局性正式制度的形式加以推广;三是选择部分"点",按照一个较高的标准实施某项新制度、新政策,为政策实施单位提供可供参考和学习的对象,使整个政策执行工作朝着预定的方向进行。中国政治方案的实验和推广过程政策以"先行先试—典型示范—以点促面—逐步推广"这一经典模式表现出来。通过运用把局部性政策方案进行逐步推广、使其扩散到更大乃至全国范围内的改革策略,使得经济社会转型可以在一个既保持可控性又富于创造性的过程中循序渐进地向前推进,从而有效地维护了改革过程中政治与社会经济的稳定。①

四、政治方案的评估与完善

政策方案的评估和完善是政治政策过程中非常重要的一个环节,政策评估的目的在于有效评定某项政治政策或计划的具体方案是否达到了预期效果。所谓政策的评估是指依据一定的标准和程序,通过考察政策整个政策过程的各个阶段,各个环节,对政策的效率,效能,效益,价值等进行检测和评价,以判断政策结果实现政策目标的程度。而政策的完善就是基于评估发现政策制定过程中的偏差,为备选方案确定优先顺序提供依据;明确政策的可行程度,得出继续执行政策或停止执行政策的判断;依据评估结果,改善政策执行程度与技术;分清多项政策的轻重缓急,对政策资源进行重新配置,为下次政策制定、执行和调整过程准备一定的有利条件。评估的类型可以基于不同的标准进行不同的划分,如基于评估过程的规范性,可以分为正式评估和非正式评估。正式评估是指专门的组织机构和人员根据一定的评估立论,为了实现评估目标,按照一定的评估程序而对相关的评估对象所进行的评估。非正式评估是指没有严格的专门组织机构,评估主体、评估形式和评估内容也没有固定化,但最后仍有某些评估结果的评估。非正式评估的缺点在于评估活动所获取的信息有限,缺乏科学的程序和方法,因而所得出的评估结论可能具有一定的主观性和片面性。依照评估主体的所属关系,可以分为内部评估和外部评估。内部评估是指政府内部的评估组织和人员所进行的评估,它可分为由政策运行机构和人员自身所进行的评估、由政府专职评估组织和

文档:阅读
材料2

---

① 参见周望:《中国"政策试点"研究》,天津人民出版社 2013 年版,第 54—96 页。

人员所进行的评估。外部评估是政府部门外的评估主体所完成的评估。外部评估分为两种类型：受委托进行的评估，这是最主要的外部评估方式；不受委托进行的评估，这类评估包括立法机关评估、司法机关评估、大众传播媒介评估、公民评估、研究机构评估、社会团体（第三部门）评估等。依照评估的阶段可以分为预评估、过程评估和结果评估。依照评估单目的，可以分为三类：政策效果评估；政策执行评估；政策效率评估。在政策评估和完善中，有以下几个问题需要解决。

一是选择怎样的评估标准。政治政策的评估是从确定评估的价值标准开始的，评估价值标准的选择、排序和组合，将直接影响评估的结论及其合理性和可靠性。评估标准通常来说主要从两方面设定：一是客观的收益、效率和效果；二是主观性的价值性诉求，如公正、民主、参与等。当然，在现代，更多的政策评估是把两种标准结合起来，如鲍斯特提出了政策评估的七项标准——效能、效率、充分性、适当性、公平性、反应度和执行能力；斯图亚特·那格尔从政策过程评估的角度提出了"3Ps"标准——Participation（公众参与度）、Predictive（可预见性）、Procedure Fairness（程序公正性）；威廉·邓恩将政策评估标准分为六个方面——效果、效率、充足性、公平性、回应性、适宜性。在政治政策评估实践中，面对诸多的标准，需要确定这些标准的主次关系，对这些标准进行排序组合，一般是可行性标准与可接受性标准相结合，定性标准与定量标准相结合，直接标准与间接标准相结合，总量标准与分项准相结合。

二是选择怎样的评估方法。政策评估方法是针对政策的某个环节或某个方面进行评估的手段、方式，有时也用于对政策的全面评估，但一般而言，对公共政策的全面评估都要用到多种评估方法。政策评估模式是各种评估方法的选择与组合，一般用于对政策进行全面的评估，但一项公共政策的评估也可能是多种评估模式的综合应用。通常可以分为以定量为主的评估方法和以定性为主的评估方法。定量评估方法是指根据评估对象的数据信息或量化的数据信息，运用运筹学、统计学、计量经济学、系统工程理论等学科的理论和方法，建立政策评估的数学模型，再借助电子计算机等手段进行计算来求得答案的方法和技术。如回归分析、成本收益分析、随机分析等。定量评估方法以理性主义为其方法论基础，以数据资料作为评估的依据，通过严密的逻辑推理、精确的数学计算为评估的基本工具，是政策评估领域最富于生命力和应用最多的评估方法。而定性评估方法则是评估者根据经验和知识，应用逻辑思维，对评估对象的性质进行的分析和判断。如价值分析方法、制度分析方法、头脑风暴法等。究竟采用哪种方法为主进行评估需要基于评估的目标、对象和过程进行科学的考量。

三是如何实施评估的过程。评估的实施首先需要收集足够的信息。信息收集是政策评估的基础，政策评估的实质就是政策信息的收集与处理。政策信息主要包括政策系统、政策过程、政策影响和政策效果等方面的信息。政策信息的来源有一手信息资料（如社会调查收集的信息资料）和二手资料（如各种政策文献资料）。在收集充分信息的基础上，下一步就是政策的评估分析，包括由具体到抽象、由分析到综合的三个方面，即统计分析、逻辑分析和理论分析。统计分析就是应用统计分析的方法分析收集到的各种数据信息，使之易于理解和系统化。逻辑分析就是把统计分析的各个结果进行排序组合，分析它们之间的逻辑关系（如因果关系）。理论分析就是对统计分析和逻辑分析的结论进行归纳、抽象，总结政策经验、教训和原则、规律的过程，这个过程也是对政策做出最终评价的过程。政策评估分析的各个阶段所采用的分析手段和方法有很大的不同，实践中要根据分析信息的特点和评估目标进行选择，有效地、灵活地加以运用。

对政策的完善和修正是在评估分析完成后的一个重要内容。通常来说，对政策的完善是在政策评估报告的最后一部分内容，也是最重要的内容之一。政策评估报告除了对政策效果进行客观陈述、对政策进行价值判断、提出政策建议外，还应对评估过程的优缺点作必要的总结。其中，政策建议要对政策是否继续、修改、变更或终止做出说明，并陈述相关理由。对于决策者来说，不仅关心政策所取得的效果，还要关心现有政策存在的问题，以及进一步完善的对策建议，从而为下一轮的政策制定和执行提供有价值的参考。

第三节　政治管理形态与手段

政治管理就是国家权力按照某种特定的秩序和目标对政治生活进行自觉地、有计划地约束或制约的一定方式。就是说，通过这种特殊的约束方式使政治生活的各方面都能按照某种既定的秩序和目标来运行和发展。广义的政治管理泛指国家政权体系对社会全部政治生活的调控，包括对国家行政机关的调控。狭义仅指政府对人民群众政治生活的协调和控制。人们一般使用狭义的政治管理概念。政治管理涉及人们的公共政治生活，是统治阶级维持社会稳定、秩序和保障国家机器正常运行的重要手段。从政治管理的手段和方式来看，官僚制无疑被认为是具有重要意义的模式转型，而在此之前，政治管理更多是运用个人权威和非理性的手段来实现政治管理的目标。

一、前官僚制形态政治管理及其手段

官僚制被称为理性的管理手段和方法，而在官僚制被视为政治统治的最有效和普遍的模式之前，在漫长的历史中，政治管理的主要仰赖于以下几种手段。

（一）宗教信仰

宗教神学把万物的起源归因于神，自然把政治的起源也归因于神，因而导致宗教成为政治的支柱，用精神现象说明政治现象的唯心主义，把政治权力神圣化。政治与宗教一样，在原始社会起源于该社会的经济基础，二者之间有着密切的关系，几乎浑然一体，表现为宗教与政治高度结合的神权政治。统治阶级充分利用宗教巩固自己的统治秩序，采取的主要形式有：把某一宗教定为全民性信仰的宗教，使其成为国教。国教在封建国家是十分普遍的现象。宗教为统治阶级利用的另一形式是政教合一。政教合一是政权与宗教权合一的政治现象。各封建国家用国教作为统治思想，政教合一现象很普遍。统治阶级对宗教的利用是把宗教当作使下层阶级就范的统治手段，以巩固统治为目的。宗教与政治的关系，不但表现为它与统治阶级的关系，而且表现为它与被统治阶级的关系。在宗教是占统治地位的意识形态的社会中，被统治阶级的政治运动往往借用宗教观念，运用宗教语言，使政治运动披上宗教外衣，才能动员和组织民众。同时，一切革命的社会

政治理论大体上必然就是宗教异端,所以异端常常与被统治阶级联系在一起,发展为以下层群众为主体的宗教运动。在基督教世界,异端运动往往通过宗教形式,或多或少地反映出奴隶、农民、平民或市民的社会政治要求,成为下层民众反抗统治阶级压迫的重要形式。正如马克思所言,"基督教的社会原则宣扬阶级(统治阶级和被压迫阶级)存在的必要性,它们对被压迫阶级只有一个虔诚的愿望,希望他们能得到统治阶级的恩典"①。

(二)个人权威

在封建历史时期,君主具有绝对的权威,对他的臣民与领土有无限制的权力,皇帝总揽天下大权,包括行政、财经、司法、军事的权力,同时以武力为先导,控制宗教势力。其治权不受到任何其他司法、立法、宗教、经济或选举的制衡或约束,像法国国王路易十四说的"朕即国家"。通过这种至高无上的权威,影响和直接支配下级官员和普通百姓。尽管为了更好地实现整个国家和地方的统治而不得不设立相关的机构和组织,但是这些官僚性的机构和组织往往由君主直接支配,皇帝任用亲信随从以取代和架空庞大的官僚机构。皇帝相信的是身边的仆从,而不是正常的决策行政系统。针对相位即外朝亦即正常的行政办事机构,常采取两种方法以制约其行政职能:一是架空,二是分权。如中国秦汉时代建立的丞相,魏晋时代就被尚书取代;魏晋后期更是出现了中书省,取代了尚书;东晋时代出现了门下省,取代了中书省;明代的内阁、清代的军机处,同样是内朝挑战外朝的例子。古代正常的行政决策制度,有朝议制度、谏议制度,而这些在内朝决策中基本上荡然无存。在欧洲,随着封建主义向绝对君主制的转变,绝对君主制打破了中世纪等级制对中央权力的限制,君主的权威得到凸显,逐步开始实现中央对每一个臣民的直接统治。借助于君主至高无上的权威,国家权力通过各种税收,尤其是人头税,直接作用于最底层的民众,与每一个居民发生了关系。② 当然,君主的个人权威至上并不意味着完全的随心所欲的个人统治,很多的时候,个人权威往往会借助于制度和法律的外衣进行政治统治。

(三)传统道德

道德是过去长期以来政治统治的有效手段,尤其是在中国,德治是中国古代的治国理论,在中国历史上,传说中的尧、舜、禹,皆以德高望重而即位,皆以德治爱民而著称。周代著名政治家、思想家周公总结殷商因残暴而失天下的教训后指出,周人要想保有天下,只能是"修德配命""敬德保民",推行德政。德政的核心内容是"惠民"。所谓"惠民",主要内容有三:一是要惠于庶民,"不敢侮鳏寡",要"怀保小民,惠鲜鳏寡",勿使"民怨";二是要行德教,即要对民进行"训告""教诲",使他们心悦诚服;三是要"明德慎罚"即说治民当然要有"罚"这一手段,但是罚当慎。所谓"慎罚",即量刑要适当。周人关于"敬德""惠民"的这些思想和政策对后世产生了非常深远的影响,并成为儒家"德治"思想的来源。孔子承周并吸取春秋诸子的思想遗产,明确提出了德治的政治主张。强调"修德""爱人"。他力主为政者修德正身,以道德来感化人民。认为"为政以德,譬如北辰,居其所而众星共之"。之后,儒家学说倡导的一种道德规范,被封建统治者长期奉为正统思

---

① 马克思、恩格斯:《马克思恩格斯全集》第四卷,人民出版社 1958 年版,第 218 页。
② 刘北成:《论近代欧洲绝对君主制》,《北京师范大学学报(社会科学版)》1997 年第 1 期,第 96 页。

想。儒家认为,无论人性善恶,都可以用道德去感化教育人。这种教化方式,是一种心理上的改造,使人心良善,知道耻辱而无奸邪之心。历代统治者都非常注重通过这种儒家的德治以维持封建社会的稳定。

二、官僚制形态政治管理及其手段

视频:独山
"天下第一
水司楼"

官僚制强调的是排除了人的主观情感和偏见的身份秩序,是能够保障客观性、非人格化、专业性和能力的合理性的组织形态。在这种形态中,权力依职能和职位分工和分层、以规则为管理主体的管理方式和组织体系,亦称科层制,它是由德国社会学家马克斯·韦伯提出。与过去通过宗教信仰、个人权威和道德的管理手段不一样,官僚制强调政治管理和统治是基于基本的制度、规则等理性的手段,通过规范化的分工和层级权威,通过事先的程序和规章来实现管理的过程,认为这是实现效率的最有效的方式。官僚制是现代资本主义经济合理性的高度体现,充分发展的官僚制是一个实施组织管理的严密的职能系统,它把整个社会变成一架非人格化的庞大机器,使一切社会行动都建立在功能效率关系上,以官僚制保障政治和经济社会组织最大限度地获取效率。官僚制是近代社会生产力飞速发展、社会分工越来越细、组织规模不断扩大的产物。韦伯认为,任何组织都是以某种权力为基础的,合理—合法的权力是官僚制的基础;它为管理活动、管理人员和领导者行使权力提供了正式的规则。官僚制既是一种组织结构,又是一种管理体制。现代社会组织的管理就意味着按照正式规则对组织活动进行控制。

具体来说官僚制的政治管理手段体现在以下几个方面:

一是基于规则的分工。与过去政治管理根本不同的是,官僚制强调摒弃过去人格化的管理模式,基于存在着固定的、通过规则即法律或行政规则普遍安排有序的、机关的权限原则来处理一切内外部关系。政治和行政人员必须照章办事,不允许将私人关系掺杂在内,更不允许因私人关系而破坏组织的正式规则。由于权力来源不是出自血统的或世袭等因素,而是源于建立在实践理性基础上的形式法学理论和形式法律规定的制度,科层运作的主要指标是可操作性与效率,实证主义有时甚至是功利主义就大大占了上风,个人的性格和意志在这里难以有所作为,人身依附关系因为科层内部流动的物化标准与程序化而弱化乃至消失了。官员的体制内流动,不是由他的上司的个人好恶决定的,而是取决于制度所规定的行动的程序化、客观化、他的年资、工作经验、责任心和敬业精神等,更加可以在形式上加以量化。用纯粹理性主义的观点看,个人的服从对象不再是拥有特定职务的个人,而是个人拥有的特定职务,换句话说,他为客观的非个人的组织和组织目标服务。对为了官僚体制统治机构的目的所需要的、经常性的工作,进行固定的分工,将其作为职务的义务。对为了履行这些义务所需要的命令权力,同样进行固定的分割,并且通过规则对赋予它们的强制手段,划清固定的界限。为经常性地和持续地履行这样分配义务和行使相应的权力,通过招聘具有一种普遍规定的资格的人员的方式,有计划地事先做好安排。[1]

---

① 韦伯:《经济与社会》,商务印书馆 2004 年版,第 278—279 页。

二是严格的职务等级序列。在科层体制内部,每一个个体单元被分割成各自独立的部分,并且要求完全排除个人的情感纠葛。对权力义务体系规定得细致而明晰,使得每个个人都能够照章办事而不致越出权力义务体系范围。在此种情况下,不允许科层个人随意扩大其行动的阈值并表现出所谓的"能动性"。这就是说,个人在科层体制中已经被物化与原子化了,官僚制度就像一部运转良好的行政机器,它要求其成员只是做好自己分内的事,即使在一些情况下过分的程序化可能导致效率的低下也在所不惜。各级官员由于受到非政治化的管理(对他们最主要的肯定评价是技术性要求),下级必须依靠其上级的首创精神和解决问题的能力。科层体制是法律化的等级制度,任何官员的行动方向是由处在更高一级的官员决定的。

三是技术化手段。如同实证科学、经验科学及讲究方法的、合理的经济体制等,官僚制亦奠基于"可计算性"。[①] 现代科层拥有极为完美的技术化程序和手段,这也正是它之所以优越于前现代科层体制的突出优势。在技术化取向的支配下,现代科层不仅愈益倚重各类专家,而且在管理的方法和途径上也越来越科学化、合理化,组织行为的科学化业已成为各类科层的共识。这是因为,非此不足以回应现代社会的无论是来自程序或是系统外部的种种挑战。于是,个人的或者说是"卡里斯马"式的行动效应在此无能为力,现在受到专家指导的科层的行动方式更加一丝不苟,科层的日常工作大部分与信息、各种知识、对信息的收集整理归纳、多个可行的决策方案的提出以及对这些方案的进一步的彻底的论证等等相关。不仅组织行为技术化了,而且组织目标及这些目标的确立过程也技术化合理化了。

四是考核任命。任职资格要通过考核和任命。组织成员资格应通过正式考核获得,他们进入组织并占据一定职位的依据,是他们经由教育和训练所获得的专门知识和技能。除最高领导者外,所有的管理人员都是上级任命产生的,他们是专职的管理人员,领取固定的薪金。管理人员晋级有统一的标准,其薪金应与责任和工作能力相适应。

官僚制的组织结构和管理体制,根据组织目标合理地分解了组织权力,提供了组织内各方面有效合作的基础,在一定程度上排除了政治管理中的不稳定因素,有助于提高政治管理的效率。但是,由于官僚制在一定程度上忽视了组织成员的个性特征,森严的等级,使任何行动都受到正式规则的严格束缚,组织成员的创造性、主动性受到压抑,容易滋生墨守成规、繁文缛节的官僚主义,组织沟通容易出现障碍,从而导致政治管理效率的降低。

三、后官僚制形态政治管理及其手段

官僚制从一开始就遭到了来自各方的批评,随着官僚制化的进展,就连马克斯·韦伯自己也认为,官员的权力将日益增长,并最终会威胁到人类的自由和尊严。如默顿早在 20 世纪 50 年代就对官僚制进行了深入的批评。官员日复一日的常规工作充满机械性,这种重复性的活动使他们形成了难以适应变化的特殊偏好和思想感情,造成了所谓的"专业畸形"。官僚制强调的专业化管理,这意味着让管理者管理,由高层人员对组织

---

① 施路赫特:《理性化与官僚化》,广西师范大学出版社 2004 年版,第 88 页。

进行积极的、显著的、裁量性的控制,重结果而忽略过程等。容易产生技术主义、形式主义、规章烦琐、程序复杂、机械僵硬、办事拖拉等官僚主义现象。官僚制容易形成一种特殊的利益集团。在政府的各种不同机构中,没有一个比文职官僚机构更为可恶的了。专业技能和技术知识密集于官僚们的队伍,这使他们以及他们所在的机构大权在握而不受节制。① 20 世纪 70 年代以来,随着信息化趋势越来越强以及西方各国普遍面临着越来越严重的治理危机,官僚制被视为僵化和无效率的代名词,对官僚制的批判也越来越激烈,尤其是新公共管理浪潮兴起以来,在批评官僚制弊端的基础上,后官僚主义的一系列管理手段和方法被提了出来,主要体现在以下几个方面:

（一）强调服务,而不是管理

政府职能由"划桨"转为"掌舵"。后官僚制主张政府应该把管理和具体操作分开。政府的角色应是"掌舵"而不是"划桨"。政府的主要职能是宏观性的政策制定和做好基础性的公共服务。传统官僚制低效的一个重要原因就是忙于"划桨"而忘了"掌舵",做了许多做不了、做不好、舍本求末的事情。后官僚制完全改变了传统模式下政府与公众之间的关系,政府不再是发号施令的权威官僚机构,而是以人为本的服务提供者,政府公共行政不再是"管治行政"而是"服务行政"。公民是享受公共服务的"顾客",政府以顾客需求为导向,尊崇顾客主权,坚持服务取向。当人事机构的行政长官、管理者、职员在履行官僚政治改革者所提出的责任时,他们将工作传统地定义为实施权力、遵守规则和称职地完成任务。但是新的理念是将职能机构的工作定义为提供服务,使结果变得更富有意义,使得相互协调变得更有价值。② 后官僚制关注政府项目实施的有效性,表现出一种目标导向的趋势,行政权力和行政行为从属和服务于"顾客"的满意度这一中心。政府以提供全面优质的公共产品、公平公正的公共服务为其第一要务。政府是负责任的"企业家",而公民是其尊贵的"顾客"。作为"企业家"的政府并非以盈利为目的,而是要把经济资源从生产效率较低的地方转移到效率较高的地方,"由顾客驱动的政府是能够提供多样化和高质量的公共服务的政府"。对公共服务的评价,应以顾客的参与为主体,注重换位思考,通过顾客介入,保证公共服务的提供机制符合顾客的偏好,并能产出高效的公共服务。

（二）强调竞争,而不是垄断

所谓竞争是指把私营部门中有效的管理模式引入地方政府公共部门中来,通过市场竞争的方式来代替传统的由地方政府垄断的服务提供方式。公共部门传统结构的突出弊端是过分依赖庞大垄断的、缺乏外部监督制约的官僚机构。这种机构最看重规章制度和权力对政府行为的指导,几乎完全忽略市场信息和公务员个人的主观能动性。加之这种机构服务的无形性、迟效性、综合性,使得公众和民意机关在质与量上无法对其效率进行准确的评估和监督。针对公共部门这一弊端,市场模式提出了具有战略性的改革设

① 奥罗姆:《政治社会学》,上海人民出版社 1989 年版,第 76 页。
② 巴泽雷:《突破官僚制:政府管理的新愿景》,中国人民大学出版社 2002 年版,第 119—120 页。

想,主张下放决策和执行权力,把大的公共部门分解成若干小的像企业那样可以相互竞争的运作部门,将大量的服务职能下放给低层机构、私营部门或半私营部门来承担,迫使政府无法进行垄断性控制,从而达到降低成本、减少服务费用、增加服务种类、提高服务质量等目的。与传统公共组织力图通过金字塔式的多层级结构实施管理和保证决策的连续性不同,市场竞争模式强调积极进取的政府行为和个人责任,促使公共部门致力于建立层级尽可能少的网络式平板结构。在公务员管理体制和方法上,较之于传统做法具有根本性的变革,最典型的就是吸收私营部门的管理思想,打破集体化的工资分配制度,建立以功绩制为原则的个性化绩效工资制度。把市场竞争机制引入地方公共事务的提供中来,通过竞争投标和签订合同的方式,使地方公共部门与企业和组织竞争提供公共事务和服务,如垃圾处理、公共卫生等。所谓解制即解除管制,就是取消公共部门众多的规章制度,取消过程取向的控制机制,相信并依靠公务员的责任心和能力来从事新的创造性工作,提高工作效率,改进社会的整体利益。优势在于改变官僚制照章办事的传统,去除繁文缛节,清除政府管理实质以外的其他附着物,让地方政府最大限度地释放潜在能量和创造力,以新的创造性工作提升社会的整体利益。认为政府在社会中应扮演一种积极角色,改革只是解除政府内部过繁的管理体制,通过取消地方政府内部对政府工作能力的限制或制约因素,使政府的能力更好地发挥出来,更好地适应社会的需要。[①]

后官僚形态的政治力图建立等级森严的强势政府,主张政府管理应广泛引入市场竞争机制,通过市场测试,让更多的私营部门参与公共服务的提供,提高服务供给的质量和效率,实现成本的节省。以竞争求生存,以竞争求质量,以竞争求效率。竞争性环境能够迫使垄断部门对顾客的需要变化做出迅速反应。相对于动用政府本身的公务员来说,合同外包是允许政府实验各项政策的全新供给体系,通过市场测验可以判断出新政策的合意性。风险规避,尤其是政治风险的回避,是公共行政人员推行民营化的主要动机。奥斯本归纳了14种可供选择的市场化方式来实现公共服务的有效供给[②]:

- ✓　签约外包
- ✓　私人部门活动规则
- ✓　税收鼓励或抑制
- ✓　特许制度
- ✓　生产商补助(转让、贷款、平等投资权、有利的采购政策、有利的投资政策)
- ✓　顾客补助(代金券、税收信用)
- ✓　允许使用公共财产的政策
- ✓　风险共担(保险、信用担保)

① 彼得斯:《政府未来的治理模式》,中国人民大学出版社2001年版,第124—127页。
② 奥斯本、普拉斯特里克:《摒弃官僚制:政府再造的五项战略》,中国人民大学出版社2002年版,第98—99页。

✓	为顾客提供信息
✓	技术援助
✓	通过费或税进行的需求管理
✓	疏导
✓	催化志愿者活动
✓	公—私合伙

（三）强调分权，而不是集权

分权是指中央政府或上级政府把相关的职权下放给地方政府或下级政府的行为，就是让那些长期被动执行的基层管理者具有参与权、决策权。分权已经成为当代社会的趋势。1996 年 4 月联合国第 50 届大会通过了关于公共政府的第 225 号决议，积极鼓励公共政府的分权趋势。世界银行在 1997 年的报告中认为，从省、州级政府在政府收支中所占比例来看，国家越富有、越大，就越趋向权力下放。相对于中央政府而言，地方政府更能了解地方的具体实际，更能把握地方民众的偏好，而具有信息优势，把与地方事务和只涉及地方民众的利益的权限下放给地方和基层社区，可以更有效地提供地方公共物品，节约管理成本，提高行政效率。让更多的人参与进入公共事务管理的过程。同时也可以带来其他的很多好处，如可以调动地方政府和基层公务人员的积极性，促进地方政府责任感的提高。地方政府也担负起本地社会全面发展的职责。当然，分权不是把所有的权力一股脑地交给低层公务员，而是有效地吸收他们介入，共商大事。除此之外，分权也包含政府把原来属于自身范围的一部分职能通过规范化的程序授予非政府组织，授予社区、私营公司、非营利性组织。还可以把一部分职能委托给更合适的公共部门或者私人部门中的机构，如地方委员会、各种咨询服务顾问等，其目的在于让这些组织自我管理、自我服务，让其发挥自身的创造力。当然政府的具体授权方式是多种多样的，如政府将社会服务与管理的权限通过参与或民主的方式下放给社会的基本单元如社区、志愿者组织等。重新分配政府与社会的权力，充分发挥非政府组织、私人组织、社会团体组织的承担公共事务的功能，使地方政府和它们一道，形成多中心、网络化的公共事务的提供机制[①]，对于提高政府的效率和政府质量具有积极的意义。

本章思考题

1. 渐进决策模式的特点及其启示意义是什么？

2. 为什么政治决策要特别重视试验？

3. 如何理解后官僚制形态政治管理的新思维？

文档：学习参考网站与书目

---

① 麦金尼斯：《多中心体制与地方公共经济》，上海三联书店 2000 年版，导言。

【案例思考】

改革的前前后后

这可以说是 40 多年改革开放历史上堪称重大改革之一。

1978 年之前,中国实行的是统收统支财政管理体制,地方收入统一上缴中央,地方支出由中央统一划拨,地方收支不挂钩,这导致地方在财政收入上没有太大积极性,整体财政偏紧。改革开放后,中央对税收制度进行了一系列改革,先是 1980 年开始正式实行"划分收支、分级包干"管理体制,即将各种收入和支出类型明确划分为中央或地方收支,并对地方收支不平衡时予以包干和调剂的制度。几乎同时,国企利润分配改革开始试点,1983 年开始原来的国企上缴利润正式改为向中央缴纳一定比例的税收,余下部分留地方使用。这些改革设计在实施初期,由于具有"承包"的性质,调动了地方政府和企业的积极性,极大地改善了当时的财政状况,基本捋顺了中央、地方、国企之间的分配关系。

不过,这种"中央和地方分成制"设计严重依赖于地方遵守约定。由于缺乏有效监督和惩罚机制,地方政府和地方国企往往会采取各种方式少报收入,使得中央在分成收入上处于劣势。虽然总体财政收入增加,但中央财政收入相对大幅减少,不能保证中央事项的正常推进,不利于统筹整个国家的经济社会建设和宏观调控,甚至出现中央向地方"借钱"的尴尬。1992 年接替王丙乾出任财政部部长的刘仲藜感慨:李先念同志兼任财政部部长时,有上衣和长裤穿;王丙乾部长在任时还有衬衫,到我这儿只剩下背心裤衩了!

1993 年,朱镕基正式接手分税制的改革。

朱镕基提出分税制的构想:中央将税源稳定、税基广、易征收的税种大部分上划,消费税、关税划为中央固定收入,企业所得税按纳税人隶属关系分别划归中央和地方;增值税在中央与地方之间按 75∶25 的比例分成。

当然,要"重新切蛋糕"并非易事。朱镕基不惜在两个多月里奔波全国,到各省市一一说服,首站去的就是在财政大包干制度下得益最大的广东省,并自谓"不入虎穴,焉得虎子"。经过艰苦卓绝的协商,最终地方政府同意改革方案,愿意将大部分收入上交中央,作为回报,中央开始允许地方通过卖地来增加收入,从而保证地方的收支稳定。

最终,1993 年 11 月 14 日,党的十四大通过的《中共中央关于建立社会主义市场经济体制若干问题的决定》指出,要积极推进财税体制改革,将地方财政包干制改为分税制,新一轮税制改革正式拉开了帷幕。

分税制改革,对于中国的发展有着举足轻重的作用,它不仅使中央政府的财政汲取能力大大增加,还有效维护了中央的权威,遏制了地方的离心力,维护了整个国家的稳定。当然,也为今后的土地财政和房地产火热埋下了伏笔。

问题:分税制的推行体现了我国政治决策过程中怎样的特征?

第六章　腐败与反腐败

本章导读：

本章主要讲述政治腐败概念、类型和特征，分析政治腐败滋生的成因，比较国外反腐败的体制机制，讨论中国反腐败的基本模式和策略。

重点与难点

1. 政治腐败滋生的原因
2. 中国反腐败模式的优势和特色

腐败被称为"政治之癌"，已成为一个世界性的政治痼疾和"全球性威胁"。腐败的蔓延不仅会提高政府运行的成本，而且败坏社会风气，吞噬政府的合法性基础。在全球化、网络化和风险社会的特征日益鲜明的今天，恐怕没有什么组织和个人不与公权力打交道、不需要政府提供安全保障及其他公共服务，而凡是有公权力发生影响的领域都有可能是腐败滋生的领域。因此，政治学、法学、经济学、历史学、社会学、教育学、心理学等众多学科都开展对腐败现象的研究。

第一节　腐败概述

一、腐败及其表现形式

（一）腐败的内涵

从一般意义上讲，腐败是指运用公共权力谋取私利的行为，也就是所谓"公权私用"。但是对腐败的认知，从不同的视角可以有不同的解释。

政治学的观点认为权力导致腐败，绝对权力绝对导致腐败。这既有权力结构设计不合理、专业化和分化度不高的因素，也有权力监督系统失效的因素。因此，反腐治腐的重点是完善权力监督系统，强化对公权力行为的监督。各国都应着力于建立一个由政党内控、议会审查（含宪法审查）、行政监察、审计、司法检察、肃贪和舆论监督组合而成的全方位公权力监督体系。

经济学的观点认为腐败是市场经济条件下权力租金的分配。政府干预相对强权和市场体制的不健全，使权力"设租"和"寻租"既有市场，也有可能。因此，预防腐败的关键是"政府最小化"，界定政府权力边界。

　　法学的观点认为腐败是廉政法制的缺失或滞后和廉政法治不严的结果。廉政法制缺失或滞后容易使公权力行为的正当性规范模糊，行为主体无所适从或钻空子。而廉政法治不严则会使公权力行为异化所受到的惩处不足以抑制该行为主体对行为异化带来收益的欲望的追求。亨廷顿在其《变革社会中的政治秩序》一书中提出，标准变迁对行为的影响，使原先不是腐败范围的行为进入了腐败行为之列，同时，标准变迁过程中，行为与新制度磨合需要一个时期，这当中也常常发生不正当行为。反腐败的核心是健全反腐败的法律及制度建设。这些法律和制度体系基本上是以监督公权力与租金的连接过程为核心建立起来的，如反贪污贿赂法和财产申报制度等。

　　文化及心理学的观点认为腐败是公权力行为主体与各种环境变量博弈的选择。著名心理学家勒温的群体动力理论把个人行为解释为个人与环境相互作用的函数，即 $B=f(P \cdot E)$，其中 E 主要包括人格、文化氛围、法律制度背景、盈利机会等。也就是说，腐败是一种组合因素诱致的行为。[①] 反腐败需要将官员腐败的警示教育经常化，同时，强化对选人、用人的管理，防止用人失当衍生腐败及用人过程本身流变为腐败过程：一是使越来越多的公共官职采用民主选举的方式产生；二是完善任命制，强化对候任官员的考查和公示。

　　对于腐败，各种观点林林总总，不一而足。我们也可以说，腐败有狭义和广义之分。

　　从广义上讲，利用公共权力谋取私利的行为就是腐败，它涉及政治（立法、司法和行政）生活、经济生活、文化及社会生活等一切与公共权力有关的领域；腐败发生的主体包括直接掌握公共权力的人，也包括间接促使公共权力谋私的人，所以，行贿者和受贿者一样都是腐败分子；以权谋私的行为不论情节都是腐败。

　　从狭义上说，腐败主要是指政治生活领域发生的以权谋私行为，其他领域的相关行为不视为腐败；腐败行为的主体只能是公职人员，不包括行贿者；情节轻微的以权谋私行为不是腐败，而必须达到一定社会危害性才算是腐败行为。

　　不论是从政治作为管理公共生活的体系、政策和过程的理论意义看，还是从世界大多数政治国家的实践看，都较多地从广义层面来界定腐败的内涵。

　　（二）腐败的特征

　　既然腐败是利用公权力牟取私利的行为，我们就可以从腐败行为主体、动用资源、行动目的和属性等方面分析其特征。

　　第一，腐败行为的主体既可以是公职人员，也可以是非公职人员。公职人员的腐败行为是用公共权力换取利己性资源，非公职人员的腐败行为是用自己的资源换取公共权力。大多数腐败行为都有共同主体，不能简单将公职人员看成是腐败行为的唯一主体。

　　第二，腐败行为与公共权力紧密相连，与公共权力无关的行为即便违法、违规了也不能认为是腐败。

　　第三，腐败的直接目的是图谋私利，包括为掌权者及其亲密关系人和行贿人牟利。如果公职人员的行为虽损害了公益，但自身及其利益相关人并未因此得利，也不能视为

---

①　何增科教授探索出一套反腐预警机制，含有 50 个指标，划分为"激励机制扭曲度指数"、"机会结构扭曲度指数"和"约束机制扭曲度指数"三个部分。

腐败,而应归类为渎职或行政失误。

第四,腐败的定性与行为的情节没有关系。腐败是个政治概念,不同于犯罪。腐败的定性应该由政治规则确定,因此,不是根据以权谋私行为的情节来认定,而是只要发生以权谋私行为都应该视为腐败。当然,当腐败情节达到一定程度也就是危害社会时,腐败就构成犯罪,其惩处除了在政治规范范围内做出外,还要接受法律规范的拘束。

（三）腐败的形式

腐败是利益与权力的交换。交换资源的形式不同,腐败的表现形式也就不同。概括来说,主要有以下几种情形:权权交易、权情交易、权钱交易、权名交易等。

权权交易简言之就是"官官相护"。腐败交易双方都是或者都依靠公共权力,他们在各自的公职岗位上用公权力为对方提供方便或者庇护。比如,搞"小圈子"、拉帮结派、团团伙伙等,在公权力行使中为自己帮派的利益而丧失原则。

权情交易是人情社会文化习惯比较浓厚的地区常见的腐败表现形式。其行为动机就是还"人情债",因情废法。东方社会许多腐败的发生都与家族之情、"六同"①之情和男女之情密切相关,甚至腐败行为的主体明知做出某种违规行为于己不利也依然"殉情"。

权钱交易就是以钱换取权力庇护,或者以权"寻租",是所有腐败中最为典型的一种类型。比如贿选、买卖官职、请托、送"干股"等。

权名交易是公职人员利用手中的权力换取一些名望或者有利于其进一步获取权力的符号性资源,比如学位和"荣誉称号"等。一般情况,这类公职人员往往与相应的名望不符,只能通过不正当的程序和途径以权施压来获得,当然,也有拥有相关称号授予权的机构为博得特定公职人员的支持而献媚将相关称号赠与。

二、公务腐败及其滋生模式

（一）公务腐败的内涵

"公务行贿"或"因公腐败"是腐败的一种典型类型。它与一般意义上的以权谋私相比,其动机更具隐蔽性,因而更具蛊惑力。"公贿"式腐败主要指政府间、政府与企业间和政府与事业单位间在公务活动中以组织的名义、动用公共资源发生的交换权力、物质资源和非物质支持等的违纪违规行为,诸如公务贿赂、公款吃喝、公款旅游等。其政治、经济和社会危害都远比单纯以权谋私的传统腐败严重。"公贿"式腐败的具体表现为:单位为谋取某种利益给予单位公款;单位为谋取某种利益给予个人公款;个人为谋取某种利益给予单位公款;个人为谋取某种利益给予个人公款。

公务腐败与一般的以权谋私行为和商业贿赂相比有三个不同的特征。其一,它以公务的名义,通常是集体行为,甚至有单位、领导班子和一级政府的决定,不是某个人的自作主张,即便情况紧急,也会履行"先斩后奏"的程序,在小范围内通气,或被班子成员所默认。其二,它的资源是公共资源（公款、公物、公共资产）,不是个人掏腰包。其三,它的受益面不仅仅是行贿人和受贿人,行贿所得可能为一个单位、一个地区,甚至可能为这个

---

① 泛指同事、同学、同好、同乡、同缘和战友等人际交往相对紧密的关系维度。

地区的民众所共享;接受贿赂方也可以是一个集体,受贿所得未必为受贿人所有,而可能是代表一个单位受贿,受贿所得由单位集体支配。比如,某地区通过其驻京办工作人员向某部委"公关",为该地区争得一个重点投资项目、一笔转移支付资金。[①] 这一行为就符合公务腐败概念的全部规定性。

从此类现象发生的过程中可以清晰地看出,投资审批权、决策权的运行存在较大的自由裁量空间或者说随意性;干部晋升的政绩压力大及其考核机制存在偏废;政府预算约束缺乏刚性。这些体制机制问题,一环扣一环地强化着公务腐败发生的"动力—压力—能力"。因此,健全和完善上述几方面的体制机制是从制度上防控公务腐败发生的源头性举措,值得深入研究。

(二)公务腐败的主要模式

根据职能大类划分,行政立法、行政审批和评估考核是行政部门的基本职能领域,政府在履行上述职能时,都不同程度地受到各种潜规则的干扰,形成不同的"因公"腐败模式。

1.模糊立法——自由解释[②]

利用行政立法权,为相关法规预留较大的自由解释空间,并将此转化为寻租空间,接受受到此类法规规制的企业的请托,已成为该领域一些公职人员渔利的潜规则。"郭京毅案"中的腐败手法就是充分利用我国立法程序上的漏洞,巧用"模糊立法——自由解释"的潜规则,进行寻租。其主要特点是:

(1)利用相关行政法规的制定和修改权,为特定企业规避管制开"绿灯"。他采取立法调研、政策咨询的名义,"削足适履"式地将有关公司的利益、主张转变为法规条文或修改为法规意思。

(2)利用法律政策中的模糊地带,把解释法律的义务转化为权力寻租。当相关企业在发展中遇到相关法规的限制性障碍时,他又做出有利于请托企业的法规解释。

(3)吸收有直接利害关系的律师事务所进入法规创制体系,参与法规的制定、修改和意见征求工作,为其承揽诉讼业务提供便利。

该模式中,郭京毅将行政立法的抽象调节特征变通为具体调节,亵渎了立法的精神,使具体的被调节主体在适用法律时有可能受到不一样同时也是不公平的调节。由于法律调节的对象是广泛、普遍的,如果不同的对象可以通过不正当的方式形成有利于自己的法制政策环境,其洞开的寻租空间就难以想象了。

2.行政审批权寻租

自1949年我国首个地方驻京办设立以来,全国几乎所有的县级政府都设立了类似的机构,其设立的初衷也由信息沟通演化为关系联络,以致社会上戏称驻京办为"关系

---

① 最为典型的案件,是原广东省委常委、广州市委书记万庆良在 2008 年主政揭阳时期,曾用公款向周永康之子周斌进贡 5000 万元,希望游说当时的中石油董事长蒋洁敏将一个世界级石化项目落户揭阳,最后该项目真的"无中生有"落地揭阳。

② 最为典型的是原商务部法规司司级巡视员郭京毅以服务外贸投资企业之名,在外贸法规的制定、解释和适用等环节为请托方提供便利,并收取巨额贿赂。因而也被称为"郭京毅模式"。

办""接待办"。以驻京办为载体而衍生的"因公"腐败是我国国家政策和资源配置权力存在部门化的漏洞与地方政府间的竞争关系越来越走向非理性化共同作用的结果，是一种典型的国家权力部门化—部门权力利益化的审批权寻租行为。其基本特征是：

（1）寻租手段采取信息租金和权力租金结合。一方面，驻京办利用地缘近、人缘广的优势探听中央部门不便正式化或尚未正式化的信息，为地方政府的超前决策提供可信的中央精神支持，便于地方主政官员选准工作思路，助其早出政绩。中央有关部门及其工作人员未必向地方提供直接的权力支持，但他们选择性地提供了不该提供或应统一公开的信息，而谁被选择为提供对象，就要看谁与他们的关系更近。另一方面，相关部门利用缺乏刚性约束的行政审批、试点授权、财政转移支付或补贴，直接向关系较好的地方倾斜，从中提取租金。

（2）关联双方比较普遍。一方面，各地驻京办为争取优惠的资源、指标和政策而采取的灰色公关行为比较普遍，只是形式不一、程度不同而已。另一方面，对地方发展有重要审批、管制和调控能力的部门及其内部机构接受驻京办灰色公关的亦非个案。

但是应该看到驻京办衍生腐败还只是问题的表象，其实质是权力配置机制存在问题的一个缩影。它表明我国央地、政企、政事间的权力配置一定程度地存在不公平性、不规范性和承诺的不确定性等漏洞，给关联双方都留下了太多的自由裁量空间，也埋下了央地间采取潜规则方式协调关系的种子。有关部门有权力采取不确定、不规范的方式向地方分配资源、提分外的要求；而另一利益相关方也有压力、动力和条件去采取不确定、不规范的方式争取到相关的资源和扶持。以此类推，省市之间、省县之间、市县之间、县乡之间的互动中也会复制这种模式，滋生更大规模的腐败。

3. 评估考核被亵渎

随着政府职能转变的推进，以及放松事前规制、严格事后监管理念的践行，评估、监督和考核越来越成为影响资源配置的重要方式。但是，在评估监督实践中，由于评估专家信息的保密性差，特别是实地考察评估根本无法保密，加上第三方评估的商业化倾向，事后评估监督容易演化为交换支持的"大餐"。这其中包括部门间、企业间、事业单位间以及专家间的交换支持等多种形式。这种交换支持的实质是亵渎评估监督权，造成质量监督的失效。其基本特征是：

（1）权权交易。这类腐败主要不体现在金钱上，即便有贿赂情形发生，数额也在数千至数万元之间，而主要表现为评估权交易。因为，评估权具有流动性，在一定时间、一定事项上，甲单位（专家）拥有评估权，但在另一些事项和时间节点，评估权可能换位为乙单位（专家）。在这种情形下，评估结果的选择余地实际上具有硬约束的背景，而不完全由被评估对象事实上的优劣决定。因此，评估本身反而被软化了。这也正是为什么我国许多正式的评估检查都是"你好我好大家好"的结果，很难发现真正的问题。在这里，对评估权的亵渎无疑是最大的腐败。

（2）评估权单位与专家二合一交易。在评估监督检查中，专家不仅代表自己，也代表单位，因为相当一部分专家就是由单位推荐的。因此，专家给被评估单位评定什么意见，不完全是专家本身意志的表现。有时，专家对被评估对象的某些条件的确不满意，但考虑到两个单位间的友好关系，以及对方也可能在不可预知的领域和时间评估自己及所在的单位，也只好手下留情。

那么，这些看似"因公"的行为，何以应纳入腐败范畴呢？根本原因就在于它符合腐败行为规定的本来精神。上述所谓"公务需要"、"公共资源"和"公共受益"都仅仅是对利益交换双方而言的，如果范围再放大点，这些"公共"的属性就难以成立了。比如，某部委接受 A 地的请托，为其批准项目和资金，可能会影响到他们在考虑给 B、C 等地核准相同事项的公平性。因此，从这个意义上讲，该行为仍然逃脱不开"以权谋私"的界定。如果不认真研究并切实防治公务贿赂，一些表面上的行政行为就会在行政潜规则的掩饰下，变成"有组织的犯罪"。

但是，由于公务腐败的出发点容易混淆视听，其得益面并非某个人，有时可能是一个单位甚至一个地区，与反腐机构博弈的不是个别人，而可能是一个集团、一个班子，乃至一级政府，因而，防止和惩处此类腐败将面临比治理纯粹的个人贪腐和商业贿赂更大的阻力和压力。特别是在我国当前相对偏激的任期激励机制的刺激下，加之预算约束制度缺乏刚性，下级政府、部门和企事业单位不仅有动力，也有条件采取潜规则的方式争取权力、政策和优惠。如果深究，我国不少官员的贪腐行为都与此类"制度设租"效应相关。

三、腐败形式的新变化

党的十八大以来，反腐败斗争取得压倒性胜利并全面巩固，大大压缩了腐败滋生的空间。一是潜规则交往的可能性大大压缩。吴思把"潜规则"界定为"未必成文却很有约束力的规矩"，它是利益集团处理内外部关系中"利害计算的结果和趋利避害抉择的反复出现和长期稳定性"的表现。[①] 十八大后，一切权力都逐步关进了制度的笼子，这个制度是公开、透明的显规则而非潜规则。二是预算约束由"软"变"硬"。2014 年 8 月新修订的预算法明确规定政府的全部收入和支出都应当纳入预算，这就封杀了单位预算外收支的制度空间，特别是集纠风、问纪和审计于一体的巡视活动的制度化，使腐败的各种成本难以腾挪转嫁。但这并不是说，腐败就会销声匿迹，而是逐渐演化出了一些新的机制和模式。

（一）"合规"腐败

"八项规定"颁布实施后，政事关系中的合规意识、程序意识都大为增强。但在制度和程序许可之内做事，并不一定就公正、公平和没有交易。因为，任何上位法和制度对下级单位的制度和程序设定都不可能规范到严丝合缝的程度，都有一定弹性空间，下级单位往往会把这种弹性用到极致，尽可能把许多存在交易空间的行为纳入制度、程序之内。比如，事业单位普遍都推行政府采购，诸如用车、会议、差旅购票、印刷等的招标采购原本都是防控腐败的举措，但招标后有关服务的质量和价格并不比自主的市场获得方式合算。原因很简单，就是在招标制度设计和实施过程中可以"扎扎实实走程序"，但在实质内容上却是"认认真真走过场"，把大量隐形腐败的东西装进完全"合规"的制度和程序

---

① 吴思：《潜规则：中国历史中的真实游戏》，云南人民出版社 2001 年版，第 2—3 页。

中，以致业内人士也直呼招标"在很大程度为有关人员提供舞弊营私之便"。[①]

（二）"无过"腐败

在以往查处的腐败大案要案中，"能人腐败"现象比较突出，有人曾将此类腐败概括为通过主动的政绩作为来实现和掩盖高额的违规回报，称之为"积极腐败"。[②] 而现在更多的是不作为式的"消极腐败"，其核心是以求"无过"为标尺，主动束缚或默认下属的不作为行为。据 2015 年 4 月《人民论坛》杂志社发布的调查报告显示，71.7％的调查对象表示自己在与政府部门打交道的过程中经常遇到政府官员"为官不为"的情况。表面上看，"庸懒散"式的不作为不符合传统意义的"以权谋私"腐败，但其实质仍然是不给好处就不办事现象的翻版。2014 年 7 月 17 日，李克强总理在国务院常务会议上明确提出庸政、懒政同样是腐败。当前，政事交往关系中的"消极腐败"主要表现为：精神萎靡的"瞌睡式"，推诿扯皮的"太极式"，文山会海的"传话式"，出工不出力的"磨洋工式"。其中尤以"传话式""消极腐败"最为普遍，这种方式既可以做足紧跟中央和上级精神的表面文章，又可以避开"过与不及"的问责过错。

（三）"微"腐败

以前以权钱交易、公开"吃拿卡要"为代表的"显"腐败居多，现在则以"暗箱"相互交换支持的"微"腐败较常见。主管部门向关系紧密的下属事业单位提供的交换支持主要表现为绩效硬任务的"微"调减，资源性指标（如招生、人才引进、事业编制、财政转移支付）"微"调增，重大政策信息"微"透露（尚在酝酿不便普遍公开，但有基本倾向性的意见），办事流程上"微"提速（越过一般流程或不采取"抽屉"搁置），等等。由于主管部门采取的上述支持不是普遍性、无差别的，因而对其他下属事业单位造成了不公平的发展环境，当属不公正使用公权力。除传统的政绩支持外，下属事业单位向主管部门提供的交换支持主要表现为以"上挂借调"为名免费提供工作人员，提供公共服务的特别关照（特别是医疗、保健、教育、养老等领域），提供项目合作回报（主管部门在向下属单位下达项目后，下属单位再以合作调研的名义为主管部门相关人员提供便利性支持），等等。事业单位提供的上述支持也不是向服务对象普遍开放的，当属利益输送。

第二节　制度漏洞、潜规则与腐败

视频：苏联
解体的真
正原因

　　　　关于腐败滋生问题，学术界存有多种看法，如私有制根源论、公共权力要素论、功利主义人性论等，可谓见仁见智。我们探讨腐败滋生问题主要有两个目的，一是说明腐败发生的客观原因，二是为现实的反腐斗争指明操作性的方向。从这两方面来看，无论是根源论，还是要素论、人性论，都只是抓住了腐败发生的某一方面原因。事实上，腐败的滋生是个复杂的过程，既有制度的因素，也有权力运作和人格因

[①]　高昱：《政府采购亟需网络审计平台填补漏洞》，《人民论坛》2016 年第 33 期，第 55 页。
[②]　郝俊杰：《中国共产党践行马克思利益冲突防范理论的路径探讨》，《毛泽东思想研究》2013 年第 2 期，第 153 页。

素。制度、人格和影响权力运作的主客体文化构成一条滋生腐败的因素链。其中,制度是根源和基础,人格是主导,文化是催化剂。不合理的制度为腐败滋生提供可能和机会;人格是人们行为的主导,拥有健康人格的人,总能依靠理性将其欲望控制在适度的范围,只有在欲望摆脱理性控制的人那里,不合理制度为腐败滋生提供的可能才能变为现实。

一、制度属性与腐败

在制度体系中,经济制度及其管理体制是核心,其他制度(政治、法律、社会结构)是其在不同方面的反映。因此,制度要是导致腐败或抑制腐败,将首先表现在经济制度上。经济制度又可划分为基本经济制度即所有制、管理体制和管理方式三个层次,所有制是根本。在两类不同性质的所有制中,私有制从本质上就导致腐败。

首先,私有制的确立"破坏生产和占有的共同性,它使个人占有成为占优势的规则"[①],其核心就是确认个人占有社会财产的合理性。至于个人占有社会财产的方式和手段是私有制本身所无意去关注的问题,不然私有制社会就不会容忍"羊吃人",同样,利用权势和地位去牟取私利也会有更多的制度容忍空间。在人还作为工具来役使的奴隶社会,在 70%以上的田产、山泽为极少数人强占的封建社会去奢谈公共权力的公共运用无疑只能是理想化的。即便是资产阶级民主共和国,恩格斯也曾指出过:"在这种国家中,财富是间接地但也是更可靠地运用它的权力的:其形式一方面是直接收买官吏(美国是这方面典型例子),另一方面是政府和交易所结成联盟。"[②]他接着指出:"在先前的一切社会发展阶段上,生产在本质上是共同的生产,同样,消费也归结为产品在较大或较小的共产制公社内部的直接分配。……也不会产生鬼怪般的、对他们来说是异己的力量。"[③]可见,制度导致腐败是从私有制确立那天开始的。

其次,私有制是萌发贪欲的经济根源。人的私心杂念不是与生俱来的,而是人们在社会互动关系中积累形成的。在这些关系中,生产关系、所有制关系是根本的。如前所述,在奴隶制文明以前的社会中,生产及其分配在本质上是共同的,不会产生与之异变的力量。那么贪欲从哪里来呢?恩格斯指出:"卑劣的贪欲是文明时代从它存在的第一日起直至今日的动力;财富,财富,第三还是财富,——不是社会的财富,而是这个微不足道的单个的个人的财富,这就是文明时代唯一的、具有决定意义的目的。"[④]个人的财富当然是私有制确立才开始有的,因此,如果把私有制单独抽象出来,可以认为私有制不但容忍腐败,而且是滋生腐败的罪魁祸首。

公有制从本质上并不导致腐败。公有制意味着"以社会的名义占有生产资料"[⑤],社会生产和消费的支配权不离公共社会之手。这种占有"消除了现在的统治阶级及其政治代表的穷奢极欲的浪费"[⑥]。

---

① 马克思、恩格斯:《马克思恩格斯选集》第四卷,人民出版社 1972 年版,第 170 页。

② 同上,第 169 页。

③ 同上,第 170 页。

④ 同上,第 173 页。

⑤ 马克思、恩格斯:《马克思恩格斯选集》第三卷,人民出版社 1972 年版,第 320 页。

⑥ 同上,第 322 页。

在此我们还仅仅是抽象地说明了两种所有制对腐败滋生的理论影响,并不能就此推断实行不同所有制为主体的国家的腐败现实。因为,以私有制为主体的国家能否容忍私有制恶果的泛滥,以公有制为主体的国家能否保证公有制优越性的充分发挥,都还受到其他因素的限制,而这些因素正是促使理论上是否腐败向现实中是否腐败转化的关键。就制度因素讲,包括国家制度、经济制度(管理体制及方式)、法制、社会结构制度等。

国家制度一方面受经济基础的制约,要满足其经济基础的要求,另一方面又要履行必要的职能以维持国家自身的存在。这是国家制度的双重价值选择。就后一选择而言,它是不能容忍腐败的。这样国家对反腐败的态度将取决于其与经济基础的结合。

建立在私有制经济基础之上的国家对反腐败的态度必然是背反的。不过,现代私有制国家所维护的并不是极端的私有制。正如马克思、恩格斯在谈到国家和法与所有制的关系时说的:"实际上国家不外是资产者为了在国内外相互保障自己的财产和利益所必然要采取的一种组织形式。"①资产者为了求得对财产的安全占有和相互保障,就需要克制私有制的极端行为。为此,这些国家大都竭尽全力地完善健全其管理体制、法制和社会管理制度,以求遏制私欲的横行,减少腐败滋生的种种可能和机会。例如:明晰的产权关系、严密的内部管理、经济隔离机制、间接管理体制、行政指导体制、财产申报制度、养廉制度、公开而有效的社会监督机制、普遍的法制和对法的认同、完整的社会服务体系、健全的社会保障机制、高度的社会自由和严密的社会监督体系等。这些次级制度的完善尽管不可能从根本上阻断私有制对腐败的催生,但由于它们通过各种经济的、政治的和社会的管理机制保持了公共权力同营利性机构的相对隔离,又通过社会保障、法制和养廉制度适度地遏制了贪欲,因而在很大程度上破坏了腐败滋生的硬件和软件,使私有制对腐败的催生不能完全变为腐败现实。

而建立在公有制经济基础之上的国家,从经济基础到上层建筑都是不能容忍腐败的。那么,这些国家腐败的源头由何处来呢?首先,任何一个以公有制经济为主体的国家,都"不能一下子就把私有制废除","只能逐步改造现社会",②私有制仍然是社会生产和分配的重要组织形式。其次,公有制经济内部还存在不同形式,从地方所有、国有到公私混合所有,它们的利益是需要甄别的。再次,任何一个公有制国家都是建立在私有制国家历史之上的,即使物化的私有制被完全铲除了,观念上的私欲也将滞留相当长一段时间。因此,在我们宣告剥削阶级作为一个阶级已不复存在的时候,并不能由此而宣告腐败也消亡了。

但是,与私有制国家那种背反的困境相比较,我们的反腐败斗争的确处于有利地位。这就是:我们只需健全和完善次级制度去拓展、延伸根本制度的优越性,而不是去弥补根本制度的不足。如果说公有制国家仍然在反腐败问题上失分的话,那首先就可以归结为次级制度还不尽健全和完善,这些经济的、政治的和社会的管理体制还不能有效地发挥规范公共权力的运作、保持公共权力同营利性实体的相对隔离、监督公务人员的收入渠道以遏制贪欲泛滥等功能,因而不能保证其根本制度优越性的充分发挥,腐败的毒瘤也

---

① 马克思、恩格斯:《马克思恩格斯选集》第一卷,人民出版社 1972 年版,第 69 页。
② 同上,第 219 页。

就可能在这些失范的制度上找到寄生处。

二、制度漏洞与行政潜规则的滋生

(一)行政潜规则

文档:阅读材料

所谓潜规则就是不好明说,而又双方认可的行为准则,是彼此心照不宣的期待。有学者曾从历史政治的"陋规"中概括出"潜规则"的含义:"真正支配历史官僚集团行为的东西,在更大程度上是非常现实的利害计算。这种利害计算的结果和趋利避害抉择的反复出现和长期稳定性,构成了一套潜在的规矩,形成了许多本集团内部和各集团之间在打交道的时候长期遵循的潜规则。这是一些未必成文却很有约束力的规矩。"[①]虽然,政府行为中的潜规则情形复杂,但这一概括精辟地道出了潜规则的基本特征:形式上的隐形约定和本质上的非规范强制。由于公务行为的环境日益复杂,公务活动的主客体之间的利益分化现象也日益明显,正式规则并不能有效地调整公务活动中的所有关系,或者说,仅仅秉承正式规则行事,存在公务关系的各方都难以得到自己满意的利益诉求,因而公务性潜规则行为就有生长的空间。

说起行政潜规则现象,人们的感触往往多于言表,主要是因为对潜规则的认识在市井和学术界都还没有定论。潜规则作为市井的谈资,由来已久,但学界对潜规则的专门研究却深入不够。潜规则一词由吴思先生首先提出,他通过对明史中一个个令人深省的历史故事总结了我国历史中的各种潜规则。

在吴思提出潜规则的概念之后,国内对潜规则的研究便从各个角度展开了。目前已有的文献多是对研究潜规则的定义、成因、在各个领域的表现、与显规则之间的关系以及如何消除潜规则提出简易方法等角度来进行的。梁碧波将制度体系分为正式制度、与正式制度相容的非正式制度以及与正式制度不相容的非正式制度,并将其中与正式制度不相容的非正式制度界定为"潜规则"。方旺贵则认为潜规则是对内生博弈规则的另一种说法,是对正式规则的偏离。何洁认为社会学视角中的潜规则通过各种潜在和暗行的社会规则予以表达,包括了所有的人情关系和礼数习惯。综合起来,目前对潜规则的界定主要有四种观点。

其一,"陋规"说。吴思先生最先用"潜规则"来概括历史政治中的"陋规",强调"潜规则"的负面性质。他说:"在中国历史上的帝国时代,官吏集团极为引人注目。在仔细揣摩了一些历史人物和事件之后,我发现支配这个集团行为的东西,经常与他们宣称遵循的那些规则相去甚远。真正支配这个集团行为的东西,在更大程度上是非常现实的利害计算。这种利害计算的结果和趋利避害抉择的反复出现和长期稳定性,构成了一套潜在的规矩,形成了许多本集团内部和各集团之间在打交道的时候长期遵循的潜规则。这是一些未必成文却很有约束力的规矩。我找不到合适的名词,姑且称之为潜规则。"[②]他认为这些其实就是古人官场所特指的"陋规"。"陋,自然不好明说,说起来也不合法,但双

---

① 吴思:《潜规则:中国历史中的真实游戏》,云南人民出版社2001年版,第2—3页。
② 同上。

方都知道这是规矩，是双方认可的行为准则，是彼此心照不宣的期待。"①

其二，对应说。认为潜规则是与显规则相对应的概念，是在组织正式规定的各种制度之外，在种种明文规定的背后，在一定范围内实际存在的某些不成文的，一般人（局内人）难以或不愿明确概括但又获得普遍认可和遵循的规则，它在较大程度上影响和支配着组织人的行为和现实的管理活动。② 它主要从潜规则滋生的领域上强调潜规则对显规则的寄生性和附着性。在没有显规则规范的地方和领域，也就无所谓潜规则，不论在该领域真正起作用的是什么规范。

其三，非正式说。明确潜规则与显规则的形式分别，认为潜规则是相对于正式规则而言。正式规则是那些法律、法规、规章、规定等成文的关于"为"与"不为"以及"如何为之"的规范；潜规则则是那些虽无成文规定却在实践中指导官员"为"与"不为"以及"如何为之"的另类规范。③ 正因为非正式，它看不见、摸不着，无条文，有"潜藏的规则"之义。

其四，暗流说。主要从潜规则的负面约束力来理解潜规则的"顽症"特性。认为官场规则有显规则和潜规则之分。显规则是写在文件、规范、制度里的，往往是为了正确的目标而设定的，是维护官场清明的保证。潜规则则是在官场演进过程中形成的一股暗流，它裹挟着官员们按照自己的流向前进，一旦有人想逆它而行，就会有被吞噬的危险。④

这些认识分别对潜规则的形式、潜规则与显规则的关系以及潜规则的危害性进行了有益的探索，但现有的解释仍然较为模糊，一些基本问题还需要进一步明确和充实。要完整地把握行政潜规则的含义，就必须弄清潜规则的本质属性。

从本质上看，行政潜规则是关于公权力运用和公共利益处置方式的非正式约定，而不是纯粹的私利和私生活的规范。任何行政潜规则都没有正式制度的确认，不论其是否起作用，也不论其是否有管理效能，合法性要件缺损是其根本属性。从形式上讲，行政潜规则是不成文的约定俗成，有的附着在显规则背后，有的完全是自在自为的，在没有显规则规范的领域也可能有潜规则的影子。这时，它只是没有形式合法的"外衣"。作为一种私下约定，潜规则会随要约各方力量的对比变化而发生改变，从而进入新的潜规则均衡，因而，潜规则并非固定不变的。从结构上讲，潜规则和显规则一样有行为调节部分和违规惩处部分，只不过这个结构是隐藏在各行为主体内心的。从形成过程讲，潜规则是非合法交易的参与者多次博弈的结果，是特定时期行政行为参与人不断试错的经验积累。从功能效应上讲，多数潜规则与正式规则相抗，侵蚀显规则的合法权威，干扰正常的行政秩序，只是在显规则缺席的情况下，潜规则才有补缺的功能。

一些学者认为，要遏制潜规则的蔓延，消除潜规则对社会造成的不良影响，就要保证在系统运行的过程中加强公开性和透明度，特别是在有关财务、干部选拔任用、公共事务管理、审批、决策等方面，更有必要公开透明。从法治建设的角度看，通过法律公平分配利益，运用权力制衡压缩潜规则空间，增加交易成本，能够削减潜规则的发生。从行政系

① 吴思：《隐蔽的秩序——拆解历史弈局》，海南出版社 2004 年版，第 80 页。
② 王德应、张仁华：《潜规则的管理学思考》，《财贸研究》2005 年第 3 期，第 114 页。
③ 彭云望：《潜规则生发机制及其遏制兼论吏治规范》，《北京行政学院学报》2003 年第 6 期，第 6 页。
④ 汪宛夫：《官场潜规则与党的意志"中梗阻"现象》，《领导科学》2004 年第 22 期，第 14 页。

统的监督检查机制而言,潜规则遏制的核心问题是如何提高控制的有效性。在当前,吏治规范的主要思路是强化人民代表大会的监督职能,建立相对独立的监督行政体系,构建法治社会,通过重塑传统人情观、构建公民的法治精神并加强对权力的制衡与监督来破除潜规则根源。

(二)行政潜规则的特征

行政潜规则具有紧密的公权力关联性、不合法性、不成文性、集体和个体共束性、隐蔽性、沉积性、非主流性和危害性等特征。

1.不合法性

行政潜规则是对公权力运用和公共利益处置方式的一种"私下约定",而公权力必须以法律和制度等正式规定为依据,公共利益的处置必须以公众的集体利益为目标。违反了正式制度便是违反了这些基本前提,不具有合法性。上下级政府间、政企间、政事间的很多互动博弈行为就是在没有受到法律制度的严格规范下进行的。比如,高校与教育主管部门间在招生计划核准上的讨价还价;在总额一定的情况下,给 A 高校多一点,还是给 B 高校多一定,很难有客观公认的标准,最终结果很可能受各高校与主管部门的关系亲疏影响。这种亲疏关系就是潜规则的一种表现形态,由它来影响资源配置显然是不合法的,也可能带来潜在的腐败。

2.隐蔽性

行政潜规则通过双方的互动行为表现出来,这些行为比一般的私人社会领域的"陋规"更加隐蔽,甚至隐藏在双方对公共事务的治理和政治过程中。比如地方在执行中央的各种政策时进行有选择的执行,这种打"擦边球"的做法正是央地间博弈行为的隐蔽表现。再如地方"勤于跑部"也是通过隐蔽的方式对中央资源和政策进行争取,隐蔽的原因就在于这些行为背后的驱动因素或者达成这些驱动因素的行为方式突破了正式规则的限制,不便像正式规则那么公开透明展开。

3.不公平性

潜规则因为不合法,它不能公开也不能强制要求相关方遵守,其形成的约束就不是普遍的。那么,处于关联行为的利益各方未必都运用潜规则公关,或者说,即便用了但与其他相关方相比力度还不够,如果有权机关基于这样的原因来决定资源和机会的分配显然是不公平的。在所有的公务关联行为中,如涉及竞争性利益分配,都会形成"一"对"多"的博弈格局。其中的"一"就是决定分配方案的一方,通常都是政企关系、政事关系中的政府,上下级政府间的上级政府;其中的"多"是指有意竞取相关利益的各方,即多家企业、事业单位和下级政府。"一"总是居于改变关系的主动地位,而"多"总是处于被动地位。在"一"对"多"的关系中,存在信息不对称问题,在"多"对"多"的关系中,还有利益不对称问题,这就可能迫使"多"方竞相采取潜规则公关方式向"一"方示好,而"一"方则视"多"方不同的公关程度给予不同的政策安排和发展机会。

4.易复制性

潜规则从无到有呈现出不断扩大的状态。一方面,潜规则圈内主体希望潜规则圈不断扩大,参与的行为者越多,潜规则圈受显规则惩处的概率越小,因为大家"在一条船上",圈内人力量越大,达到期望目标的成本越低,熟悉的环境必然降低形成"关系"的成本。另一方面,圈外行为者具有加入潜规则圈的需求,尤其是在通过显规则达到期望目标不断受挫而通过潜规则可以达到目标的情况下,这种诉求会更加强烈。圈内行为者和圈外行为者的共同需求使潜规则呈现出从原来的小团体不断向外扩展的"外卷式"扩大路径。地方通过驻京办这一特殊的机构设置争取中央的特别待遇的过程中也表现出这个特征。这种通过血缘、乡缘、学缘、业缘等连接而成的利益关系网,本身就以最初结成关系的双方为基点不断向外延伸,呈现由内到外、由小到大的变化趋势。设置驻京办本来最主要的职能并非"拉关系,要资金、要政策",但当少数地方通过这种方式可以用较低的成本获得地方的目标利益时,其他地方自然纷纷效仿,"拉关系,要资金、要政策"也自然成为驻京办的首要职能之一。

三、行政潜规则与腐败的滋生

何以行政潜规则的泛滥会催生腐败呢?根本原因就在于行政潜规则是附着在正式规则中,却又影响、约束乃至支配政府间和官员间的生活规则、交往规则和利益冲突化解规则。由于它具有紧密的公权力关联性,又是通过非正式性、不公开性和不合法性等方式发挥作用的,其滋长和蔓延必然会给公权力的正常运作和行政秩序带来极大的负面冲击,从而诱发公务腐败。

(一)行政潜规则催生腐败的机理

从理论层面看,有三种因素,促使潜规则与"公贿式"腐败发生紧密关联。其一,因公行贿(送礼物、送礼券、送服务)在动机上"理直气壮",甚至作为一项重要的工作一般不轻易委与他人,受命公关的人员也确实有临危之感,需要通过做好、做成这样的事来证明其能力,获得进位的机会。因此,因公去行贿公关的人员会使出各种招数将事情办妥。其二,单位往往对这样通过潜规则行为为部门和地方获取利益给予特殊的奖励。其三,"公贿式"腐败不便预防,也不易举证。有些地方纪检部门对此类行为统统按公务需要处理,表现出严重的"色盲"症状。特别是一些地方党委和地方政府会暗示纪检、监察、审计机关要开"绿灯",规定不准查、不准问。

实际情况也可以得到一些印证。党的十八后开启的"巡视风暴"中,挖出的"国企行贿"等公务腐败行为还是具有一定的普遍性。据中新网记者不完全统计,仅在2015年中央巡视组第一轮巡视的26家央企中,就有20名高管涉腐落马。其中,中国石油天然气集团公司3人,中国海洋石油总公司1人,中国南方电网有限责任公司5人,国家电网公司2人,宝钢集团有限公司1人,中国东方电气集团有限公司2人,中国电子科技集团公司1人,中国移动通信集团公司3人,中国电信集团公司1人。[①]这其中,提供关联交易和利益输送等方式的腐败成了通病。因为,即使是国企,如要拿到承包业务也要有人打招呼,有中间人介绍,上下打点,才可能拿到总包权。其中的潜规则很巧妙,国企是不能

---

① 陈伊昕:《今年中央首轮巡视结束 期间近20名央企高管被查》,https://www.chinanews.com.cn/gn/2015/05-04/7249043.shtml。

直接给回扣的,他们拿到总包后要分包,有些就分包给私营公司,通过私营公司给中间人回扣,有的是个人对个人走账。也有私营分包商自己有关系,能分段或在子项目下拿到订单,再找国企合作。[①]

这些行贿行为在一定意义上讲都不只是图私利那么简单,像这类腐败行为都有公务腐败的因素,如果其中还有趁火打劫的,那就算公私兼顾型腐败。要看到这类腐败很大程度上是某些体制和环境因素使然,受到各种潜规则因素所强化,有顽强的生命力,应该重视剖析此类行为滋生的制度链。

(二)行政潜规则催生公务腐败的两大机制

潜规则的运行如同正式规则一样,是依靠激励机制和惩处机制来保障的。前者通过给予遵守潜规则约定者以利益回报的方式来引诱公务人员;后者通过给不遵循潜规则办事的人员设置障碍的方式来威逼公务人员。它们都可能不断强化原则性不强的机构和人员遵循潜规则的约定,增加腐败发生的机会。

1. 潜规则的激励机制

潜规则的激励机制就是令遵从潜规则一方能获取期望的利益并降低交易成本的机制。在行政潜规则的内部结构及其运行实践中沉淀出一种激励约定:即在遵从者与不遵从者之间,存在利益释放的差异,遵从者总能获取期望的利益。这样就容易形成一种类似"外卷式"扩张的效应,使遵从潜规则形式的人逐渐增加并自成团体。而潜规则使用者一旦形成一个团体,团体内的交易成本因其沉淀性而呈现边际递减的规律。利益对相关主体的吸引是潜规则最强烈的激励机制。

河北秦皇岛北戴河供水总公司原总经理马超群利用潜规则敛财过亿就是潜规则激励机制发酵衍生的"公贿式"腐败典型。据报载,马超群利用手中的供(停)水自由裁量权玩起了潜规则的把戏,给谁供水、给谁停水全凭马与相关单位的关系,而这种关系又是由有关单位进贡来构织和维护的。随着进贡与保障供水、不进贡与停水紧密相关的潜规则确立、传播,那些不想影响生产、工作和生活秩序的单位大多会选择与马超群搞好关系,其中向马超群行贿的动机、使用的资源和行贿后得到的利益显然不是私人和个我的,而是具有"公共性"。这样,马超群非法之财越敛越多,而各单位的"公贿"数额也越来越多。

2. 潜规则的惩处机制

与利益的强烈吸引相对应,违反潜规则则要付出代价,不仅难以获得所期望得到的利益或机会,还可能被早已为潜规则"俘虏"了的人和机构视为"另类"。而当运行潜规则的圈内人背叛原有的潜规则团体时,他所面临的首先是团体内部的惩罚,也就是使背叛者的交易成本远高于其期望的利益,形成背叛者的利益损失。同时,背叛者还面临着正式制度的惩罚,因为团体内部显然已是"在同一条船上",当违背正式制度的潜规则暴露以后,曾经按照潜规则行事的人即便改邪归正了,也未必都能既往不咎。也就是说,潜规则的惩处机制包含来自内部的软约束以及来自外部的正式制度的硬约束。对潜规则是否加以采用就是利害相关者对运用潜规则的激励和惩处的比较。由于潜规则具有成本

---

① 于宁、张伯玲、曹海丽等:《大国企靠行贿分羹高铁 刘志军案牵出惊人腐败链》,《新世纪》2011年第8期。

边际递减的规律和"在同一条船上"的内在约束机制,采用潜规则的团体内部倾向于"内卷"式防御,以此来降低成本并维护团体的稳定。

曾任北京市西城区检察院副检察长的张京宏,讲述过他们办理一起部委官员违规违纪案件的经历。他说办理这些"大衙门"案件,经常是"进不去门、见不着人",有的单位的个别人甚至帮着犯罪嫌疑人"玩失踪",案件往往因此陷入僵局。有一次,在办理一起涉及多个部委机要干部虚报邮费套取公款窝案的过程中,人刚被带走,这家单位的电话就打过来了,态度十分强硬,"从来没有人敢查我们的人,限你们下午下班前放人!"①之所以会出现这种情况,就与违规者抱团式防御有关。

(三)行政潜规则催生腐败的主要方式

1. 破坏正式规则的运行环境

其一,行政潜规则泛滥会衍生另类制度环境,破坏正式制度的生长链。正常的行政秩序来源于人们接受正式行政制度的安排。制度环境好比是生成制度的土壤,制度环境不好就不能充分保证合乎大众理性的制度的创制和运行。正式制度是在公开、公正、民主和科学的程序环境中创制出来的,这保证了正式制度的合法性、有效性和科学性。而潜规则是非公开交易的隐形约定,它生成并运行于非正式组织构成的人情网络和狭隘的部门利益、地方利益链中,代表的是局部理性的意志,脱离了大众理性的监控。如果既有的行政潜规则得不到遏制,就等于认可了潜规则的合法性,由此,一个个地方和部门的小圈子、小团体都有可能成为创制规范的"土壤",行政潜规则也将不断衍生和复制出来。

其二,行政潜规则泛滥将直接侵蚀正式规范的权威,形成多规则治理格局。潜规则的存在是对显规则体系的一种反制,因为潜规则往往是对显规则的曲解、过滤和变通,使得好的政策或者政策中的核心精神难以落实,产生政策执行中的"梗阻""走样"现象。特别是,当潜规则现象形成一定的气候后,显规则的发布往往难以立即引起社会的关注,也不会在民众中产生乐观的预期,因为他们要等潜规则的反应。在这里,显规则与潜规则的关系俨然是"坐皇帝"与"站皇帝"的关系,显规则到底能执行到什么程度要看潜规则反应的强度。久而久之,坚守显规则的环境就会被破坏,勇于抗拒潜规则的公职人员也容易受到不公正的对待,造成行政官员无法充分地照章办事,民众也难以指望正式制度的安排会带来稳定的发展预期。

其三,行政潜规则的泛滥会催生"亚行政"现象,损毁政府形象。著名社会学家贝克在谈到"亚政治"时曾表达过这样的意思:他认为"亚政治"是政治系统失去自主性,非政治因素介入政治生活,并把风险丢给政府,而政府需要为超出其控制的东西负责的现象。② 套用贝克的思想来解读潜规则的危害是十分贴切的。行政潜规则不是本来意义上的行政规范,却时刻约束着政府的行为,它像一股不断刺激和逼迫公职人员偏离政治本来的宗旨而为少部分人谋利的力量。由于潜规则是隐蔽的、寄生的,它从来不用为所引发的不良行政后果负责,民众无法找潜规则发泄怨恨,最后,这些账都赖在显规则身上,

---

① 陈菲、涂铭:《反贪局长带走涉案官员遭威胁:限下班前放人》,https://china.huanqiu.com/article/9CaKrnJEaQX。

② 贝克:《风险社会》,译林出版社2004年版,第225页。

由整个政府来"背黑锅"。从这个意义上讲,行政潜规则是对正式规范、合法政府和正常行政秩序的绑架。

2. 降低公务人员的行政道德水平

一方面,行政潜规则泛滥会直接冲击公正、公平、公开和公益等基本的行政道德准则,限制其作用范围。潜规则的基本特征是隐形、非正式和不确定性,它保护的是小圈子的利益,它提供的所谓便捷的行政效率是通过不公平的机会和手段获得的,其作用过程是隐秘的,完全脱离了大众监督的视野。如果行政潜规则肆意在央地互动关系中弥漫,中央有权部门就不可能真正秉持公正、公平、公开和公益的原则来审批项目、配置资源,地方各级政府也不可能实心向中央反馈信息、执行中央政策。原本的以公心事公务之德可能成例外,而机会主义取向则可能变为常态。

另一方面,行政潜规则泛滥会强制性或诱致性地将央地的一些部门和官员拖入"逆向选择"的道德拷问深渊。央地互动的一些潜规则之举在一定意义就是遵循潜规则支配的受益性和拒绝潜规则约束的高昂代价的双向强制的结果。比如 A、B 两地同时竞争中央部门的某个行政许可,假设结果是唯一的,如 A 获批,B 将出局,反之,A 出局;再假设过程和标准是模糊的,则 A、B 都不可能仅仅遵守显规则的约束,而不采取潜规则的方式。因为,A 没有确切的信息、也不敢冒出局的风险相信 B 和中央主管部门的互动是无瑕疵的,反过来,B 也一样。除非信息绝对对称和监督无死角,而事实上这样的条件是不存在的。因此,只要存在潜规则选项,参与竞争的各方都会不同程度地尝试潜规则。在地方官员面对中央组织的晋升考察时,其采取的行为模式也是如此。按潜规则行事的模式大多是多次经验试错的结果。起初,它往往只是很小的利益关联圈子内认可的一种处置公权力和公益的方式,但随着这个小圈子掌握的行政资源越来越多,并对圈子外的机构和个人产生强大的吸附力,圈外成员也会尝试接受潜规则进入圈子分享资源。比如,那些热衷去"跑官、买官"的公职人员不少都是已经尝试或害怕正常晋升失败而遵循潜规则行事的,并非一开始就采取这样的方式。地方政府在政策执行中的"打擦边球"现象,在治理明显外溢性的公共事务时的"搭便车"做法,在寻求中央扶持时的"报忧不报喜"或"报喜不报忧"取向,以及为抵制"鞭打快牛"而"隐瞒收入"或为增加留成基数而"恶意支出"等行为,概莫能外。也就是说,存在零和竞争和潜规则运作空间的条件下,竞争各方做出逆向选择的风险并非虚构。

3. 破坏政治生态

地方政府在与中央和其他地方政府的互动过程中,基于其地方利益的目标,必然会尝试各种方式,包括正式制度下的博弈方式以及潜规则化的博弈方式,而究竟采用何种方式最终取决于不同方式的成本和收益比较。在潜规则的作用下,地方政府的支出包括正式制度下争取政策和资源的支出,同时还要额外付出对中央示好以及传递各种非真实信息过程中克服正式规则的支付,总体而言付出较大。我们假设地方运用潜规则没有被正式规则惩处的情况为 A,此时的支出为 $P=a+m$,收入为 $I=b+n$,a,b 为正式规则下的支出和收入;$m,n \geqslant 0$ 为潜规则下的额外支出和收入。但在潜规则下地方政府的收入与支出成正比,地方政府除了中央按照正式制度分配的资源外可以通过潜规则获得额外的收益,因此收入也较大。而采用正式制度的成本排除了各种向中央"示好"和"不断传达信息"的成本,支付相对而言较小,但地方政府通过正式制度所获得的是中央根据真实情况所做出的资源配置,地方政府可能失去很多潜规则下的获利机会,相对而言获利也较小,设这种情况为 B,P＝a,I＝b。而在潜规则下地方政府可以将运用潜规则的成本体制化,即通过正式制度部分或全部承担这一部分付出,例如通过在编制预算时夸大地方的预算需求,将预算通过的财政收入中大于实际财政支出的部分作为运用潜规则向中央示好的支出,这样就不会影响地方实际的财政支出水平。而通过潜规则获得的成果则可以成为地方政府所享用的实际收益,m 趋向于 0,而 n 不变。此时,地方在争取中央资源配置过程中的支出和收入成为 A：$P_a＝a,I_a＝b+n$;B：$P_b＝a,I_b＝b$。显然,$P_a＝a＝P_b$,而 $I_a＝b+n＞I_b$。即在支出水平大致一致的情况下,潜规则下的收入水平要大于正式规则下的收入水平。此时,地方政府自然会更倾向于通过潜规则的方式与中央进行互动,尤其是相机授权体制下正式制度尚不完善,地方利用潜规则与中央互动的动力会更大。但从整个国家而言,由于中央所有的资源是有限的,利用潜规则的地方获得越多的资源,则其余地方获取的资源越少,这种运用潜规则的方式对国家是不利的。

4.改变公务活动的本来意义

公务活动的本来意义是运用公共权力或公共资源实现和保障公共利益。比如,行政审批、检查、评估、公务接待等。但由于行政潜规则的渗透,它就可能演变为谋私利与不正当地为地方、集团获取利益兼得的活动。比如,被民众视为"眼中钉"的公务接待,本来是为有关方面履行公务提供的一种简便服务环节,但在"八项规定"切实履行之前,不少这样的活动演变成下属单位最头痛的事情。但同时,这又是他们最有希望改善条件的机会,因而,也成了许多单位精心筹划的一项公务。其最大特征是以体面、合情合理,表面上看不违法的方式行贿,以联络感情或答谢。

第三节　人格、文化与腐败

腐败作为政治毒瘤不是由单一因素造成的,而是多种因素共同作用的结果。除了制度漏洞因素外,权力运作的主客体文化对权力的运作起着导向和监督作用。在主体文化中有官僚文化和公仆文化的分野,在客体文化中有臣民文化和公民文化的不同,官僚文化和臣民文化是公共权力非法运作的土壤,公仆文化和公民文化则筑起公共权力非法运作的屏障。深入分析人格、文化因素在腐败滋生过程中的不同作用,不仅可以全面认识腐败发生的客观成因,还可以开阔我们在防治腐败斗争中的视野。

一、人格与腐败

制度失范为腐败滋生所提供的可能是通过"行政人"的公务活动转变为腐败现实的,而人格是"行政人"行政行为的心理基础。人格作为一种个体在与社会相互作用中形成和发展起来的身心特质,具有相对稳定的存在模式,表现为人们在特定的环境中形成的,对动机、态度、价值观、信仰、气质、性格等的不同选择。譬如,有的人热衷于权力和荣誉,有的人则需要安全和利益,也有的人追求自我实现和保持高度的理性。人格特质一旦塑成,就具有一致性、连续性和持久性的行为动力,是个体内在的行为倾向的反映。美国著名心理学家勒温认为,行为是心理生活空间的函数,也就是说行为是行为人的内在人格和外部环境相互作用的发生物。可见,人格是影响行为的重要变量。

正是因为不同的人具有不同的人格特质,当他们面对相似的环境(制度和文化)的时候,才会做出迥异的行为选择。就拿行政人员的公务活动来说,大体都面临着制度转轨和不断革新的环境,要说在其中会有些政策空子、制度失范和管理死角等不利因素,大家是有共鸣的。但为什么有些人在此面前,能以规范和自律作为自己的行为准则,致力于政策的弥合和制度的完善;而有些人则选择了欲望和贪婪,甚至为了一己私利去撕裂本已失范制度的伤痕,去钻政策空子。一个人面对不同的环境,做出不同的行为选择,这是环境对人的行为的制约使然。但不同的人面对相似的环境,做出迥异的行为选择,就不可不从人的内心世界去找原因了。

把人格作为促成(或抑制)腐败的一个重要因素来考虑,正是基于:一方面人格对人的行为选择有着重大影响,而且这种影响是内在的、不间歇的、持久的;另一方面人格不是天生的,是在与社会互动中形成的,因而人格是可塑。前一种考虑是说人格由于对人的行为有着特殊的影响而促成(抑制)腐败,这是客观的。后一种考虑是说通过培养和造就具有健康人格的人来防治腐败是有效可行的。健康人格的最主要的特征是:自主理性、积极向上、敬业负责、坚毅而富有耐性、情感浓厚又不失明辨,在自我选择和自我调适中和谐发展。因而,拥有健康人格的人总是能自主、理性、负责地选择自己的行为,在各种环境(制度、文化)的诱惑面前能保持坚毅的理念和谨慎的抉择。健康人格是一种长期有效的"防腐剂"。

二、文化与腐败

影响腐败滋生的文化因素杂而广。这里我们从最狭义的视角,即公共权力运作的主体文化和客体文化(或曰官场文化和民众文化)来分析问题。因为这两种文化构造了公共权力运作的最内层氛围,对公共权力运作的影响最为直接。

官场文化的内核包括官员的职业道德和精神、官员对公共权力(来源及运作)的认知、官员的自我评价、官员间关系以及官员对民众的态度等。在特定的制度环境下,加上各自迥异的人格特质,官员对官场文化内核的体认也会有鲜明的分野。基于这种分野,我们可以把官场文化区分为官僚文化和公仆文化两大类型。官僚文化的主要特征表现为:官员职业道德沦丧,整个官场充斥腐朽、贪婪和权势。官员视公共权力为特权,而不视为民众的授权,因而公共权力的运作总是有超越制约和监督的势头;官本位思想,官员视自身为特殊而优越的阶层,因而讲究有别于民众的排场和优遇;官员间关系为派系思想所左右,所以官员间既荫蔽相护又攀比相斥;官员不以民为邦本,而视民为役夫畜力。与此截然相反的是公仆文化,其核心是官员视自身为人民之公仆,并以此来规范自己的行为,调整自己的价值观、道德观,控制自己的欲望和情感。毫无疑问,公共权力的运作要是被官僚文化所笼罩将会是腐败不堪的,而在公仆文化的氛围里则必定是清廉自律的。

作为影响公共权力运作的另一端的民众文化,也是良莠不一的。由于民众在素质、经验和能力等方面的差异,他们对各政治要素如权利与义务、官员与权力、政府与官员、官员与民众等的认识也不同。基于这些差别,我们又可将民众文化区分为公民文化和臣民文化两种类型。公民文化的显著特征是:公民是权利与义务的统一体和社会的主体;公民对权力并不盲从,他们选择法律作为调节其与政府、官员关系的准则。而臣民文化则表现为:民众是作为单向度的人和丧失主体人格的人介入社会的;他们从来就只知道尽义务,而不懂得争取权益保障;作为顺民,他们唯政府之命是从,视官员为父母,在自己受到侵害和需求稀缺资源时,便祈盼其格外开恩,为己做主;他们不多管闲事,更不知道政治参与。"卑己畏义""逆来顺受"是对这种文化的高度概括。显然,在公民文化里没有特权寻租的市场,而只有对特权的控诉和抗争,权力难以资本化。而臣民文化却正好为特权者提供了敲骨吸髓的作坊,因为在那里特权的运用遇到的不是抗争,而是"笑脸"和"进贡"。

综上分析,关于腐败滋生的因素链可以有以下几点共识。

(1)腐败是人格失范的人利用制度的缺陷,在特定的环境催化下的产物。因此,要根治腐败就需要有完善的制度、健全的人格和健康的文化环境。而社会在这些方面素质的提高是一个渐进、恒久的过程。在社会不断革新或改良的进程中,各种不合理的因素会层出不穷,腐败滋生的各种可能也将与这一过程并存。这就注定了人类要根治腐败必须付出恒久不懈的努力。

(2)腐败是多因素的并发症,清除腐败需要有多维的手段、多维的方式相配合。腐败决不像许多人想象的那样,仅仅是制度漏洞的产物。腐败说到底是人对环境(制度和文化)内化后所发生的异变行为。虽然制度是其中的根本要素,但腐败不会随公有制的确立而迅即消亡,反腐败也不可能同革命的胜利一样毕其功于一役。目前,学术界对制度与腐败的关系认识较深,比较注重通过制度创新去防治腐败,但对其他因素在滋生(防治)腐败中的作用却认识不够,尤其是缺乏从公务人员的人格和公共权力运作的主客体文化去思考腐败和反腐败问题。事实上,制度的优势必须通过人在特定的环境下的运作才能发挥出来,而制度的缺陷也可通过对人的造就和文化的培育得到缓冲。我们从因素链的角度,强调在反腐斗争中的多维配合,是要防止"单打一""一手硬"。尽管我们难以达到制度完善、人格健全和文化健康相一致来防治腐败的最佳状态,但也要防止陷入制度失范、官僚风行、民众不争,公共权力又握在一些人格不健全的人手中,催生腐败的危险境地,尽量做到制度转轨时可以依靠对人的强有力的工作、对文化的正确引导来减少腐败的可能和程度。

(3)滋生腐败的"因素链"在不同时期、不同国家会表现出个性和特殊性。因而,在反腐败斗争的重点、方式和手段上应注意针对性,应有中国特色。譬如在制度创新上就要中西合璧,既要学习西方的产权体制、财产申报制度、经济隔离机制,又要用重典、重代价惩腐,并吸收高薪养廉的一些有益经验,推进公务员薪酬现代化建设,还要建立新型的社会管理体系和社会结构制度,适当还权于社会,培养社会参与和自治自律,阻断传统中国家族制度观念对人们行为选择的影响。比如,东方式腐败的特征经常表现为"一人得道,鸡犬升天",究其原因就在于东方人往往是作为家族的一分子优先去处世,而不是作为社会的一分子优先去选择行为的。他们不仅是为自我而奋斗,还有义务光宗耀祖,有义务帮助兄弟姐妹、姑表叔姨。有些人的权欲、钱欲恶性膨胀与此不无关联。在人格的塑造上,我们也可以把西方自由选择模式同我国传统的强化教育结合起来,融人格培养于少先队、共青团、党性、法治、学校及社会教育中,以保持人格培养的主动性、连续性和高品位。至于公共权力运作的文化培育上,世界各国都面临着官僚文化的威胁,但西方国家由于其民主制度的发育相对较早,尤其是民众文化大都步入了公民文化的阶段,已经具备了相当的权力制约功能。而在我国,民众文化还处于生长期,传统臣民文化还很有影响力,探讨臣民文化向公民文化转型的途径是中国反腐败的特殊课题。

第四节　反腐败模式与机制

前文的分析清楚地表明,要从制度上铲除行政潜规则和公务腐败生长的土壤,就必须以完善授权机制为核心,改革政府激励机制,规范行政交换行为,硬化预算约束,使行政潜规则行为没有生长的制度基础、动力和条件。同时,反腐败模式对制度选择的约束具有更上位的观念意义,制度创新需要与模式优化同步推进。

一、我国反腐败模式及其优化的方向

（一）我国的反腐败模式及其优势

1.我国的反腐败模式

根据反腐败主导者不同,可以将反腐败模式分为三种:一是议会主导型反腐败模式;二是行政主导型反腐败模式;三是执政党主导型反腐败模式。当然,这种区分也不是绝对的,在许多国家通常是"两驾马车"或"三驾马车"共同推动国家的反腐败行动。首先,在议会主导型反腐败国家,议会掌握着政治上的主导权,在权力体系中享有极高的地位,因此也在反腐败监督中成为最终的负责机关,直接实施反腐败的机构由它产生并向它负责。从世界范围来看,北欧五国中的四个国家采用这种模式,即挪威、瑞典、芬兰、丹麦;除此之外还有英国、新西兰等国家也采用这种模式。其次,在行政主导型反腐败模式中,直接实施反腐败的主要机构由行政部门或行政首脑产生。在这种类型的国家中,行政部门或行政首脑往往在权力体系中占有很高的地位,享有较大的权力。这类国家在政体上多为总统制或半总统制,采用这种模式的国家主要有法国、俄罗斯、埃及等。最后一种模式是以执政党为主导的模式,在这种模式下,执政党在整个政治权力结构中占据极其重要的地位。执政党内部有严格的反腐败制度,设立高规格的反腐败机构,反腐败行动由执政党发起、动员和组织,反腐败的对象也主要针对党员,并通过党员的垂范将廉政的理念和作风向社会推广。新加坡的反腐败模式在很大程度上与此种模式相类似。新加坡自 1959 年取得自治后,人民行动党一直执政至今。李光耀毫不讳言地说:"人民行动党就是政府,而政府就是新加坡。因此,人民行动党内的反腐败体制就是新加坡政府的反腐败体制。"①

我国反腐败工作是由执政党——中国共产党直接领导和推动的,并已形成党委统一领导、党政齐抓共管、纪委组织协调、部门各负其责、依靠群众支持和参与的中国特色反腐败领导体制和工作机制。

从反腐败的方式看,大致要经历运动反腐败模式—权力反腐败模式—制度反腐败模式—网络反腐败模式的变迁。当然,这些模式通常是结合在一起运用的,只不过在不同的阶段有主辅之分。从我国反腐败工作的发展历程看,通过运动的方式反腐败和依赖权力等级自上而下推进反腐败工作的模式运用得相对多一些,反腐败的法律、制度建设也在稳步推进,但各级政府和官员依靠制度预防腐败的自觉性还有待提高,网络监督的力量正在崛起,但需要成为正式化和规范化的反腐败路径。

新中国成立以来,一直在推进反腐败模式与制度创新。从新中国成立之初《中华人民共和国惩治贪污条例》的颁行,到《关于实行党风廉政建设责任制的规定》《中国共产党党员领导干部廉洁从政若干准则》《关于领导干部报告个人有关事项的规定》《关于对党员领导干部进行诫勉谈话和函询的暂行办法》《关于党员领导干部述职述廉的暂行规定》等的出台,特别是党的十八大以来,我党先后颁行"八项规定""六条禁令",扎实推进"三严三实""四个全面",开展反"四风"等活动,可以说,我国已形成系统的反腐败法规制度。我国的反腐败模式已经从执政党主导的运动式反腐败模式向执政党领导的制度化反腐败模式转型。毫无疑问,以执政党为主导、以"党管干部"为抓手的反腐败模式在过去的反腐败中起到了积极的作用,有其自身的优越性,其本身也有历史发展的内在逻辑。

2.我国反腐败模式的优势

其一,以"党管干部"为抓手,有利于从腐败发生的源头环节——公职人员的选拔、任用入手遏制腐败,确保公权力掌握在德才兼备的干部手中,减少执政主体腐败的可能性。因此,我国现行的反腐败模式呈现出以"规范用人"为核心的鲜明特征。在反腐败的制度设计中,我们对如何选人、用人、监督人的制度安排比较严密。据不完全统计,仅在党的十六大召开后的五年间,党中央、国务院和中纪委及相关部门发布的重要文件就有《中国共产党纪律处分条例》等 29 个,全国省部级以上机关共制定相关规范性文件 2000 余件。② 近年来,我党根据腐败现象的新形势,先后颁布了《关于领导干部报告个人有关事项的规定》《关于对配偶子女均已移居国(境)外的国家工作人员加强管理的暂行规定》等重要规范,重点加强依法依纪对党员和国家工作人员的管理。这些规定有效地遏制了我国一些地方存在的"跑官"、"卖官"、"买官"、"要官"和贿选等干部任用上的腐败之风。

其二,以执政党为主导的反腐败模式,有利于保障反腐败斗争的执行力。这种反腐败模式较之议会主导型反腐败模式、行政主导型反腐败模式,反腐败的效率更高。一方面,执政党作为官员选任、升迁的直接决定者,在对官员个人的相关问题查处时有着极大的便利条件;另一方面,党员在整个干部中处于核心的地位,那些握有权力、有腐败机会的干部大多在纪检监察的监管范围内,可以有针对性地防控主要的潜在腐败对象。目

---

① 李秋芳:《世界主要国家和地区反腐败体制机制研究》,中国方正出版社 2007 年版,第 9 页。
② 王爱琦、王寿林:《权力制约和监督专题研究》,中共中央党校出版社 2007 年版,第 7—8 页。

前,我国已形成了党委统一领导、党的纪检机关组织协调的反腐败工作机制。根据我国反腐败的工作程序,发现腐败案件之后,一般先由纪检监察机关调查处理,已经达到犯罪程度的则随后移送检察机关进行侦查、起诉,最后由法院进行审判。[①] 可见,纪检监察机关的调查成为反腐败的第一道关口。从最近十多年纪检机关和检察机关查处的案件情况看,受党纪处分的干部数与检察机关的立案、结案数基本相当。这说明,纪检机关查案对检察机关的立案有重要的联动影响,只要党委和纪检机关动真格,查处干部队伍中的贪腐分子就不存在难以逾越的障碍。反腐败的深度和成效与执政党的决心和各级纪检机关的执行力息息相关。

其三,建立以执政党为主导的反腐败模式符合我国政治发展的逻辑。从我国自身的历史发展过程中看,在新中国成立初期,我党刚刚开始从革命党转换为执政党,作为党员的官员还依然保留着革命时候的优良传统,受当时社会环境与社会风气的影响,腐败发生具有个案性。鉴于当时社会背景下腐败较低的发生率以及腐败被发现的容易程度,很自然就形成以官员个人为监督对象的反腐败工作方式,对建立将官员群体作为监督对象的制度性反腐败模式认识不充分。同时,这一模式也契合我党"党管干部"的原则。党管干部原则的核心就是"一切干部都是党的干部",也就是说,在干部队伍中虽然有党员与非党员的划分,但党对非党的干部也同样具有管理权。基于这样的原则,建立以执政党为主导、以干部动员和监督干部为核心的规范用人式的反腐败模式,是顺理成章的。

（二）我国反腐败模式尚需完善的方面

1."规范用人"与"规范用财"要有机结合

在我国当前确立的领导干部廉洁自律、查办违法违纪案件、纠正部门和行业不正之风三项反腐败工作格局中,核心是围绕腐败的主体做文章。诚然,在腐败发生的三个要素中,腐败主体是最为关键的,从主体的角度出发遏制腐败是一种很重要的方式,但不能因此而忽视从客体和桥梁的角度开展反腐败斗争。这里所说的腐败的客体和桥梁就是官员手中的财政支配权。

我国的反腐败模式注重对用人的规制。在思想理论上,我们习惯于思考用人与"政举""政废"的关系,而对政府取财用财的制度思考不多。在干部选拔任用方面,出台的文件较为系统,可是,从规范用财方面来约束干部行为的制度建设不够,在实施中也难以全面落实。

在传统的政府管理思维中,存在用人权决定行事权的定式,其实,与之并行甚至更为基础的逻辑是财权决定事权。人民一手选择他们中意的人来为他们服务,一手决定政府预算计划以控制政府的事权规模和方向,这是执政为民的双保险。品行、操守和党性修养对一个公职人员的行为约束十分重要,但这种约束力,在不同的人和环境下是不确定的,而财权对事权的约束是硬约束。如果决定公职人选后,不对其财政支配行为予以严格的约束,是难以保证其行为的为公、为民方向的。俗话说得好,"常在河边走,哪能不湿鞋?"当一个公职人员处在一种可以不规范地支配其手中的财权,而又很少受到有力规约

---

① 倪星:《腐败与反腐败的经济学研究》,中国社会科学出版社 2004 年版,第 33 页。

的环境中,这种不规范的行为就容易常态化。在反腐败的实践中,常常能见到本来各方面素质都不错的干部,担任某个财政支配空间大的职位后变腐败的现象。一个文史研究室主任职务可能数十年都不会有任职者因贪腐而下台,而一个交通局长岗位则可能接连数任都因巨贪而获刑。这并不说明两种任职者的初始性品格存在多大的差异,而是表明不受严格约束的财政支配力越大,产生腐败的危险也就越大,它在一定程度上印证了"规制用人"的反腐败手段需要得到"规制用财"的制度支撑才能收到稳定的反腐效果的道理。

在各个时期,党和国家颁布的禁止性党纪、党规都不少,何以那么多"不准"依然管不住某些官员的手脚?根本原因就在于各级政府手中有足够不受严格约束的财权,使政府的权力边界难以确定。因为有财政保证,各级政府和官员就有扩大事权的冲动和条件,比如增加项目、工程或加强对社会、市场的干预及管理等。而政府事权的扩大,至少会对政府与社会的关系产生以下三方面的影响:一是增加社会对政府的依赖,二是强化政府对社会、市场的控制,三是增加官商结合的机会。不论哪种情况,都可以为官员提供寻租的空间,而民间也有设租的需求或压力。

因此,仅从规制用人的维度遏制腐败有其内在的缺陷,不能很好地发挥作用,一个更加有效的方式是将规制用人与规制用财两种模式结合起来,才能更全面地规范公权力运行。

2. 强化权力监督与约束权力边界需要标本兼治

腐败是指政府官员利用权力谋取私利的行为。[1] 那么权力作为其中的核心要素理应在反腐举措中受到重点关注。因此,以往的研究或者实践把对权力的监督作为反腐败的主要方式,包括以权力制约权力、以责任制约权力、以监督制约权力以及以市场制约权力等。[2] 这些反腐败理念和举措无疑是必要的,但它们都建立在明确化了的权力的基础上,且都是通过一个外生力量来限制权力的滥用。它们的一个基本前提是权力本身的边界是合理和恰当的,也即在认可了既有权力的基础上而形成对权力运行过程的制约,并未考虑到权力本身不合理的状况。从理论上说,"有权力的人们使用权力一直到遇有界限的地方才休止"[3],但实际情况往往是一种超越政府应有职能的权力不断在强化。扩张是行政权力的天然倾向,政府实际行使的行政权容易超出其应当承担的公共责任,这在西方国家也是如此。[4] 与市场和社会相比,行政权力是具有垄断性的,垄断性的权力往往会带来垄断性的利益。当政府权力超越其应有的界限之后,就为政府部门及其官员的腐败活动提供了条件。所以,并不是只有不被监督的权力会导致腐败,腐败的产生还与政府实际拥有的权力超出其应当拥有的权力有关。监督权力的运行与约束政府事权的边界应当并举。我们知道政府权力的产生是基于人民的委托,其权力的边界取决于代理的事务。当一些事务能够由市场与社会自行解决时,政府并无必要创设管理这项事务的权

① 吴丕:《中国反腐败——理论与现状研究》,黑龙江人民出版社2003年版,第2页。
② 沈荣华:《行政权力制约机制》,国家行政学院出版社2006年版,第27页。
③ 孟德斯鸠:《论法的精神》上册,上海译文出版社1987年版,第154页。
④ 姜明安:《行政法与行政诉讼法》,法律出版社2006年版,第31页。

力。那么,如何通过限制政府权力的边界来遏制腐败就成为问题的关键,而这一问题通过规制用人这条路径是难以解决的。我们需要这样一种机制:将政府的权力与公共事务捆绑起来,将政府的事权与财权捆绑起来,继而通过一种对财权的控制来控制政府的事权,确定政府权力的边界。如前所述,公共预算制度恰恰蕴涵着这样的反腐败机理和机制,因此,我国要加快完善公共预算制度的步伐。

3.党内反腐与国家反腐需要无缝对接

我国虽然已重新构建了反腐败的领导和组织体系,成立了国家监察委员会,合并国家司法机关中的反腐败预防机构,形成了中国共产党纪检机关与政府监察机关合署执纪、国家司法机关与审计机关一体参与反腐败的体系,但在现行反腐败模式下,党的纪检机关与国家反腐机构的协调机制仍存在不少问题。目前,我党专司党内纪律监督的各级纪委,与同级党委一样,由各级党的代表大会选举产生,从理论上讲,并非同级党委的职能部门。但党章又规定,纪委是在同级党委的领导下工作。党的纪委虽然与国家监察部门同体执纪,但与党委组织、宣传部门及公检法机关的隶属或协作关系尚不明晰。党的纪委统一协调党内外反腐败工作的权力和机制只是在新修改的党章中提及,并没有在国家相关法律中予以明确,党的纪委在办案过程中与组织部门以及相关国家机关的联系渠道不够顺畅。

党内监督是系统工程,如何将党内监督体系和制度与国家监督体系和法律有机地贯通起来,做到纪法衔接、法法衔接,形成两个体系相辅相成的反腐败工作格局是我国完善反腐败模式的又一重点。

4.一体推进"不想腐""不敢腐""不能腐"的制度要形成合力

腐败发生一是有强烈的贪腐欲望驱动,二是有便利的贪腐条件支撑,因此,反腐败工作既要保持高压态势,令公职人员"不敢腐败",也要完善制度建设,封堵腐败发生的条件,使公职人员"不能腐败"。长期以来,我们习惯的反腐败手段有两大特点。一是根据腐败现象的新形式,不断推出"限制性"的行政规定。比如吃喝风行时,颁布严禁公款吃喝的规定;公款旅游风行时,颁布严禁公款旅游的规定;官倒风行时,颁布严禁处级以上近亲属经商的规定;裸官现象越来越普遍时,颁布加强配偶子女已移居国(境)外的国家工作人员管理的规定。二是事后查处、惩治的多,事前预防工作做得不足、过程中的检查审计不动真格,即便有预防也主要是思想性、动员性的,制度性的预防措施不扎实。比如,被称为"纪委书记第一贪"的曾锦春案,在中纪委介入调查前,湖南省纪委曾调查过三次,结论都是没问题。这是我国以往反腐败模式的一大软肋:一方面我们努力建构令官员"不敢腐败"的反腐败高压态势,另一方面封杀官员腐败空间令其"不能腐败"的制度安排却尚存漏洞;补救式的惩治力度不小,预防式的监督检查却不实。而最好的预防性反腐败手段、令官员"不能腐败"的制度安排就是公共预算制度。通过透明、完整和受监督的政府预算,约束政府行使公权力的边界、方向、方式和度量,可以最大程度地抑制官员腐败的机会。

二、完善反腐败的基本机制

(一)实现制度化授权

因授权机制的漏洞而引发的问题可以从央地关系的潜规则现象中找到根子。长期形成的央地权力配置体制——"相机授权"给央地双方都留下了太多的自由裁量空间,而根据国际反腐败工作的实践,"腐败程度取决于行政管理机构所拥有的自由裁量权。政府官员在决策时只要存在自由裁量的空间,就有可能腐败"[1]。质言之,要根治这些现象,就必须推动央地间的权力配置体制从相机授权走向制度化授权。[2]

所谓制度化授权就是指有权机关为管理便利和获得更好管理效益,依据刚性约定的授权条件、内容和程序向下级政府或行政相对方授权的体制。它以授权利益的对称性为基础兼顾授权信息的对称性,是一种更公平、透明和法制化的授权体制。与相机授权体制相比,它突出了两重含义:一是制度化集权,即对上级部门集权的约束,强调上级集权的确定性和规范性,或者说允许上级部门对核心权力实行透明化集中;二是制度化行权,即对下级政府分享权力的承诺,强调对下级行权的监督和规范,或者说确保下级政府对非核心权力的固定式分享。制度化授权区别于制度化分权的关键点在于它仍然认可中央作为国家全部公权力的初始性拥有者地位,地方公权力来源于中央授予,中央与地方在权力配置上的地位不对等。因此,制度化授权既契合我国单一制的国情,又切中我国现行权力配置体制的弊病,有利于提高我国央地权力配置的透明度、可信度和拘束力,最大程度地规避权力运作过程中的机会主义倾向。制度化授权的核心目标是实现中央对国家核心权力的"透明化集中"和地方对国家非核心权力的"固定式分享",只有这样,央地之间才用不着互相猜忌,暗使手段,真正发挥好央地两方积极性。

1. 采取法律保留的集权形式

法律保留的思想产生于19世纪初,最早提出该概念的是德国行政法学之父奥托·迈耶。法律保留通常有两种形式:一种是宪法上所规定的法律保留,另外一种是宪法本身的保留。法律保留具有在特定范围内对行政自行作用的排除功能。因此,法律保留本质上决定着立法权与行政权的界限,从而也决定着行政自主性的大小。[3] 这一思想同样适用于处理政府间权力配置关系。一方面,采取法律保留的形式,改革分散的、一事一议式的合约型(实际上是不可完全、难以执行的合约)临时权力配置方式,更能体现公权力配置的确定性和严肃性,可以从程序上规避上级政府的随意集权行为和下级政府的随意扩权行为。另一方面,法律保留式集权对所有地位平等的下级政府来说是一种公平的集权,可以从实体上保证授权的公平性,规避不公平授权引发的利益不对称问题。因为宪

---

[1] 格莱泽、格尔丁:《腐败与改革:美国历史上的经验教训》,商务印书馆 2012 年版,第 7 页。

[2] 有学者从经济学角度主张"制度化分权",比如财政联邦主义的观点比较流行,但从政治学角度讲这与单一制国家结构形式是不和谐的。在单一制国家,央地间权力配置的经典模式只能是纵向式的授权,即便是我国实行的分税制严格说来也只是中央授权的一种,并非真正的分权,只不过它采取了更加刚性和稳定的形式,而这正是值得我们在其他权力配置的改革中推广的。

[3] 迈耶:《德国行政法》,商务印书馆 2002 年版,第 72 页。

法只有一部,且制定和修改的程序复杂,而授权合约则可能因时、因地和因人而异,变更的随意性大。在具体制度设计中,首先要采取宪法本身保留的方式,在宪法中旗帜鲜明地表明公权力代表的中央属性,将中央处分公权力的基本原则、内容和程序纳入根本大法的约定中。其次要根据宪法的精神,在组织法中增列权力保留条款,分别对中央相对于省、省相对于县(市)、县相对于乡(镇)的权力保留内容和方式进行规定,体现政府权力行使的分层性。

2.强化核心权力的集中

要真正规范权力运行,需要中央部门及上级政府放弃全面集权的老路、走选择性集权的新路。[①] 因此,如何确定中央及上级政府集权的内容便成为建立制度化集权机制的关键。如果法律保留中央及上级政府集权的范围过大,势必压制下级行政的能动性,削弱下级政府作为一级政权相对独立存在的价值,同时也是对行政分层的特殊功能结构的否定;反之,如果保留范围过小,又将危及单一制的国家结构形式,削弱中央及上级政府对下级政府的调控能力。人们所熟知的权力分配模式,不论是联邦制还是单一制,都习惯采取列举有权或禁止下级政府行权范围的方式,确定上级政府的核心权力边界。但其理论依据和标准仍然争议不一。学者许宗力立足利益的对称性和影响的广泛性、持久性提出的公共事务重要性5条标准,为我们划定上级政府保留核心权力的内容提供了颇具启发性的思路。这5条标准是:(1)受规范人范围的大小。通常,受规范人的范围越广表示该规定对公众的影响越大,对公共事务越具有重要意义。(2)影响作用的久暂。通常越具有长期影响作用的越具有公共事务重要性,如核电厂的兴建、养老金的给付等。(3)财政影响的大小。凡事务需动用国家庞大资金的,一般而言具有公共事务的重要性。(4)公共争议性的强弱。凡事务对于公共意见的形成过程中,已经或者可预期引发公众的争议的,通常即具有公共事务重要性,且争议越强的越重要。(5)现状变革幅度的大小。变革越大,引发的争议势必越大,越有公开详尽讨论的必要,越有法律保留的必要。[②]依此逻辑,只有那些如果由地方或下级政府自主支配将对辖区内长时间、大范围的公众利益造成不确定性影响的权力才应纳入中央及上级政府保留的范围,而不具备此类属性的权力都可作为非核心权力固定向地方及下级政府授权。这样可以减少因权力过多地集中于上级而引发整体与局部利益的不对称现象。

3.强化对授权行为的规范

由于政府授权是不可完全合约的,根据新的形势调整权力的初始分配通常是完善政府内部治理的必要举措。权力调整主要有追加授权和收回授权两种形式,但两者都会造成新的利益不对称。为破除这种再授权困境,必须将权力调整纳入制度规范的轨道。其一,要依法调整。无论是上下级政府哪一方提出权力调整的要求,都要严格依照宪法、组织法和相关法律对各级行政机关向下级授权的基本原则、内容和方式的规定,规避权力调整中的私相授受行为。其二,要协商调整。虽然权力调整的决定权归属中央、归属上

①　郑永年:《中国模式经验与困局》,浙江人民出版社 2010 年版,第 131 页。
②　许宗力:《法与国家权力》,月旦出版社 1994 年版,第 187—192 页。

级政府,是单一制国家结构形式的应有之义,但由于权力调整会打破原有的利益分配格局,调整权力分配应严肃谨慎而行,要在同级政府内部经过最高议事程序形成决定,在外部要与各下级利益相关方协商,尽可能在各利益相关方中达成权力调整的共识。其三,要公平调整。无论是追加授权还是收回授权,如非特殊需要或存在特别过错,尽量不对众多下级辖区中的某个地方单方面提出,避免"得者兼得"或"会哭的孩子有奶吃"的怪象,加剧利益不对称的冲突。

4. 管制地方及下级政府的硬扩权

如前所述,我国地方及下级政府硬扩权的主要手段是自行举债,其主要目的是特定政府为获取不受上级监督的自主支配利益,以及较其他地区发展的竞争优势和官员晋升优势。这种硬扩权的"孳息"具有地方或下级垄断的特征,且易滋生腐败,对政府正常授权秩序的威胁不言而喻。解铃还须系铃人,要管制地方及下级政府的硬扩权行为,就必须管住地方及下级政府的预算黑洞,硬化对地方恶意举债的约束。为此,需要转变现行的预算思维和改革现行的预算平衡模式。一方面,以公共财政理念为核心,加快从"政府预算"思维向"公共预算"思维转型,使预算从"政府需要的预算"、"高负债预算"和"不受严格监督的预算"转变为"社会和民众需要的预算"、"平衡预算"和"公开的预算",才能最大程度地挤压地方及下级政府硬扩权的资源空间。另一方面,要积极探索基于政府任期的预算平衡模式,强化财政绩效评估。从地方政府举债硬扩权的动力中不难看出,硬扩权通常是一级政府的集体选择,因而真正支配各级地方政府财政支出的是一届政府的发展意图,这种支出不会在会计年度终结日结束,而必然会延期到政府任期届满甚至更长。因此,按一届政府的任期跨度而不是按一个会计年度来实现财政预算平衡就是一种能有效约束地方政府举债硬扩权行为的财政机制。该机制对各级政府在任期内实现预算平衡做出刚性规定,预算审批、管理及监督部门要对该届政府进行卸任预算审计,厘清财政积欠,并将审计结果作为该届政府主要官员升职或留任的重要依据。此举不但可以限制地方政府不负责任的举债硬扩权行为,还将大大增加其"政治成本"。

5. 夯实授权的保障机制

(1)法制化授权机制。在央地间的权力配置上,中央多一点还是地方多一点,只是问题的枝节方面,更重要的是权力配置要有章可循。首先,要在宪法层面对央地政府间的责权利进行原则性的区分,将中央处分公权力的基本原则、内容和程序纳入根本大法的约定中。比如,中央对改善国计民生负总责,掌握国家核心权力,谋求国家核心利益,而对国家核心利益影响不大的责权利可以打包式地稳定地授予地方,除非地方在履行上述权能时出现重大失误、失效乃至危及国家利益,否则一般不采取行政手段干涉。这样,既有利于确保中央对公权力有最终的控制权,又有利于限制中央向地方授权和收权的随意性。其次,各部门、各行业的具体管理体制对其所履行的行政审批权、资源分配权的基本原则、内容和程序也应予以约定。诚然,我国要像联邦制国家那样在央地政府间订立政府间关系法并不现实,但必须看到我国的单一制体制是以社会的超大规模和不平衡的区域发展为基础的,这与国际上其他单一制国家的情况也不一样。法制化授权的目的是确保授权的稳定性、可信性和对授受双方的约束,以便中央可以放心去盘算国家大事,地方也敢于大胆做长远规划,不至于选择机会主义。可是,当前央地政府间对权力配置的争论焦点还主要放在量多量少这一枝节问题上,殊不知,缺乏规范的授权,不论哪方多一点、少一点,都只会产生负激励。

(2)透明化授权机制。央地关系中的一些潜规则现象之所以能长期大行其道,一个重要原因就是中央有权部门如何给地方批项目、定规划、转移支付、颁发行政许可、达标评优的具体操作规范是不透明的,而地方的财政预算信息也是不透明的,这样,中央某些部门或个人就有机会向地方提出额外的要求,而地方也有条件去满足这些要求,并且不被曝光。不论是源于利益不对称还是信息不对称的上级集权不授和下级违规行权、扩权行为,都与缺乏强有力的内外部监督有关。内部监督是特指对某种授权有同样获取资格的其他同级政府,比如,当中央政府及其部门向某省授权(包括审批项目、规划)时,我国其他省、区、市应有知情权和监督权,以此类推,省县之间、县乡之间的授权均应如此监督。外部监督是特指与某种授权有密切利益关系的本辖区社会和民众,比如,省政府给予某县扶贫优惠政策,该县民众就应该有充分的知情权和监督权,监督县政府是否合法合理地运用该优惠政策帮助当地民众脱贫致富,而不是违规行权中饱私囊。这两方面的监督都很有针对性,又因为利益攸关而有强劲的监督动力,是排除授权过程中可能出现利益不对称和信息不对称的有效路径。

我们需要明确中央对地方授权的另一个重要原则:中央各部门可以根据不同地方发展的差距和特殊性给一些地方适当的照顾,实施某些优惠政策,但照顾也必须纳入公开透明的轨道。否则,某些部门及其官员私相授受国家资源,还有可能盗用"协调区域发展"的名义来埋单。另外,加强授权的监督也是防治央地关系出现潜规则现象的重要环节。我国的行政监督制度虽然建立起了完整的内部监督和外部监督体系,但有处置权、能掌握信息的内部监督体系因困于行政架构内,同样也面临潜规则的渗透和包围,在监督查处潜规则现象时,有时动不了真格;而处于局外的外部监督体系又没有正式的处置权或处置权虚化,加上信息不对称的阻隔,其监督的积极性难以调动起来。为此,我们需要建立以下三种机制:其一,探索建立由中央考纪部门与各竞争地方合作监督中央部委的项目审批、转移支付和行政许可的机制,通过引入利益攸关者,可以大大提高监督的动力和真实性;其二,健全中央部门行政审批的信息披露制度,尤其是在审批具有竞争性资源、政策和规划时,应该将相关信息知照给各竞争地方;其三,完善对地方获批项目的绩效评估机制,要严格按照地方申报项目时的各项结果承诺在项目中期和结束时进行评估和计分,秉持奖优罚劣的原则,对实施项目情况好的地方累积加分,对项目实施绩效差的地方累积减分,并将绩效评估结果和累积积分作为新项目审批、行政许可的重要参考条件,以防有关部门只管把资金和项目分下去、地方则只管把项目和资金争取到手,双方在自身利益最大化的目标下完成"交换式"寻租。当地民众的监督则侧重于揭发检举地方政府行权的外部性行为,并就当地政府因其违规行权、过错行权而被上级收回授权对地方社会造成的利益损失问责,增加当地政府违规行权的政治风险。

(3)公平化授权机制。地方政府为地方利益和地方社会发展而竞争,地方官员为自己的政治前途而竞争,原本无可厚非。问题是,中央对地方及其官员间的竞争激励制度多数情况都可能导致零和结果,即一方所得为另一方所失。特别是,中央的资源有限,能够创设的激励标的往往难以为地方所均沾，官员晋升的机会更是如此。而中央部门扶持地方的政策及其力度能否"一碗水端平"对地方及其官员能否在竞争中胜出又很关键。至于其他的行政许可，比如区域发展规划、重大项目落户、大额转移支付等也能对地方发展和官员政绩产生大的影响。因此，地方总是希望中央给自己更多的优惠和照顾，同时又害怕其他地方得到的更多。这样，如何保证中央公平授权便成为授权机制设计中一个不容忽视的问题。

这里至少有三个层面的问题需要考虑。其一，建立各类授权的基准资格条件。中央各部门应颁布自己手中掌管的行政审批、规划核准、转移支付、特殊补助、行业准入等地方极力争取的授权项目的合规资格条件，尽量用制度化标准来裁量地方申请，减少人为自由裁量的空间。其二，分类授权。可以根据授权项目的不同意图将其区分为扶持性授权、试验性授权和匹配性授权，分别采取不同的原则授予地方。比如，对于扶持性授权尽可能均沾配置，但配置总量不宜过大，以防地方进行逆向选择；对于机遇与风险并存的试验性授权，先授予抗风险能力强的地区，但试验后的推广只要符合条件就不要另外设限；匹配性授权是指某些授权项目只有授予具有特殊区域禀赋、经济禀赋的地区才能发挥授权的效能，对这类授权项目要限制地区间的非理性竞争。其三，授权布局合理，适度分散，要避免"得者兼得"或"会哭的孩子有奶吃"的怪象。

（二）强化社会评价政府业绩的机制

长期以来，我国的政府绩效是"行政导向"的。所谓"行政导向"考核就是依靠上级专门制定的考核制度确定考核内容及其重点，明确划分考核等级、比例结构和结果的使用。它假定等额人群有相似的工作表现级差，鼓动相关部门和人员被动竞争，评价的内容、方式和结果都很少有伸缩性。说它是行政导向的业绩评价，一方面是指评价的重点内容是以上级部门核定的中心任务及其数量指标为基准，另一方面是指评价过程和结果的认定是以纵向主管部门或人员为主导。行政导向的业绩评价机制有效地改变了公共部门"庸、懒、散"的工作局面，但其发展到极端的程度，又造就了一些"浮、冒、贪"干部。因为，行政导向考核的强制性和唯一性会对地方及其干部的政治前途产生影响，而左右这种考核结果的又是上级部门的少数官员，这就极易产生考核寻租现象。

为此，需要采用多种方式推进以社会评价为中心的政府业绩评价改革。在诸多绩效评价模式中，360度绩效考核法以其考核内容和参与主体的全方位性受到私营部门推崇，其核心要义就是从与被考核者发生工作关系的多方主体那里获得被考核者的信息。简言之，就是一级组织、一名职员的绩效不是单向度地确定的。由于政府及公共部门的工作具有的社会属性最为突出，因此，其绩效评价更加适合采用具有多维信源支撑的方式。只不过，在私营部门的360度绩效考核中，上级主管的评价权重可能比同事、客户和直接下属的评价权重大些，全员的绩效评价由老板终定，这是由资本的话语权决定的。而政府及公共部门的全方位绩效评价则理应由社会来主导，因为，政府及公共部门的行政权力来自社会选择。关键在于如何在实践中改革现有的评价机制，落实社会对政府及公共部门的绩效评价权利。

首先，政府及公务员实绩的核心内容应由所在地区的民众确定或认可。"一切为了人民,为了人民的一切",明白无误地告诉人们,政府工作没有自身的目的和利益。这就要求政府不能自己设定重心或十件大事之类的任务作为自己工作的重点考核指标。这些所谓的重心或大事需要通过一定的形式让民众背书认可才能成为其考核的实绩内容。由于处于不同发展水平地区的民众会有不同的核心诉求,因此,不同地区的政府就应该有不同的工作重心和被考核的核心内容,政府不能有千篇一律的政绩考核指标。在不发达地区,经济增长、充分就业可能仍然是政府工作的第一要务,而在另一些地区,交通畅快、环境改善则是政府工作的首选。但不论在何种地区,食品安全、健康保障、医疗卫生、空气和水质这些与民众生命最紧密相关的事业都应是政府工作业绩考核的重中之重。

其次,要充分保障社会民众在政府业绩考核中的评价权重。政府工作是否做到了位?哪个部门做得好?上级部门有权评价,但归根到底应由社会民众说了算。如果只有上级部门有权评价,那么考评对象完全可以变相应付。那么,政府业绩考核的评价权重应在社会民众、上级部门、同级部门和直接服务对象之间如何合理划分?这是个需要好好研究的问题。我们认为,有两种解决方案值得探索。一是划分不同权重的考核要素,由上述参与主体各自负责主评不同的业绩要素。比如社会民众主要对考评对象的工作总体满意度进行评价,上级部门主要对考评对象的执法执政(政策、政令)执纪情况进行评价,同级部门主要对考评对象的协同合作情况进行评价,而直接服务对象则对考评对象的服务态度和效果进行评价。在此基础上再根据各自的权重分和考评分加总形成"四考合一"的考评体系。① 二是将主要负责人和工作人员进行区分评价(类似政务官与常任官分类评价),由主要负责人代表一级政府或部门总体对社会民众和上级政府或部门负责,采取以社会民众评价为主、上级评价为辅的模式考评,而其他工作人员则主要接受直线管理部门的考评,辅之以直接服务对象的考评。这样既保障了政府业绩考评的民主性、合法性,又提高了政府业绩考评的科学性、有效性。

再次,要创建社会民众评议政府的平台,做强做实公众评议。公众参与的广泛性和真实性是实施社会导向的政绩效评估模式改革的"生命线",要保障其活力,就必须充分利用先进的数字政务平台,广泛吸收民众参与到党政绩效评估中来。培育一批独立的绩效评估机构,聘请政府绩效监督员,使社会评价建立在专业评估、独立评估和科学评估的基础上。

最后,以社会民众评估促行政问责、落实政府的社会性管制责任。为使民众评估不流于形式,真正发挥其对政府职能部门的引导、约束和鞭策作用,政府要以立法的形式确立社会导向绩效评估的地位,保证绩效评估成为公共部门公共管理的基本环节,以促进公共部门努力提高绩效;从法律上确立绩效评估的权威性,确立绩效评估机构的独立地位,独立对政府机构进行绩效评估,并向政府和公众宣布评估的结果;确立绩效评估工作的制度和规范,对绩效评估全过程做出详细规定,使绩效评估工作有法可依、有章可循;规范绩效评估程序。在推进政府绩效评估过程中,要求每个参评机构对照目标管理的各项指标进行自我评估。为防止自我评估中的弄虚作假行为,各单位的自我评估材料要在政府考评网上公布公示,接受民众的监督(包括答疑、举报、批评),公示过后,才开始进行

---

① 参见王丽娟:《余杭"四考合一"改进干部评价体系》,《杭州日报》2014年7月23日第1版。

社会评价和领导评估,以保障绩效评估结果有比较高的公信度。评估结束后,要将评估结果悉数公布,使民众可以在网上查阅各单位的各项考核分数和排名情况,对绩效差、长期落后的单位负责人实行问责制。

（三）强化预算监督机制

要从根本上做到"规范用财"预防腐败,就必须建立预算刚性约束制度。根据我国预算编制和执行过程中存在的问题,要建立这一制度,强化对政府取财和用财的规制,达到防治腐败的目的,还需要对现行的预算思想、预算制度、预算权力结构、预算编制和实施方式、预算监督机制等方面深化改革。

1.树立有利于防治腐败的公共预算约束思想

以"阳光财政"的理念为核心,以防治"自收自支"式的腐败为目的,从三个方面转变现行的预算思维:一是加快从"政府预算"思维向"公共预算"思维转型;二是从常年赤字预算思维向常规状态下的节俭＋平衡预算思维转型;三是从"不完全预算"思维向"完全预算"思维转型。公共财政体制下的预算是一种义务预算、认可预算、常态条件下的平衡预算和完全预算。"公共预算"意味着政府有义务向域内社会和民众报告其收支规模和方向,显然,只有"公共预算"思想才包含监督政府收支的精神,依此精神才可能建立起"阳光财政"的体制,达到通过监督财政来防治腐败的目的。而如果我们依然把预算当作"政府自己的预算",那么,政府就没有向社会公布预算信息的动力,也不会有接受预算监督的自觉性,通过监督预算来防治腐败也就无从谈起。赤字预算对社会经济发展的刺激作用不可否认,但同样不可否认的是预算规模的扩大往往意味着腐败机会和腐败资源的增加。因为,不管如何加强监管和精打细算,由公共部门支配资金的节约性和合理性通常难以与私人支配自己的资金相匹比。"不完全预算"是指政府向社会公布的预算或提交给人大代表审议的预算只是政府实际收支的一部分,那些不公开的收支就有可能被滥用而导致腐败。因此,就防治腐败而言,公共预算体制是不可或缺的。

2.确立有利于防治腐败的公共预算刚性约束机制

以"取用于民"的理念为核心,以防治"无预算支出"式的腐败为目的,建设预算约束制度的三大支撑。一是推进政府收入形式的税式化改革。目前,政府收入的形式来源主要包括税收、收费、公债和投资性收益等,非税收入占比不小。表面上看,这些收入来源的解释意义不同,政府在预算编制、执行和监督管理时也对它们适用了不同的标准,但事实上,它们的法理意义是一样的,即国家对社会的提取。从政治学意义上讲,税收是其中唯一能表示这一法理意义的政府收入形式,也最能体现政府与公民之间的相互义务关系。马克思说过:"为了维持这种公共权力,就需要公民缴纳费用——捐税。"[1]政府基于捐税提取而向社会提供服务,不需要也没有理由再收取规费,确需收取的政府规费也可以转化为税收,没有必要对这类政府收入采取不同的方式进行管理。因为,税与费的性质不同。纳税是公民的义务,政府基于税收为公民提供服务是政府的义务。而政府基于服务向社会收取费用,意味着这类政府服务是额外的,如果这种收费不能转化为捐税,则

---

① 马克思、恩格斯:《马克思恩格斯选集》第四卷,人民出版社1995年版,第171页。

意味着这类政府服务是公民不需要的。从学理上讲，不经公民认可，即便政府提供了服务而收费，也不可取，有乱收费之嫌，可能会给腐败分子留下方便之门。我国当前出现的一些腐败现象相当一部分就与这类费用收取的混乱和使用的不规范密切相关。只有尽可能地将应该由政府支配的收入都税式化，并在此基础上全部纳入政府预算，公民与国家（政府）之间的相互义务关系才会更加清晰而稳定，公民对政府收支的监督才更有法理基础和制度保障。二是落实政府无预算不得收支的制度。预算需要经过严格复杂的程序形成，它是对政府收支的阳光安排和法律许可。政府依据预算收支，在制度意义上不会产生腐败，所需的只是严格监督预算的执行。但是，如果允许政府在预算之外进行收支，则在制度安排上就为腐败的滋生开了口子。三是建立政府支出偏离预算安排的自动否决制度。如前所述，公共财政体制下的预算不仅仅指政府的收支计划，还包括政府的行动计划，也就是说预算是政府行动计划和政府收支计划的统一。只有政府行为中实际发生的收支范围、数量和方式等信息符合预算规定的精神和原则，才能说预算真正被执行了。当前的情况是预算与政府行为不一致的现象还存在，审计报告经常列举的政府收支违反预算的行为，大都是以虚假的政府行为信息、收支信息来"弥合"预算计划。比如，虚假报销、冒领、套取资金；不细化预算；挪用预算、公款（包括挤占公款和自行调整公款用途）；等等。因此，有必要建立根据预算计划否决偏离预算规定的政府收支行为的制度。

3.建立有利于防治腐败的预算权力结构

以各级人民代表大会为核心，以防治因预算失规、失序引发的腐败为目的，建立集中统一的预算编制、执行和监督的权力结构。预算权力的集中统一性是公共财政体制的一个基本要求。自1999年预算改革以来，通过推行国库收付、部门预算、统一采购和预算审批等制度，我国预算管理权力的统一性有了很大的加强，但分散性问题无论在预算编制、预算执行，还是在预算监督上，都依然存在。比如，一些部门通过虚报预算、长期不办理决算、不细化预算、挪用预算、自行调整公款用途、预算收入（包括非税收入）不上缴、向非预算单位或个人拨款等方式，不断膨胀部门对预算的二次分配权，这在一定程度上削弱了财政部统一管理预算编制和预算执行的权力。而国家发改委等综合管理部门也有很大的预算分配权，这对财政部的预算管理权又构成了一定程度的分解。在预算监督方面也存在财政系统、审计系统和人大系统三分的局面：财政系统负责预算编制和预算执行的具体组织，审计系统侧重预决算执行情况的监督，人大系统负责预决算审批和总体监督。由于财政系统和其他行政职能部门同属于预算最大化的争取方，其虽有监督能力，但监督责任不明、监督动力不足，甚至自己也常常出现预算违规行为[1]；审计系统有监督责任，但查处的力度有限[2]；人大系统有充分的监督权力，但往往缺乏监督能力和完整的预决算信息，难免使其对预算的监督虚化。因而，三个系统都发挥不了令人满意的预

---

① 自2003年审计署推出审计结果公开制度以来，财政部就是被点名批评次数最多的部门之一，财政部在每年的审计报告中都被审计出有重大预算违规行为。参见2004年以来的年度审计公告。
② 我国现行审计法只赋予审计机关纠正、停止被审计单位的违法违规行为的权力，对直接责任人的处理只有建议权。

算监督效能。建构中国特色的预算权力结构应该是在人民代表大会统一主导预算的前提下，做实预算执行力、预算监督力和预算编制力。其中，预算监督力是核心。我国现行的预算管理体制表明，人大不参与预算的编制使其难以深入了解行政系统对预算的需求，掌握完整的预算信息，给人大充分行使预算审批权、监督权带来困难。另外，人大（特别是地方人大）也没有专门的预算审计、监察队伍。预算监督是一项政治工作、法律工作，也是一项技术工作、常规工作，没有预算审计就会虚化预算监督。我国实行"议行合一"的政治体制，人民代表大会行使预算主导权是该体制的应有之义。当然，我们的人民代表大会不搞西方式的"议会拨款"、"议会税收动议"和"议会支出动议"，但可以建议人大的预算委员会与财政部合作共同编制预算，特别赋予其修改预算的权力，使其能够在预算编制阶段就掌握预算信息、监督预算的编制，从而改变目前人大在审议预算时的被动局面。为了便于人民代表大会行使国家预算主导权，可以将人大预算委员会由现在的人大工作机构升格为人大专门委员会，使之成为我国预算审议、监督和执行检查的核心机构。

4.探索有利于防治腐败的预算编制、执行和监督的形式及工具

一是在预算编制方面，改革单一的基数预算方式，实行基数预算和零基预算相结合，对职能相对稳定的部门采用基数预算，对职能不够稳定或变化较大的部门采用零基预算，防治部门预算的无因膨胀、只增不减和不合理配置。二是在预算审议方面，改革单一的整体表决方式，有选择地对数额大、与国计民生关联密切或者投入结果不确定的预算进行辩论预算和个案预算方式的试验，允许人大不通过某个部门的预算或某个单项预算，防止预算审批中的"搭便车"现象。三是根据我国两会召开的特定时间安排，适当调整预算起止年度，解决我国预算未批先行的历史遗留问题，防止一些地方和部门利用既成事实"绑架"预算审批的现象。① 四是修改有关法律，强化对预算违法行为的法律约束力。我国现行宪法尚未有涉及预算的内容，预算法对擅自变更预算、擅自动用国库库款、隐瞒预算收入行为的处罚也仅仅限于追究行政责任，而未提到承担法律责任的问题，这对预算违规、违法者的拘束力十分有限。因此，有必要在宪法中对国家预算的基本原则和精神加以规定，在预算法中增加追究预算违法的法律责任的条款，同时，在刑法中也要增设预算违法方面的罪种。

（四）补齐"保护性防治"腐败的机制

通过"以惩促防，标本兼治"的"惩处性防治"，建构"不敢腐"的高压反腐态势，倒逼"不想腐、不能腐"的自主防腐体系的成长是十八大以来我党防治腐败的新举措。为进一步巩固高压反腐态势的成果，除了继续强化"惩处性防治"这一手的推动力外，还须补齐"保护性防治"这一手的短板。如果说"惩处性防治"主要是通过强大的惩处威慑使公务人员惧怕无以背负的腐败成本而减少和放弃腐败行为的话，"保护性防治"则主要是从增加不腐败的获得感让公务人员自主避开腐败行为，保护公务员拒腐防变的正能量。著名

---

① 比如，可以探索预算年度从现行的1月1日至12月31日调整为4月1日至次年的3月31日，以适应我国两会会期安排，方便代表审议预算。

的行为科学家和心理学家弗鲁姆提出期望理论,认为个体对目标的把握越大,达到目标的概率越高,所能激发的动力也就越强烈。但是要管控行为与目标的偏离值,需要正反向动力的有机结合。"惩处性防治"和"保护性防治"就好比"大棒"和"胡萝卜",分别承担着反向强化和正向强化防控腐败的功能。面对公务腐败发生的"动力—机制—模式"出现的新变化,特别是"庸政式腐败""微腐败"的增多,健全"保护性防治"机制可以更好地起到增强公务员职业自豪感、强化公务员自主防控腐败的双重作用。

1. 加快推进公务员薪酬机制的现代化

官员寻租的主观因素主要来源于两方面,贪得无厌的趋利欲望和付出与报酬明显不相称而选择的自我补偿,后者很大一部分成因又源自公务员薪酬制度的缺陷,比如结构相对单一、模式比较僵化、水平相对偏低等。相关研究显示,我国公务员薪酬增长率一直低于行政管理费增长率、人均国内生产总值增长率和人均财政收入增长率;公务员薪酬水平赶不上经济社会发展步伐,在各行业薪酬中的位置始终处于中值位置,薪酬水平偏低。[①] 而与此相对照的是,公务员普遍"责任多""考核多""加班多"。相对低薪+较高负荷无疑会持续挤压公务员清廉的弹性空间。警示教育和"惩处性防治"可以发挥很好的"前车之鉴"作用,但面对额外的即时补偿机会,腐败行为人并非总能同样即时想起"前车之鉴",否则,在某些领域"前腐后继"的现象就不会发生。因此,有必要将公务员职业回归为普通职业,推进公务员薪酬机制的现代化。一是在精神上继续强化公务员的"公仆化"教育的同时,在制度上要按人力资源管理规律科学设计公务员职业的薪酬结构和模式。其核心是打破公务员薪酬体系中"平均主义"的桎梏,体现不同岗位所承担的责任和风险大小以及贡献程度,使公务员收入与其履职能力、付出的精力和工作效能相匹配。因为,从人力资源角度看,除义务、志愿性工作外的任何领域用工都会受市场化调节的影响,在开放的进出机制和严格监管的权力运行环境下,要保护公务员队伍的稳定性和工作的主动性,也脱离不了公平报酬规律的支配。二是在理念上可以不把"养廉"建立在"高薪"基础上,但这不妨碍在制度上将公务员薪酬与人均国内生产总值增长率、人均财政收入增长率、行政管理费增长率和社会其他职业平均工资水平增长情况这些决定薪酬水平的基本因素挂钩,适时动态调增公务员薪酬。特别是在当前我国公务员素质和养成成本普遍高于社会从业人员平均水平以及政府责任还比较宽泛的情况下,不应过于压低公务员平均薪酬水平。三是政府"放管服"职能转变、精简人员与薪酬改革协同推进,切实减少对公务员非关键任务的刚性考核,明晰公务员核心责任边界,整顿导致无谓加班的官僚主义工作作风,最大程度地降低公务员对付出与报酬的不公平感。

2. 扩大职级制弹性、弱化公务员的职务晋升依赖

根据已有的腐败案件分析,公务员职务晋升"关键期"和腐败放纵"爆发期"之间往往存在一定的年龄关系,即省—市县—乡镇不同层级的公务员分别在 55 岁—45 岁—35 岁左右会面临一个职务晋升的关键期,如果再经过 4～5 年的努力,他们越不过去,就可能

---

① 参见王郑丰、李金珊、陈小红:《公务员薪酬水平与腐败程度的实证研究》,《学术论坛》2013 年第 8 期,第 25—28 页。

长期受到晋升"天花板"的压制，于是不少人会在 59 岁—49 岁—39 岁这些年龄段向腐败蜕变。[①] 也有研究认为，腐败官员往往在下一个职务晋升前有一个准备期，其间往往是努力工作和腐败的组合。[②] 不管哪种情况，都说明我国公务员相对单一依赖职务晋升的激励机制客观上强化了一些官员在晋升与腐败之间做出选择。因此，需要建构公务员多维激励体系，使公务员的职业生涯不完全与职务晋升挂钩。其中，推行职级制，使之作为公务员价值认同的平行形式值得探索。这不仅是满足公务员职业越来越技术化、专业化和复杂化的需要，更重要的是因为职务作为管理层级的节点必然有严格的职数限制，难以承载普遍的工作价值评价功能。相比之下，职级拥有更多的灵活性，可以适应不同岗位、不同层级、不同地域和不同年龄段的公务员价值评价，有更强的激励和满足功能，从而减弱公务员在职务晋升与腐败（庸懒散）之间做出选择的冲动。为确保职衔不落为职务的替代品，充分发挥职衔保护公务员自主防控公务腐败的正能量，必须打破职级高低受所在单位行政级别的限制。就像部属高校与职业技术学院都可以评教授，三甲医院、二甲医院都可以评主任医师一样，县处级行政单位的公务员只要符合规定的条件也可以和省部级行政单位的公务员一样评聘同样等级的公务员职级。这样在下级和基层工作的公务员就用不着采取不正当手段去谋求级别晋升，而在高层机关工作的公务员也无"渔利"的身份优势。

3. 健全工作容错机制

容错机制原为计算机术语，指的是计算机程序在运行过程中遇到程序错误或者未响应时并未终止程序，而是经过系统的自我修复以后能够继续运行的机制。只有健全激励机制和容错纠错机制，给改革创新者撑腰鼓劲，才能让广大干部愿干事、敢干事、能干成事。因此，在严厉惩处腐败的同时，要宽容那些在改革建设过程中因实践失误而导致的错误，明确免责清单，准许"试错"。完善的容错机制不但可以约束错误，还能够检测错误并对其进行纠正，让畏首畏尾、怕触碰高压"红线"而不敢作为的官员能够放下包袱。建立科学的容错机制必须遵循以下原则：一是明确容错的范围，划定容错与违法违纪之间的界线。容错机制只适用于在探索性、创新性改革实践中受客观因素干预而产生的错误，这种错误须是应实践需要，非主观上故意而为之的结果，必须发生在法律允许的范围内。要将无视上级禁令仍旧明知故犯的错误与因缺少改革经验的试验性失误加以区分，要将以牟取私利为目的的违纪违法行为与为推动创新而造成的无意过失加以区分。[③] 二是搭载纠错功能，对容错机制进行合理的制度设计。容错不是结果而是手段，容错的最终目的是纠正错误，减少党政干部因怕担责犯错而止步不前的顾虑，为改革者在创新探索过程中清除障碍，容错机制最终还是要服务于整个探索进程。因此，只有遵循"容错在先，纠错在后"的原则，在每一次容错以后纠正错误，才能避免同样的错误造成二次损失。三是在制度设计上，需要制定科学的实施流程，对包括申请鉴定、组织核实、错误认定等

---

① 晓阳：《腐败年龄的背后》，《检察风云》2001 年第 7 期，第 60 页。

② 参见邓崧、李目文：《中国省部级官员腐败问题研究——以 2009—2015 年 50 个案件为例》，《北京航空航天大学学报（社会科学版）》2017 年第 1 期，第 1—9 页。

③ 刘宁宁、郝桂荣：《新常态下如何科学构建容错机制》，《人民论坛》2016 年第 11 期，第 18 页。

步骤在内的容错程序予以规范,并将具体细则和规章制度向社会公布,鼓励民众参与到容错机制的构建与实施中来,体现容错机制的科学化和透明化。四是需要完善容错的补偿机制。所有错误都是有损失、计成本的,容"错"带来的后果是政府在探索实践中花费的沉没成本之一,但是这个成本不应该由民众埋单,改革创新是一个探索性失误与阶段性收益并存的过程,能否"容错"取决于后续改革的收益。

本章思考题

1.什么是腐败?腐败的表现形式和特征有哪些?
2.什么是行政潜规则?行政潜规则是如何导致腐败的?
3.腐败的主要诱因有哪些?
4.如何建立防治腐败的系统机制?

文档:学习
参考网站

【案例思考】

发改委价格司里"前腐后继"并非偶然[①]

据报道,曾被谐称为"天下第一司"的国家发改委价格司,近来已成为最密集的贪官落马地。继发改委价格司原司长曹长庆、副巡视员郭剑英被查之后,9月27日晚,发改委价格司又有三名司级官员被带走,包括接替曹长庆担任司长不久的刘振秋,及两位副司长周望军和李才华。

价格司成为官员落马的"重灾区",让人唏嘘,却并非偶然。尽管说,涉事官员落马的具体事由尚未公布,但一个可以认定的路径是,他们的涉腐多处在以价格审批为圆心的权力半径内。

应看到,这些落马的5名正副司长,多数都分管过医药价格管理。以已经退休的原价格司司长曹长庆和握有医药价格管理权的副巡视员郭剑英来说,尽管在他们任职期间,价格司曾对药品价格多次下达降价令,但药价依旧是民众承受高昂医改成本的关键因素,依旧是医疗改革进展不尽如人意的掣肘。究其问题,按照以前的规定,国内新药上市,都要经过价格司的审批,而与之对应的,就是手握审批大权的价格司官员成为药企的座上宾,审批权也演变成待价而沽的商品。

不能说,上述落马官员都倒在企业的"打点"下,但可以肯定,审批权失序是腐败衍生的一大土壤。实际上,不仅是药价,与民生密切相关的城市供电、供水的价格管理,也不能让民众满意。这些领域的产品供应,大都是由以央企为主导的国有企业完成,它们与发改委价格司身处一个"体制圈",要求价格司对这些带有垄断性质的产品进行管控,无异于缘木求鱼。也正因如此,这几年,供水、供电的价格也在不断上涨,除去通胀因素的牵引作用以外,某些官员利用价格审批权对垄断企业的偏袒,也是不可忽视的一个因素。

价格审批的初衷,是希望通过这一关卡来管住价格。但这种集中式的价格审批,从根子上说是计划经济体制遗留下来的产物,它屏蔽了本来可以由市场产生的价格竞争给

---

① 周俊生、匡贤明:《发改委价格司里"前腐后继"并非偶然》,《新京报》2014年10月9日第1版。

消费者带来的福利，也给某些官员利益染指的机会。一旦手握重权的政府官员与企业"勾搭成奸"，通过审批权的出卖来实现利益变现，价格审批权自然也就成为腐败寄生的载体。

十八大以来，发改委系统中"栽下马"的官员数量（19人）在国务院25个组成部门中居于首位，而价格司又在发改委中居首。一两个人出了问题，有可能是个人品质问题，但价格司如此高密度的官员落马频率，恐怕就是体制机制上的问题了。

说审批有些笼统，具体就价格司职能看，它主要负责对包括电价、水价、药价等在内的多种垄断商品的价格进行审核和监督。许多商品，只要牵涉到价格方面，都要找价格司发"放行证"。有不少专家指出过，价格司"冷"的也管，"热"的也管；"长"的也管，"短"的也管。而要构筑防腐网，说到底，就在于填补"管"得太多中的寻租黑洞。

怎么填补？很多人会说，放权。的确，短期内可以采取放权的方法，通过负面清单，把集中在价格司的权力下放。发改委原副主任刘铁男在法庭上反思认为，在市场经济条件下，审批权当大量下放到市场，从源头上解决政府不该管的一些事，防止以权谋私。尤其是重要的资源要素价格改革上，必须以放权直接弱化发改委价格司的权力。

但要从根源上解决价格司审批腐败的问题，除了权力下放外，核心还在于调整权力结构，在于发改委包括价格司职能的重构。在简政放权改革后，确有必要保留的审批权限，应分由各部委承担，发改委则应承担起重要的经济战略职能。拿价格司来说，随着价格由市场决定进程的加快，价格司的价格审批职能不断弱化，甚至走向消失，但它对价格走势的判断和影响因素的分析却日益重要。这直接关系到宏观经济政策的决策。

问题：你认为发改委价格司缘何会演变为腐败"重灾区"？谈谈审批类机构的防腐关键举措有哪些。

第七章 政治民主与政治参与

本章导读：

本章主要讲述政治民主与政治参与的基本理论，梳理两者的关系，分析政治民主发展的趋势，研究我国社会主义政治民主发展的规律。

重点与难点：

1. 政治民主与自由、平等、法治的区别与联系
2. 我国社会主义政治民主发展的特殊性

政治民主被公认为是政治发展的核心目标。在当代世界，政治民主化不仅是一个世界性的政治学理论研究主题，而且是一个全球性政治实践问题。政治参与是政治行为中重要的组成部分，是公民政治权利得以实现的重要方式，反映着公民在社会生活中的地位和作用，人们一般认为，现代民主政治发展的过程就是政治参与不断扩大的过程，一个国家公民政治参与的水平和程度越高，这个国家的政治发展程度就越高。

第一节 政治民主理论

视频：政治
民主

一、政治民主的内涵与衡量标准

民主制度源于 2000 多年前的古希腊，至今已成为世界上最主流的政治制度，但人们对民主概念的理解最为混乱，可以说是众说纷纭，莫衷一是。正如达尔所说："具有讽刺意味的是，恰恰是所具有的这一悠久漫长的历史导致了在民主问题上的混乱和歧义，因为对不同时空条件下的不同人们来说，民主意味着不同的事物。"[①]较具代表性的观点有以下几种。

（一）传统民主理论

传统民主理论主要是从政府权力来源和政府目的出发来界定民主，认为民主就是按照人民的意志进行政治统治。无论是古希腊的直接民主还是西方资产阶级革命后建立的代议民主，都认为民主的统治是通过人民对政府组成、政府权力行使的同意来实现的，而人民的同意是根据多数决定规则进行的，以欧洲启蒙思想家洛克、卢梭为主要代表。

---

① 唐晓、杨帆：《政治科学基础》，世界知识出版社 2007 年版，第 370 页。

洛克和卢梭对民主的解释被人们称为"经典民主理论"或"传统民主理论"，并为美国政治学家穆勒、麦迪逊等人所继承，是西方主流的民主理论。

（二）精英民主理论

精英民主理论认为，任何一个政治共同体都是由少数政治精英统治和领导的，民主的现实含义在于人民有权通过投票决定由谁来充当政治精英。持这种观点的思想家有奥地利经济学家熊彼特、德国的米歇尔斯和美国的米尔斯。米歇尔斯在审视自己所参加的德国社会民主党时认为，不管民主意图怎样，社会民主党已明显划分为领导阶级和被领导阶级，一旦这些领导者占据了高层位置，他们就乐于把自己的角色看作是永久性的，要把自己锁定在权力上。大多数普通党员认可这种地位并服从领导，而且不想取代他们，因而领导层成了寡头，米歇尔斯将这种倾向称为"寡头统治铁律"：不论开始如何民主，人类组织都将向寡头制转变。①

（三）多元主义民主观

多元主义民主观认为，政治决定是多个利益集团讨价还价的结果，政府在其中扮演仲裁者的角色，确保利益各异的集团遵守"游戏规则"，主张这种民主观的代表人物是美国的罗伯特·达尔。达尔认为这样一个多元主义的体系本质上是民主的，利益集团之间的相互竞争可以防止任何单一的个人或团体控制政治系统；个人和少数派能够通过选举和利益集团来影响决策者；没有哪个公共官员能够无视他的选民，一群与特定的决定有利害关系的人组织起来并公开表态，如果他们的观点被多数选民认为是合法的，他们的代表就会做出反应；民主"政府决策的制定并不是就某些基本政策事宜统一起来的多数人的庄严进程，它是对相对少的群体的安抚"②。

（四）马克思主义民主观

马克思主义认为民主是在特定的经济关系和利益关系基础上，保障公民权利得到平等实现的政治形式。这种国家形式的独特之处在于它承认公民在政治上拥有平等的权利，并从制度上规定这种平等的权利能够得到实现。然而，在这种民主制度下，国家虽然在表面上是保障每个公民的自由和财产权利、按照"中立"的原则形式，但是它将不可避免受到阶级关系的限制，事实上并不能完全做到中立。

综合上述各种民主观，关于民主的内涵至少包括三个层面：第一，民主作为一种政治理念，其基本含义是"人民的权力""人民的统治"，即人民主权原则。西塞罗说"国家是人民的事业"，一切权力属于人民，就是对人民主权原则的最完整的阐述，中国的"人民当家作主"原则也是主权在民理念的体现。第二，民主是一种少数服从多数的决策方式。作为一种集体决策机制，民主是集体对某些关涉到集体中的每一个成员的利益进行决策时采纳的一种决策机制和规则，即集体成员平等参与、多数决定原则、对少数派的保护等。第三，民主是一种政治制度。作为一种制度，亚里士多德在研究雅典城邦政治时，把它解释为"以自由为宗旨"，"人人轮番当统治者和被统治者"，"政事裁决于大多数人的意志，

---

① 张贵洪：《政治学导论》，浙江大学出版社 2006 年版，第 109—110 页。

② 罗斯金：《政治学》，华夏出版社 2002 年版，第 69 页。

大多数人的意志就是正义"①,亦即多数人执政的政体。

就政治民主的衡量标准来看,对于何种政治方式是民主的,何种政治方式不是民主的,评判标准不一。达尔的五标准说②具有一定的代表性:(1)有效的参与;(2)投票的平等;(3)充分知情;(4)对议程的最终控制;(5)成年人的公民权。如果任何一项标准遭到违反,成员就失去了政治上的平等。符合这种标准的民主,可以达到政治平等的理想状态,这种理想状态是应然的道德判断,达尔称其为"内在的平等"原则,并认为这是一个可以成为国家统治基石的合理原则,是与公民能力相适应的。

二、政治民主的社会基础

政治民主的实行是有条件的,其存在和发展必然要受到社会经济、政治和文化等因素的影响和制约。无论是民主意识的产生还是民主权利的行使,都要求民主的实践运行具有一定的社会条件,而这种社会条件又必须是以一定的经济发展水平作为基础的。只有经济文化不断发展,才能为政治民主创造必要的条件。社会现代化是一个长期的发展过程,与此相适应,政治民主建设也必然是一个长期的发展过程。

（一）现代市场经济的建立

放眼全球,市场经济是全球化的最重要组成部分,欧美国家经过几个世纪的市场经济发展,已经走在了世界的前列,东亚、东南亚国家实行市场经济实现了经济增长的奇迹,世界其他地区也都将它作为发展经济的基本模式。市场经济对于政治民主的推动作用主要表现在以下几个方面:

第一,市场经济带来的经济增长缓和社会冲突。经济增长意味着有更多的经济资源可供分配,政府可以通过财政和税收的手段调节国内的贫富差距,消除贫困、改善下层阶级的生活水平。当然,在经济发展中,更多的就业岗位的增多和工资福利的提高也起到了这样的作用。因此,贫富阶级之间的矛盾就可以得到缓和,民主就有了稳定的社会基础。反之,社会混乱必然使得社会整合成为第一必要,这往往就会引发专制。

第二,市场经济带来的经济增长提高公民政治能力。一方面,经济增长意味着个人和国家都有更多的剩余资源投入教育,从而提高公民素质,其中自然包括政治能力的提高。另一方面,市场经济是法制化经济,公民在其中将受到良好的权利意识教育,从而提高他们政治参与的积极性。

第三,市场经济培育中产阶级。随着市场经济的发展,一大批从事脑力劳动的企业管理者、专业技术人员、文化精英的兴起,将缔造一个稳定的中产阶级。亚里士多德曾经说过,中产阶级有中庸的美德,最能顺从理性,不走极端,能够成为贫富两个阶级的仲裁者。它是民主制的天然盟友。

第四,市场经济抑制政府权力膨胀。在市场经济中,市场自身可以通过竞争机制、价格机制调节经济主体的经济行为。然而,在非市场经济中,这部分任务就落在了政府的头上,势必导致政府权力膨胀。虽然随着社会发展,政府权力有整体扩大的趋势,但是在

---

① 亚里士多德:《政治学》,人民出版社 1995 年版,第 312 页。
② 达尔:《论民主》,中国人民大学出版社 2013 年版,第 33—34 页。

市场经济国家,这种扩大的趋势可以得到有效抑制。

(二)文化的同质性

通常情况下,一个国家的文化同质性越高,发生文化冲突的可能性就越小,社会就越稳定,民主制度就越容易发展。当然,当今世界的许多国家领土面积广大、人口流动频繁,文化上完全同一的情况是比较少见的,一个国家内部总有一些少数民族的亚文化群体存在。这种文化界线的存在往往造成潜在的或者现实的社会群体冲突,比如西班牙的巴斯克地区、加拿大的魁北克地区、俄罗斯的车臣共和国等。甚至更加极端的像 1994 年发生在卢旺达的胡图族和图西族之间的大屠杀。文化界线给这些国家的政治民主发展造成了麻烦,甚至使政治民主的建立失去可能性。因此,那些存在亚文化群体冲突的国家都需要采取一定的手段来控制这种冲突,维护社会稳定,使民主制度的发展成为可能。比如像美国,在美国的发展过程中,白人文化逐渐确立了主流地位,并且在吸取其他国家移民的文化成分之后,形成了一种具有高度包容性和吸引力的主流文化,这种主流文化具有强大的同化能力,使得一个本来文化成分复杂的移民国家能够保持社会稳定,从而发展它的政治民主。另外一些国家比如瑞士、1958 年之前的黎巴嫩,则采用制度设计的方式,通过协商的手段解决国内的亚文化冲突问题,譬如用比例代表制保持亚文化群体在议会中都占有相应比例的席位,按照文化群体分配国家最高领导人职位等等。反之,如果不能很好控制这种文化群体冲突,势必造成一个群体对另一个群体的强制,其结果就很难是民主的。

(三)公民的民主信念

假设一个国家具有较强的文化同质性,但是它的主流文化没有民主的传统,公民没有民主的意识和信念,那么,它的民主制也就很难发展起来。比如北非和中东的伊斯兰国家,除土耳其之外,很难建立民主制国家。信奉伊斯兰教的国家宗教力量强大,历来有政教合一的传统,并带有专制色彩。1979 年发生的伊朗革命就是个突出的例子。伊朗革命之前,伊朗的经济现代化取得了很大的发展,但是其政治民主化迟迟没有进展,霍梅尼发动革命推翻原巴列维国王政权之后,建立了政教合一国家,宣称伊朗依据神法进行统治,政府和统治者无条件服从《古兰经》和《圣训》,但是这并没有给伊朗带来民主,反而使伊朗陷入宗教集团的专制统治。然而,这种政教合一的专制主张却受到了当时伊朗人民的极大支持。另外,我们可以发现,信奉伊斯兰教的国家至今仍然保持着相当程度的专制色彩,民主政治的发展步履维艰。正如罗斯金所说:"当选举权突然降临到毫无准备的老百姓的头上时,其结果很少会是民主的。"[①]

(四)必要的武装力量和法制条件

任何国家的民主政治,都是以国家的安全、安定为前提的。威胁国家安全、安定的因素来源于国内被压迫阶级的政治反抗;或是来自国外敌对势力的颠覆和侵略活动。而要镇压被统治阶级的反抗,防御外部敌人的颠覆,维护和保障国家的民主政治,就要有足够的武装力量,这是保障民主政治的强力条件。法制也是民主政治的重要保障,其保障作

---

① 张贵洪:《政治学导论》,浙江大学出版社 2006 年版,第 114 页。

用主要体现在:第一,它确认民主政治制度,规定国家内部的权力关系,从而使民主政治制度化。第二,它规定公民在国家政治生活中的地位及其享受的政治权利与应尽的政治义务,从而使公民的公民权利与义务关系规范化。第三,它规定国家各权力机构行使权力、其他政治实体和公民行使政治权利的活动程度,从而使民主政治的活动有序化、程序化。第四,它对破坏民主制度、侵犯公民权利等违法行为,依法进行纠正和惩处,从而保证民主政治运行的有效性。所有这些都表明,法制的确是民主政治的根本保证。

民主政治的这些条件是相互联系、相互补充和相互促进的统一整体。只有同时具备了这些条件,才能造成现时的民主政治。①

三、政治民主的类型与功能

(一)政治民主的类型

政治民主按不同的标准可以划分为不同的类型。我们在这里着重介绍两种政治民主划分标准。首先,从政治民主的实现方式来看,可以将其分为直接民主和间接民主;其次,从不同国家形态来看,则可将政治民主划分为资本主义的政治民主和社会主义的政治民主。

1. 直接民主和间接民主

(1)直接民主

直接民主是指公民直接行使民主权利,直接参与国家事务管理的民主形式,起源于古希腊城邦,是民主的最原始形式,以雅典民主制为典型。直接民主就是公民人人都能直接参与投票,决定城邦的重大决策,但前提必须是城邦比较小,人口比较少。但在现代国家里,因为国土广大、人口众多,直接民主变得不太可能,但因为直接民主的纯粹性,很多学者还是很推崇直接民主,如 18 世纪的法国启蒙思想家卢梭认为只有直接民主才是真正的民主,他提出的人民主权原就是建立在直接民主理念上。在当代民主的政治实践中,直接民主还是在一些重大决策中被保留下来,西方很多国家涉及全体国民重大利益的决策仍会采取直接民主的形式进行,如英国通过全民公决脱欧、美国通过全民投票进行总统选举等。

(2)间接民主

如前所述,直接民主模式不适合大规模社会,缺乏可操作性,严格地限定了民主的作用范围和程序性。随着希腊城邦被征服,帝国政治代替城邦政治之后,直接民主制度一度消沉。近代资产阶级革命后,民主制度重新登上历史舞台,但为了适应民族国家的需要,产生了一种新的民主形式"代议制民主"。所谓代议制民主,是一种有限间接的民主形态,公民不是亲自而是通过他们选举的代表来行使政治统治的权力,也就是说,在代议制民主里,选民选出代表作为立法者并由此表达和保护他们的共同利益,因此代议民主又称间接民主。现代西方的议会制和中国的人民代表大会制度都是代议制民主的典型形式。因为代议制民主突破了直接民主的地域和人口限制,从而成为现代民主的主要形

---

① 王楷模、田正利、张师伟:《政治学原理》,中国政法大学出版社 2006 年版,第 424—425 页。

式,也使得民主制度能够在不同国家和地区广泛推行,因此可以说,代议民主是对民主的制度创新。当然代议民主制也出现了因为人民被代表而导致的民主含量下降的问题,因此参与民主、协商民主等新的民主形式也在不断产生,以弥补代议民主制的不足。可见任何一种制度包括民主制度,都是在不断改进和发展的过程中,社会在发展,其管理制度必然会不断创新,以适应社会发展的需要。

2.资本主义民主和社会主义民主

从不同国家形态来看,可将政治民主划分为资本主义民主和社会主义民主。

(1)资本主义民主

资本主义民主的基本内容包括民主原则、民主制度和民主权利规定。资本主义的民主原则以抽象的人性论、自由、平等、博爱、天赋人权为核心内容,其内容包括普选制、议会制、分权制衡制、利益集团政治、政党政治和法治,其民主权利的规定主要是公民的信仰、言论、集会、结社自由等。[①]

资本主义民主以议会制代替了封建君主制、以选举制代替了封建世袭制、以公民的自由权利代替了封建人身依附、以分权制代替了集权制、以法治代替了人治,从形式上实现了人民主权原则,打碎了封建政治的枷锁,保证了政治秩序的规范性,因此,与西方中世纪的封建制度比起来,在历史上是一大进步。但是资本主义民主囿于资本的深入干预,总是难以摆脱富人政治和利益集团的影响,在精英民主和大众民主之间摇摆不定。

(2)社会主义民主

从马克思主义的历史逻辑看,社会主义政治民主是人类社会历史发展中最高阶段的政治民主。从内容上看,社会主义民主政治包括:人民民主专政的国体、议行合一的政体、选举制度、民主集中制的决策机制等。从历史发展来看,社会主义政治民主与资本主义政治民主既存在历史的联系,也有着本

文档:阅读材料1

质的区别,社会主义政治民主是对资本主义政治民主的扬弃,它批判地借鉴和利用了资本主义政治民主的某些形式,并赋予了这些形式实质的民主内容。

(二)政治民主的功能

民主是政治发展的本质要求,在当今世界,民主化已成为世界的潮流,西方世界在不时调整民主政治的形式,许多发展中国家也将政治民主作为政治发展的目标。

民主为何成为政治发展的目标? 这是由民主的政治社会功能所决定的。民主到底具有哪些功能? 美国学者科恩归纳出7个方面[②]:一是产生从长远来说是明智的决策;二是保证社会各成员及各阶层获得公正的待遇;三是消除以暴力手段解决社会内部争端的必要性;四是培养公民对国家深厚而持久的忠诚;五是促进言论自由;六是促进公民理解与运用一切有关社会事务的资讯的能力和才智;七是促进公民心理条件(如批判态度、灵活性、妥协、容忍等)的形成。

综合来看,政治民主对于政治发展的功能,主要包括以下几个方面:

---

① 王浦劬:《政治学基础》,北京大学出版社 2006 年版,第 335—336 页。
② 科恩:《论民主》,商务印书馆 1988 年版,第 238—244 页。

第一,民主化有助于提高人民的政治参与程度,在更广大范围内使公民的政治权利有可能得以平等的实现。通过政治民主化,公民行使政治权利,参与政治生活,无论在质上还是在量上都将获得空前的提高,从而有助于宪法范围内人们基本政治权利的完善与发展。

第二,民主有利于提高公共决策的合理性,保证社会资源的最终配置和个人效用的最大发挥。政治民主化为科学决策提供了渠道,使公共决策能听取专家的意见又注意到公众的要求,从而尽可能避免决策失误,损耗社会有限资源。

第三,民主有利于以和平手段消除社会弊端,实现政治社会稳定。民主可以最大限度地实现与协调人们的利益要求和利益矛盾,使得社会冲突尽可能消融于民主过程中,从而保持社会政治稳定。

第四,民主有利于人们提高政治能力和素质,进而提高社会政治文明水平,促进政治发展。民主化也是人们参与政治生活并在其中获得民主政治知识和技能,提高自身素质,遵循民主政治规则、规范的过程。随着人的政治素质的提高,社会政治文明水平也将不断提高。

第五,民主是防止政治专制和政治腐败的有效工具。民主排斥一切政治专制和专断,从而可以使政治真正按照大多数人的意志发展;建立民主之上的监督制度,可以保证官员按社会公众的意志办事,从而防止其政治腐败行为。

第六,政治民主有助于促进全球各个不同的政治形式和政治体系之间平等交流对话,维护世界和平。民主制度的基本框架模式将有可能成为国与国之间处理相互关系的可参照蓝本,并得到一致的认同。这无疑有助于以和平手段解决国际问题,反对霸权主义,维护发展中国家、弱小国家的地位,有助于世界和平。

由此可见,民主对政治发展具有十分重要的意义。但是每个国家的历史传统和发展阶段不同,推进民主的道路和模式并不是千篇一律的。对于很多发展中国家来说,政治稳定和政治民主之间谁优先,可能是一个值得探讨的问题,毕竟没有达成社会共识的政治民主往往是社会不稳定的原因所在。但从终极意义上看,无论是权威的建立还是秩序的维持,其本身并非真正目的,而是手段,是实现更高价值目标的前提,而绝大多数学者认为,这个更高价值目标,便是政治民主。正如达尔所言:"若从民主的前途这个角度来看,每种类型的国家都面临着不同的挑战。对非民主国家而言,挑战就是它们是否做出和怎样才能做出迈向民主的转型。对新兴民主化国家来说,挑战就是新兴的民主实践及其制度是否和如何得到加强,或者,如某些政治科学家常说的,该如何得到巩固,以使他们能够经得起时间、政治冲突和危机的考验。对老资格的民主国家来讲,它们的挑战就是如何完善和深化民主制度及实践。"①可见,民主不单是发展中国家的事,而是所有国家的事,只是它们各自所面临的任务不同罢了。

四、现代政治民主发展的趋势

政治民主化正在成为一个全球现象,世界许多地区发生了向民主制度的转变。由于

---

① 达尔:《论民主》,商务印书馆1999年版,第154页。

各国政治民主化的内部条件互不相同,因此,在实践中政治民主化发展趋势也是多种多样的。民主既是普遍的——所有人都希望得到它,而且它还具有某些特定的核心要求,使其可以适用于全球;民主又是特殊的——所有国家和地区都以各自的方式实践民主。因此,现代政治民主发展的趋势主要包含有:西方发达国家政治民主化路线、社会主义国家的政治民主化路线以及在第三次政治民主化浪潮影响下的第三世界发展中国家的政治民主化路线。

(一)发达国家的政治民主化路线

以英国革命、法国革命、美国革命为标志的发达国家的政治民主化,也被称为自由主义政治民主化,具体表在:从个人在市场经济中的选择自由的意义上看,市场经济取代了严格的封建主义的社会和经济关系;在政治方面,代议制民主使民主受到地域和规模限制,在这些国家,民主的实现主要是围绕公民的投票权和其他政治权利进行的,对很多人来说,尤其是妇女和种族——少数民族集团,如非裔美国人,投票的权利是在经历了长期艰苦斗争后才获得的。

现代西方国家政治民主化的主要特点为:(1)在宪政体制创制过程中,革命与改良相伴而行。如英国的政治民主化进程伴随着资产阶级从暴力革命方式夺取政权开始,用渐进的方式确立君主立宪制。从王权逐步被限,到上院权力逐步交给下院,都以法律修订的和平形式进行。(2)以议会制度建立和完善为民主化的核心内容。法国、美国等国都以议会制度的建立作为民主化的起点。当代议会民主制仍是维护民主、协调关系、制衡权力、完善决策、实现政治民主的重要手段。(3)在民主化过程中建立基本制度及机制。它包括普选制、议会制、政党制、文官制度;其运行机制包括参与机制、竞争机制、制衡机制、法治机制。(4)在决策程序方面,采取逐步完善的决策程序的政治民主化、科学化措施。(5)在政党制度和文官制度方面,两党制度或多党制度进一步完善。在文官制度方面,它采取公开考试、择优录取、论功行赏的文官制度。(6)发挥新闻舆论的作用,推动民主化进程。

民主政治是近代资产阶级反封建斗争的产物,但是在当代世界,民主政治绝不是发达西方国家的专利。当代世界政治民主化进程远不限于发达西方国家宣扬的民主政治,还有富有创意的社会主义民主和发展中国家的民主等。[①]

(二)社会主义国家的政治民主化路线

社会主义经历了从空想到科学、从理论到实践、从一国实践到多国实践的历史发展过程。与资本主义相比,社会主义是人类社会发展的更高阶段,表现在政治方面应该是更高层次的民主化进程。巴黎公社建立起人类历史上第一个无产阶级政权,可谓是无产阶级政治民主的第一次有益尝试。俄国十月革命的胜利以及此后一系列社会主义国家的诞生,为政治民主化在一个国家范围内实现提供了可能,并有力地推动了全球范围内的政治民主化浪潮。令人遗憾的是,各个社会主义国家由于是在经济文化相对落后的国家实现的,受传统的封建制度影响,在推进民主化进程中出现了重大曲折。与资本主义

---

① 赵丽江:《政治学》,武汉大学出版社 2008 年版,第 204—205 页。

相比,社会主义国家的政治民主化进程具有以下特点:(1)无产阶级政党的存在,为社会主义政治民主化提供强大动力;(2)社会主义国家的建立,改变了政治民主化的实现方式。(3)人民群众当家作主的实现,极大地激发了他们政治参与的热情。(4)民主集中制的实施,保障了决策的民主化和科学性。[①]

(三)发展中国家的政治民主化路线

第三世界即发展中国家的政治民主化路线有别于自由民主制路线,又有别于社会主义国家路线。发展中国家的政治民主化进程始于 20 世纪初,亨廷顿把发展中国家政治民主化转变的类型按权力的转换方式不同分为四类:(1)以巴西为代表的自上而下的变革方式,或者说是"由政权发起的自由化"。变革型转型要求政府比反对派强大。如巴西、西班牙、墨西哥以及类似的共产主义国家。如果这些国家领导人愿意的话,他们有能力使他们的国家朝着民主的方向迈进。(2)以菲律宾为代表的置换式。在政权内部的改革派太弱,或根本不存在,政府中占主流的是保守派,他们坚决反对任何政权上的变革。因此,政治民主化的实现,只能通过反对派力量增加,政府力量削弱,直到使政府崩溃,或被推翻,这样才会实现政治民主化。在葡萄牙、菲律宾的个人独裁中,独裁者削弱军方的政策导致了军方的不满,而政府的反对派通常在军方抛弃政府以前就已呈燎原之势,最终导致政府力量的瓦解和崩溃。(3)以乌拉圭为代表的移转式,在移转过程中,政治民主化是由政府和反对派采取的联合行动而产生的。在政府内部,保守派和改革派之间的平衡是政府愿意就改变政权进行谈判。发生在始于 20 世纪 70 年代到 80 年代的 35 个政治民主化或自由化的国家中,大约有 11 个接近于这种移转模式。其中最典型的是乌拉圭、波兰、捷克斯洛伐克和韩国。移转的政治过程,常常伴随着罢工、抗议、示威与镇压、监禁、警察暴力等暴力形式。(4)自外向内的政治民主化转变,巴拿马和格林纳达是其代表,它们的政治民主化进程都是外部入侵和强加的结果。[②]

发展中国家的政治民主化特点为:(1)发展中国家大多通过谈判、妥协和协议实行政治民主化。在巴西、秘鲁、厄瓜多尔的转型过程中,反对派和试图实现从威权政权向民主转型的官方看守阵营之间达成了暂时的谅解;最终的妥协或许是所谓的"民主交易",即在参与与节制之间的交易。(2)发展中国家民主政府通过示威、竞选和选举而产生,大多是通过非暴力地解决分歧产生的。选举也是削弱和终结威权政体的一种途径。选举既是政治民主化的目标,也是政治民主化的工具。选举成为威权主义统治者和反对派共同的工具。选举不仅是民主的新生,而且也是独裁的死亡。重大的政治变迁总是会涉及暴力,在 1974 年至 1990 年间的几乎每一次政治民主化运动都牵涉到一些暴力,然而,总体的暴力水平并不很高,相对于其他政权变迁来说比较和平。(3)发展中国家政府精英的行为选择在民主化进程中发挥了重要作用。反对派的政治领袖往往都有勇气向现状挑战,并使他们追随者的眼前利益服从于民主的长远需要。所以,民主制度建立后,很少遇到强大的反抗,基本没有反复;民主制度的运作较为顺利,民主制度和民主价值为多数国

---

①　黄甫生、刘凤健:《政治学》,湖南人民出版社 2003 年版,第 341—342 页。
②　赵丽江:《政治学》,武汉大学出版社 2008 年版,第 209—210 页。

民所认同。①

政治民主化是当今世界政治发展的大趋势和强劲潮流。无论是发达国家,还是发展中国家,无论是西方国家、民族主义国家,还是社会主义国家,都不能无视本国人民的民主要求。当代政治民主化的发展,对发达国家来说,主要是进一步提高质量的问题,而对于发展中国家,则首先是消除极权专制残余,全面走向政治民主化的问题。现代世界经济一体化的发展,已经把全人类联结为一个有机的整体。任何国家的发展,都越来越依赖人类整体的发展。任何国家要脱离人类整体去独自发展已完全不可能。因此,发达国家要进一步发展自己,就必须首先推动发展中国家的发展。只有发展中国家都快速发展起来了,发达国家才能更快发展。这是全球政治的时代,人类经济政治全面快速发展,并使世界的经济政治实现大体平衡的根本原因。民主已经与和平、发展并列为当今世界各国的基本主题。②

第二节　政治参与概述:内涵与形式

一、政治参与的内涵

政治参与是政治行为中重要的组成部分,是公民政治权利得以实现的重要方式,反映着公民在社会生活中的地位和作用。人们一般认为,现代民主政治发展的过程就是政治参与不断扩大的过程,一个国家公民政治参与的水平和程度越高,这个国家的政治发展程度就越高。在某种程度上,政治参与已成为衡量一个国家政治发展程度的一个重要标准。自20世纪50年代西方学者率先提出政治参与问题后,现代国家往往把公民对政治的普遍参与作为国家政治活动的显著特征。

在政治参与的概念界定上,由于学者们的研究视角和研究方法不同,他们对政治参与的理解也存在较大分歧,对政治参与的范围也有所区别。例如,美国学者孔奇认为,政治参与就是"全国或地方、个人或集体或反对国家结构、权威和(或)有关公益分配决策的行动"。他重点强调了以下三个方面:第一,行动既可以是口头的,也可以是书面的;第二,行动既可以是暴力的,也可以是非暴力的;第三,它还可以是剧烈的行动。③ 也有学者将政治参与看作是"平民试图影响政府决策的活动",将政治参与主体限定为"平民",排除了职业政治人士。④ 也有学者主张将政治参与的主体进行更为宽泛的界定,比如英国学者米勒、波格丹诺认为,无论他是当选的政治家、政府官员或是普通公民,只要他在政治制度内以任何方式参加政策的形成过程,就属于政治参与。⑤ 上述观点表明,学界对有关政治参与的形式、活动内容等方面还存在异议。

---

① 同上,第210页。
② 同上,第210—211页。
③ 孔奇:《政治参与概念如何形成定义》,《国外政治学》1989年第4期,第3—5页。
④ 亨廷顿:《难以抉择:发展中国家的政治参与》,华夏出版社1989年,第3页。
⑤ 米勒、波格丹诺:《布莱克维尔政治学百科全书》,中国政法大学出版社1992年版,第563页。

尽管如此,政治参与的概念基本可界定为试图影响政府公共政策的非职业行为,具体指一个国家内的普通公民或由公民组成的团体,依法通过一定的程序参加社会政治生活,表达个人或集体意愿,从而影响政治体系的构成、政治规则和政治政策的制定、实施过程的政治行为。[①]

从上述给政治参与下的定义可以看出,现代意义上的政治参与具有以下几个特征。

第一,政治参与的主体是一般公民。政治参与是公民自下而上影响政治的过程,这样就把政治参与者与职业政治人士区分开来。职业政治人士是专门从事政治或政府职业工作的人,如政府官员、政党干部以及西方国家的议员和从事院外活动的政客。需要说明的是,并不是职业政治人士的所有政治活动都被排除在政治参与之外,如他们的投票行动就属于政治参与,而他们制定政策的活动则属于政治管理。因此,"参与者的活动是间断性、业余性的,相对于其他社会角色来说,通常是附带的或第二位的。有许多政治活动,包括政治上最活跃的那部分人的大部分活动,就不能算是政治参与"[②]。但是,政治职业者的活动常常会对非职业政治活动的广度和深度产生重大影响。

第二,政治参与是实际的活动,它不包括人们对政治的认知、情感、关心等心理活动,这些属于政治文化范畴,而不是具体的政治行为,不属于政治参与。

第三,政治参与的目标和对象是直接或间接影响国家公共政治生活。公民参与政治的目的是复杂的,有的是为了维护自己的权力和利益,有的是为了争取或维护荣誉,从而得到心灵上的满足,有的则是为了表明自己的政治态度和显示政治行为能力,等等。其政治参与的渠道也是多样的,既可以直接同国家政权机关打交道,也可以参与政治团体、社会团体或通过大众媒介等多种渠道间接同国家政权机关打交道。政治参与的最终目标和对象指向国家公共政治生活、政治管理等活动。只要是对国家公共政治生活施加影响的行为,不管这种行为是否产生了实际的效果,也不管这种行为是否出于行为主体的意志,均属于政治参与的范畴。[③]

二、政治参与的形式

由于各国政治生活的差异颇大,对政治参与形式的认定存在很多困难。为了兼顾各国的情况,我们在这里仅择其大端而论之。

(一)政治投票

政治投票是一个国家公民在选举、罢免、复议等各领域表达自己政治倾向的行为方式,是公民政治参与的主要方式,公民通过政治投票明确表明自己的政治偏好或政治态度,可直接影响到政治运行过程。

正式投票一般都有设计完备的选票,选民按要求在选票上写上相应的记号,并有投票、计票、唱票、结果公布等严格程序。当然,选民也可以通过举手、起立、鼓掌等简易方式来表达自己的政治偏好与政治态度。一般说来,政治投票涉及的选举是定期举行的,

① 聂平平、武建强:《政治学导论》,武汉大学出版社2012年版,第204—205页。
② 亨廷顿、纳尔逊:《难以抉择》,华夏出版社1988年版,第5页。
③ 黄甫生、刘凤健:《政治学》,湖南人民出版社2003年版,第262—263页。

而创制与复决往往涉及国家的重大决策与政策问题,投票的时间、地点都是预先设定的,公众参与这些活动所需的主动性相对较小。

（二）政治选举

政治过程中的选举是指政府或其他政治组织依照一定的程序和规则,由全体或部分成员选择一个或少数人充任该组织某种权威职务的过程。政治选举除投票行为外,还包括政治捐助、组织选民、政治宣传及其他影响选举过程或结果的活动。政治选举中,一般公民或政治组织的一般成员,除了参加选民登记和一般组织工作外,还可以进行宣传和政治游说,争取和吸引其他人。而竞选活动的积极分子则具有更强的认同意识,他们在政治选举中的活动更为积极主动,与候选人保持着密切的联系,他们在政治选举中的作用是极为突出的。政治选举与政治投票一样,产生的结果是一种集体行为,它一方面对政府官员和政治领导人进行评判,公民和政治组织成员借此表达自己的政治意愿,也使当选者获得某种权威地位的合法化。另一方面,选举过程又是政治学习和公民教育的过程,特别是政治积极分子经历政治实践的锻炼,其政治组织能力和动员能力必将得到提高。同时,公民在选举过程中可以体会不同选举人、不同选举方式的不同结果,从而提高政治参与的理性。政治选举活动比政治投票要复杂困难得多,公民要有更多的主动性、更高的政治素质和政治参与能力。

（三）结社活动

亚里士多德精辟地指出,人是天然的政治动物,生来就要与他人一起过城邦的公共生活。法国古典政治学家托克维尔一针见血地指出:人们把自己的力量同自己的同志的力量联合起来共同活动的自由,是仅次于自己活动自由的最自然的自由。因此,结社权在性质上几乎与个人自由一样是不能转让的。由此可见,结社自由权是公民的基本权利。[1] 世界各国宪法和国际人权宪章对保障结社自由权做出了明确的规定。中国政府对结社自由的保障在各种宪法文本中均有体现。

在西方国家,公民参加政党活动主要集中在政治大选期间,公民参加政党活动与参加选举活动常常是一致的。公民政治参与的常规渠道主要是参加各种各样的政治团体和利益集团。客观说来,公民参加反对党对政府的监督活动,才具有与选举不同的政治参与意义,也是以政治结社的方式参与政治的最有效的途径。利益集团种类繁多,形式多样,与公民自身的利益也更为密切,公民参加利益集团的活动不受时间地点的限制,是政治参与的主渠道,也是结社活动的最直接方式。在中国政治体制下,公民参加工会、共青团、妇联、工商联等政治社团是政治结社的主要渠道,通过这些社团的日常活动表明自己的政治意愿与政治态度,在遵循组织章程和组织纪律的前提下,可在政治参与中发挥自己的作用。

（四）意见表达

意见表达是公民在参与政治活动行使政治权利的过程中,通过法律规定的途径表达自己的政治观点、利益要求和政治态度,从而影响政府的政策和政治实施过程。这种意

---

[1]　托克维尔:《论美国的民主》,商务印书馆 1988 年版,第 218 页。

见表达的方式一般包括集会、游行示威、在大众媒介上发表看法,以及通过法定的政治程序来表达自己的意见等。随着互联网技术的发展,网络社区、微博、公众号等成为当代公民意见表达的主渠道。

客观说来,不论是以个体的形式,还是以团体的形式进行,意见的表达都要使得政府明确感受到某些利益要求和支持意向。其中,集会是意见表达的重要形式,是指众多的社会成员为了共同的要求以会议的形式,集中表明自己政治观点,向政府或工作人员提出某种要求或者表明某种态度。社会主义国家的政治集会多是有组织的,通过集会的方式收集或表达群众意见来向政府表示某种支持,或对政府工作进行某种监督。游行示威也是意见表达的政治形式。在当今世界上大多数国家,游行示威是社会群众表达自己态度和要求的一种重要政治参与方式。当然,在大多数国家,游行示威都必须按照法律的规定,依法定程序提出申请,经法定机关批准后,在指定的场所进行。[①]

二、政治参与的社会基础

公民政治参与的状况和程度需要一定的社会基础。一个国家的政治、经济、文化现状都会影响该国公民的政治参与。与这几个方面直接相关的社会经济发展、社会环境、政治制度等都是影响政治参与的基本条件。

(一)社会经济发展

一般认为,一个国家公民的政治参与水平与这个国家经济发展程度是密切相关的,经济发展是公民政治参与行为的物质基础。经济的充分发展,提高了整个社会的财富,使更多的人获得了接受更高教育程度和更好的社会地位的机会,同时也就为他们更多地参与政治活动创造了条件。经济和社会的发展使得职业分化和利益分化变得异常迅速,为了保护共同的利益,人们之间形成了各种各样的行业协会和社团组织,这些结成社团的公民为了共同利益而进行政治参与的可能性比孤零零的个人要大得多。另外,经济发展必然带来社会利益的不断变化,利益冲突的可能性及范围大大增加,传统社会中解决纠纷的一些手段往往显得无能为力,使得公民不得不诉诸政治行为来维护并进一步实现自身的利益。经济发展的需要还促使政府不断扩展自己的职能。在经济高度发展、社会高度分化的现代社会,弱政府似乎很难起到协调社会发展的作用,从全球范围来看,当代各国政府的职能都有扩大的趋势。政府职能的扩大意味着政府对公民生活影响力的增强,反过来受政府行为影响越来越严重的公民势必越来越关注政府的决策,并积极的以自己的行为去影响政府的构成和决策。[②]

但是,现代化进程表明,社会的发展和政治参与水平并不必然存在对应关系。在一些经济水平较低的国家,动员性政治参与水平很高;而在一些经济发展迅速的国家里,政治参与的水平却很低,或者有些形式的政治参与水平高于其他形式的政治参与。原因何在? 首先,社会经济发展不是决定政治参与的唯一因素,社会结构也起着重要作用。例如,群体利益冲突、群体意识、组织集团及政府活动的扩张,都会受到经济发展的影响,同

---

① 聂平平、武建强:《政治学导论》,武汉大学出版社 2012 年版,第 217—219 页。
② 王楷模、田正利、张师伟:《政治学原理》,中国政法大学出版社 2006 年版,第 326 页。

时与社会结构有密切关系,诸如迁移、剥削、战争等,这些因素可能独立于经济发展而出现。其次,社会经济现代化使决策中心由传统社会的基层转移到国家一级,减少了传统社会中面对面接触的机会;同时,经济发展意味着增加了个人社会流动,流动中的个人不会或没有机会参与政治。[①] 因此,应该全面地看待社会经济发展与政治参与的关系。

(二)社会环境

在构成社会环境的诸要素中,如教育、职业、收入、年龄、种族、宗教信仰、性别和居住地,都与政治参与有密切关系。一般说来,受过高等教育的人、获得高职位和高收入阶层个的成员,占统治地位的民族和宗教团体、男性公民等,较多地参与政治活动。

然而,参政活动与社会环境中的可变因素之间的相互关系并不稳定,这主要视政治文化的情形而定。在美国,教育水平、社会经济状况与政治参与的频率有着密切的关系,在挪威则不然。就城乡关系而言,由于受大众传媒的影响,城市居民一般更热衷于政治活动;而在一些有着长期的村社领导传统和农业组织的国家,农村地区的参政率比城市要高,如日本、法国、以色列等。从宗教信仰来看,美国的宗教活动与参政活动有着积极的相互关系;而在英国,这种联系就比较少。

可见,社会环境中各项变量的解释力相当有限,而且各种变量的表现形式和作用也不会一成不变。美国黑人对政治的相对冷漠在很大程度上反映了他们不仅处在少数民族的地位,而且也反映了他们处于被剥夺了政治参与权的少数民族的地位——黑人贫穷、缺乏教育、居住在狭隘地区等,这种处境反过来逐渐使人们都接受黑人为不参政者的社会地位。与此相反,社会地位高的阶层参加政治活动的比例较高,一方面是因为他们受到过优越的教育,另一方面也因为他们有更多的机会获得有关的政治信息,通过较多地接触政治领导人和政治决策中心,对政治施加影响,所以获得了较多政治参与的机会。

教育和政治参与呈正相关性。这是因为教育有助于增强公民的义务观念,培养公民的政治竞争意识、兴趣责任感;同时,教育也有助于培养公民的自信、自制和表达思想的能力。而且,学校本身就是一个获得参政技能的场所,一个人可以在学校里学习如何参加社团活动、完成任务、参加会议和讨论广泛的社会问题、组织和实现集体的目标。此外,受教育者能更好地把他们的政治兴趣和知识传授给下一代。所以,教育与参政活动的关系将是永恒的。

收入与政治参与也有着直接的关系。一般而言,收入越多,参与政治的兴趣就越高。我们知道,参与政治需要以一定的资源为基础,譬如时间、能力及财富,其中财富尤为重要。研究表明,收入与政治参与程度成正比。

(三)政治制度

一般认为,对政治不关心是现代政治制度规模大、太复杂且与个人生活联系甚微的结果。而如果主要党派规模巨大且组织松散,没有正式的成员、有效的组织纪律和强有力的领导中心,就会进一步阻碍广泛的政治参与活动。据此,有些观察家认为,全面的大规模的政治参与的机会是很少的。另外,机构性的障碍如复杂的选举法规和程序,在很

---

① 孙继虎:《政治学原理》,华中科技大学出版社 2013 年版,第 238 页。

大程度上会减少参加选举者的总数。当然,这也不等于说简单的政治机构就会减少政治冷漠分子,有些人即使在很方便的情况下也会对投票、选举之类的政治活动漠不关心。下面的政治因素直接或间接地影响着公民的参政热情与态度。

1. 政治平等与自由

法制条件下的平等与自由是政治民主的基础,当然也是公民参政的基础。但是,在某些社会,自由是有的,却不一定存在政治平等和政治民主,其中最典型的就是曾经在英国统治下的香港社会,在香港回归祖国以前,香港人无权选举最高行政长官,就连立法局也不过是港督的咨询机关。

2. 政党制度

在西方政党政治中,政党的主要作用是进行政治宣传和动员,以便使该党的候选人在各类选举中获得比其他党派更多的选票,因而选举运动最能调动人们参政议政的积极性,各党派努力使选民加入党派之争。在选举运动中,党派的对峙也造成了选民的分化和对峙。可以想象,即使那些组织的最无条理的选举运动,也会成功地争取到那些在其他情况下不过问政治的人去参加政治集会,聆听政治演讲,或打着选举旗帜去宣传;而在选举运动结束时,大量卷入选举运动的人又恢复了相对消极的政治角色。

3. 政治心理

人们参与政治是希望得到某些报酬。有史以来,政治观察家都认为人们从事政治活动都是某种需要的驱使,这些需要包括权力、竞争、成就、加入组织、财富、名声、地位、要求被承认、被称赞、操纵欲、同情心、责任感等。

第一,对报酬的估量。如果一个公民认为介入政治得到的报酬低于从事其他活动之所得时,他就不可能介入政治。在一个封闭的传统型社会,由于人们晋升的渠道狭窄而又单一,众多的秀才、举人们只能"学而优则仕",以官为本,很多人到头来只不过当个"七品官"。而在一个开放的现代社会,人们发展的渠道大大地拓宽,人的价值的实现或期望中的报酬就不一定通过某种单一的渠道来实现。改革开放以来,我国人民这方面的价值选择就已发生巨大的变化,政治参与的积极性也大大提高。

第二,对选择的判断。如果一个公民认为自己所面临的各项选择对象之间没有什么重大差异,他就认为自己的行为无足轻重,也就不愿介入政治了。因此,那些认为哪个政党执政都一样的选民,一般不会参加投票。即使在最低一级、最方便的议员选举中,如果候选人的观点没什么差别,这种选举便不会吸引选民。

第三,政治效能感。认为自己的作为不能有效地改变结果,即对自己的作为信心不足的人,一般不会介入政治。政治自信心取决于个人的社会地位、收入、经验、所受教育程度等。

第四,对结局的满意感。一个高度相信政治体系的合法性、稳定性和决策能力的人,认为无论自己介入与否,都会有一个满意的结局,持这种观念的人不大会参与政治。可见,政治心理取向还来自社会现实,是社会经济发展、社会地位、政治制度的综合反映。[①]

---

① 孙继虎:《政治学原理》,华中科技大学出版社 2013 年版,第 238—239 页。

除此之外，现代技术手段也是政治参与的基本条件。在当今社会，交通、通信等使用技术深深影响了公民的社会活动，交通事业的发达及各种交通手段的完善，使公民外出活动更为方便快捷。尤其是"互联网＋"技术的发达，为政府信息的发布、进行民意调查、公民获取政治信息、表达政治态度等提供了广阔的平台，掌握这一技术的公民，往往足不出户就可以参与网上讨论、发表见解、进行投票，既节省了政治参与的成本，同时更好地实现了政治参与。

三、政治参与的制度化

制度是政治组织和规范体系的静态表现形态，制度化则是其动态的发展演变过程。政治参与制度化就是政治参与的组织、规则和程序等一系列规范，不断内化为政治制度的动态形成过程。制度化的政治参与具有可预测性和连续性，而非制度化的政治参与常常具有很大的随机性和不可预见性，其结果也难以预料。另外，政治参与的各种制度性规定必须得到广泛认同与遵守，才能真正获得权威的价值与政治功能。

政治参与的扩大是现代化社会中出现的普遍现象。伴随着经济的增长、民众生活水平的提高、教育的普及以及社会信息流通速度的加快，民众的政治主体意识和权利意识必然得到空前的发展，他们对政治系统的期望也在不断提高。各种新兴社会集团和利益主体纷纷涌现，它们要求改变原有价值的权威性分配格局，社会利益的结构性调整被提上日程。社会利益主体多元化和各主体在实现各自利益诉求的过程中难免发生冲突，这就难免使整个政治系统处于空前的紧张状态。如何通过一套稳定、并能够为系统内大多数成员认同的规则和规范确保资源和公共服务在各阶层间的权威性分配，以及如何通过国家政治的制度化渠道吸纳、整合社会参与冲动、缓和社会矛盾，则是现代化国家于政治发展进程中实现社会稳定、顺利完成结构转型的关键所在。

一个政治系统稳定与否主要取决于政治制度化水平与政治参与之间的关系。政治制度化程度与政治参与程度相比偏高的政治系统必然能够从容吸纳、同化现代化动员起来的社会力量，使整个现代化进程始终保持在一个良性发展的轨道上。① 具体表现在以下几个方面：

第一，有利于政治参与的有序发展。政治参与的制度化意味着政治参与的规则、程序等规范不仅为法律法规所确认，而且为广大公民所认同，得到全社会的广泛遵守和执行。政治参与制度化，将不会因为领导人的更换而导致政治参与的中断，也不会出现政治参与的混乱与无序状态。

第二，有利于提高政府的综合治理能力，协调各方利益，有效缓解社会内部的各种利益矛盾和冲突，整合各种社会资源，促进社会发展。政治参与制度化为公民提供了通畅的利益表达渠道，这就确保了政府在制定政策时能充分了解社会各方的利益要求，制定的政策能符合各方愿望与要求，促进政府综合治理能力不断提高。

第二，有利于民主政治建设的深入发展。扩大公民有序的政治参与是民主政治的重要内容。民主政治建设的基本目标就是实现政治的制度化、规范化和程序化。而政治参

---

① 孙关宏、胡雨春、任军锋：《政治学概论》（第二版），复旦大学出版社 2009 年版，第 202—203 页。

与制度化的实现,必将促进民主政治的制度化进程,有利于民主政治建设的深入、持续发展。

第三,有利于提升公民素质。政治参与制度化必须依靠公民高素质的综合提高,政治参与制度化本身为公民提供了有关政治参与的系统知识和参与机会。公民将更积极、主动地履行公民职责,在持续的政治参与实践中掌握政治参与知识和相关的技术、技能,从而培养和造就高素质的公民队伍。

四、政治参与与政治现代化

（一）政治现代化进程中的政治参与

大规模的政治参与是随着政治现代化的进行逐渐发展起来的。美国著名政治学者塞缪尔·亨廷顿指出,政治现代化最关键的方面可以大致归纳为以下三个内容[①]:第一,政治现代化涉及权威合理化,并以单一的、世俗的、全国的政治权威来取代传统的、宗教的、家庭的和种族的等等五花八门的政治权威;第二,政治现代化包括划分新的政治职能并创制专业化的结构来执行这些职能;第三,政治现代化意味着增加社会上所有的集团参政的程度。美国学者布莱克认为,政治现代化主要体现在五个方面:第一,协调和控制的中央结构与构成社会的个人、群体的关系;第二,国家官僚政治发展水平;第三,政治制度的运作效率;第四,个人参与政府决策的程度;第五,政治思想意识状况[②]。哥迈尼在《现代化的社会学》一书中指出政治在现代化过程中主要有三个特征:第一,"国家组织的合理化";第二,经济、政治、社会诸领域,领导和接纳结构变迁的能力,同时又保持一种最低限度的整合;第三,全部或绝大多数成年人口某种形式的政治参与。

可见,政治现代化是从传统政治向现代政治发展的一个过程,这一过程包括政治权威的世俗化、政治职能的分化与专化、广泛的政治参与等。政治现代化是这几项因素综合作用的过程,互为关联,缺一不可,尤其是没有广泛的政治参与就没有政治权威的世俗化和政治职能的分化,政治参与是政治权威化和政治职能分化的基础,并对政治权威的世俗化和政治职能的分化起推动作用。而大众作为社会发展的"潜能量",在这一过程中尤为重要,一定意义上左右着政治现代化的进程。因此,我们可以说,政治参与是政治现代化的标志。诚如亨廷顿所说:"区分现代化国家和传统国家,最重要的标志乃是人民通过大规模的政治组合参与政治并受到政治的影响。在传统的社会里,政治参与在村落范围内可能是广泛的,但在高于村落的任何范围内,它都局限于极少数人。规模巨大的传统社会也许能够获得相对来说高水平的权威合理化和机构分权化,但同样的政治参与仍然局限于相对来说一小部分贵族和官僚上层人士的范围内。因此,政治现代化最基本的方面就是要使全社会性的社团得以参政,并且还需形成诸如政党一类的政治机构来组织这种参政,以便使人民参政能超越村落和城镇范围。"[③]虽然政治参与不是现代化的唯一

① 亨廷顿:《变化社会中的政治秩序》,三联书店1989年版,第32页。
② 布莱克:《比较现代化》,上海译文出版社1996年版,第9页。
③ 亨廷顿:《变化社会中的政治秩序》,三联书店1989年版,第34页。

条件,但它却是一个不可缺少的必要条件。可以说,没有政治参与就没有现代化。①

（二）政治参与与政治现代化的内在张力

政治参与是区分现代国家与传统国家的标志。但是政治参与在现代化进程中并不是一直起积极作用。卡普斯认为,任何非政府性群体,不管是公共取向还是私人取向的,它们都力图在公共政策的决定中施加决定性的作用,这可能使政府的合法性产生危机,也可能对所有政治制度的权威形成威胁。托马斯在其提出的公民参与的有效决策模型的前提分析中认为,从抽象的意义上讲,公民参与并没有好坏之分。它可能发展民主的价值,但并不必然对所有方面的政策问题都带来积极的效果。② 在从现代化初期向现代化中期的转变中,政治参与和以下三个因素的关系影响着政治现代化:

第一,政治参与与政治稳定。政治是对社会价值进行权威性的分配。而政治参与是公民运用自己的政治权利和资格,通过政治权力最终实现自己利益的主要环节。政治参与是公民与政治体系发生联系的最直接和主要的形式,因此,它必然影响到政治利益的分配。每个公民都想通过政治参与来获取自己想要获取的政治利益。事实上,他们也是以能够得到或部分得到相应的满足为限度的。③ 在现代化初期,传统的经济形态、政治制度、政治文化等还占主导地位并且具有内在的一致性,整个社会相对稳定。但是随着现代化初期向现代化中期的进行,商品经济的初步发展,各个阶层、集团、团体的出现,社会开始急剧分化。各个阶层为了影响政府的价值分配,政治参与的方式是多种多样的,既可以以支持的方式,也可以以施压的方式,在有的时候甚至以非法的暴力方式出现。不管他们的政治参与是何种方式,当利益满足时,有利于维护政治稳定;当利益不能满足时,就有可能通过非法政治参与实现自己的利益,最终会有害于政治稳定。诚如蒲岛郁夫所言:"当政府顺应民意,而且当公民通过政治参与同国家保持一体感时,其政治体制是稳定的。反之,当政府违背民意,公民对政府怀有明显的不信任感时,政府和公民之间的关系将日趋紧张。"④

第二,政治参与与政治控制。现代政治的进步在于形成社会对国家的强有力控制,而其中政治参与起到了一个桥梁作用,"在健全的政治参与形式下,希望连任的政治官员进行政治决策时,会受着他对选民对他的决定有何反应的预测。也就是说,如果当选官员的政策符合选民的利益,选民就会在下一次选举中继续选择他;否则选民就会抛弃他。另外,人民还利用其他的政治参与方式制约政府的行为,如请愿、游行、示威、媒体曝光等"⑤。但这个过程并不是一步到位的,而是长时间的社会与国家博弈的结果。在现代化初期向现代化中期的转变过程中,国家和社会之间展开了控制与反控制的博弈。这个时期,经济的初步发展致使各种新兴阶层出现。新兴的阶层为了实现在社会价值分配中居于有利地位,力图加强政治参与;而占据统治地位的传统利益阶层力图维护现有政治体

---

① 赵臻:《政治参与和政治现代化的内在张力及其原因分析》,《学习与实践》2008年第2期,第86页。
② 蒲岛郁夫:《政治参与》,经济日报出版社1989年版,第5页。
③ 亨廷顿、纳尔逊:《难以抉择》,华夏出版社1988年版,第184页。
④ 蒲岛郁夫:《政治参与》,经济日报出版社1989年版,第5—6页。
⑤ 亨廷顿、纳尔逊:《难以抉择》,华夏出版社1988年版,第184页。

制以保护自己的利益。这就在国家和社会之间形成一种紧张状态,同时伴随着一定的政治失序。亨廷顿认为:"广泛的参政可以提高政府对人民的控制,如在集权国家那样;或者可以提高人民对政府的控制,如在许多民主国家那样。"[1]在前一种情况下,可能导致政治冷漠,而积聚到一定程度之后是新的大规模政治参与的爆发;后一种情况下,有可能是人民对政府的过度控制,带来一个软弱无力的政府,而重新激起人民的不满。无论哪种结果都会产生新的政治动乱,甚至成为恶性循环的怪圈。

第三,政治参与与政策过程。在从现代化初期向现代化中期的转变中,新的阶层为了维护自己在社会价值分配中居于有利地位而开始广泛参与政治。"通过政治参与,表达自己对公共财富和价值分配的意愿选择,并施加压力,使政府的行为不至于与公民的意愿和选择发生矛盾,从而左右政府的决策。"[2]但是政治参与并不一定会带来理性的公共政策。对公民参与最严厉的指责集中在公民参与造成了公共政策的扭曲,托马斯将其理由总结为:第一,由于公民常常不能理解政策质量标准中包含的知识和常识,所以,他们可能会对专业领域或科学界认定的政策质量标准提出质疑。如果在公民参与后通过的最终公共决策中,这些标准被忽略了,那么,公共决策的质量无疑会遭受损失。第二,公民参与可能会导致公共项目运作成本的增加。第三,公民参与会阻滞改革、创新。第四,很多代表特定群体的公民在受邀参与公共决策后追逐特殊的利益,从而导致了更广泛的公共利益缺失。[3] 这种现象特别出现在向现代化中期转变中。在这一时期,虽然经济有了一定发展,但出现了贫富差距,社会上日益增高要求公平的呼声带来了大规模的政治参与。但是过多的政治参与可能带来的是政府效率低下、社会发展速度放慢、公共项目成本增加。这与现代化对社会的要求是不相符的,因为这一时期对整个社会来说"效率优先、兼顾公平"才是符合公共理性的。

通过以上分析可以看出,政治参与是现代化的重要推动力量,但是政治参与也与政治现代化存在着紧张的关系。可以说,政治参与是一把双刃剑——既可以促进政治现代化,也会阻碍政治现代化。目前,我国正处在从现代化初期向现代化中期的转变中,别国曾有的现代化经验对我国现代化具有重要意义,希望我们能处理好政治参与与政治现代化的关系以快速推动我国走向现代化。[4]

第三节　政治民主与政治参与的关系

一、政治参与是政治民主的基本形式

政治参与与民主政治有着紧密的联系,是民主政治的内在要求和重要内容,是政治

① 亨廷顿:《变化社会中的政治秩序》,三联书店 1989 年版,第 32 页。
② 蒲岛郁夫:《政治参与》,经济日报出版社 1989 年版,第 5 页。
③ 同上,第 14 页。
④ 赵臻:《政治参与政治现代化的内在张力及其原因分析》,《学习与实践》2008 年第 2 期,第 89 页。

民主的基本形式和重要标志。列宁指出:"政治就是参与国家事务,给国家定方向,确定国家活动的形式、任务和内容。"①

民主政治的根本特征是国家的一切权力属于人民,人民当家作主。在国家和社会管理越来越具有专业化特点的现代社会,人民作为社会的主人,主要是通过选举人民代表的方式,将管理国家和社会事务的权力委托给自己选出的代表,由人民代表大会选举产生的政府直接行使治理权,从而形成委托——代理关系。这种体制意味着在政治权力的持有与政治权力的行使之间存在着某种程度的分离。这种分离可能引起政治失控,政治权力不是按照权力所有者的整体意志,而是凭着权力行使者的意志和情绪而运行,以至于出现政治异化,权力的行使不利于权力所有者或者偏袒部分所有者。以权谋私、贪污腐化、权钱交易、弄权渎职等政治腐败行为都是权力失控和异化的现象。为了防止政治权力的失控和异化,就要让普通公民参与政治,行使管理国家的权力,监督权力的行使者按人民的意志办事。因此,政治参与是民主政治的应有之义,民主政治是政治参与赖以存在的基本条件,离开民主政治,就不存在政治参与。

民主政治是一种自由的、平等的和参与的政治。布莱克指出:"现代政府在下述意义上可以说是典型的民主的:所有的公民均在某种程度上参与政治领导人和决策的选择;个人的选择权由有效的公民自由得以保障。"②民主政治首先体现为每个公民在社会政治生活中具有独立的政治人格和自由的权利,可以不受限制地表达自己认为是合理的、其他人和国家应该听取与采纳的政见、决策或立法建议。民主政治还表现为公民之间享有权利的平等性。在表达政见、提出决策或立法建议方面,每个公民享有同等的资格和机会,同时对他人的政见和建议有提出异议和否决的权利。列宁说:"民主意味着在形式上承认公民一律平等,承认大家都有决定国家制度和管理国家的平等权利。"③

民主政治还是一种人民参与的政治制度。在这种制度下的决策和立法程序不是少数几个人说了算,更不是个别人的专断,而是在广大人民群众直接或间接的参与下,按照少数服从多数、多数尊重和保护少数的民主原则行事。在执行民主原则的问题上,过去我们往往只强调少数服从多数这一点,而忽视多数应该尊重和保护少数这一点,这实际上是对少数人基本权利的剥夺,是片面的、不正确的。"民主是一种社会管理体制,在该体制中社会成员大体上能直接或间接地参与或可以参与影响全体成员的决策。"④自由、平等和参与的政治为各种政见、决策和立法建议的表达和交流,各政治主体影响和参与决策提供了机会,使每项政策和法律既能真实地反映广大人民群众的根本利益和共同意志,又能比较有效地避免出现长时期、大面积、难以纠正的决策失误。如果没有政治参与,人们就无法进行愿望和政见的交流,更不可能在平等地、自由地发言和讨论的基础上形成多数人的意志,并根据多数人的意志制定出法律和政策。也就是说,如果没有政治参与,就谈不上民主政治。⑤

---

① 列宁:《列宁全集》第三十一卷,人民出版社 1985 年版,第 128 页。
② 布莱克:《现代化的动力》,四川人民出版社 1988 年版,第 22 页。
③ 列宁:《列宁全集》第三十一卷,人民出版社 1985 年版,第 96 页。
④ 科恩:《论民主》,商务印书馆 1979 年版,第 10 页。
⑤ 李华:《政治参与:民主的重要标志》,《湖北大学学报(哲学社会科学版)》2002 年第 6 期,第 5—6 页。

二、政治民主是政治参与的制度保障

文档：阅读
材料 2

政治参与是民主政治时代的产物,民主政治是政治参与赖以存在的历史条件。政治参与的一个基本特点是,参与的主体为普通公民或由公民组成的团体,而不包括政府公职人员、政党骨干、政治候选人和专门从事院外游说活动的人员。作为普通公民要管理社会政治事务,必须有一定的政治条件作保证。因而,民主政治就是推进公民政治参与的制度保障。因为"人民当家作主",意味着人民是国家的主人,人民是国家的最高权力主体,人民享有广泛的民主权利和自由,一切其他形式的具体化的国家权力,都是由这一最高权力主体产生和派生的。这是社会主义民主最本质的要求、反映和体现,它最有利于公民的政治参与。尤其政治制度和政治体系对政治参与有重大的影响,仅就政治运行机制来说,直接对政治参与发挥作用的因素主要有选举制度、政党制度、监督制度等。从选举制度来看,它作为一种政治制度,是国家依照法律规定由公民选择一定公职人员的一种程序和规则。选举制度由限制选举制到普选制、由不平等选举制到平等选举制、由自由投票制到动员投票制、由公开投票制到秘密投票制这一系列的发展变化过程,伴随的是政治参与的扩大和深化。从政党制度来看,它作为政党掌握政权或参与政治的形式,要受到本国政治利益结构及社会、经济、文化、历史等多方面环境的影响。大量的研究表明,政党制度只有在其获得公民广泛认同与忠诚的情况下才能提高政治参与水平。再从监督制度来看,社会监督制度健全与否,直接影响到政治参与程度的高低,它与选举制度和政党制度一样,都是现代政治民主的重要支柱。因此,健全的监督机制也是政治参与的重要制度保障。

人类进入现代社会后,日益重视发展民主政治,而且把发展民主政治作为人类政治发展的价值目标。这是因为,把民主作为目的,是政治价值的最高体现;把民主作为手段,则是社会资源尤其是政治资源公平分配的有效机制,是政治权威最可靠的合法性基础,也是有效调动人民群众的积极性,保持政治效率持续有效的重要方式。同时,民主政治的不断完善和发展,又是推进公民有序政治参与的不懈动力。

公民政治参与的发展离不开民主政治的建设:"一个社会要保持高度的一体性,就必须在扩大政治参与的同时,使更强有力、更复杂、更具有自立性的政治制度也得到发展。"[①]公民政治参与的扩大,会不断对政治制度的发展提出要求。由于政治参与的扩大往往一方面会瓦解传统的政治制度,另一方面又会阻碍现代政治制度的建立,因此,要采取措施减缓和限制现代化和社会动员对政治意识和政治参与的冲击,否则现代化和社会动员就特别容易导致腐化。

我国历来比较重视社会主义民主政治建设,而在社会主义民主政治建设中,至关重要的是将民主在实践中付诸操作。新中国成立,党领导人民建立各级人民民主政府后,通过坚持不懈的社会主义民主政治建设,我国已经建立起了各种实现人民民主的政治制度。例如,人民代表大会制度、共产党领导下的多党合作制度、村民自治制度、城市居民委员会自治制度等。这些民主政治制度的建立和发展,为我国公民政治参与提供了丰富

---

① 亨廷顿:《变革社会中的政治秩序》,华夏出版社 1998 年版,第 85 页。

的政治资源,从而从长远上保证了社会的政治稳定。这种现代的政治稳定是建立在民主政治基础上的,并且是以公民权利至上的基本理念来支持的,其优势在于一方面能容纳个体自由而独立地发展,另一方面又有利于及时解决或避免个体之间大量冲突的发生。①

三、理性政治参与与政治民主化

视频:扩大
人民有序
政治参与

马克思将人的理性认识规定为认识的高级阶段,它是对事物本质和内部联系的认识,具有间接性和抽象性的特点。理性是指使人的行为符合特定目的以及能够识别、评价、判断实际理由等方面的智能。当一个人的行为都是经过判断对错,思考前因后果,有道理,合乎逻辑的时候,我们会说他是理性的。但是值得一提的是,当我们评价理性行为的时候,是包含着主观因素的,评价结果会因为立场的不同而存在差异。

公民的理性参与是指公民通过各种合法方式和理性方式参与公共政策制定的过程。在此过程中,公民通过合法和理性的方式来表达自身或其所在组织的利益诉求,以期影响官方的决策。所谓合法的方式指的是表达利益的方式是在国家法律许可的范围之内的,参与者依法表达诉求;理性的方式指的是参与者在付诸参与行动时保持冷静的头脑,而不是凭冲动行事。理性参与的公民是理性公民,其能够主动承担政治参与的公共责任,能够使用理性的方式向政府等公共决策主体表达自身的利益要求。公民的理性参与具有如下几个方面的特点:

其一,理性参与是一种适应性参与。公民的理性参与应和一国的政治制度化水平相适应,不能为提高参与度而拔苗助长。在政治制度化水平较低的情况下,公民的参与意识和参与能力都处于低级状态,必然是一种低度参与,即消极或被动的参与;在政治制度化水平较高的情况下,公民的参与愿望和参与能力均得到了大大的提高,此时政府应为公民的积极参与提供平台和机会,而不是一味地压制公民的参与,应保障公民的参与权。

其二,理性参与是一种权利和义务的统一关系。参与公共决策不仅是公民的政治权利,同时也是公民的政治义务。一般而言,权利和义务是相统一的关系,是相辅相成的。"没有无权利的义务,也没有无义务的权利",这条道理同样适用于公民的理性参与。只讲权利不讲义务的公民参与是狭隘的参与,是不负责任的参与;只讲义务而不讲权利的公民参与是形式主义的参与,是不真实的参与。

其三,理性参与者具备相应的政治道德品质。古希腊的先哲们始终提倡公民之为善,公民善,则城邦善。因此,理性的公民参与者应具备相应的道德品质。一方面,应具有公共的社会关怀。每个公民都具有个人私利,都有为私利采取行动的权利,但不能因此而漠视公共利益的存在。公共利益的实现是个人私利得以实现的保障和基础,理性参与的公民不仅追求私人利益,还应顾及公共利益的实现。另一方面,应具有宽容的精神。公民参与并非总能解决人们的争端,一旦在少数服从多数原则下产生新政策,对那些希望实现自身利益但决策结果却未能反映其愿望的公民而言,要以宽容心态接受。若直接使用暴力或制裁行为进行威胁,甚至以利益为诱惑,则可能会损害公共利益,无益于自身

---

① 魏芙蓉、于新恒、庞雅莉:《执政党与民主政治》,吉林大学出版社 2007 年版,第 96 页。

利益的实现。正如孙柏瑛教授所指出的,公民参与行动绝非规模和范围越大、参与手段越激进、参与过程越复杂,参与行动的效果就越好。实践证明,理性的公民参与方式往往能够帮助参与者实现自身利益诉求。公民的理性参与不仅能够保障自身的利益,同时也会有利于大众福祉的实现,能够使政府清楚公民之需求从而做出有针对性的回应,也有助于减缓政府和公民双方之间的紧张关系。

倘若政治参与失去理性的特征,那么会造成什么后果呢?公民的非理性参与现象将会对国家的政治民主造成毁灭性的破坏。有学者将公民参与分为三种类型,即低度参与、过度参与和适度参与。低度参与是指公民参与公共决策的程度很低,是一种消极、被动的参与,公民无论是参与公共决策的愿望还是参与的能力都比较低。如在我国计划经济时代,国家对社会事务实行大包大揽,广大人民群众被排除在公共决策过程之外,政府长期宣扬"个人利益服从国家利益,局部利益服从整体利益"的价值理念,使公民处于政治麻痹状态。过度参与是指公民对公共决策的参与过多,参与过于狂热,超出了一定的限度,或是采取过激的手段。这种参与方式破坏民主的稳定性,威胁制度的合法性,导致参与处于无序状态。低度参与和过度参与都是非理性的参与方式,都会威胁国家的政治生活。适度参与是一种理性的参与方式,公民采取适度的参与手段,既不过激也不软弱,在国家制度框架下参与公共决策的过程,得到决策主体的承认和许可。

低度参与容易导致制度合法性的缺失。制度的合法性来源于民众对制定主体的认可,而在公民低度参与模式下制度便不能真正反映大多数公民的利益要求,不具备合法性产生的基础;低度参与容易导致制度生成的失误。缺乏民众参与的制度制定有闭门造车之嫌,不能正确反映利益需求,缺乏针对性,容易违反人民利益;低度参与也不利于民主政治的发展。公民民主意识、参与意识的持续性薄弱和恶性循环,将摧毁政治民主发展的社会根基。民主政治发展水平的评价标准之一即是公民政治参与度,公民的低度参与致使国家政治民主化程度长期处于低水平层次,民主政治发展停滞不前。

过度参与容易引发政治动乱。参与者的政治狂热若得不到有效控制则极易引发恶性事件。如在制度建设尚未健全、政治社会化程度较低的情况下,如果大量未经组织的公民参与决策,易引发群体性事件。在没有相应制度做保障的前提下进行广泛的政治动员,则容易导致政治动乱;过度参与会影响政策制定的效率,提高政府的决策成本和公民的参与成本。这些成本至少包括:首先,公共管理者要花时间学习如何去应付公民参与过程提出的问题,例如,学习如何解决公民参与中不完善的代表性问题,这是必不可少的;其次,在公共决策中,公共管理者请公民来参与需要花费更多的时间,因为在决策前,需要时间让更多的公民对政策感到满意;最后,如果公民对政府制定的政策不满意,那么,他们也许会拖延政策实施的时间。过度参与还会影响公共政策质量,甚至导致公共政策的扭曲。[①]

总而言之,公民的政治参与需要理性的武装,驱除狂烈的激情与冲动,否则,一方面,政治民主化的升华与演进将受阻,另一方面,当公民陷入狂热化的政治参与陷阱时,这种政治民主就不再拥有本质性的意义。它将成为"狂热"的共谋,共同摧毁人们辛苦创建的文明成果。

---

① 李锐、毛寿龙:《公共决策中公民的理性参与和非理性参与》,《现代管理科学》2014 年第 12 期,第 94—95 页。

第四节　中国特色的社会主义民主政治建设

一、党内民主

中国共产党自诞生之日起就树立了国家独立、民族富强和人民民主的伟大旗帜，把民主集中制作为党的根本组织原则。党内民主是党的生命，是党内政治生活积极健康的重要基础。发扬党内民主对于全面从严治党、提高党的执政水平和国家治理能力现代化具有十分重要的战略意义。

1937 年 5 月 8 日，毛泽东在延安召开的中国共产党全国代表会议上所做的总结性报告《为争取千百万群众进入抗日民族统一战线而斗争》中指出了党内民主问题，讲话强调："党内的民主是必要的。要党有力量，依靠实行党的民主集中制去发动全党的积极性。"同时强调："用民主制的实行，发挥全党的积极性。""团结全党像钢铁一样。"[1]这是毛泽东首次正式使用"党内民主"这一概念。新中国成立后，中国共产党在党内民主方面进行了不断的探索和完善。党的十六大首次提出"党内民主是党的生命"的重要论断。2017 年 10 月，党的十九大报告中再次指出："民主法治建设迈出重大步伐，党内民主更加广泛。"同时指出："要尊崇党章，严格执行新形势下党内政治生活若干准则，增强党内政治生活的政治性、时代性、原则性、战斗性，自觉抵制商品交换原则对党内生活的侵蚀，营造风清气正的良好政治生态。"党内民主是由党的性质、党的宗旨和党的世界观决定的，党要实现自己的最终奋斗目标和完成各个不同历史时期的任务，就必须充分发挥全党的积极性，也就是必须依赖党内民主。[2]

对于党内民主内涵的界定，目前学术界还尚未有统一定义。马克思主义经典作家关于党内民主基本内涵的论述是：每个党员和党组织，在党章面前一律平等，在党内政治生活中一律平等，都有权力平等地直接或间接地参与、表决和管理党内事务，履行相应的义务和权利。刘少奇在代表中共中央所做的七大修改党章的报告中，也对党内民主进行过阐述，他指出："党内民主的实质就是要充分发挥党员的自觉性与积极性，提高党员对党的事业的责任心，发动党员或党的代表在党章规定的范围内尽量发表意见，以积极参加党对人民事业的领导工作，并以此来巩固党的纪律和统一。"[3]根据这些论述，总结我们党长期以来对党内民主的认识和实践，党内民主可以定义为党基于自身的性质、任务和宗旨，依据民主集中制的基本原则，对党的组织、体制和过程做出的民主的制度规定以及由此所形成的党内政治生活。[4]

中国共产党是中国特色社会主义事业的领导核心。中国问题关键在党，当代中国政

① 毛泽东：《毛泽东选集》第一卷，人民出版社 1991 年版，第 278 页。
② 伊娜、左双双：《近年来我国党内民主研究述评》，《辽宁师范大学学报（社会科学版）》第 3 期，第 17—18 页。
③ 中共中央文献研究室、中共中央党校：《刘少奇论党的建设》，中央文献出版社 1991 年版，第 466 页。
④ 张浩：《党内民主：内涵、结构与功能》，《理论探讨》2010 年第 1 期，第 117 页。

治民主化问题的关键也在党,党的关键就在于党的建设和发展。发展党内民主,充分发挥广大党员和各级党组织的积极性主动性创造性,是党的事业兴旺发达的重要保证。党内民主实践可以达到政党整合、制度建设、权力制约、政策供给、人才培养等功能目标,对人民民主具有重要的示范和带动作用;民主集中制不仅是党的根本组织原则和根本组织制度,也是国家政权机构的根本组织原则和根本组织制度。

在新的历史条件下,党内民主必须与什么是社会主义、怎样建设社会主义、建设什么样的党、怎样建设党的基本问题相联系,必须与如何进一步解决提高党的领导水平和执政水平、提高拒腐防变和抵御风险能力这两大历史性课题相结合。

在党内民主建设过程中,科学的组织原则是前提,合理的制度安排是根本,健康的党内政治生活既是过程也是结果。

党内民主的组织原则主要包括:(1)民主集中制。民主集中制是党的根本组织原则,也是群众路线在党的政治生活中的运用。民主集中制是民主基础上的集中和集中指导下的民主相结合。一方面,必须发扬民主,发挥各级党组织和广大党员的积极性和创造性,要求通过民主选举、民主监督、组织沟通、集体领导和个人分工负责相结合,禁止任何形式的个人崇拜等制度设计实现党内民主。另一方面,必须实行正确的集中,保证全党行动的一致和党的决定能够迅速有效地贯彻执行,这就要求党员个人服从党的组织,少数服从多数,下级组织服从上级组织,全党各个组织和全体党员服从党的全国代表大会和中央委员会。(2)平等原则。党内民主的主体是党员。所有党员在党章面前一律平等,在党的纪律面前一律平等,在党内生活中一律平等。每个党员,不论职务高低,都必须编入党的一个支部、小组或其他特定组织,参加党的组织生活,接受党外群众的监督。党员领导干部还必须参加党委、党组的民主生活会。不允许有任何不参加党的组织生活、不接受党内外群众监督的特殊党员。(3)权利和义务一致原则。党章和相关条例明确规定了党员享有的各项权利如参与权、知情权、培训权、意见表达权、建议权、批评权、监督权、表决权、选举权和被选举权等;也详细规定了党员必须履行的各项义务如学习党的指导思想、贯彻党的路线方针政策、个人利益服从党和人民的利益、遵守党的纪律、执行党的决定、保守党的秘密、完成党的任务、维护党的团结和统一、实践群众路线、提倡共产主义道德等。党章对权利和义务的规定既有法律性、权威性,是对党员的主体地位和民主意识的认同和强化;同时又有政治性,党员根据党章行使权利和履行的程度也是其政治觉悟和政治水平的体现,为了实现共产主义的崇高理想,党员可以也应当贡献自己的智慧、能力乃至宝贵的生命。法律性、权威性是党内民主建设制度化的反应,政治性对党内民主建设起到了巨大的推动作用。

党内民主的制度安排主要有:(1)民主集中制。民主集中制既是党的根本组织原则,也是党内民主的根本制度。正是在民主集中制的基础上建立了党的代表大会制度、集体领导与个人负责制度、选举制度、监督制度、权利保障制度等一系列党内民主制度。在改革开放和发展社会主义市场经济的条件下,民主集中制不仅不能削弱,而且必须完善和发展。(2)党的代表大会制度。党代表大会是各级党组织的领导机关,由民主选举产生。党的全国代表大会和它所产生的中央委员会是党的最高领导机关,党的地方各级代表大会和它们所产生的委员会是党的地方各级领导机关,党的各级委员会向同级的代表大会负责并报告工作。党章规定,党的代表大会行使听取和审查报告权、讨论决定权、选举权等各项职权,只有党的全国代表大会可以修改党章。党章还规定,为讨论和决定需要及时解决重大问题,党的中央和地方各级委员会在必要时召集代表会议。党的代表大会制度是基本的党内民主制度,关系到党的重大决策、领导干部的选择、党员民主权利的运行等问题,必须不断加以完善和发展。例如,定期召开党的代表大会,履行和维护党的代表大会的职权。扩大在市、县进行党的代表大会常任制的试点,积极探索党的代表大会闭会期间发挥代表作用的途径和形式。(3)集体领导和个人负责制度。即凡属重大问题都要按照集体领导、民主集中、个别酝酿、会议决定的原则,由党的委员会集体讨论,做出决定;委员会成员要根据集体的决定和分工,切实履行自己的职责。集体领导是民主决策的保证,应该制定并严格执行党委的议事规则和决策程序,进一步发挥党的委员会全体会议的作用;个人负责是提高效率的保证,应该实行严格的个人分工负责和责任追究制度。(4)选举制度。党章规定,党的各级领导机关,除它们派出的代表机关和在非党组织中的党组外,都由选举产生。选举要体现选举人的意志,采取无记名投票和差额选举的方式。候选人名单要由党组织和选举人充分讨论。每个正式党员都有选举权和被选举权。任何组织和个人不得以任何方式强迫选举人选举或不选举某个人。这些选举程序和方式都贯彻了民主原则,在实际运行中必须切实贯彻执行。在选举过程中可以适当地引入竞争机制,今后也可以适当扩大直接选举的范围和对象。(5)监督制度。党内监督的主要内容有:党的各级组织、全体党员对党的路线、方针、政策和工作任务的贯彻执行情况;全体党员正确履行党章规定义务和权利,遵守党的纪律的情况,特别是党员干部和国家公务员中的党员合法合理运用权力的情况;全体党员特别是党员干部的思想作风、工作作风和生活作风是否符合党的性质、宗旨和党员标准的情况。党内监督的制度渠道主要有:通过党的各级代表大会;通过党的各级委员会和纪律检查委员会;通过组织生活会、民主生活会;通过信访工作;通过党员个人的检举、控告、申诉等。监督制度对党内民主建设具有重要意义。应当通过建立和完善党内情况通报制度、情况反映制度和重大决策征求意见制度,进一步完善党内监督;同时把党内监督与党外监督等结合起来,形成更强有力的监督体系。也应该通过述职述廉、巡视、询问质询等的制度化,重点加强对党的各级领导机关和领导干部,特别是各级领导班子主要负责人的监督。还应该切实提供充分到位的监督保障。(6)党员权利保障制度。党员权利受到党章和相关规定的保障,党的任何一级组织直至中央都无权剥夺党员的权利。对于侵犯党员权利的党组织或党员个人,情节较重或造成严重后果的,必须给予党纪处分,并追究该党组织主要负责人的责任。

健康的党内政治生活就是要形成既有集中又有民主,既有纪律又有自由、既有统一意志又有个人心情舒畅、生动活泼的政治局面。①

二、基层自治民主

人民依法直接行使民主权利,管理基层公共事务和公益事业,实行自我管理、自我服

---

① 孙荣:《政治学教程》,同济大学出版社 2007 年版,第 305—306 页。

务、自我教育、自我监督,对干部实行民主监督,是人民当家作主最有效、最广泛的途径。基层民主建设是社会民主建设的基础性环节和内容,基层民主的发展状况,直接体现和影响着社会主义民主的实现程度和发展水平。

基层民主是指我国广大人民包括工人、农民、知识分子等各方面的人士,在城乡基层政权机关,企事业单位和基层自治组织中依法直接行使民主权利,包括政治民主、经济民主、文化民主、教育民主等内容,广泛渗透于社会生活的各个方面。中国基层民主是关于基层政权和基层社会生活管理的开放的制度安排,在这种制度安排中,广大群众直接参与到基层政治和社会组织的选举过程、内部决策过程、监督机制等方面,依法管理自己的事情,并由于民主参与而产生了民主化的制度创新和政策结果。村民自治、居民自治、公有制企事业单位的民主管理,解决的是"市民社会"内部和自治活动内部的自我管理问题,是一种生活方式,体现着一种平等成员之间的自我管理关系,不具有强制性。

基层民主具有如下特点:

首先,直接性。主要是指人民的直接参与。基层民主主要建立在每一个成员的意愿都完全表达的基础上,让每一个成员都有权参与、做出决定并实行监督。

其次,自治性。基层民主解决的主要是"市民社会"内部和自治活动内部的管理问题,用这种自治管理方式既能完成管理的重任,又不具有强制性。

再次,无限性。主要是指当国家消亡之后,一些基层民主形式继续存在和发展。按照马克思主义的观点,作为国家制度的民主会随着国家的消亡而消亡。[①]

基层民主是中国民主建设的重要组成部分,是社会主义民主法治建设和社会主义政治体制改革的一项重要内容,对整个中国的经济、政治发展和社会进步起着重大促进作用,是社会主义现代化建设的一个重要环节和重要保证。基层民主建设既有利于试验、探索、实践、总结政治民主化的方式和经验,不断发展完善社会主义的民主政治制度;又有利于广大人民群众在民主政治实践中学习民主规范、训练民主技术、提高民主意识和参与能力,形成社会主义的民主文化氛围,塑造社会主义的政治文明;还有利于提高政府社会管理和公共服务的效能并降低成本。

基层民主建设的内容通常包括:(1)建立和完善基层群众性自治组织,如村民委员会、居民委员会和职工代表大会等,实现人民群众的自我管理、自我教育、自我服务。(2)发展和完善城乡基层政权机关,如乡、镇、县、街道等,健全选举制度和监督制度,强化服务意识,加强依法行政,有效解决党和政府方针政策与基层群众意志在基层的统一问题,使基层群众性自治民主与国家政治体制民主之间建立起更深层次的良性互动。

根据1998年颁布的《中华人民共和国村民委员会组织法》,村民自治的主要内容包括四个方面:(1)民主选举制度,即村民通过直接、平等、差额、无记名投票的民主选举产生村民委员会主任、副主任和委员。(2)民主决策制度,即涉及村民利益的重要事项,村民委员会必须提请村民会议讨论决定后方可办理。(3)民主管理制度,即制定并依据村民自治章程、村规民约实现村务管理规范化。(4)民主监督制度,即实行村务公开、财务公开、群众评议,有利于村民查询和监督。

---

①　隋牧蓉:《论当代中国的基层民主》,《辽宁工业大学学报(社会科学版)》2008年第3期,第4页。

根据 1989 年颁布的《中华人民共和国城市居民委员会组织法》，并借鉴村民自治的实践经验，居民自治的主要内容是通过民主选举、民主决策、民主管理、民主监督，以加强居民委员会建设和社区服务为重点，实现居民的自我管理、自我教育、自我服务。

在企业和事业单位中，必须坚持和完善以职工代表大会为基本形式的民主管理制度，组织职工参与改革和管理，保障职工合法权益。这既是加强基层民主建设的现实要求，也是有利于建立"产权清晰、权责明确、政企分开、管理科学"的现代企业制度过程中必须正确处理好的重要问题。[①]

三、协商民主

中共十八大报告首次提出健全社会主义协商民主制度，指出社会主义协商民主是我国人民民主的重要形式。协商民主就是在党的领导下，以经济社会发展重大问题和涉及群众切身利益的实际问题为内容，在全社会开展广泛协商，坚持协商于决策之前和决策实施之中。[②]

关于协商民主内涵的这一科学界定，反映了我国在协商民主实践中积累的丰富经验，概括了我国在协商民主理论研究中获得的丰硕成果。这一科学界定，强调了社会主义协商民主的政治前提是党的领导，基本形式是在全社会开展广泛协商，协商内容是经济社会发展重大问题和涉及群众切身利益的实际问题，遵循原则是坚持协商于决策之前和决策实施之中。关键是要把党的领导与人民民主，决策的制度化、规范化、程序化与有效性，民主与民生有机地统一起来，真正造福于广大人民群众。[③]

协商民主体现在我国社会主义政治实践的各个方面：

一是政治协商。这种协商主要发生在国家政治生活层面，由中国共产党主导，有两种基本方式。第一种是中国共产党同各民主党派的协商，主要采取民主协商会、小范围谈心会、座谈会等形式，体现的是政党之间的政治协商；第二种是中国共产党在人民政协同各民主党派和各界代表人士的协商，主要采取人民政协会议协商的形式。这种协商体现的是更大范围内的政治协商。两种协商方式相辅相成，互为补充。政治协商的内容政治性、政策性较强，包括党的重要文件的制定，宪法和重要法律的修改，国家领导人的建议人选，国民经济和社会发展的中长期规划，关系国家全局和地方事务的一些重大问题等。这种协商形式是当前我国协商民主的主要形式和最高层次。

二是社会协商。这种协商主要发生在政府治理范畴，由政府及其职能部门组织，往往是就具体的公共决策听取社会各方面的意见，主要有公开听证、协商对话、决策咨询、媒体讨论等形式。党的十三大报告中就明确提出，要建立社会协商对话制度，指出："群众的要求和呼声，必须有渠道经常地顺畅地反映上来，建议有地方提，委屈有地方说。这部分群众同那部分群众之间，具体利益和具体意见不尽相同，也需要有互相沟通的机会

① 孙荣：《政治学教程》，同济大学出版社 2007 年版，第 306—308 页。
② 《中共中央关于全面深化改革若干重大问题的决定》，人民出版社 2013 年版，第 29—30 页。
③ 李君如：《协商民主在中国——中国特色协商民主的理论思考》，《中共天津市委党校学报》2014 年第 4 期，第 43 页。

和渠道。……建立社会协商对话制度的基本原则,是发扬'从群众中来、到群众中去'的优良传统,提高领导机关活动的开放程度,重大情况让人民知道,重大问题经人民讨论。"①目前,许多地方都出现了这种政府组织的民主协商,邀请有关方面就与人民群众切身利益有关的议题,如公共交通、房屋拆迁安置、教育和医疗卫生、劳动和社会保障、城管执法等,进行利益表达、协调和整合,促进了政府管理水平的提高。这种协商形式体现了我国协商民主由政治领域向社会领域的拓展,是社会主义民主政治的一大进步。

三是基层协商。这种协商主要发生在社会自治领域,如乡村基层民主和城市社区自治。扩大基层民主,保证人民群众直接行使民主权利,依法管理自己的事情,是社会主义民主最广泛的实践,是社会主义民主政治建设的基础性工作。协商民主正是这种基层民主的重要实现形式,并在实践中出现了许多制度创新。如浙江台州温岭市创造的"民主恳谈会"、衢州市总结的"民主决策五步法"等协商模式,吸引、支持村民参与村级事务管理,由县、乡、村干部面对面与村民共同商讨和决定村务大事。同时,一些城市社区重视发挥居委会和业主委员会的作用,通过建立互联网论坛等方式,对社区公共事务和公益事业进行对话协商。这种基层协商是对社会基层自治的进一步完善和发展。

视频:温岭"民主恳谈"聚民心促发展

文档:阅读材料3

此外,在人大立法领域也存在一定程度的协商民主,主要体现为人大就立法所涉及的相关问题公开征求意见。人大立法既是人民代表行使国家权力、维护人民利益的重要政治行为,又是一项权力性、专业性、技术性很强的工作,单靠专门机构和专家立法、官员立法甚至部门立法,并不能确保所立之法能够真正代表民意、维护民利,特别是在利益日益多元化的现代社会,法律的制定要反映和综合社会各方面的利益需求,必须最大限度地让民众广泛参与和协商。如十届人大五次会议通过的《物权法》,从进入立法程序到最终通过,前后历时13年,召开座谈会、论证会近百场,收集群众意见上万条。②

我国协商民主制度已经有了几十年的实践历程,中国共产党作为执政党,在重大问题的决策前和决策实施过程中,坚持做到与参政党进行协商,并通过人民政协的平台和渠道,及时了解社会各界的利益诉求,作为决策的参考和依据;而参加人民政协的各民主党派、团体和各族各界人士也通过履行政治协商、参政议政、民主监督的职能积极建言献策,提供广泛的决策信息和智力支持,推进党和政府决策科学化、民主化。事实证明,中国特色的协商民主制度具有无可比拟的优越性,并正在实践中不断完善和发展。

中国特色协商民主制度最突出的特点就是人民民主的真实性和制度的实践性。就人民民主的真实性而言,我国的协商民主是与社会主义民主紧密结合的产物,无论是在形式上还是内容上,都具有真实性,都是切实地保障人民当家作主。中国共产党作为执政党,从建党之初就高度重视和充分发挥协商民主的积极作用。新中国成立以来,尤其是近40年来,在决定党和国家生活中的各项重大事务时,中共中央、国务院都事先广泛

① 中共中央文献研究室:《十三大以来重要文献选编(上)》,人民出版社1991年版,第43页。
② 张献生、吴茜:《坚持、完善和发展我国社会主义协商民主》,《新视野》2007年第5期,第70页。

听取党外人士的意见,使协商于决策之前和决策执行过程中成为一种基本制度,充分体现出人民民主的真实性。就协商民主制度的实践性而言,西方的协商民主是近二三十年才兴起的一种政治思想,实践的时间很短,范围也很有限。当西方在探讨协商民主问题时,它在我国已经有了几十年的宝贵实践。早在20世纪40年代末期,中国人民就在中国共产党领导下通过民主协商的方式创建了新中国,并在国家制度的层面上实行了选举民主和协商民主相辅相成的政治形式和组织形式。可以说,中国特色协商民主的理论以及相应建立的政治制度、中国人民半个多世纪的成功实践和不断开拓,是中华民族的伟大创举和对人类政治文明划时代的重要贡献。[1]

四、预算民主

预算民主的发展是我国近年来政治和公共管理领域兴起的一个新现象,它对推动政府治理水平的提高以及推进社会主义民主政治的发展,产生了十分积极的作用。正如有学者评论的:预算民主是中国政治改革早晚必须过的一道坎,预算民主可以在选举没有全面铺开的情况下取得实质性的进展,并且为政治民主与选举民主的发展创造一个非常好的制度平台,可以在"草根民主"之外为中国的民主政治发展提供一个新的"中心开花"的机会。[2]

所谓预算民主,是指一国预算的编制、审批、执行、决算等整个过程应当遵从人民的意愿并依据民主程序进行,且接受人民及其代议机构的民主监督。其目的是通过对预算过程施加外部的政治控制,使其不偏离人民利益之轨道。其包含四层含义:(1)预算编制民主。即在预算编制过程中,预算编制机关应当通过一定方式征求社会公众的意见,实现并保障社会公众对预算的参与权。(2)预算审批民主。即主要通过人民选举产生的代议机构来依法审查批准一国预算。代议机构审批预算也构成预算民主的最重要环节。因为"预算乃行政机构的生命之源",审查与批准预算法案,一方面是代议机关掌控公共财政资金的使用以及截断政府滥用权力的物质来源,从而威慑政府的一种有力手段,另一方面通过代议机关民意的行使,表明民选代表和人民对政府的信任与支持,从而保证政府权力运作的正当性和经济基础。议会对政府财政权的控制为公众对财政预算事务参与决策、参与管理搭建了政治框架,同时为了真正实现民主决策,还实施了一套可行的决策机制来保障。(3)预算执行民主。一方面,预算执行机关应当严格依据代议机构批准的预算进行预算收支;另一方面,在预算执行过程中如遇预算增加、减少等情形的,也应当通过民主程序依法进行。(4)预算监督民主。即将预算收支行为纳入人民及其代议机构监督之下,以保证预算的严肃性和权威性。[3]

从根本意义上讲,民主制度的价值就在于为确保政治家和政府官员的行为与决策,真正对选民和纳税人负责,提供一个有效的和可操作性机制。民主制度一方面通过系统地获取和协调民众的偏好,另一方面通过约束和监督政治家与政府官员对这些偏好及时

---

① 李昌鉴:《关于中国的协商民主制度》,《中国人民政协理论研究会会刊》2008年第3期,第7—8页。
② 龙太江:《廉政建设需大力推进预算民主》,《探索与争鸣》2013年第4期,第46页。
③ 华国庆:《预算民主原则与我国预算法完善》,《江西财经大学学报》2011年第4期,第100页。

做出合理反应,从而至少在原则上确保有效率地提供公共产品。贯彻预算民主原则,如实行预算参与制度、预算听证制度等,不仅可以保证预算的科学性,使预算符合国民经济发展的客观规律以及真正反映未来年度财政收支情况,而且最重要的是预算决策能够真正落实公共财政之公共性以及反映人民之意愿。通过预算民主监督等实现对政府财政收支行为的有效控制,防止出现随意性。现代民主政治从国家制度上说,主要是指代议制民主。人民在把权力委托给政府及其工作人员时,也必须强化对这种权力行使的制约与监督,这样才能保证国家行政机关及其工作人员不违背人民的意志而滥用权力。如果缺乏了对国家行政机关及其工作人员权力行使的约束,就会助长其行政活动的随意性,人民的民主权利就会被这种随意性的行政活动践踏与破坏,就根本谈不上社会主义民主。要防止滥用权力,就必须以公民的民主权利约束国家公共权力。[①]

参与式预算是预算民主的基本实现形式。结合我国的国情和政治体制,就参与式预算的本质而言,可以将其界定为:预算的编制、审查批准、执行和监督等各个环节均具备公民充分地实质性参与的特点,且通过预算安排提供的公共服务体现公民社会普遍意愿的预算。政府预算的目标就是提供公共服务,满足公民社会的公共需求。政府在筹集财政资金和安排财政支出方面要充分、合理、科学地体现民众意愿。实现预算民主,就必定要求公民广泛地参与公共预算决策、执行评估和过程监督等,以此来充分地表现并积极地维护自身的偏好和利益。以浙江温岭市新河镇为例,该镇进行预算民主恳谈的尝试强调的正是与代议制民主相呼应的参与式预算,其主要做法如下:镇人大代表和其他公民通过民主恳谈的方式参与镇政府预算方案的讨论和审议,并以人大代表提出"预算修改议案"的途径,经人民代表大会的法定程序,修改、通过镇政府的年度财政预算报告。从温岭市新河镇进行预算民主恳谈整个过程和结果看,这既是一个具体实践人大审查批准预算权力的案例,同时又是一个公众参与基层政府公共预算的试验,更好地促进了预算民主,达到了预期的效果,具有一定的创新价值。[②]

预算民主是在公共责任的层面上提出来的。通常来说,一个国家的预算过程中越能体现出公共利益,那么这个国家的预算民主的程度就越高。就中国的实际情况而言,如果人大能够对政府的预算进行实质性的政治控制,那么,人大就能够真正成为一种制衡政府的力量,并在一定程度上约束政府在收入汲取过程中的掠夺性行为,减少政府支出中的浪费与腐败,促使政府将财政收入用之于民。预算民主一方面可以促进机构推行改革,调整权力体系,定位权力,实现权力与市场的良性互动;另一方面也可以促进公民理解政府的行为及其特征,通过参与预算,社会各阶层之间展开利益博弈,同时发挥政府二次分配的功能,促使权力去平衡资本的强势力量,使财富在社会各阶层相对公平地分配,建立社会正常运转所必需的底线共识,从而真正实现权力与社会的良性互动。此外,"预算民主也有助于改进政府的预算管理,促进国家制度的理性化。因为,实现预算民主后,政府的预算要对社会公开并被人大监督,因此,政府就面临着改进预算管理的压力","如何进行制度设计才更符合公共选择的'理性'原则实际上构成了迈向预算民主与政治民

① 同上,第 101 页。
② 李文经、陆有山、余运军:《论预算民主与参与式预算》,《当代经济》2008 年第 3 期,第 142—143 页。

主的最大难题"。①

而就目前中国的现实情况来看,预算的民主性明显不足。"从历史的分析中可以看出,中国近现代社会的转型是在资本主义列强的外力作用下,以'后发外生'的方式出现的,中国现代政府预算也是在这样的历史背景下,通过学习西方理财模式而出现的,因此可以理解为是'后发外生'。"正是这种"后发外生"的方式说明了中国公共预算民主性的先天缺乏。由此,"当前中国的公共预算改革,应注重推进预算决策过程中的民主,尤其是要发挥在公共预算决策过程中人民代表大会的实质性控制作用,切实转变立法机构对政府预算'软约束'的被动局面,为建设'预算国家'、实现国家治理转型寻求突破口"。②

当前中国预算的民主性存在不足,固然是有其特定历史、文化及政治、经济因素的影响,但关键的是中国要积极推进预算改革,包括扩大人大的预算决策权,实行预算民主,等等。当然,从历史的分析中可以看出:中国公共预算改革的未来也许有它自身的发展轨迹,不可能一蹴而就,而是有一个自身不断发展完善的过程。无论是预算中权力的分配、运用与控制,还是预算民主的发展,最终都要受到中国改革开放以及现代化进程,甚至还有中国传统的政治文化等各方面因素的影响,反过来亦是如此。然而,有充分的理由相信,只要中国在构建现代国家过程中,在社会、经济不断发展的同时,参考、借鉴西方发达国家的预算改革经验,以积极主动的态度推行公共预算改革,中国的预算改革必然会有一个美好的未来,中国的民主政治发展也将会有一个美好的前景。③

本章思考题

1. 如何理解政治民主与自由、平等、法制的关系?
2. 为什么说政治民主没有统一的模式?
3. 理性政治参与需要哪些基本的社会条件?
4. 结合政治学的相关原理分析预算民主的特殊意义。

文档:学习
参考网站
与书目

【案例分析】

深圳人大代表自设工作站为民服务

深圳市月亮湾片区所处的南头半岛,一直在工业与居住的矛盾中纠缠,早年规划为工业用地,后来建起大量住宅区。规划上的矛盾,使得这里居民对环境污染意见较大,投诉不断。2002年,南山垃圾焚烧发电厂选址月亮湾片区,消息传来,居民感到不解,表示反对。

居民和业主随后联系了社区人大代表,推荐热心公益事业的居民反映情况,政府则通过他们与居民沟通,最后圆满地解决了这一矛盾。由人大代表联系热心居民,沟通并

---

① 邓研华:《公共预算中的权力与民主》,《云南社会科学》2012年第2期,第88页。
② 同上。
③ 同上。

解决矛盾的做法得到当地重视,被认为是一种有效解决社区群体共生矛盾的好办法。

2002年底,南山街道办组织敖建南等5名热心人士当上义务联络员,负责为人大代表反映社情民意。2005年4月25日,由13名联络员组成的月亮湾片区人大代表工作站在太子山庄挂牌成立,这也是全国首个人大代表工作站。联络员并非人大代表,主要是各小区业主委员会、物业管理处、工业区及附近学校的负责人,他们轮流值班,负责收集和反映社区民意,并就公共事务与有关方面进行协调和沟通。

据介绍,联络站成立以来,通过日常工作发挥代表的主体作用,提交了120多条具有操作性的代表建议,90%形成了政府行动,为片区居民办了500多件实事、好事,有效解决了片区居民出行难、买菜难、看病难、入学难等民生难题,以及深圳大气污染的治理、公园和交通建设、公交体制改革与降低票价等实事。

人大代表社区联络站的设立,不仅推动了民生问题的解决,对于人大代表作用的发挥,也探索了新的路径。事实上,人大代表由于有各自的工作单位和职业,在人民代表大会闭会期间,难以安排时间深入到选民中了解社情民意,及时掌握社会热点、难点,这种兼职身份,导致其开展活动和发挥作用不能经常化。

人大代表如何联系群众,也成为困扰各级人大的难题。南山通记者了解到,根据《代表法》规定,代表应当以各种形式联系人民群众。《代表法》中规定了视察、调研、约见等多种闭会期间开展工作的形式。这些规定,解决了代表们在闭会期间"做什么"的问题,但没有解决代表们"怎么做",通过什么形式去做。《代表法》规定代表活动以"集体活动"为主,以代表小组为活动形式。而实践中的最大问题是老百姓不知道代表在哪里,即使和代表是左邻右舍,也不知道其身份,被动等待代表"接见"。因此,月亮湾联络站的实践,为闭会期间发挥人大代表作用打开了一扇大门。

2008年5月,深圳市人大常委会办公厅制定《关于试行人大代表社区联络站的指导意见》,在全市范围内推广月亮湾片区经验,人大代表社区联络站走向全市,陆续建立起了100多个人大代表社区联络站。

据南山区人大常委会常务副主任王晓星介绍,截至2016年底,南山区8个街道共建立24个人大代表社区联络站。243名市、区两级人大代表参与了驻站工作,代表驻站比率超过85%。代表们通过各种形式的驻站履职活动,推动了一大批热点难点民生问题的解决。

人大代表社区联络站已成为闭会期间代表履职的重要平台。南山区对联络站的建设高度重视,制定了《关于加强人大代表工作室和联络站建设的实施意见》,区人大常委会还积极探索创新,充分发挥人大代表主体作用,通过开展"代表问政会""代表活动月""代表活动日"等主题活动,有计划、有目标地加强指导全区联络站开展工作。月亮湾片区和深南片区2个联络站成为南山区第一批"样板站"。

问题:结合案例,谈谈基层民主在解决地方民生问题、化解地方矛盾和维护基层稳定方面所起的作用。

第八章　政治文化与政治社会化

本章导读：

本章主要概述政治文化与政治社会化的基本概念和原理,分析了政治文化的层次结构、类型与特征,讲述政治文化发展的逻辑规律以及政治文化与政治社会化的关系,进而讨论了中国特色的社会主义政治文化建设的方法和途径,增强文化自信力。

重点与难点：

1.政治文化的类型及其相互关系

2.政治社会化的主要途径与制约因素

3.中国特色的社会主义政治文化建设的方法和途径

政治文化与政治体系关系密切,如果把政治体系分为"硬件"和"软件"两个部分,那么,各种制度化和结构化的政治组织、机构和规则,可以说是政治体系的"硬件"部分,而构成"软件"的东西则是政治文化。政治文化作为一种社会政治现象,属于政治社会的精神范畴,它是一个社会关于政治体系和政治问题的态度、信念、情绪和价值的总体倾向,反映着特定民族、国家的客观政治历史和政治现实。它不仅深深地影响和制约着政治关系的形成、发展和政治制度的确立、变化,而且也深深影响着人们政治行为的展开,因此,加强对政治文化的研究,也就成为当代政治学的重要课题之一。政治社会化作为政治文化的维持、延续、变革的过程,是一个社会成员与政治体系的双向互动过程,是政治体系的社会教化和社会成员个人内化的统一。

文档:阅读
材料 1

第一节　政治文化理论

政治文化是当代政治科学领域中的重要分支,其作为一个明确的概念被提出并成为政治学的一个专门研究领域是在 20 世纪 50、60 年代。但是,政治文化研究却历史久远。古希腊时期亚里士多德曾专门研究政治革命和政治变迁的心理因素。近代思想家孟德斯鸠的《论法的精神》和《罗马盛衰原因论》、韦伯的《新教伦理与资本主义精神》、托克维尔的《旧制度与法国大革命》和《论美国的民主》等著作都可以被看作政治文化研究的典型案例。

一、政治文化的内涵

政治文化是关于政治体系的主观性因素的总和,它主要研究不同社会中,影响政治体系成员的政治价值观念、政治认知、政治情感、政治态度等文化和心理因素以及这些因素在政治生活中的作用。研究政治文化对于认识和判断特定制度下的政治行为，对于观察各国不同的政治现象，对于理解一个国家特殊的发展模式，对于分析各类不同的宏观政治体系和微观的政治行为之间的逻辑关系，都具有重要意义。

当代政治文化研究起始于美国政治学家阿尔蒙德。1956年，阿尔蒙德在美国《政治学杂志》上发表论文"比较政治体系"，首次提出"政治文化"这一概念。用以替代传统的"民族性格""民族精神"等概念，并初步形成了一定的分析框架。此后，政治文化这一概念被西方学者广泛采用。20世纪60年代，政治文化作为一个相对独立的研究领域，引起了西方学者的高度关注，出版了《政治文化》《政治文化与政治发展》等一系列名著。在以后的研究中，阿尔蒙德和维巴应用行为分析方法，采用民意调查的手段，系统研究和分析美国、英国、德国、意大利和墨西哥五国国民的政治态度，并于1963年出版《公民文化》。该书为政治文化研究提供了基本概念和理论框架，因此被视为当代政治文化研究的经典之作。此后，许多政治学家转向政治文化研究，他们通过社会调查，采用随机抽样、访谈、数据分析等技术手段，展开更加广泛的比较研究。在20世纪60至70年代，政治文化研究与现代化理论相结合，从理论和方法两个方面为跨国研究和社会转型研究提供了有力的支持。

虽然政治文化已引起当今世人的广泛关注，但由于研究问题的出发点、角度不同，因而对"政治文化"这一概念的界定及其内含的理解，不同学者也是仁者见仁，智者见智。综观中外学者的不同著述，主要有以下几种代表性的观点：第一种观点是把政治文化定义为政治体系的心理方面或政治心理。西方大多学者及我国少数学者持有这种观点。典型的是阿尔蒙德，他在《比较政治学：体系、过程和政策》第二版中讲到，"政治文化是一个民族在特定的时期内流行的一套政治态度、信仰和感情"[1]。美国学者迈克尔·罗斯金等人合著的《政治科学》一书，也持有这种观点。他们认为，政治文化就是有关政治系统的信念、象征、价值的总和。"简单地说，政治文化也就是一个民族关于政治生活的心理学。"[2]

西方学者对政治体系的主观倾向的理解并不一致。阿尔蒙德、普特南等人一般从政治心理的角度来理解政治文化，这是早期政治文化发展的一个重要特征，借鉴了心理学科的概念体系和心理学的方法。杰克·普拉诺在《政治学分析辞典》中亦认可这种解释。他指出："政治文化是每一社会内由学习和社会传递得来的关于政府和政治行为模式的聚集。政治文化通常包括政治行为心理因素，如观念、情感及评价意向等。政治文化既是全社会历史经验的产物，也是每个人社会化的个人经验的能力。"[3]

实际上，在西方学术界，对政治文化内涵的界定并不限于此。法根、索罗门等人从政治思想的角度来定义政治文化的内容。布鲁姆和威尔逊等人则认为，政治文化可以包括政治意识形态，甚至更多是一种政治意识形态。派伊认为，政治文化是政治系统中存在

① 阿尔蒙德、鲍威尔：《比较政治学：体系、过程和政策》，上海译文出版社1987年版，第29页。
② 罗斯金等：《政治科学（第6版）》，华夏出版社2001年版，第130页。
③ 普拉诺：《政治学分析辞典》，中国社会科学出版社1986年版，第111页。

的政治主观因素,包括一个社会的政治传统、政治意识、民族精神和气质、政治心理、个人价值观、公众舆论等等,其作用在于赋政治系统以价值取向,规范个人政治行为,使政治系统保持一致。另外,还有学者从民族性的角度来定义政治文化的内容。底特默则从政治符号的角度来定义政治文化,认为政治文化是"一个政治符号的系统"。

我国政治学者自 20 世纪 80 年代初,也开始对政治文化问题进行介绍和研究。有学者认为,政治文化是指社会成员在长期的政治社会化和政治实践的过程中所形成的、直接影响人的政治行为的、相对稳定的心理过程和心理特征。[①] 第二种观点是把政治文化定义为政治体系中各种主观因素的综合。它既包括社会政治心理倾向,也包括社会政治价值取向。我国大部分学者持有这种观点。比较有代表性的是王惠岩主编的《政治学原理》。该书认为,"政治文化就是一个国家中的阶级、团体和个人,在长期的社会历史文化传统的影响下形成的某种特定的政治价值观点、政治心理和政治行为模式"[②]。王邦佐等人主编的《新政治学概要》也持这种观点。他们认为,"所谓政治文化,就是一个国家中的阶级、民族和其他社会团体,以及这个国家中的成员,在一定的生产方式基础上,于一定的经济、政治和文化的历史和现实的环境中形成的关于国家政治生活的政治心理倾向和政治价值取向的总和"[③]。第三种观点认为,政治文化不仅应包括观念性的政治心理和政治思想,还应包括特质层面的政治制度和政治规范。[④]

上述三种观点,由于研究对象的选择、核心问题的确定、研究问题的方法、观察问题的视角有所不同,因而对"政治文化"的界定也就必然有所不同,进而也就不能用哪一个更为科学来加以取舍。我们认为,把政治文化界定为政治心理倾向未免过窄,反之,把政治文化界定为观念性政治文化与物质性层面政治制度和政治规范的总和,又过于宽泛。

结合中外学者的观点,可以对政治文化概念做出如下的界定:政治文化,是在特定的政治体系中,在长期的社会历史传统的作用之下形成的,持久地影响政治主体(包括团体和个体)的政治行为和政治活动的政治心理、政治思想和政治价值评判的综合。

要正确地理解政治文化的定义,需要把握住以下几点内容:第一,政治文化作为一种社会意识,是历史与现实的经济、政治和文化关系作用于人脑的产物。政治文化是一定社会政治实践的产物。因此,对于任何社会政治文化的把握,都不能仅仅停留在纯粹观念领域的抽象层面,而应当深入到社会物质生产和社会关系的领域中去。第二,政治文化的主体是同政治行为的主体相一致的,只有政治主体在政治活动、政治实践的基础上才能形成政治文化。因此,政治文化的主体可以是个体的政治成员,如公民、政治家,也可以是政治团体,如政治社团、政党、阶级、政府、国家等。其中,阶级是政治活动的最主要的角色,也是政治文化的最主要的承载者,不同的阶级会形成不同的政治文化。第三,政治文化的内容极其广泛、丰富,可以说,它是关于政治体系的主观性因素的总和,包括政治认知、政治情感、政治动机、政治态度、政治意识、政治信念、政治价值取向、政治传统

① 杨光斌:《政治学导论》,中国人民大学出版社 2000 年版,第 63 页。
② 王惠岩:《政治学原理》,高等教育出版社 2001 年版,第 231 页。
③ 王邦佐、孙关宏、王沪宁、李惠康:《新政治学概要》,复旦大学出版社 1998 年版,第 332 页。
④ 参见公丕祥、李义生:《商品经济与政治文化观念》,《政治学研究》1998 年第 1 期,第 12—13 页。

以及政治理论、观点、见解等等。

二、政治文化的层次结构与特征

任何一种政治文化都是由各种因素所构成的。各组成部分以不同方式形成特定的结构。不同结构的规定性也反映出政治文化的不同特征。

（一）政治文化的层次结构

政治文化是一种特殊的社会现象,有着丰富而复杂的内容构成。作为人们主观心理世界所反映的政治取向模式,它包括了一系列政治观念形态,例如情感、态度、兴趣、认识、信仰、思想、理论、价值取向及判断等表现形式,这些表现形式既有感性的又有理性的,既有显性的又有隐性的。一般来说,政治文化的内容可以概括为三个方面:即以情感、态度、兴趣、信念等表现出来的政治心理,它是政治文化的表层和感性部分;以观点、理论、见解等形式表现出来的政治思想,它是政治文化的深层和理性部分;以及政治价值观。

政治文化结构可以从两个方面来看:一是政治文化的内涵要素结构,即一种政治文化的构成要素按其内在逻辑分层次整合。由此政治文化可以分为政治心理倾向和政治价值取向两个层面,是一种心理—价值结构。政治心理倾向主要包括政治认识、政治情感、政治动机和政治态度。政治价值倾向主要包括政治思想、政治理想信念和政治评价标准。二是政治文化的亚文化结构,即一个社会的政治文化按社会结构的多样化分解和组合。社会的亚文化结构大致分为两种情况:其一是基本的亚文化结构,如不同阶级的政治文化、在多民族国家中不同民族的政治文化;其二是具体的亚文化结构,如不同职业群体的政治文化、不同年龄群体的政治文化、不同区域群体的政治文化等等。

提出政治文化的概念之后,阿尔蒙德在接下来政治文化研究的相关成果中进一步确定了政治文化的结构,从而以认知、情感和评价三个基本要素确立了政治文化研究的框架。阿尔蒙德的理解代表了西方对政治文化的主流理解,其政治文化概念体现为三种形态:认知因素,指对政治系统、官员、输入和输出的知识和信仰;情感因素,指对政治系统人员和执行的情绪;评价因素,指对政治目标的判断和意见。

中国学术界对政治文化的结构性认识基本上是从学科角度来划分的,凸显了政治文化研究的本土化。人们对政治文化所涵盖的范围,形成了三种具有代表性的认识:(1)广义概念:政治心理、政治思想、政治制度;(2)中义概念:政治心理、政治思想;(3)狭义概念:政治心理。

广义的将政治制度也包括进政治文化的观点并不多见,但这一观点强调了政治文化与政治制度之间的联系,具有一定的启发价值。朱日耀、赵耀、郑敬高等人即持这种观点。朱日耀在《中国传统政治文化的结构及其特点》一文中明确肯定了政治文化的三个层次:政治思想层次,这是政治文化的主要内容,也是精华部分;政治心理则处于潜层次;传统的政治制度和政治行为方式亦应该是传统政治文化结构中的基本要素。

俞可平把政治文化视为人们的政治取向模式。他认为,作为政治取向模式,政治文化包括五个基本组成部分,即人们的政治认知取向、政治态度取向、政治信仰取向、政治情感取向和政治价值取向。政治认知就是人们关于政治的智慧和知识;政治态度就是人们表现在政治问题上的性格和精神状态,如对政治参与是积极还是消极态度;政治信仰即是对政治目标的忠诚与否;政治情感是对政治目标的依附或反抗的心态;政治价值即是对政治目标的判断和评价。政治认知、政治态度、政治信仰、政治情感和政治价值这五个方面是密切相关的,并且在一个民族、一个国家、一个阶层中有某种规律性的联系方式,它们的有机结合便构成了一个民族或一个国家的政治文化。

政治文化结构主要是由政治意识形态(政治思想)、政治价值观(政治认知)、政治心理这三大层次有机组合而成的,政治意识形态层次居于政治文化结构的核心地位,是对国家政治生活的基本看法和价值界定,它决定了政治文化的阶级本质;政治文化结构中,政治价值观一般指的是社会成员对政治世界的看法,它处于政治文化的中间层次;政治心理作为隐形文化,是政治文化中的深层因素。

政治意识形态是政治文化结构中最为活跃的层次,政治文化的变异首先由此开始,与之相反,政治心理层次的变动过程则非常缓慢,因此往往成为阻碍政治发展的滞后性因素,政治价值观作为中间层次在政治文化结构中具有相对的独立性。

这里对于政治文化内容的表述,是在抽象的意义上进行的。在实践中,政治心理、政治思想、政治价值观是处在一个有机的整合系统之中,三个层面之间相互联系、相互渗透,共同构成了政治文化的内容体系和功能结构。

(二)政治文化的成分

作为人们主观心理世界所反映的政治取向模式,政治文化主要由政治心理、政治思想、政治意识形态三个层次构成。政治心理是政治文化的表层和感性部分,包括政治认知、政治情感、政治动机、政治态度;政治思想是政治文化的深层和理性部分,包括政治理想、政治信仰、政治价值观、政治理论;政治意识形态则是特定政治系统试图获取其社会成员认同和支持的权威阐释系统,它构成了政治社会化的核心内容。

1.政治心理

政治心理是社会成员在政治社会化过程中形成的对社会政治生活的各个方面的一种心理反应,表现为人们对政治生活的某一特定方面的认知、情感、态度、情绪、兴趣、威望和信念等。就政治心理的形成过程而言,它是社会成员在政治社会化过程中对社会政治生活的心理投射,它实际上反映的是现实的政治关系、政治体系、政治行为、政治现象。而就政治心理本身所呈现的形式外观而言,它常常是一种直观的心理反映,以一种潜在的形式出现,是对政治生活的一种不系统的、未定型的感性认识。

就政治心理的内在过程来看,其主要包括政治认知、政治情感、政治动机和政治态度。

(1)政治认知。政治认知是政治主体对政治事件、政治人物政治活动及其规律等的认识、判断和评价,即对各种政治现象的认识和理解。政治认知过程就是认知者、认知课题以及认知情境等因素之间交互作用的心理过程。在现实政治生活中,人们的政治认知所能达到的程度与认知主体自身的智识水平和认知结构,以及他所掌握的知识和信息密切相关。政治认知过程常常包括政治知觉、政治印象和政治认知判断三个阶段;政治知觉是政治主体对政治认知客体形成的整体概念;政治印象是政治主体在政治知觉的基础上对认知客体形成的较为固定的记忆;而政治认知判断则是政治主体在前两个过程基础上对认知客体的评价和推论,从而形成对认知对象的综合分析。政治认知过程要求认知主体获得相应的政治知识,并形成一定的政治认同意识,所以,它是整个认知心理过程的基础,对于政治心理的发展和政治态度的形成具有重要意义。

(2)政治情感。政治情感是政治主体对政治体系中政治活动、政治事件和政治人物等形成的自发的内心体验和感受。政治心理包括较低层次的政治情绪和较高层次的政治感情:前者是政治主体在政治生活中根据切身的政治实践而产生的暂时的主观心理体验,这种体验可能是积极的、肯定的,也可能是消极的、否定的。如果说政治情绪很大程度上是一种本能的心理反应,缺乏稳定性和可控性,那么政治感情则是一种相对持续、稳定的精神活动。政治情感是在政治认知的基础上形成的,是政治心理的一个重要环节,也是政治动机形成的内在动力和基础。

(3)政治动机。政治动机即激励并维持政治主体的政治活动以达到一定政治目标的内在动力。政治主体的政治动机取决于主体的政治目标以及主体为达到这一目标而对自身政治能力所做出的估价。

(4)政治态度。政治态度是在以上三个心理过程基础上形成的综合性心理过程,它是政治行为的准备阶段,是政治行为的重要环节。主体的肯定或否定、积极或消极的政治态度,会直接反映在最终的行为选择上。

以上政治心理的构成要素相互联系、相互作用,共同构成了政治心理的整个过程。

2.政治思想

所谓政治思想,就是特定历史时期人们在对政治生活系统化思考的基础上形成的政治观点、政治理论和政治学说。政治思想是人类对政治现象进行理性思辨的结果,它仰赖于人们丰富而深刻的政治经验和体验、广博的社会政治知识和严密的政治思维能力。政治思治思想是政治文化的重要组成部分。如果说政治心理是隐性的政治倾向,政治思想则是种显性的政治文化,它以语言、文字等明确的符号体系为载体,具有严密的逻辑推理和完整的思维框架。

政治思想主要包括政治理想、政治信仰、政治价值观、政治理论等要素。

(1)政治理想。政治理想是人们对政治体系和政治过程未来目标指向的设定。它是社会成员在政治活动中重要的精神依托,直接影响着他们的政治动机和政治行为。

(2)政治信仰。政治信仰是人们对特定政治理论、信条、制度等深深的情感卷入。政治信仰能够赋予政治行为以特定的意义,构成了一定社会人们最重要的政治取向,是决定政治文化性质的关键因素。社会成员政治信仰的改变必然带来政治文化本身性质的改变。共同的政治信仰也是政治系统赖以凝聚人心、整合分歧的重要纽带。

(3)政治价值观。政治价值观是社会成员对待政治系统、政治事件以及政治活动的态度和行为取向。特定时代人们的政治价值观取决于该时代人们普遍的政治心理以及政治思想状况。政治价值观决定着人们对政治制度、政治决策、政治角色等的衡量尺度和行为选择,因此,社会成员政治价值观的改变会带来政治系统的适应性调整和变迁。

（4）政治理论。政治理论是人们有关政治生活的系统性认识以及在这些认识的基础上形成的概念、原理体系。它是政治思想最为直观的表述。

3. 政治意识形态

政治意识形态是一个政治系统试图说服社会成员并在取得其认同和支持过程中形成的一套特定的权威阐述系统，是一种能够提供政治认同和引导民众政治态度的符号模型。它构成了一个政治系统中社会成员政治社会化的核心内容。

"意识形态"这一术语是由18世纪法国哲学家、政治家特拉西首先提出的，用以指称对感觉主义者理论基础所做的系统批判和纠正研究。后来，这一概念更多地被赋予否定性的意涵，借以描述所有夸大自身在构设和变革现实世界中的重要性的观念体系。特拉西认为，意识形态就是一种有关美好社会的文字幻象，一种建构此种社会的信仰形式。从早期的古典自由主义到后来的民族主义、社会主义、保守主义等等，都试图以各自的社会改造计划塑造社会成员，借以论证自身政治统治或应该获得这种统治地位的合理性。也有学者（特别是人类学者）力图使这概念中立化，在功能上将意识形态与科学知识、实用考虑或道德主张区分开来，这样，意识形态并不因缺少科学理论、实用策略或合理的道德哲学所具有的性质而失效，当传统的准则失去其实际效能时，意识形态以其特有的价值观念对现实世界做出指导性的解释说明，从而为文化构造提供了明晰的范畴。所以，在所有非传统社会中，意识形态在功能上是必不可少的。[①]

前文已述，任何政治统治不仅意味着掌握足够的强力手段，而且要使社会成员接受并认同政治系统权威的理念阐释，这种阐释能够赋予政治权威以某种"应当如此"的道德感召力和超越具体的利害权衡的正当性。正如马克思曾指出的，"以观念形式表现在法律、道德等等中的统治阶级的存在条件，统治阶级的思想家或多或少有意识地从理论上把它们变成某种独立自在的东西，在统治阶级的个人的意识中把它们设想为使命等等；统治阶级为了反对被压迫阶级的个人，把它们提出来作为生活原则，一则是作为对自己统治的粉饰或意识，一则是作为这种统治的道德手段"[②]。

政治权威通过社会化过程将自己所倡导的政治意识形态传递给每一位社会成员，并使其经过后者的认知过程逐步内化为他们观念结构的一部分。具体做法往往多种多样，可以通过公共教育机构和传媒直接地进行劝诱，亦可通过各种政治符号、权威象征以及各种社会活动间接地引导。一种政治统治巩固与否，在相当程度上取决于那种与该统治权威结构密切相关的意识形态为大多数社会成员所接受的程度，所以，将自身的政治意识形态作为政治社会化的重要组成部分，成为一切统治权威于政治活动中有意无意间表现出来的政治实践。

这里需要说明的是，对政治文化内在构成要素的划分，只是在抽象的意义上进行的。在实践中，政治心理、政治思想、政治意识形态是处在一个有机的整合系统之中的，三个层面的要素之间相互联系、相互渗透，共同构成了政治文化的功能结构。

---

① 米勒、博格丹诺：《布莱克维尔政治学百科全书》，中国政法大学出版社1992年版，第345—346页。
② 马克思、恩格斯：《马克思恩格斯全集》第三卷，人民出版社1960年版，第492页。

三、政治文化的特征

政治文化作为一种政治观念形态，既不同于一般的文化，也有别于社会政治制度、人们的政治行为。其主要特征如下：

政治文化作为政治体系观念形态的东西，包含着广泛的内容。政治思想和政治意识形态可以看作是一个国家政治文化较为系统和理性的表述。在日常生活中，政治文化一般以一定的政治认知或意识、政治价值观念、政治信仰、政治情感、政治态度等形式表现出来。政治文化不同于公众舆论或民意，前者具有稳定性，反映的是长期形成的比较稳定的一贯性的政治倾向和心理，后者指的是人们对于某一具体事务或问题所产生的一时性的反应。

政治文化具有延续性，它通过政治社会化得以传播和沿袭。政治文化的延续性使一国文化有可能代代相传，也使国家、地域、民族之间的政治文化呈现出长期的差异性。

政治文化作为一种社会意识形态，是人们参与现实政治生活过程的经验积累。根据马克思主义的观点，它具有相对独立性和能动性：一方面，它在现实生活中形成，将现实政治生活通过观念的方式保留下来，并随着政治生活的变化和政治制度的改变而有所改变；另一方面，它对于社会政治生活和政治行为又具有巨大的心理和精神支配作用。进一步而言，政治文化对既有政治体系起着维护和延续的作用，同时，政治文化的变化最终又可能带来现实政治制度和政治生活的变迁。政治文化作为政治体系的"软件"部分，一般与政治制度性结构安排相匹配。

就政治文化本身来看，它常常表现出以下几方面的特性。

1. 政治文化具有历史继承性

人是政治文化的创造者，同时也是政治文化的承载者。在现实的政治实践活动中，人们不仅受到已有的政治文化形态的影响，而且在自身的历史活动中传递和延续着特定的政治文化。正是在社会成员一代又一代的历史活动中，政治文化才得以绵延不绝。

2. 政治文化具有民族性

由于社会生产方式、历史经验等方面的差异，使得作为观念形态的政治文化也在不同民族之间表现出不同的特点。例如，在传统农业社会，人们在政治态度、政治信仰以及政治情感等方面与现代工业社会有着明显的差别；在那些历史悠久、文化古老的国度，长期形成的较为稳定的政治取向对新时代政治文化的选择和发展往往产生重要影响。这就要求我们在对世界各种政治文化形态进行比较分析时，重视每种政治文化中所包含的特定的民族气质、民族精神和民族心理；当然，政治文化在表现出强烈的民族性的同时，也具有相当程度的国际性。伴随着人类文明进步的脚步，生活于不同国度里的人们在政治态度、政治信仰、政治情感等方面也经历着空前的改变，从先前对政治权威的盲目迷信到如今的理性自觉，更加认识到自己作为"政治人"的主体权利和作为现代公民所拥有的政治能力。渴望限制强权、维护个人正当权益这一人类追求政治文明的核心命题，正是政治文化国际性的重要依据。

视频：从美国政治文化看美国的大选

3.政治文化具有阶级属性

在阶级社会,人们的社会生产关系经常表现为一定的阶级关系,正是作为政治文化主体——人的这种阶级性,使得政治文化本身具有了阶级属性。由于物质活动和阶级利益上的差异,统治阶级的政治文化与被统治阶级的政治文化常常存在矛盾和冲突。与统治阶级在政治经济领域的统治地位相对应,统治阶级的政治文化也必然占据统治地位,这不仅是由他们的阶级地位决定的,而且是进行有效统治的要求;与政治文化的这种阶级性相伴随的是政治文化的社会性,统治阶级的政治观念、政治理想只有在得到被统治阶级一定程度认可的情况下才能维持其主导地位,而统治阶级往往都将本阶级的政治文化宣扬为整个社会的政治文化;与此同时,对于一个试图取得统治地位的阶级在与现存的统治阶级对抗时,其政治理念必须得到社会大多数成员的支持和认同,否则,就很难在对抗中取胜。为此,它必须努力将本阶级的利益上升为社会的"共同利益",并赋予本阶级的思想原则信念以某种普遍性的形式,从而使本阶级以全社会代表的身份和姿态反对现存的统治阶级。

4.政治文化具有发展性

任何政治文化形态都不是一成不变的,而是随着社会历史的发展而不断变化的。社会生产方式的变革必然会带来政治制度的变迁,进而使人们在政治心理政治价值观以及政治信仰等方面发生相应改变,而这种改变反过来又推动政治制度的变迁。

四、政治文化的类型及其相互关系

由于各国社会生产力发展水平及经济结构、社会文化、政治环境、历史传统、民族构成等各不相同,因而各国政治文化千差万别,纷繁复杂。政治文化在不同的国家呈现出不同的面貌,即使是在同一个国家内部,也存在着若干种不同的亚政治文化。比如有精英政治文化与大众政治文化、主流政治文化与非主流政治文化之分等等。为了从总体上准确把握政治文化,必须对其进行科学分类。

综合中外学者的各种观点,依据不同标准可以对政治文化进行如下分类。

(一)根据人们的参政倾向和政治体系开放程度,政治文化可以分为参与型和服从型

在参与型政治文化中,自由、民主、平等观念是主导观念,公民具有参政的强烈愿望和一定能力,而政治体系也通过普遍选举、政党政治、社团政治向公民开放,为其参政提供比较畅通的渠道。在服从型政治文化中,等级观念、服从观念、义务本位观念等是主导观念。政治只是少数达官显贵的专利,政治体系相对封闭。大多数社会成员参政意识淡薄,参政能力低下,只是被动接受少数人统治的政治客体。

(二)根据政治文化中亚文化结构及其相互关系,政治文化可以分为冲突型政治文化、协调型政治文化和混合型政治文化

冲突型政治文化是指在这类文化中各亚文化之间存在着尖锐的冲突。协调型政治文化是指在这种文化中各亚文化之间差异不大,从而能够相互协调、相互融合。混合型

政治文化是指在这类政治文化中,各种亚文化之间的界限尚不分明,社会冲突和人际关系冲突尚未形成亚文化之间的冲突。

(三)根据社会成员对于自身在政治过程中影响力的看法,政治文化可以分为参与型政治文化、依附型政治文化和地域型政治文化

参与(公民)型政治文化。在这种政治文化中,社会成员对整体的制度、对政治制度的输入部分和输出部分均表现出明确的取向。个人在政体中倾向于扮演积极的角色,他们视自己为政治体系的积极成员,对自己的义务和权利有明确的意识,在任何层次上都存在对政治体系的评价和批评。显然,这样的政治文化意味着有积极而活跃的公民,他们有着强烈的公共精神和自治意识,而不是完全沉溺于私人生活并被动地适应来自政治系统的指令。

依附(臣民)型政治文化。显然,它强调的是人们对于政治体系的一种依附的特点。臣民对政治体系采取一种被动态度,没有积极参与政治体系,臣民只与政治体系的输出①有密切关联。人们对政治制度和政治输出的取向明确,但对政治输入和政治参与者的自我缺乏认识。也就是说,他们习惯于服从政府提出的要求和命令,并遵守政府所制定的法律,但并不试图参与政治系统或改变政府的输出。

地域(村民)型政治文化。典型的村民政治文化体现在传统社会中,在那里,专门化的政治角色尚未形成,政治领袖与宗教首领、经济指导合而为一。村民在他们的统治下生活,对政治体系没有明确的意识,但对共同体有着强烈的情感,没有形成调节他们与政治体系关系的规范和标准。

在参与型政治文化中,人们知道自己是国家的公民,相信自己可以在某种程度上影响政治,非常关心政治,积极参与各种政治活动。在依附型政治文化中,人们也知道自己是"公民"并关注政治,但是他们是以一种被动的方式卷入政治的。他们自认为其政治影响力仅限于谈论当地的官员,组织社团的兴趣也不大。一句话,这种文化条件下的人们,自认为政治影响力极其有限,因而缺乏政治激情。在地域型政治文化中,人们没有意识到自己是一个国家的公民,只认同身边的事物。他们没有什么政治知识和政治能力,很少谈论和关心政治,更谈不上参与政治的激情。当然,这种划分是相对的,没有一个国家是纯粹的参与型、依附型或地域型政治文化,往往是三种类型不同程度的综合体。总而言之,公民文化事实上是村民文化、臣民文化和参与者文化的一种混合:"在这种文化中,许多个人在政治中是积极的,但也有许多人充当较消极的臣民角色。更重要的是,甚至在扮演积极的公民政治角色的那些人当中,也没有排除臣民角色和村民角色。参与者角色是对臣民角色和村民角色的叠加。"②但在不同历史时期的不同国家,甚至是同一国家的不同群体,上述分类不是没有意义的。③

① 所谓"输出",是指政治体系所发布的政策、命令等,它是与"输入"相对而言的,后者是指社会对政治体系提出的要求、施加的压力等。关于这些概念的详细分析,可参见伊斯顿:《政治生活的系统分析》,华夏出版社1989年版。
② 阿尔蒙德、维伯:《公民文化五个国家的政治态度和民主制》,华夏出版社1989年版,第519页。
③ 参见罗斯金等:《政治科学(第6版)》,华夏出版社2001年版,第133—134页;阿尔蒙德、鲍威尔:《比较政治学:体系、过程和政策》,上海译文出版社1987年版,第41—42页。

（四）根据对政治文化功能的认识,政治文化可以分为理想型或尽善型政治文化和现实型或工具型政治文化

理想型政治文化往往把道德、宗教与政治价值观结合在一起,从人性善出发,认为国家是实现人类共同幸福的社会组织,统治者是为了社会公益进行统治,因而极力推崇国家及其统治者。现实型政治文化则是把政治价值原则与伦理道德原则进行严格区分,认为所有的人都不可能是道德完人,因而必须用权力、权利来制约权力,用法律来规范所有政治活动。

（五）根据政治文化的历史演进,政治文化可以分为传统政治文化和现代政治文化

一般来说,传统政治文化是与自然经济基础和简单社会结构相适应的一整套政治态度、情感和价值观。其中,专制主义、等级观念是这种文化的核心。国家最高统治者不仅拥有至高无上的政治权力,而且拥有精神垄断权;而广大社会成员没有自己独立的人格和尊严,自视为"草民",安于天命,任人宰割,对政治持有一种可怕的冷漠、观望态度。个人崇拜、宗教狂热,是这种政治文化的又一"景观"。现代政治文化则相反,它是与生产的商品化和社会化相适应的一整套政治态度、情感和价值观。其中,民主、自由、平等观念是这种文化的核心。广大社会成员具有强烈的政治主体意识、政治参与意识,不迷信,不盲从,能用理性的态度去认识自己和客观世界。

（六）根据社会经济基础和阶级性质,政治文化可以分为剥削阶级社会的政治文化和社会主义社会的政治文化

剥削阶级社会的政治文化又可分为奴隶制社会、封建制社会和资本主义社会的政治文化。奴隶制社会政治文化和封建制社会政治文化,主要是指统治阶级的政治文化。这一文化的特点是统治阶级往往将其伦理原则融入他们的政治文化之中,以维护其政治统治。在反封建斗争中逐步形成的资产阶级政治文化,其主要内容是民主、平等、自由、分权制衡等政治原则和政治思想。社会主义社会的政治文化,是建立在社会主义所有制基础之上,与人民群众当家作主的新型政治关系相适应的,以马克思主义为指导的新型政治文化。这种政治文化表现为广大群众的强烈民主意识、参政意识,对自己国家的政治制度、政治决策和政治领袖的高度信任感、认同感和支持感,具有坚定的社会主义、共产主义理想和信念,集体主义原则是政治评价的基本标准等。

（七）根据政治体系功能的三个基本层次——体系层次、过程层次和政策层次,政治文化可以分为体系文化、过程文化和政策文化

体系文化表明公民的政治倾向对一个政治体系的维持和调节,政治体系的合法性和政治共同体的同一性是体系文化的重要内容;过程文化,即公民在政治过程中的自我意识,是积极参与还是消极服从,或者冷眼旁观,过程文化还体现在公民的政治信任程度、政治感情等方面;政策文化,即公民对公共政策的政治倾向,对重大政治问题所持的态度,这影响到一个政治共同体的公共政策能否得到顺利推行。

五、政治文化的政治功能

作为一个有机的功能系统,政治文化对政治生活发挥着重要作用。历史唯物主义基

本原理告诉我们,虽然社会政治发展进程归根结底取决于社会生产方式,政治文化产生于特定社会的政治、经济、文化背景中,但政治文化作为上层建筑的重要因素之一,是影响历史进程的重要力量。它总以无形的、潜移默化的力量多角度、多层面地发挥着其特定作用。尤其是对政治体系、政治行为乃至政治发展的影响更为直接,作用更为深刻。政治文化的功能最终表现在它对政治发展的作用和影响上,这是政治文化研究的理论基点和现实归宿。

(一)影响政治体系

任何政治体系都有着特属本系统的政治取向模式,也就是政治文化。该政治文化赋予政治系统以某种形式的合法性,也就是人们对政治体系有着理应如此的信心,这一信心决定着他们对整个政治系统的正当性支持,而这一正当性支持正是政治系统较为有效地进行"权威的价值性分配"的关键所在。在传统社会,社会成员对政治系统正当性信仰可能来自统治者的血缘世袭或宗教习俗,于这种社会形态中形成的政治文化常常带有明显的依附性特征,这种依附性反过来成为政治系统进行有效统治的基础;而在现代民主体制中,当权者的正当性则主要取决于他们在选举中是否获胜,取决于他们在制定法律过程中是否遵守宪法程序,在这种政治体制下形成的政治文化成为该体制进行有效统治的基础。任何政治体系的存在和维持都需要与之相适应的政治文化。一旦这种和谐的关系被破坏,就可能导致体系的生存危机,甚至解体。可见,政治文化的性质直接决定着政治体系统治的有效性和稳定性。

(二)影响政治制度

政治文化的性质和内容对于政治制度的确立、维护和变革,具有深刻的影响。首先,政治文化影响政治制度架构的确立。不同政治文化,对政治制度模式的影响是不同的。具有温和改良传统的英国在资产阶级革命胜利后确定了议会君主制,而崇尚自由、民主、理性和妥协的美国在资产阶级革命胜利后则建立了以三权分立和联邦制为主要特征的总统共和制。其次,维护政治关系和政治制度的稳定。一个国家占主导地位的政治文化总是统治阶级的政治文化,始终是维护统治阶级的经济、政治利益的,因而统治阶级总会通过各种途径、方式来传播、灌输这种政治文化,并使之核心内容上升为国家法律,成为社会成员政治活动的强制性规则。再者,促使政治制度的变革。在阶级社会里,统治阶级利用其自身统治地位来传播、灌输自己的政治文化,同样,被统治阶级为争取自身解放、夺取国家政权、改变原有政治制度,也要随着社会经济的发展,通过提出自己的政治主张的方式来赢得广大群众的支持。政治文化的革命,往往成为政治革命或政治制度变革的先导。欧洲文艺复兴和资产阶级启蒙运动,促使资产阶级革命的发生和资本主义民主制的确立,马克思主义政治文化的产生和广泛传播,带来了一系列社会主义国家的形成和发展,充分说明了政治文化在促进政治制度变革中的重要作用。

(三)影响政治行为

既然政治文化表现为种潜在的行为取向,那么,它必然会对人们的政治行为模式产生重要影响。在依附型政治文化环境中,人们除了被动地接受政府行动所施加的影响外,并不打算去影响政治过程,人们往往倾向于认为自己只是政治系统的依附者。而在参与型政治文化环境中,人们能够获得必要的政治知识和信息,并利用各种机会介入政治事务。生活在该体制下的公民相信自己可以对政治过程发生某种程度的影响,并能够利用自己所掌握的政治资源参与政治过程。在国家政治生活中,政治主体的各种政治行为既取决于与其紧密相连的社会生产方式,又会受到既定的政治文化的影响和制约。政治文化规定了人们的政治倾向,成为一种内化了的政治行为规范,从而影响着人们对政治的关心程度和争取、维护、行使自身权利的行为力度,支配着人们对政治行为方式的选择,制约着政治行为的实际效果等等。可见,不同政治文化环境下人们的政治行为常常存在着明显的差异。

(四)影响政治过程

政治过程主要指公共决策的制定和实施过程。不同政治文化,对于公共决策的制定、实施方式和程序,公民的参与程序和方式,公共政策的评价与反馈方式,是不尽相同的。

(五)影响政治发展

政治发展即从传统政体向现代政体的演进过程,这种演进过程意味着政治关系的变化和调整。虽然政治发展是各种因素共同推动的结果,但政治文化在其中扮演着重要角色。不难想见,一个社会中看不到人们在政治心理、政治价值观以及政治思想等层面的改变,政治发展几乎是不可能的。所以,政治文化环境的改变是政治发展的先导力量。

第二节　政治文化的发展

一、政治文化发展的社会历史条件

政治文化是一定历史条件下,在一定生产方式基础上于一定的社会、经济、政治和文化环境中形成并通过政治社会化确定的、持久影响一定阶级、民族、社会团体、社会成员的政治态度与政治行为的政治思想意识、政治心理、政治价值评价的总和。

政治文化的发展集中表现为文化的世俗化和参与型政治文化的形成,这方面的表现与发展动因就是政治文化发展的社会历史条件。

文化世俗化意味着人们世界观、思维方式以及社会角色定位标准的深层变迁,如果说传统社会人们是以笼统的标准观察客观事物,具有浓厚的感情色彩,那么在文化世俗化的现代社会,人们能够以明确的、中立的方式观察事物,在评价和录用社会角色的过程中,现代世俗文化注重的是个人的成就,而非世袭门第。而参与型政治文化则意味着作为现代政治主体的公民在政治生活中的角色将日趋活跃,他们从先前政治生活中的消极服从者开始转变为积极的参与者。正如美国政治学者阿尔蒙德所指出的,"如果说现代世界上正在进行着一场政治革命的话,我们或许可以把这场革命称作'参与革命'。在世界上所有的新兴国家中,普通民众与政治有关这一信仰——即他在政治制度里应该是一名被卷入其中的参与者——流传甚广。那些被排斥在政治之外的广大民众集团正在要求参与政治制度。因此，如今不承认对这一目标承担义务的政治精英已寥寥无几了"。正是鉴于这一发展趋势的普遍性，阿尔蒙德索性将这一参与型的政治文化称为"世界的政治文化"。

二、政治文化发展的逻辑规律

以观念形态出现的政治文化，既是历史发展进程的现实性反映，同时也是人们思想观念代际相传、不断沉淀的历史继承。历史继承性决定了政治文化发展背后历史发展的内在规定性；而现实性则决定了政治文化的发展是随着现实社会生活的发展而发展的，另外一方面是人类进入现代化和世界体系的历史进程后，各种地域性、族群性、民族性的相对独立的文化形态更因文化接触、涵化而发生了大规模、急剧的变迁，这也是对政治文化产生影响的重要因素。外来政治文化成分的进人也是政治文化发展的重要力量。由于政治体系的异质性，与特定政治体系相对应的政治文化必然表现出不同程度的差异。这样，外来政治文化的某些元素常常会破坏原有政治文化与政治结构之间的平衡，以致政治文化和政治体系都必须做出相应的调整，才能重新建立两者间的和谐。这一过程往往充满曲折，并需要相当长的时间才可能完成。

当然，政治文化同其他事物一样具有规律性和一定的逻辑性。在马克思看来，文化是在一定社会的经济生产中形成的，属于观念的上层建筑，其受经济发展的根本制约，但也对经济发展有一定的反作用。他在《〈政治经济学批判〉序言》中讲道："人们在自己生活的社会生产中发生一定的、必然的、不以他们的意志为转移的关系，即同他们的物质生产力的一定发展阶段相适合的生产关系。这些生产关系的总和构成社会的经济结构，即有法律的和政治的上层建筑竖立其上并有一定的社会意识形式与之相适应的现实基础。"[①]政治文化也是如此。

文化变迁是人类历史上一个永恒的现象，从人类社会发展的整个过程和总体趋势看，任何国家、民族、群体的文化无有着产生、发展、改变和消退的进程。如政治文化发展的社会历史条件所述，政治文化的发展逻辑体现在文化的世俗化和参与型政治文化的形成过程中。

一定时期的文化适应了那个时期的生产力发展要求，政治文化发展的动因主要来自两个方面：一是内部动因，二是外部动因。

内部因素包括社会经济水平的提高、教育的普及和知识信息流量的增加等方面。现代化意味着传统社会人与人之间的人身依附关系开始遭到抛弃，个人在政治系统中的角色也开始由原来的消极服从的"臣民"角色向现代公民角色转化。随着现代技术手段和科学知识的不断推广普及，人们愈来愈意识到自己有能力认识和控制周围的环境。从听天由命到理性自觉，个人的权利意识和主体意识得到空前的启蒙和强化。主体意识的觉醒改变了传统社会中人们与政治权威之间的关系模式。文化日趋走向世俗化，人们对政治权威的忠诚不再是出于某种神秘的彼世信仰或抽象的意识形态，而是将政治权威改善自己生存境遇的能力作为给予其支持的条件，与此同时，政治权威也将自身的正当性建

---

① 马克思、恩格斯：《马克思恩格斯选集》第二卷，人民出版社 1995 年版，第 32 页。

立在满足民众福利要求的基础之上。随着社会和经济的发展,信息流量的增加以及人们受教育程度的提高,现代公民愈来愈意识到政治系统与自身福利的内在相关性,并相信自己能够为实现自身的利益诉求而采取行动,改变政治系统于己不利的政策输出。研究表明,社会成员受教育水平的提高构成了政治文化发展的重要推动力量。受过较多教育的人更能意识到政府的影响,对政治信息的认知水平更高,掌握更多的政治信息,更有兴趣和能力参与各种组织,讨论政治事务。

外来政治文化成分的进入(外部动因)也是政治文化发展的重要力量。由于政治体系的异质性,与特定政治体系相对应的政治文化必然表现出不同程度的异质性。这样,外来政治文化的某些元素常常会破坏原有政治文化与政治结构之间的平衡,以致政治文化和政治体系都必须做出相应的调整,才能重新建立两者间的和谐。

三、政治文化发展与政治现代化

政治文化发展与政治现代化是一个同步的过程,政治文化发展推动并影响着政治现代化的速度与进程。

艾森斯塔德总结了历史上所有国家在现代化过程中政治领域所表现出来的几个共同特征:(1)政治生活领域日益扩展,尤其是表现为社会中心、法律、行政和政治机构的权力之强化;(2)政治权力不断向更为广泛的社会群体扩展,一直扩散到所有的成年公民,从而使社会形成一个和谐的道德秩序;(3)就某种意义而言,现代社会是民主的社会,或至少是平民主义的社会,其特征是,以社会的外在力量(如神、理性)来使统治者合法化的传统在衰弱,而统治者对于那些被认为具有潜在政治权力的被统治者负有某种意识形态的,通常也是制度化的责任;(4)任何现代政体,不管其是专制独裁、极权主义还是民主制,都承认国民为受益的对象和使政策合法化的主体。[①]

亨廷顿在区分传统政体和现代政体时指出了三个关键的方面:(1)政治现代化涉及权威的合理化,并以单一的、世俗的、全国的政治权威来取代传统的、宗教的、家庭的和种族的等等五花八门的政治这些职能;(2)政治现代化意味着增加社会上所有的集团参政的程度,并认这些职能;(3)政治现代化意味着增加社会上所有的集团参政的程度,并认为,这几个方面给正在经历现代化变迁的社会指明了政治变革的方向。[②] 有些学者归纳了政治发展各种各样的目标,包括民主、稳定、合法性、参与、动员、制度化、平等、能力、分配、一体化、合理化、安全、福利、正义、自由等等。

阿尔蒙德和伏巴在《公民文化》一书中,在对英国、美国、意大利、墨西哥、联邦德国五国的政治文化进行比较研究的基础上,得出结论:公民文化对于民主政治体系的稳定影响甚大。所谓公民文化,既不是传统的文化,也不是纯理性的现代工业文化,而是一种将传统与现代完全融合的文化。它是"以沟通和说服为基础的多元主义文化,是一致性与多样性相结合的文化,是允许变革但要渐进性变革的文化"[③]。

---

① 艾森斯塔德:《现代化:抗拒与变迁》,中国人民大学出版社 1988 年版,第 4—5 页。
② 亨廷顿:《变化社会中的政治秩序》,三联书店 1989 年版,第 32—33 页。
③ 阿尔蒙德、伏巴:《公民文化》,浙江人民出版社 1989 年版,第 6 页。

公民文化的特质主要表现在：(1)公民具有"民主人"的人格特征。政治学家拉斯威尔曾指出，民主政体下公民的人格特质应当包括：开放的自我，即对待他人有一种亲切和宽容的态度；与他人共享价值的能力；多元的而不是一元的价值取向；信任人类的环境并对之有信心；相对来说不为焦虑所困扰。(2)民主政体下公民均有参与政治的愿望，而且参与政治被视为一种合乎理性的行为。由于这种文化强调政治输入过程中的理性参与，所以该文化模式被称为"理性—积极性"的政治文化模式。(3)公民有较强的政治效能感，自信可以成功地进行政治决策。(4)公民有较强的输入功能取向。公民不仅取向于政治输入，而且也积极地取向于输入结构和输入过程，所以，公民文化是一种参与型政治文化，公民的政治活动频率也很高。(5)由于公民文化是一种将传统与现代相结合的政治文化，所以，公民参与政治的取向不是取代臣属或狭隘地方性的政治文化，而是与之并存。非参与型的、更传统的政治取向往往对参与型的政治取向构成平衡力，从而产生了一种"平衡的政治文化"，在这种文化中，有政治的积极性、参与性、和理性，但它们又因为消极性、传统性和对狭隘的地方性价值的献身而得到了"平衡"。

如果说早发现代化国家的政治发展尚存在较多的共同之处，那么，后来进入现代化运动的发展中国家的政治发展道路则呈现更为丰富多样的特性。从地域上看，拉丁美洲国家的政治发展最初受西班牙、葡萄牙宗主国政治体制和政治文化的影响深刻，在殖民地独立后，许多国家则转而模仿美国的总统制，但鲜有成功的范例。亚洲和非洲的国家受英法等国政治习惯的影响较大，但这些国家在殖民地独立以后其政治发展的道路各式各样，一些国家保留了传统的政教合一体制或殖民地时期的民主体制，另一些国家选择了集权体制或强人政治，还有一些国家走上了社会主义道路。一些发展中国家的政治发展道路比较顺利，政治体系的变革相对有序、稳定，能够适应经济、社会发展的要求，而另一些发展中国家的政治发展则是道路坎坷、命运多舛，经济、社会的发展因政治体制滞后的阻碍而迟迟未有起色。

第三节　政治文化与政治社会化的关系

对于人们学习和获取政治知识，从而适应社会政治生活的研究，是政治学的古老课题。政治社会化研究的现实意义也是显而易见的，它可以帮助人们了解社会成员对现实政治系统及政治权力机构的态度，估价政权的稳定程度，预测政治文化的变化发展的趋向及其对未来现实政治可能产生的影响等等。

一、政治社会化的内涵

政治社会化就是政治文化的形成、维持和改变的过程，也就是一个社会内政治取向模式的学习、传播、继承的过程。政治社会化是政治系统基本的政治功能之一，作为政治系统稳定与发展的主观条件的政治文化即产生于政治社会化过程之中，有关政治社会化的研究扩展了人们关于政治文化的形成、政治

视频：政治社会化概念

文化的传递以及政治文化比较研究方面的知识。

文档：阅读材料2

中国古代的儒家学说强调德治和心治,因而尤其重视政治教化的作用。在儒家的政治之道"修身、齐家、治国、平天下"中,修身是政治的根本和基础。"自天子以至于庶人,壹是皆以修身为本。其本乱而末治者,否矣。"在西方,古希腊的柏拉图在其《理想国》中,就注意到了教育和儿童时期的经历与公民的价值取向之间的关系,亚里士多德、博丹、卢梭等政治思想家也对人们获得政治知识的方式和过程与社会政治制度和政治结构之间的关系做了不同的论述。不过,从20世纪50年代开始,人们才对政治社会化展开专门的和系统的研究。50年代初,人们在政治研究中引进了"政治社会化"的概念,用来指称人们学习政治价值和政治立场的过程。

文档：阅读材料3

1958年,政治学家伊斯顿和海斯发表论文《政治社会化研究中的若干问题》,对政治社会化问题展开了专门研究。次年,海曼发表了《政治社会化:政治行为的心理研究》一书,从政治心理的角度第一次系统地论述了政治社会化的过程。至20世纪60年代中期,政治社会化已发展成为现代政治学研究的重要领域。

对于政治社会化的含义,西方政治学家有不同的界定,其中有代表性的主要是:

(1)政治社会化是人们学习政治知识和技能的过程。如伊斯顿和丹尼斯指出,政治社会化是人们习得其政治取向和行为模式的发展过程。道斯等人也认为,人们关于政治传统或政治角色以及与之相关的行为的知识不是与生俱有的,政治社会化就是获取这些知识的一种或多种过程。

(2)政治社会化是社会塑造其成员政治心理和政治意识的过程。如格林斯泰因认为,政治社会化是正式负责教育的机构有目的地对于政治意识、政治价值和政治习惯的灌输。

(3)政治社会化是政治文化的代传方式。如兰顿认为,政治社会化是社会的一代到下一代传递其政治文化的方式。

(4)政治社会化是政治文化维持和变迁的过程。如阿尔蒙德和鲍威尔认为,政治社会化是政治文化形成、维持和改变的过程。

这些定义描述了政治社会化过程的不同侧面,强调了政治文化与政治社会化之间的紧密联系。但是这些定义也存在着缺陷:其一,它们没有指明政治社会化得以进行的社会背景;其二,它们没有指明政治社会化得以进行的社会政治实践活动;其三,它们把人们的政治认识和政治学习看作消极接受的过程,而忽视了人们在政治认识过程中的主观能动性。

政治社会化作为政治文化的维持、延续、变革的过程,是一个社会成员与政治体系的双向互动过程,是政治体系的社会教化和社会成员个人内化的统一。一方面,对于政治体系中的个体成员来讲,政治社会化是社会成员通过教育和其他途径,通过获得政治知识和技能,形成和改变自己的政治心理和政治思想的能动过程;另一方面,对于政治体系来讲,政治社会化是政治体系通过各种途径塑造其成员特定的政治认识、政治信念、政治态度、政治情感、政治观点的过程。^①这两个过程的主体不同,目的也不同。前者的主体是社会成员,目的是适应政治社会,取得社会的认同,以获得政治归属感,并承担相应的政治角色;后者的主体是政治体系自身,其目的是通过倡导、宣传主导型政治文化来实现政治一体化,从而维持政治体系的正常运转。但这两个过程的结果是一致的,既使社会成员完成了由社会人向政治人的转变,又使政治体系的主导型政治文化得以延续和发展。依照这样的思路,我们对政治社会化做如下界定:政治社会化是政治文化传播、延续及发展演变的过程,是政治体系积累、传递、培植政治文化和社会成员在社会政治实践活动中认识、学习政治文化并获取政治知识和能力的过程的统一。

二、政治社会化的特点

作为人们认识政治现象、学习政治知识的过程,政治社会化具有互动性、过程性、政治性、社会性和创新性等特点,具体如下:

（一）政治社会化是人们从事政治实践的过程

政治认识的过程首先是政治实践的过程。政治社会化的实践性主要表现在:第一,人们总是在特定的社会政治条件下认识和把握政治现象的,这种社会政治条件存在于具体的社会形态和社会发展阶段中,这就规定了人们的政治社会化过程具有特定的社会政治内容。第二,人们是在政治生活和政治实践的基础上获得政治知识的,在政治社会化过程中,人们可能通过自身的政治实践而直接获得第一手的政治知识,也可能通过教育和学习等方式获得前人和他人从事政治实践所总结出来的间接的政治经验和知识。显然,这两种途径都是以人们的政治实践为前提的。同时,人们的政治认识随着政治实践的发展而发展,随着政治实践的深化而深化。第三,人们的政治认识通过政治实践来检验。人们的政治实践及其后果,是人们检验、坚持、调整乃至改变政治认识的唯一标准。

（二）政治社会化是人们成长为政治人的过程

政治社会化是人类社会化过程的一种,它与其他类型社会化的区别在于它具有政治性。政治社会化的政治性体现在其动因、内容和后果等方面。从政治社会化的动因来看,人们是为了实现自己的利益要求,为了适应、参加或改变政治生活和政治现实而从事政治学习的。由于社会政治的作用影响着全社会,涉及每个社会成员的切身利益或长远利益,因而每个社会成员都在自觉或不自觉地进行着政治学习。从政治社会化的内容来看,人们在政治社会化过程中获得和形成的是对于社会政治的认识、取向和从事社会政治生活的技能。尽管社会生活的其他方面内容也会影响甚至支配着政治社会化的过程,但是,人们对政治生活的认识和取向等,始终是政治社会化的基本内容。从政治社会化的后果来看,通过这一过程,社会成员了解既有政治文化,熟悉政治准则,并且形成独立的政治意识,明确自己的社会政治角色,从而从"自然人"转变为"政治人",成为社会政治关系的承担者和政治活动的实践者。

---

① 申文杰、王凤鸣:《政治学概论新编》,河北人民出版社2001年版,第304页。

(三)政治社会化是人们认识政治和政治文化的传习过程的统一

政治社会化本身是人们政治认识发生和发展的长期过程,这个过程又是多种过程的统一。从认识论的角度看,它是人们的政治认识不断深化的过程。一方面,它是人们对于政治的认识由感性上升到理性,再以理性指导感性的过程。另一方面,它又是人们通过政治实践获得政治知识,再把这种知识付诸实践从而深化检验原有知识或获得新的政治知识,即实践——认识——再实践——再认识,周而复始的过程。从个人的政治心理和政治意识的形成和发展来看,政治社会化始于人们进入社会政治生活、参加政治实践,终于人们失去政治活动和实践能力,是个人不断进行政治学习,从而形成和调整自己的政治心理和政治思想的长期过程。从社会政治体系和政治共同体来看,政治社会化就是现有政治体系和政治共同体将自己的政治信仰、准则、认识、价值和情感等等,通过各种途径传授给政治共同体的每个成员,使之进入有关政治生活的社会心理、思维和行为的特定模式中去的过程。从人类政治文化发展的历史来看,政治社会化又是政治文化传习和变迁的过程,正是通过人与社会之间、认识与实践之间的这种相互作用,才使人类的政治文化得以形成、发展、传习和变迁,从而构成了人类政治文化的发展总过程。

(四)政治社会化是人们主客观相互作用和不同政治社会化阶段相互作用的过程

就特定的政治社会化发展阶段而言,在政治社会化过程中,存在着既相互矛盾又相互统一的两个方面,即个人的主观政治认识和社会的客观政治文化和政治现实。政治社会化就是这两个方面不断相互作用和相互影响的复杂过程。这种相互作用和相互影响主要体现在:第一,个人的政治心理和政治思想与社会政治文化之间的相互作用。在政治社会化过程中,社会成员个人经过社会的政治训练和教育,接受社会的政治文化,从而内化为自己的政治心理和政治思想。但是,个人在社会的政治文化面前并不是消极被动的,而是积极能动的,一方面,他在接受社会政治文化过程中可以根据自己的利益要求做出选择,从而有目的地接受某种政治价值、政治信念,政治学说乃至政治行为模式,另一方面,个人经过政治学习,可以在自己和自己所处群体的利益基础上,形成独立的政治信念和政治价值,从而影响或改变社会的政治文化。第二,个人的政治心理和政治思想与社会政治现实之间的相互作用。个人的政治心理和政治思想是社会政治现实的反映,但是,它们也反作用于社会政治现实,甚至形成巨大的精神力量和物质力量,来改造社会政治现实。

从政治社会化若干发展阶段的衔接来看,政治社会化某种发展阶段会与其他阶段发生相互作用,比如,人们在某一政治社会化发展阶段中得到的政治认识、政治信念、政治价值等等会影响到另一阶段政治社会化过程中的政治价值、信念、取向和政治学习状况,而后一阶段的政治社会化过程也会强化或改变前一阶段政治社会化的作用后果。

除此之外,政治社会化又具有手段性的特点。作为人们获得政治认识的方式,政治社会化本身并不具有目的意义,而只具有手段意义,它只是人们获得政治认识、进入政治生活的桥梁和中间环节。

三、政治社会化的主要途径与制约因素

（一）政治社会化的途径

在政治社会化过程中，政治信息的传递、政治文化的传播都是通过一定的渠道和媒介来完成的。每一个政治体系中都有一些执行政治社会化功能的组织和机构，如家庭、学校、教会、政府、党派、大众传媒、政治组织等等。它们分别以不同的方式影响公民的政治态度，向他们灌输政治价值信念、传授政治技能等。政治社会化的途径可分为正式和非正式两种，前者指由专门的政治社会化机构进行的有意识的政治教育和政治信息沟通；后者则指一个人所接受的非政治态度性的信息沟通，如一些基本的价值观和情感倾向、审美定势等。政治社会化的效果与一个人在政治社会化过程中所受刺激的连续性和强度有关。长期接受某一政治观念影响的社会成员，必然对该政治观念产生更为强烈的认同感。

概言之，在现代社会，公民政治社会化的主要途径包括以下几种。

1. 家庭

人从出生到成为一个社会成员，其个体社会化的第一个途径就是家庭。儿童时代的经历和影响对一个人一生的政治态度十分重要，而家庭正是一个人最初的、影响最为直接的政治社会化媒介。在较长期的家庭环境中，前辈在养育后代的同时，经常把他们对世界、对社会的看法，对政治权威的态度，对政治事件的评价以及他们通常的政治价值观和政治态度、政治感情，直接或间接地传输给后代，引导他们初步学习和了解外部政治生活。许多研究表明，家庭环境，尤其是父母亲对待事物的态度和意见影响着子女的态度和意见；积极参与家庭决策的青年人很可能到成年时在政治上也表现非常积极；专制家长式的家庭教育会产生两种人——政治专断者和政治服从者；幼时家庭生活不完满、缺乏正常的家庭教育的人，成年后可能会成为一种社会反常人；家庭环境的"隔代遗传"可能会塑造一种保守性格。

2. 学校

学校是传播文化的专门结构，是系统化的、强有力的社会化途径。学校是一个人走向社会的专门化的学习和训练场所。在学校生活中，学生一方面通过接受专门的文化知识和系统的政治教育，形成了对政治生活的初步的规范知识，另一方面，在与同学和老师的相互关系中，初步体验了社会的政治生活。

因此，在确立一个人的政治价值观念、培养其政治态度和政治情感方面，学校起着十分关键的作用。正由于学校可以强化人们对政治体系的好感，能培养人们的政治忠诚和共同的政治信条，能引导人们信仰"政治竞赛的不成文规则"，能提供各类知识和技术等社会化功能，所以，它常常被统治集团用来向学生灌输它所需要的政治价值和政治态度。学校教育之所以被历代社会所重视，其根本原因就在于它具有上述各项基本功能。

3. 特定的政治符号

特定的政治符号如国旗、国徽、国歌、政治领袖人物的肖像等，在社会生活中具有重

要的政治象征意义和代表意义，因此在政治社会化过程中起着重要的政治文化的传递作用，尤其是对于人们的政治心理来说，它们更具有直观的反复刺激作用，从而产生特定的政治心理效应和定势。

4. 大众传播工具

电视、广播、报纸、杂志等大众传播工具的宣传是现代社会政治社会化的重要途径。它不仅在传播政治文化、形成共同的政治意识方面，而且在改造政治文化、引导社会政治方向方面都发挥着重大的作用。大众传播工具实现政治社会化职能主要通过两个途径：一是"使政治事件引人注目"，通过新闻报道、舆论渲染等方式，吸引社会大众对问题的注意力，增加他们的关心程度和了解程度，从而引导社会政治心理的发展方向。二是在各种各样的宣传报道中，除提供各种政治信息外，直接宣传某种政治观念、政治态度和政治感情，这样，一个社会成员从儿时看连环画起，在读报纸、看电视、听广播、看电影、读小说等时，无时不受这些观念、态度和感情的影响。

大众传播工具能够产生巨大的和统一化的影响，它不仅是提供信息的工具，而且是改变基本政治文化模式的工具，主要体现在：广泛的传播与交流，使政治文化得以更新发展；一种新的政治文化要上升成为一个社会的主体政治文化，必须通过广泛的大众传播。从这一意义上说，谁掌握了大众传播工具，谁就拥有了政治文化传播的主导权。

5. 社会政治组织

各种各样的社会、经济、政治组织，如工会、职业协会、社团、政党、国家机关等，也是政治社会化的重要途径。这些组织既是社会构成的要素，也是社会化的手段。它们是社会生活中的人们为了一定的社会、政治、经济目的联合而形成，而后又通过宣传自己组织的主张、信仰，吸收和接纳新的成员，使他们过一种有组织的社会生活，并在其中学习和获得特定的政治文化。

在社会政治生活的所有组织中，政党是现代社会最重要的政治社会化途径。政党在现代政治生活中通过宣传党的纲领、政策主张等，影响社会大众的政治态度；通过发展新的成员，使他们在党组织中受到社会化的培养和训练；通过党的各项活动，来实现其成员和政党拥护者与追随者的政治参与；政党在赢得选民支持以便取得政权的过程中，为公众提供了参与政治的机会和可能。同时，政治社会团体也具有强大的政治社会化功能，政治社会团体对于社会成员的政治观念和政治心理有着重要的养成、训练和改变功能。

6. 政治实践

政治实践是客观政治世界达之于人们主观政治心理和政治意识的最重要的桥梁，比起政治社会化的其他媒介来，它更具有根本的意义。正如列宁所说，生活、实践的观点，应该是认识论的首先的和基本的观点，因此社会成员尤其是社会政治成员正是通过政治实践来认识和理解政治的。

另一方面，政治实践又是检验和修正人们所获得的政治心理和政治思想的唯一标准，马克思主义者认为，只有人们的社会实践，才是人们对于外界认识的真理性的标准。人们通过政治实践—认识—再实践—再认识的过程，不断调整自己的政治心理，修正自己的政治认识，提高自己的政治能力，完善自己的政治人格，从而逐步达到主观与客观的统一,使政治认识从感性向理性飞跃。

除上述所列主要的政治社会化媒介之外,教会、工作场所和娱乐、职业、文化团体、"共同体、聚居区和同辈集团"等,也都具有政治社会化的功能,起着维持和改变政治文化的作用。

(二)政治社会化的影响因素

社会化是一个复杂的、长期的过程,在这个过程中,人们政治知识、政治价值、政治信念及政治行为模式的获得受着多种因素的交互影响。从总体上来看,这些因素主要有:

1. 利益因素

利益是人们结成社会政治关系、获得社会政治知识、参加政治生活的原动力。正是在不同的利益要求驱使下,人们才进入政治社会化过程。因此,没有利益因素的作用,政治社会化就成为无本之木、无源之水。利益又是人们接受或拒斥、维护或改造特定政治文化的准则,统治者传递、灌输特定的政治文化,塑造特定的政治行为模式,其根本目的是维护统治者的利益;而被统治者学习和改变政治文化,同样也是为了实现自己的利益要求。因此,一切社会成员都是按照不同的利益要求,选择和接受不同的政治心理和政治思想。利益还是政治社会化的基本内容。人们认识政治现象,形成特定的政治心理和政治思想,往往是从认识其自身的利益及其与政治的关系开始的。此外,利益又规定着政治社会化的途径和方式,不同的利益要求影响着人们选择不同的政治社会化的途径、媒介和方式。

在阶级社会中,阶级利益在社会利益结构中占据着主导地位,因此,它是影响政治社会化的主要利益因素。

2. 政治权力因素

政治权力从两个方面影响着政治社会化的过程:第一,政治权力在社会生活中的作用影响着政治社会化过程的发生和发展,政治权力促进或阻碍社会成员利益实现的效能,政治权力对社会生活的覆盖程度,政治权力为社会成员进入社会政治生活所提供的实际可能,都影响着政治社会化的发展程度。第二,政治权力本身所推行的政治社会化过程对于人们获得政治知识和价值,进入政治生活,具有直接的影响。为了维护其政治统治地位,特定的政治权力总是要创设特定的政治教育机构和特定的政治传播媒介,配备特定的政治教育人员,倡导和灌输特定的政治价值和政治信念。显然,政治权力推行的政治社会化必然会对整个社会的政治社会化过程产生巨大的影响。

3. 政治权利因素

政治权利是社会成员在社会政治生活中的法定资格。在社会政治生活中,这种政治资格的法定内容、实现方式和实现程度,会影响着政治社会化的范围、方式和程度。另一方面,政治权利赋予社会成员政治活动和实践的可能空间,也对社会成员政治社会化的途径和方式产生着重要影响。

4. 社会经济发展水平

首先,社会的经济发展水平对政治社会化过程有重要影响。社会经济发展水平的提高,会给政治社会化提供较为有利的客观环境和物质条件。社会经济的发展,社会流动的加快,都市化程度的提高,交通和通信技术的改进,都会大大便利政治社会化的展开,从而大大拓展政治社会化的广度和深度。反之,社会经济的落后,则会给政治社会化带来客观上的困难和障碍。同时,随着社会经济发展水平的提高,人们的利益要求会不断发展,对于社会公共权力及其作用和效能,以及对于社会政治权利的实现要求也会不断提高,从而进一步促进政治社会化在更高的社会政治层次上展开。

其次,社会经济活动方式对于政治社会化也具有深刻影响。不同的社会经济活动方式意味着社会成员实现自己利益的方式和形成利益关系的方式不同,由于利益及其实现在社会生活和政治生活中的巨大影响和作用,所以,利益实现方式和利益关系的形成方式对于社会成员的政治权力观和政治权利观,以及从事和参与政治活动的方式具有深刻影响。

5. 社会文化因素

政治社会化是政治文化形成、发展、传递和变迁的过程,而政治文化又是社会文化的一部分,因此,社会文化对于政治社会化过程也具有重要的影响。这种影响主要表现在:其一,任何社会文化都是民族文化,特定的民族在长期的发展过程中形成的思维方式和心理定势无疑会影响不同文化背景下的政治社会化过程的发生和发展。其二,任何社会文化都有其发展的当前内容,因此,社会文化发展特定阶段中的社会价值取向、社会信念和社会行为模式会在很大程度上影响到政治社会化的内容和程度。其三,在政治共同体成员之间,社会文化水平分布是不平衡的。研究表明,在社会文化水平较高的地域和群体中,政治社会化的广度、深度和速度,都要超过社会文化水平较低的地域和群体。

6. 政治事件

政治社会化的催化剂政治事件会改变政治社会化的内容和价值取向,"随着每一次社会制度的巨大历史变革,人们的观点和观念也会发生变革"。比如中国近代史上连续发生的列强侵华,强迫中国政府签订不平等条约的政治事件,把中华民族生死存亡的问题提到了社会政治生活的首位,民族主义、爱国主义成为社会政治的价值取向和政治社会化的重要内容。政治事件也会加速政治社会化的过程,政治事件发生和发展,会把国家的命运和政治生活与每个人十分明确而紧密地联系到一起,从而起到任何其他政治社会化媒介所无法比拟的政治动员的作用,成为人们学习政治、参与政治生活的加速器。政治事件还会深化政治社会化的进程,在政治事件发生和发展过程中,政治生活中的各种利益、意志、力量和矛盾都会比平时更为充分地显示出来,从而使人们更为明确、深刻、全面和发展地认识政治生活,获得政治知识,形成自己的政治心理和政治思想,所以,社会政治大变动时期,往往也是诸种政治学说大发展时期和各种政治风云人物大涌现时期。

7. 政治社会化媒介的作用方式

政治社会化是通过多种媒介得以进行的,这些媒介的作用方式对于政治社会化过程也有重要的影响。一般说来,政治社会化媒介的有效作用,会增加政治社会化的强度,否则,则会削弱政治社会化的效果。政治社会化媒介的持续作用,会使政治社会化过程保持连续性,而这些媒介的间断作用,则会使政治社会化过程发生中断。政治社会化的各种媒介之间在政治价值取向、政治态度塑造和政治信念的形成等方面的一致性,可以有效地促进政治生活中同一内容和目标的政治社会化过程。反之,如果各媒介传播的政治文化相互不同,甚至截然相反,政治共同体中就会存在取向和内容不同或相反的政治社会化过程,这些过程就会相互影响甚至相互抵消其作用。

四、政治文化与政治社会化的相互促进关系

政治文化是一种相对稳定的文化现象,它的一个重要功能在于维护政治系统的稳定性。这就要求政治社会中的人们能够习得该社会中占主导地位的政治文化,包括形成对政治系统的基本认同和忠诚、熟悉政治系统中被广泛认可的行为方式等。这就把政治文化与政治社会化联系在一起了。

文档:阅读材料4

从个人的角度来看,政治社会化是个人学习和建立政治取向与行为模式以及政治人格特征的过程,在很大程度上是对社会政治态度的内化;从社会的角度来看,政治社会化是一个政治的教育训练过程,是政治社会把本政治系统内所认同的政治取向模式和行为规范传授给所有成员的社会过程。在个人学习和教育训练的过程中,某些政治取向也得到了一定程度的调整和改造。政治社会化之所以同政治文化联系在一起,原因就在于从政治文化的角度看,政治社会化是政治文化形成、维持和改变的过程。

也正是由于二者之间的这种关联性,政治社会化的意义在很大程度上可以通过政治文化本身的功能得到说明。对个人而言,政治文化对其政治行为具有控制和指导的作用,这一点是不言自明的。从政治系统本身来看,政治文化对政治系统的稳定运行和持续发展起到重要的支持作用。阿尔蒙德等人最初研究政治文化的主要动因,就是要寻求民主制度稳定运行的支持力量。他们当时认识到,"一个稳定的和有效的民主政府,不光是依靠政府结构和政治结构:它依靠人民所具有的对政治过程的取向——即政治文化。除非政治文化能够支持民主系统,否则,这种系统获得成功的机会将是渺茫的"。

事实上,政治文化的这种意义显然并不局限于民主制度,而是有着普遍的根据。因此,通过教育培养"政治人",其实为所有不同的国家与政体所共同重视,区别只在于这种教育和灌输的内容与方式。之所以如此,乃是因为政治文化的理论告诉我们,每一种政体都有其相应的政治态度与行为取向做支撑。

执行政治社会化的机构,包括两种不同类型的群体或团体:一是初级群体。所谓初级群体,指的是由一些直接的、人数不多的、亲密的交往过程所形成的初级社会关系联结起来的群体。初级群体具有规模较小、面对面交往、认同感强烈等特性,它又被称为首属群体。在政治社会化的过程中,家庭和同辈团体这样的初级群体就扮演着重要的角色。例如,家庭内部传输着一系列规范与价值观,传递着诸多信念与态度,如党派忠诚以及对政府的信任感或嘲讽态度等。二是次级群体。次级群体是人们为了达到一定的社会目的而建立起来的。一般说来,次级群体的规模比初级群体要大,成员较多,有些成员之间不一定有直接的个人接触,群体内人们的联系往往通过一些中间环节来建立。政党、工会、教育机构、公共宣传机构、大众传媒、政府等,都属于次级群体,它们往往是政治社会化过程的重要参与者或积极推动者。

政治社会化并不仅仅是一个消极的学习和接受的过程，从其方式上讲，实际的政治参与本身也是政治社会化的一个重要渠道。一方面，个体只有获得了关于政治系统的基本知识并形成了起码的情感与态度之后才可能参与到政治实践中；另一方面，政治社会化是一个动态的过程，在政治实践的过程中，个体在认知、情感与评价方面都获得了强化或改变。

最后需要强调的是，政治社会化并不仅仅是消极地传递和维系某种既定的政治文化，在政治教育、政治实践的过程中，政治文化也可能慢慢被改变。有时候，一些新的政治态度也可能在这个过程中建立起来。

五、政治社会化的作用与功能

政治社会化是政治生活中的重要环节，它对于社会政治生活的进行和发展具有重要作用。这种作用主要体现在个人、政治体系和政治文化三个层面上。

（一）赋予个人以特定的政治人格和政治能力，使之适应、参与乃至改造社会政治生活

对于社会成员个人来说，政治社会化是其政治成长和发展的持续过程，这个成长和发展由两个方面构成：一种是政治人格的形成和成熟过程。人们在政治社会化过程中，通过特定的途径和媒介，获得特定的政治知识，从而逐步形成了特定的政治心理和政治思想。单个社会成员所拥有的这种政治心理和政治思想的总和，就形成了特定的政治人格。这种政治心理和政治思想的获得过程，也就是特定政治人格的形成和成长过程。二是政治能力的形成和提高过程。人们的政治能力的形成和提高既有赖于人们对于政治生活规则和规范的认识和掌握，也有赖于人们对于政治生活技能和素质的掌握和拥有，而这些都是通过政治社会化过程来推动、实行和展开的。由此可见，政治社会化是帮助社会成员进入、适应和参与社会政治生活的桥梁。

（二）维持或改变政治体系

政治社会化对于政治体系的维持或改变具有重要影响，这种影响主要是通过造成人们对于现有政治体系的认同或不认同的政治心理和政治思想来实现的。当政治社会化过程造成社会政治成员对现有政治体系的强烈认同的政治心理和政治思想时，它对于现有政治体系具有极大的维系作用。反之，当政治社会化过程使社会成员对现有政治体系离心离德，乃至要求推翻现有政治体系而代之以新的政治体系时，它对于现有政治体系具有极大的摧毁作用。当政治社会化过程使社会成员对于现有政治体系认同减弱或不能使这种认同得到强化时，它客观上是在消极地削弱着现有政治体系的稳固和政治功能。

（三）维持、改变和创造社会政治文化

政治社会化过程是在现有的社会政治文化基础上进行的，因此，在正常情况下，政治社会化灌输、传递的首先是既有政治价值、政治信念、政治规则规范和政治行为模式。正是通过这种灌输、传递，政治社会化使既有的政治文化得以维持和延续。

政治社会化维持和延续既有政治文化主要是通过政治文化的代际传递来完成的，即上一代人通过特定的政治社会化途径和媒介，把既有政治文化传递而持久地作用于社会成员。在某些情况下，同代人之间的人际传递也是维持既有政治文化的方式，这种人际

传递往往是通过政治家或政治学家的作用来实现的。

政治社会化过程又是通过一定的政治实践来完成的。在社会政治实践中,社会成员会联系自己的利益要求,部分或全部改变社会政治文化,创造出新的政治文化。这种变革有两种状况,一种是在既有的政治文化中产生新的因素,使政治文化得到更新;另一种是代替既有政治文化形成新的社会政治文化。

第四节　中国特色的社会主义政治文化建设

视频:中国
共产党的
政治文化

科学进步是人类进入现代社会所不断追求的,正是这一信念推动着人类社会的发展。中国特色的社会主义政治文化建设是政治科学化的必然认知结果。社会主义政治文化建设,是中国特色社会主义建设的重要组成部分。在社会主义初级阶段,社会主义政治文化建设与物质文明建设、政治文明建设和精神文明建设紧密相连。建设社会主义政治文化是提高全民族政治文化素质,建设富强、民主、文明的社会主义现代化国家的重要任务。

一、新时代政治文化的内容和时代特征

(一)新时代的政治文化以马克思主义为"灵魂"

自中国共产党诞生以来,马克思主义就是中国共产党的指导思想和理论基础,我们党始终把马克思主义为建设时期的指导思想,并根据我国具体建设实际以及时代要求的变化,相互紧密结合,形成了毛泽东思想、邓小平理论、"三个代表"重要思想、科学发展观和习近平新时代中国特色社会主义思想。中国共产党人围绕改革发展稳定、内政外交国防、治党治国治军等各个方面开展了思想创新和文化创新,特别是习近平同志发表的一系列重要讲话,形成了新时期政治文化的主要元素;习近平同志治国理政呈现出崭新的面貌,提出了不同于往常的政治文化新思考,使得马克思主义在中国呈现了新境界,续写了马克思主义在新时代的新篇章。中国特色的社会主义政治文化建设给中国的改革开放奠定良好的思想基础和政治基础。

(二)新时代的政治文化以中华传统文化为坚实"根基"

五千多年的文明史进程形成了中华民族优秀的传统文化,这是中华民族的突出优势,是中华民族生生不息、薪火相传的"根"和"魂"。建设新时代的政治文化,就是不断地发掘民族传统,弘扬民族精神,不断地丰富当下人民的政治生活和经济生活,使中华民族优秀的文化传统、卓越的民族精神,成为深度改革开放的精神之源,成为实现中华民族伟大复兴的动力之源,成为建设"一带一路"和人类命运共同体的智慧之源。在新时代要不断加大弘扬中华优秀传统文化的力度,要不断汲取中华文明优秀成果,从而生成中华民族伟大复兴的新智慧,是中国特色的社会主义政治文化建设最丰富的精神宝库。

(三)新时代的政治文化以革命文化为"重要源头"

中国共产党的政治文化源头清楚,追求鲜明。在中国工农红军时期,在抗日战争时

期,在八年内战期间……战斗岁月中的革命文化,是中国理论、中国制度、中国道路的深厚土壤。革命文化是中国共产党用马克思主义理论武装自身,进而为民族、为人民流血牺牲、无私奉献的过程。新时代我们要建设好崭新的政治文化,就要不断反思这一时期的政治文化内容,不断发掘这一时期的政治文化的先进性,不断汲取这一历史时期的政治文化精华,从而为建设中国特色社会主义提供思想武器和精神食粮。中国特色的社会主义政治文化建设需要不断深入地挖掘红船精神和井冈山精神,不断重新审视大庆精神和航天精神,不断深度地解读抗震救灾精神和实现民族伟大复兴的中国梦精神等这些政治文化精神,是中国特色的社会主义政治文化建设的重要基础和重要保障。

二、新时代政治文化建设的功能

中国特色的社会主义政治文化建设的过程,就是发挥政治文化的引领性和教育性的过程。一定程度上,当代中国政治文化的进步,对于更好地凝练中国特色社会主义核心价值理念,充分挖掘中华传统文化的时代内涵,逐步推进中国共产党执政价值理念与群众多元价值理念的协调发展,具有重要的意义。

(一)夯实净化政治生态和人文环境

新时代,中国的政治文化是先进的文化,具有马克思主义意识形态属性,它有着极大的教育价值和教化功能,帮助人民群众坚守马克思主义信仰,坚定对中国共产党的信任,坚持对中国特色社会主义道路的信念,坚守实现中华民族伟大复兴的信心。中国的政治文化,在各个革命和建设的历史阶段都发挥着不可估量的作用。新时代中国政治文化的发展,能够更好地实现科学执政、民主执政和依法执政的目标。良好的政治文化是政治生态河清海晏、风清气正的关键,缺乏中华优秀传统文化、革命文化和社会主义先进文化的底蕴和滋养,信仰信念就很难以建构,更不能深沉而执着。

(二)保障国家意识形态安全和社会秩序的稳定

中国特色的社会主义政治文化建设可以更好地促进意识形态的发展和完善,满足人民群众丰富多元的政治价值取向的需求。意识形态具有一元性的特征,这就意味着中国特色社会主义的意识形态,是以马克思主义为根本指导思想。意识形态工作是中国共产党的一项极其重要的工作。一定程度上,意识形态反映了中国共产党和人民群众的政治意志,是中国共产党执政价值理念和社会价值理念导向的直接体现。中国特色的社会主义政治文化建设可以更好地将革命时期的红色精神融入群众生活,促进红色价值理念的传承与发展,形成中国特色社会主义政治文化的发展与国家意识形态的互动,共同维护安定团结的社会秩序。中国特色的社会主义政治文化建设可以有助于正确识别西方各种形式的价值理念,可以更好地整合群众多元价值理念,提供更加稳定社会价值共识,保障国家意识形态的安全。意识形态对于维护国家政治意识的稳定和思想上的高度统一具有积极的作用。要建设有强大凝聚力、引领力的社会主义意识形态,坚持正确的舆论导向、价值导向,推动中国特色社会主义深入人心。

(三)主动营造清朗的网络政治环境

当下网络技术的发展,加快了信息的传递速度和范围,为中国特色的社会主义政治文化建设提供了更加方便快捷的信息通道和传播途径。从保障国家意识形态安全和社会秩序的稳定来看,新时代一定要加强网络建设,使网络空间成为传递建设人类命运共同体的新通道,传递全面深化改革新智慧的新空间。在微信、微博、论坛、抖音、QQ群、聊天室等网络空间中形成正确的思想认知,保障政治秩序的稳固。要适应互联网快速发展的形势,善于运用网络传播规律,开发运用微信等移动互联网平台,在"微"字上下功夫,增强互动性和针对性,更好地传播社会主义核心价值的正能量,扩大新时代中国特色社会主义政治文化网上宣传的覆盖面和影响力,推进社会主义网络话语权和领导权的建设。营造清朗的网络政治环境,建立健全中国特色社会主义的网络价值理念体系,共同维护统一开放、安全有序的网络秩序。

三、中国特色的社会主义政治文化建设的目标

政治文化建设的目标是与社会发展的总体目标相一致的。从当今世界各国的发展来看,现代化是一种具有世界历史意义的潮流,是社会发展的必然趋势。而现代化的内容是非常广泛的,涉及社会生活的方方面面——是经济的现代化、科技的现代化、政治的现代化、文化的现代化以及人的现代化等多层次、综合性的现代化目标体系。具体到政治文化的发展,其目就是实现政治文化的现代化,完善社会主义民主政治,建设社会主义政治文明。具体说,它包括以下几个方面的内容。

（一）培育与现代化政治体系相适应的现代政治心理和价值观

与现代化政治体系相适应的现代政治心理和价值观主要有:科学、理性的政治认知,不盲从、不迷信的政治情感,明确的判断与动机,积极的态度与乐观坚定的信念,现代化的政治民主理念和价值观念,等等。具体表现在实际政治生活中就是:当家作主的主人翁精神,为人民服务的公仆思想,积极参与国家和社会管理的民主意识,遵法、守法,自觉维护法律的权威以及法律面前人人平等的法治观念;积极乐观的开放精神与进取精神等。相对应必然产生对政治制度、政治过程、政治改革的认同感,从而促使形成现代化的良性运转的政治体制。

（二）坚持和发展马克思主义理论

这是政治文化现代化的核心内容。伟大的实践需要伟大的理论。马克思主义是世界历史上迄今为止最先进的世界观和方法论,反映着人类发展的本质和规律,代表着历史发展的方向,也代表着先进文化的前进方向。马克思主义是一个开放的理论系统,在指导我国革命和建设的伟大实践中发挥了核心作用。这表明马克思主义具有强大的生命力,在我国进行社会主义现代化建设的过程中,其仍将继续发挥指导思想和理论基础的作用。但同时我们也必须立足于新的事实,丰富和发展马克思主义,防止思想僵化,克服教条主义。对待马克思主义理论的正确态度应该是既继承,又发展,只有这样,才能使其经受住并从容应对现代社会的各种挑战,才能持久地在实现社会主义现代化的过程中发挥其理论指导作用。

四、中国特色的社会主义政治文化建设的方法和途径

中国特色的社会主义政治文化建设是一项宏大的社会系统工程,需要社会各方面的

协同努力和进步。现阶段，需要抓紧以下几个方面的工作。

（一）加强社会主义市场经济建设，为政治文化建设奠定坚实的物质技术基础

社会主义市场经济的发展，一方面可以为政治文化的发展提供物质基础，另一方面能够为政治文化的传播提供有效的现代化工具。只有交通、通信、广播、电视、网络等大众传媒手段的发达，才有助于在全社会范围内倡导、宣传社会主义的政治文化，使全体人民确立主人翁意识、民主法治意识、开放创新意识、主体参与意识等现代化的政治意识和政治观念，从而推动政治文化的发展和现代化的实现。同时，市场经济的一系列原则，如平等原则、效率原则、竞争原则、契约原则、法制原则等会随着社会主义市场经济体制的日趋完善而深入人心，体现在政治文化上则是民主、自由、平等、法治等现代的政治文化精神被普遍接受，从而促进政治文化的革新。

（二）大力提高教育水平和国民素质，为政治文化发展提供文化条件

生产力水平的提高和物质生活的丰富，一方面能够为教育事业的发展提供物质前提，从而为全体人民接受良好的教育提供必备条件；另一方面使人民群众能够从繁重的劳动中解放出来，有充分的闲暇接受教育，提高素质，发展自我。这对于造就具有现代化意识的人至关重要。在一个文盲充斥的国家里，谈论现代化是十分遥远和不现实的，谈论政治文化的现代化也是非常滑稽可笑的。

（三）推进社会主义民主政治的建设，为社会主义政治文化的发展提供现实的政治制度前提

政治文化是对政治体系和政治生活的现实的直接的反映，因此，政治文化的发展水平与社会主义民主政治的建设进程有直接的关系。如前所述，从这个意义上讲，政治文化的创新与再造，在很大的程度上取决于政治体系为其提供的形式和途径是否充分、有效。现阶段，需要做到：

首先，建设社会主义法治国家，以法治代替人治，为政治文化建设提供体制条件。人治作为一种社会文化现象，经历了多种社会经济形态，在任何国家的历史上都程度不同地存在过，其最大的特点就是整个社会缺乏固定有效的行为规则，导致社会成员的政治心理和政治情感复杂多变，政治行为取向混乱与模糊；而法治的最大特点就是能为社会提供明确固定的行为规则和程序，使社会的运转按照预定的轨道，这对形成社会成员的规范意识会起着认知作用和教化作用，从而促进政治文化的发展。加强社会主义法治建设，就必须坚持有法可依、有法必依、执法必严、违法必究，必须坚持法律面前人人平等。同时，还要加强对执法活动的监督，确保法律的严格实施。加强法制宣传教育，提高全民法律素质。

其次，坚持和完善社会主义民主制度，将公民权利法律化、制度化，为人民群众参政议政提供重要的法律保障、物质保障和制度保障，这是培育人民群众的民主意识与参与意识的制度基础。目前，完善社会主义民主制度，需要健全各项民主制度，丰富民主形式，以扩大公民有序的政治参与，保证人民依法实行民主选举、民主决策、民主管理和民主监督，享有广泛的权利和自由，尊重和保障人权。从国家制度层面讲，一方面，要坚持和完善人民代表大会制度，保证立法和决策更好地体现人民的意志。另一方面，要坚持

和完善中国共产党领导的多党合作和政治协商制度。坚持"长期共存、互相监督、肝胆相照、荣辱与共"的方针,加强同民主党派合作共事;保证人民政协发挥政治协商、民主监督和参政议政的作用;巩固和发展最广泛的爱国统一战线。同时,还要全面贯彻党的民族政策,坚持和完善民族区域自治制度。

第三,完善具体的民主参与机制,为人民群众的民主参与提供切实的保障。在实践中,要采取多种机制和形式,组织人民群众参加国家各项事务的管理,并保证人民群众参与的效力,强化人民的主人翁责任感和参政的"政治效能感",通过实践提高其政治参与的信心和能力,从而为现代化政治意识和观念的形成提供现实可靠的支撑。

第四,建立廉洁、高效、透明的现代行政管理体制。防治腐败,提高效率,接受社会监督,从而提高政府的公众形象、应变能力和权威性,增强公民对政府的信心和信任,增强公民的政治认同意识,为政治文化的优化创造条件。

(四)坚持党的领导,使政治文化的发展有强有力的政治保证

我国的社会主义现代化建设必须坚持中国共产党的领导,这是为实践证明了的正确结论。政治文化的建设也不例外。党的十六大报告强调,发展社会主义民主政治,建设社会主义政治文明,最根本的是要把坚持党的领导、人民当家作主和依法治国有机统一起来。中国共产党是中国特色社会主义事业的领导核心。共产党执政就是领导和支持人民当家作主,最广泛地动员和组织人民群众依法管理国家和社会事务,管理经济和文化事业,维护和实现人民群众的根本利益。可见,党的领导无疑为社会主义民主建设和政治文化的发展提供了强有力的政治保障和方向指导。

(五)加强思想道德建设,为政治文化建设创造良好的思想基础

思想道德建设作为社会主义精神文明的重要组成部分,从根本上说就是坚持马克思主义、毛泽东思想、邓小平理论、"三个代表"重要思想、科学发展观和习近平新时代中国特色社会主义思想的指导,坚持爱国主义、集体主义、社会主义的原则,引导人们树立中国特色社会主义的共同理想和正确的世界观、人生观和价值观,提高全民族的思想道德素质。其内容与政治文化建设的许多内容是一致的,如共产主义的理想、信念、道德、纪律、社会主义的立场和原则等。与科学文化建设一样,思想道德建设的目的在于提高人的素质。人是政治文化的主体,因此人的思想素质的提高无疑会为政治文化的建设提供前提条件。现阶段,我国加强思想道德建设,就要建立与社会主义市场经济相适应、与社会主义法律体系相协调、与中华民族传统美德相承接的社会主义思想道德体系。要加强社会公德、职业道德和家庭美德教育,特别要加强青少年的思想道德建设。同时,还要特别注重加强和改进思想政治工作,通过多样化的说服、教育方式影响和改变人们的思想认识和政治观点,提高社会成员对社会主义政治文化的认同意识。这对社会主义政治文化的创新与发展是非常必要的。

(六)正确对待我国传统政治文化和西方政治文化

政治文化具有历史继承性,因此,现阶段我国政治文化的建设不能脱离传统的政治文化,尽管在一定程度上传统政治文化与现代政治文化存在着矛盾和冲突,但对传统政治文化不能一概否定,而应有正确的态度。我国传统的政治文化有着悠久的历史,丰富

的典籍和深刻的内涵。由于时代的、阶级的限制，精华与糟粕共存，因此需要对它进行细致的梳理与辨别，做到去糟取精，去伪存真。从社会主义建设的需要出发，以是否有利于现代化建设为原则，做出取舍。这是当前我国政治文化建设中的重要课题。

不仅对待传统文化如此，对待西方文化也要有正确的态度。中西文化的冲突是近代以来就存在的。由于经济的、自然地理、历史、人文、政治体制等多方面的不同，中西政治文化自古就存在明显的差异。尤其是近现代，更是由于政治发展的道路不同，政治制度的不同，导致了政治文化在根本性质的具体特征上的差异。西方政治文化内容丰富、杂乱，流派众多。随着经济全球化进程的加剧，信息渠道的不断拓宽，不同国家间政治文化的相互碰撞和冲突在所难免。对我国政治文化建设而言，重要的是如何在相互交流和冲突中做到"洋为中用"。"全盘西化"是绝对不可取的，"全盘否定"同样不是科学的态度。对待西方政治文化，同样有一个明辨是非、去糟取精的理论分析过程。在这个过程中，我们要把握这样两个原则：一是我们进行的是社会主义政治文化的建设；二是我们有自己的文化传统和国情。因此，对待西方政治文化既不能照抄照搬，又不能闭关锁国，而是要学诸家之长，补己之短，走自己的路，建设中国特色的社会主义政治文化。

总之，中国特色的社会主义政治文化建设是一个复杂的系统工程，是主观因素与客观条件共同作用的结果，是个人与社会、经济、政治、文化等多种因素交互作用的产物，非一朝一夕能完成的，而是一个长期的过程。

本章思考题

1. 参与型政治文化成长的主要社会条件有哪些？
2. 如何理解传统政治文化与现代政治文化的区别？
3. 为什么说政治文化与政治社会化是相互促进的关系？
4. 推进政治社会化对社会主义政治文化建设有何重要意义？

文档：阅读
材料 5

【案例思考】

教育与政治认同[①]

香港早在 1997 年就已经回归祖国，但是现在反倒多是香港的年轻人在闹事，问题到底出在哪里？就出在民族认同、国族认同、政治认同上。

最容易产生身份认同的场所，一是在战场，一是在运动场。香港没有战争，年青一代也愈来愈不运动，难怪，对国旗、区旗的感觉，总是怪怪的。有人说，香港青年的国族认同不足，是因为 2000 年的教改。教改把中国历史科改成可有可无的选修科，从此，这代人没了国史教育，失了家国观念。

记得以前在中学地理课上，老师总会点名：某某某，上来画地图。被点名的同学要在大黑板上画雄鸡——中国的版图，还要在上面划分行政区。大家由最初的战战兢兢到后

文档：学习
参考网站
与书目

① 根据海疆在线博客《现今在香港闹事的大多是年轻人，问题出在哪？》改编，http://www.dedns.cn/jiaoyu/1780177.shtml。

来的举手抢画,足足画了一个学期,每人都画过,人人都不会忘画上台湾、香港、澳门。我们从不置疑,它们是中国的一部分。

　　语文课堂上,虽然要辛苦背诵课文,但当中传授的价值观,却一生受用。至今还记得,司马迁《史记·廉颇蔺相如列传》中智勇相全的爱国将相,诸葛亮《出师表》一字一句透出的忧国忧民,杜甫《兵车行》里"生女犹得嫁比邻,生男埋没随百草"那种对战争的慨叹,还有鲁迅笔下那个科举制度的牺牲品《孔乙己》……

　　雨天的体育课,老师会给我们播放奥运纪录片,每个国家每个运动员夺金后,都是国旗飘扬、国歌唱起的时刻,我们常看到中国运动员披着国旗绕场一周,也会感到无限的自豪。

　　香港从前的中文、文学、地理、历史、德育、体育等课程都贯注了国民教育。2000 年教改把中文范文取消,把文学、历史列为选修科,几千年凝聚下来的历史故事、文学杰作,无须再学,顶多是一篇篇阅读理解,水过鸭背不留痕。

　　问题:什么是政治认同? 结合案例谈谈教育与政治社会化的关系。

第九章 政治发展与政治文明

本章导读：

本章主要概述政治发展与政治文明的基本概念和原理,分析马克思主义的政治发展观中的政治发展的特征、类型与战略,讲述政治发展、政治文明与政治现代化的关系,进而讨论了中国特色的社会主义政治文明建设的目标与策略,增强政治文明意识。

重点与难点：

1.马克思主义的政治发展观

2.政治发展的类型与战略模式

3.政治发展、政治文明与政治现代化的关系

所谓政治发展,就是社会政治文明的不断进步,是政治形态由低级向高级的历史演变,是政治关系和政治制度通过不断变革、调整而趋向合理化、科学化和完善化。政治发展既是与经济发展乃至整个社会发展的互动,同时也是自身各方面发展的过程。不仅如此,政治发展还表现为政治变迁的结果。在当代,这种变迁主要表现为政治体系内部结构、体制、功能和运作的科学化和合理化。

第一节 政治发展及其分析理论

政治发展这一概念是西方政治学界于 20 世纪 50 年代初提出的,风行于 60 年代,在现代政治学中占有重要地位。

一、政治发展的含义

对于政治发展的含义,学术界没有一个统一的界定。西方政治学家对政治发展概念有十种代表性的界定。

杰克逊与史坦因认为,政治发展可以宽泛地界定为反映政治制度本质的政治机构发生变迁的过程,其含义可从三个方面加以分析。其一是指政治体系发生结构分化与角色专门化的过程;其二是指新形态的政治生活在历史发展阶段中的演化过程;其三是指统治者用以使政治制度达到非政治目的的策略。

比尔从因果关系角度把政治发展界定为历史过程中的一种方向或趋势的观念,此种方向或趋势的变迁是有阶段性的,前后阶段呈因果关系,每个阶段都是由前一阶段产生的。每个相继的阶段共同组成一个趋势,形成政体在历史过程中的特殊模式。

亨廷顿从静态角度的政治制度化和动态角度的政治参与两个方面向来解释政治发展。一个发展的政治体系,其政治制度化与政治参与的程度必定很高,且能达致平衡状态;反过来,欠发展的政治体系,其政治制度化与政治参与的程度必定很低,结果会导致政治衰败。

科尔曼认为可以从历史、类型学和演化三个方面来观察政治发展的过程。从历史观点来看,政治发展是指 16 世纪首度发生于西欧的社会和经济现代化的变迁,及政治文化和结构同时发生的整体变迁,而后随历史演进既不平衡又不完整地扩散到全世界;从类型学角度,政治发展是一种假定的现代前期的"传统"政体转变到后传统时期的"现代"政体的运动;从演化的层面看,政治发展的过程是在增进政治创制能力,是新政治生活模式制度化的过程。

阿尔蒙德在《比较政治学》中指出,政治发展是指在社会经济现代化较为广泛的环境中正在发生的一系列相互关联的政治体系、过程和政策的变化,认为政治发展的程度包括三个相关的变量,即角色分化、次级体系自主性和文化的世俗化。

奈特尔认为政治发展应该包括四种含义:政治发展是一组确定的优先顺序,一个过程,以及把国家分成发达和欠发展的观念;政治发展是一组使发展成为需要的价值,而非因为外在驱动的关系才需要发展;发达的社会与欠发展的社会两个概念范畴之间有着密切的联结关系;政治发展应该有阶段次序的划分。

尼德尔认为政治发展包括两个方面:维持宪政完整和参与程度的高低。衡量一个国家的政治发展程度,在原则上可由宪政和参与共同所得的单一分数来代表,因此政治发展的分数就是宪政分数和参与分数的比例中项。

多德认为政治发展包括以下含义:政治变迁有一定的目标,如美国的自由民主制度,苏联的社会主义制度或伊斯兰国家的宗教政治制度;政治领域的一般变迁过程与社会其他领域有密切的关联,如政治参与的提高,可增强人民对政治体系的认同感;政治体系治理能力的提高,包括创新政策的能力、建立新的结构和改革旧的结构能力,以及执行政策的能力等;需要学习更好的执行政治功能和建立政治结构的能力。

戴蒙特认为政治发展是一种过程,借此过程,政治系统获得能力,成功地和持续地达到新的目标和要求,并建立新的政治组织。

派伊在《政治发展的诸方面》一书中从十个方面概括了政治发展的含义:(1)政治发展是经济发展的政治先决条件,是适应并促进经济发展的政治条件或政治形式的生成过程;(2)政治发展以工业社会中的政治为典型政治形态,工业化使政治形态出现诸多共性,因而所有工业化社会无论实行民主与否,都有一套与其相对应的政治行为模式和标准;(3)政治发展就是政治现代化的过程,是传统社会建构现代社会政治形态的过程;(4)政治发展是民族国家的运行过程,政治发展是一个国家首先要建构民族国家的政治形态,并展开政治运行的过程;(5)政治发展是行政和立法的发展,建立有效政府是政治发展的核心;(6)政治发展是大众动员和参与的过程,一定程度的自下而上的政治参与和自上而下的政治动员都能促进政治发展;(7)政治发展是政治民主化的过程,亦即建设民主政治制度;(8)政治发展是稳定而又有秩序地变迁,是指一个社会能够理性而且具有自主意识地控制政治过程,引导社会变革的方向;(9)政治发展是政治体系能力增强的过程,其中较为重要的是获得权力的能力和政治动员能力的提高；(10)政治发展是多维社会变迁中的一个向度。这基本涵盖了政治学者对于政治发展的各种理解,尽管一些观点仍没有摆脱西方价值观的影响,但已经超越了纯西方的经验。这些观点虽然角度不同,但都与现代化问题有一定的关联性,一般都表现为政治体系处于现代化进程中所发生的变化。

近年来,我国许多政治学者从多种角度对政治发展的含义进行了深入探讨,提出了自己的观点。如王惠岩认为,考察政治发展问题必须以马克思主义的社会结构理论和历史过程理论作为分析框架,为此,"政治发展,实质上也就是适应生产力和生产关系之发展要求的,由进步阶级、阶层或集团推动的政治制度的变革和政治体制的调整过程,这种变革与调整之所以称为政治发展,并不仅仅在于它导致了政治关系的不断变化,更重要的是因为它促进政治关系变得越来越完善、越来越合理,即体现了一种前进上升的方向和趋势。因此,政治发展就总体而言,是自国家产生以来,人类政治形态不断由低走向高级的历史演进过程"①。王邦佐、孙关宏等人认为,政治发展有广义和狭义之分。就广义上讲,政治发展是指政治体系向着更高级形态的变迁过程。就狭义而言,政治发展是指政治体系内部结构、体制、功能和运作的科学化、合理化,是现代化过程中的政治变迁。政治学所研究的政治发展,主要是指狭义的政治发展,即在现代化过程政治体系内部的政治发展。② 杨光斌认为,政治发展是与经济发展相伴生的概念。在现代政治学中,政治发展既是指某种过程,又是指政治变迁的结果。作为结果,政治发展是一个复合概念,它包括若干不同的成分或方面。作为过程,政治发展是指政治目标的运动或政治运动的方向。政治发展目标是多方面的,政治现代化是一个重要方面。③

综合中外学者的有关论述,我们认为,所谓政治发展,就是社会政治文明的不断进步,是政治形态由低级向高级的历史演变,是政治关系和政治制度通过不断变革、调整而趋向合理化、科学化和完善化。政治发展既是与经济发展乃至整个社会发展的互动过程,同时也是自身各方面发展互动的过程。不仅如此,政治发展还表现为政治变迁的结果。在当代,这种结果主要表现为政治体系内部结构、体制、功能和运作的科学化和合理化,我们只有从学科体系和现实政治两个方面去把握,才能深刻理解政治发展的复杂内涵。

二、马克思主义的政治发展观

马克思主义认为,从广义上说,政治发展指阶级社会人类从奴隶制政治制度,发展到封建制政治制度、资本主义政治制度、社会主义政治制度,一直到共产主义的实现,国家和政治制度的消亡,这是人类阶级社会政治发展的客观规律。资产阶级学者把西方资本主义民主政治制度看成是将永久存在的政治制度的楷模,这是一种偏见,是不科学的。

---

① 王惠岩：《政治学原理》,高等教育出版社 2006 年版,第 255 页。
② 王邦佐、孙关宏、王沪宁、李惠康：《新政治学概要》,复旦大学出版社 1998 年版,第 291 页；孙关宏：《政治学》,复旦大学出版社 2002 年版,第 243—244 页。
③ 杨光斌：《政治学导论》,中国人民大学出版社 2000 年版,第 251 页。

　　马克思、恩格斯不仅阐明了无产阶级专政代替资产阶级专政这一政治发展的必然性，还分析了如俄国这样的经济文化较落后的国家社会和政治发展的可能道路。他们从19世纪70年代后期开始，把视线逐渐转移到革命运动方兴未艾的俄国，他们设想在与"控制着世界市场的西方生产同时存在"的国际环境下，"俄国可以不通过资本主义制度的卡夫丁峡谷，而把资本主义制度所创造的一切积极的成果用到公社中来"。[①] 他们认为，"俄国已是欧洲革命运动的先进部队了"，"假如俄国革命将成为西方工人革命的信号而双方互相补充的话，那么现今的俄国公有制便能成为共产主义发展的起点"。[②]

　　列宁继承和发展了马克思、恩格斯的思想，他在第一次世界大战时期，提出根据帝国主义阶段资本主义经济政治发展不平衡规律作用的加剧，社会主义革命可能首先在一个或几个国家获得胜利，而这些首先获得胜利的国家，并不一定是最发达的资本主义国家，而可能是处于帝国主义链条最薄弱环节的、经济文化较落后的国家，俄国就是这样的国家。在列宁这一理论的指导下，俄国人民取得了十月社会主义革命的伟大胜利。1920年7月列宁进一步指出："在先进国家无产阶级的帮助下，落后国家可以不经过资本主义发展阶段而过渡到苏维埃制度，然后经过一定的发展阶段过渡到共产主义。"[③] 1923年，列宁在《论我国革命》一文中又指出："世界历史发展的一般规律不仅丝毫不排斥个别发展阶段在发展的形式或顺序上表现出的特殊性，反而是以此为前提的。"他认为，俄国十月革命的胜利，"使我们能够用与西欧其他一切国家不同的方法来创造发展文明的根本前提"，"我们为什么不能首先用革命手段取得达到这个一定水平的前提，然后在工农政权和苏维埃制度的基础上赶上别国人民呢？"[④]

　　在这里，应当强调指出的是，马克思、恩格斯、列宁为经济文化落后的国家指出的社会主义发展道路不仅包括了社会发展、经济发展道路，而且也包括了政治发展道路，这就是社会主义的政治发展道路。这条政治发展道路的特点是以人民当家作主的社会主义民主的政治发展道路代替资产阶级当家作主的资本主义民主的政治发展道路。苏联建立的无产阶级专政的苏维埃制度，中国建立的人民民主专政的人民代表大会制度，正是社会主义政治发展道路的集中体现。第二次世界大战后，中国等发展中国家走上社会主义政治发展道路的成功经验证明，马克思列宁主义、毛泽东思想是完全正确的。如果主客观条件具备，亚、非、拉发展中国家绕过资本主义社会和政治发展道路而走上社会主义的社会和政治发展的道路是完全可能的。西方政治学者在第二次世界大战后所提出的政治发展理论，正是十分害怕并否定社会主义的社会和政治发展道路，而力图把西方发达资本主义国家的民主政治模式作为唯一的政治模式强加给发展中国家的人民。

　　由于马克思主义和西方资产阶级政治学者对政治发展的含义存在着两种截然不同的看法，因而对政治发展理论内容的看法上也存在许多原则分歧，这集中表现在对政治发展的性质、目标和动力的看法，对政治发展的途径的看法等方面。

---

①　马克思、恩格斯：《马克思恩格斯选集》第三卷，人民出版社1995年版，第765页。
②　马克思、恩格斯：《马克思恩格斯选集》第一卷，人民出版社1995年版，第261页。
③　列宁：《列宁全集》第三十九卷，人民出版社1986年版，第233页。
④　列宁：《列宁全集》第四十三卷，人民出版社1987年版，第370、371—372页。

三、政治发展的特征

探索政治发展的特征,可以进一步加深对其内涵的认识。政治发展的特征是与政治变迁、经济和社会的发展相比较而言的。其主要特征是:

（一）政治发展是社会发展的一部分

政治发展是社会发展的重要组成部分,社会发展是政治发展的基础与前提,政治发展必然随着社会发展而发展。只要人类社会还是政治社会,那么政治发展就必然伴随着政治社会进程的始终。在人类历史上,不同社会、不同国家均面临着政治发展的问题。尽管政治发展作为政治生活的一项重要目标和任务,只是第二次世界大战结束以后在发展中国家引起广泛注意和普遍重视,而且关于政治发展的研究和理论也主要是针对发展中国家提出的,但这并不意味着只有发展中国家才面临政治发展的任务。西方发达国家由于经历了数百年的近代化历史演进和发展,其政治体系已经达到相当完善和成熟的地步,能够有效容纳和推进这些国家的社会经济发展对政治体系所提出的要求,因而这些国家的政治发展任务就没有成为社会发展的迫切需求,这也使得这些国家的政治发展的进程显得较为缓和、平稳,但这并不意味着这些国家已经不存在政治发展的任务,也不意味着这些国家的政治制度不再需要改进。反观发展中国家,由于这些国家中的大多数在第二次世界大战以后才取得独立或获得解放,经济、政治、社会各方面均处于相当落后的境地,因而面临着社会整体发展的艰巨任务。而这些国家社会发展的落后决定了国家和政治权力在社会生活中具有关键性作用,故政治发展在这些国家中处于十分重要的地位,这些国家面临的政治发展任务相对而言更为迫切和重要。因此,不管是发达国家还是发展中国家,在政治生活的任何时候均面临着政治发展问题。

（二）政治发展具有规律性

马克思主义认为,人类历史的发展不是偶然的、盲目的,而是同自然的发展一样有着内在的运动规律。恩格斯就曾指出:"历史的发展像自然的发展一样,有它自己的内在规律。"[①]历史唯物主义的任务,"归根到底,就是要发现那些作为支配规律在人类社会的历史上为自己开辟道路的一般运动规律"。而社会发展的规律性决定了政治发展同样依循一定的规律运动,人类社会的政治发展有着自身的内在规律。尽管不同社会、不同国家在不同历史时期的政治发展的表现形式和具体道路千差万别,但它们都不可避免地受政治发展的一般规律所支配。换言之,不同社会和国家的政治发展具有普遍性的特征,这种普遍性表现为在发展的阶段、步骤、方式、手段、路径等方面具有某种一致性和相似性,体现出发展规律的共性特征。S·艾森斯塔德总结了历史上所有国家在现代化过程中政治领域所表现出来的几个共同特征:(1)政治生活领域的日益扩展,尤其是表现为社会中心、法律、行政和政治机构的权力之强化;(2)政治权力不断向更为广泛的社会群体扩展,一直扩散到所有的成年公民,从而使社会形成一种和谐的道德秩序;(3)就某种意义而言,现代社会是民主的社会,或至少是平民主义的社会。其特征是,以社会的外在力量

---

① 马克思、恩格斯:《马克思恩格斯选集》第四卷,人民出版社1972年版,第261页。

（如神、理性）来使统治者合法化的传统在衰弱，而统治者对于那些被认为具有潜在政治权力的被统治者负有某种意识形态的，通常也是制度化的责任；（4）任何现代政体，不管其是专制独裁、极权主义还是民主制，都承认国民为受益的对象和使政策合法化的主体①。

（三）政治发展的进步性

社会历史发展的规律决定了社会历史发展的必然趋向和最终结果的统一。马克思和恩格斯在《共产党宣言》中，对近代历史上的现代化运动的描述就涉及政治发展趋向的统一性，指出由于资本主义的发展，使得"过去那种地方的和民族的自给自足和闭关自守状态，被各民族的各方面的互相往来和各方面的相互依赖所代替了……各民族的精神产品成了公共的财产。民族的片面性和局限性日益成为不可能"，并断言这一发展"使未开化的和半开化的国家从属于文明的国家，使农民的民族从属于资产阶级的民族，使东方从属于西方"。② 同样，马克思在对人类社会历史发展进程的研究中，认为更高一级的社会经济形态取代低一级的经济形态是历史发展的必然。针对自己所处的时代，马克思指出，资本主义社会被更高形态的经济形态即共产主义社会所代替是历史的必然，共产主义社会将彻底结束社会生产过程中的对抗形式，也即阶级对抗，并由社会占有全部生产资料，在消灭阶级的同时消灭国家，从而建立自由人的联合体。因此，马克思主义认为，实现共产主义，实现人类的彻底解放和自由，是政治发展的最高理想，不同社会的政治发展最终将趋向于这一理想，这是人类社会政治发展的共同规律所决定的。

（四）政治发展的西方中心色彩强烈

在西方社会兴起的现代化运动对西方自由民主体制的塑造，深刻地影响到发展中国家政治发展的逻辑。这一点，许多西方学者提出了相似的看法。布莱克认为，现代化可以被界定为从历史上发展而来的各种体制适应迅速变化的各种功能的过程，而"现代化过程在可以预见的将来会导向一种趋同状态，或者说，导向一种功能的普遍化"③。福山则更是直接指出，西方式的自由民主体制可能成为人类"意识形态进步的终点"和"人类统治的最后形态"，从而导致了"历史的终结"，因为历史不再发展出新的形态。④ 但是，西方学者的这些观点带有浓厚的西方中心论的色彩，带有明显的西方意识形态的倾向性。诚然，西方国家作为人类早期现代化社会，其政治发展所经历的过程及其成就必然包含着人类历史发展普遍性的因素，特别是西方国家政治发展过程中某些成功的经验可以成为发展中国家的参考，但这并不意味着西方政治发展的所有特性就是人类发展的共性，西方社会所走过的发展道路就是发展中国家应该走的发展道路，西方的自由民主体制就是发展中国家应该建立的政治体制。

（五）政治发展的多样性

政治发展的普遍性或共性，并不意味着不同民族、不同国家的政治发展模式、道路都

① 艾森斯塔德：《现代化：抗拒与变迁》，中国人民大学出版社1988年版，第4—5页。
② 马克思、恩格斯：《马克思恩格斯选集》第一卷，人民出版社1972年版，第225页。
③ 布莱克：《现代化的动力》，四川人民出版社1988年版，第68页。
④ 福山：《历史的终结》，远方出版社1998年版，第1页。

是一样的,相反,不同民族、国家的政治发展都是在一定的经济、社会、文化条件下展开的,不会不带有自己的特点和个性。每一个民族、国家的政治发展只有在适应本国国情的情况下才能真正找到通往政治现代化的道路。因此,政治发展过程并不排斥特殊性,反而是以此为前提的。在不同的历史时期,不同社会政治发展的模式是不同的。尽管英国较早进入现代化运动的潮流,但其政治、经济、社会领域的实质性变革却是循序渐进的,英国政治发展的动力来自社会内部,即没有像后来的发展中国家那样受到激烈的外部干预,因而首先依据的是国内各种势力和利益的平衡。这种内源性发展导致了传统体制相对有秩序地、和缓地向现代体制的转变。直到 20 世纪前夕,英国的国家政治体制才完成了向现代性的变迁,完全适应了经济和社会的变革需要。同样较早进入现代化运动的法国却更多地以激烈的革命方式完成了政治发展的历程,并且在政治体制上体现出与英国的分权制衡存在较大差异的权力相对集中的特色,而且法国的政治生活中存在着深刻的分歧和周期性的政治不稳定。

如果说早发现代化国家的政治发展尚存在较多的共同之处,那么,后来进入现代化运动的发展中国家的政治发展道路则呈现更为丰富多样的特性。从地域上看,拉丁美洲国家的政治发展最初受西班牙、葡萄牙宗主国政治体制和政治文化的影响深刻,在殖民地独立后,许多国家则转而模仿美国的总统制,但鲜有成功的范例。亚洲和非洲的国家受英法等国政治习惯的影响较大,但这些国家在殖民地独立以后其政治发展的道路各式各样,一些国家保留了传统的政教合一体制或殖民地时期的民主体制,另一些国家选择了集权体制或强人政治,还有一些国家走上了社会主义道路。一些发展中国家的政治发展道路比较顺利,政治体系的变革相对有序、稳定,能够适应经济、社会发展的要求,而另一些发展中国家的政治发展则是道路坎坷、命运多舛,经济、社会的发展因政治体制滞后的阻碍而迟迟未有起色。

总之,人类社会的政治发展体现了普遍性与特殊性的辩证统一,不同国家、不同社会均面临着政治发展的普遍任务,并且在任何情况下,都是按历史发展的一般规律展开的,有着共同的发展趋向。但是,由于各个国家的社会、历史、文化以及现实条件等因素的差异,各国在政治发展过程中又是以各自特殊的形式和经历进行的,充分显示出民族性和历史性。每一历史时期人类社会政治发展的普遍性和共性,正是在各个民族、国家政治发展的差异性和多样性中体现出来的。

四、政治发展的衡量标准

通常来讲,衡量政治发展的主要指标包含三个方面的内容:一是政治结构,政治发展以政治结构的分化和专门化为形式,体现效率、科学和合理的标准;二是政府能力,政治发展以政府能力的提高和权力的有效运用的世俗化、理性化为特征,体现民主参与、权利意识、平等自由等精神。这些世俗化、理性化的特征,体现民主参与、权利意识、平等自由等精神。这些指标体现了政治发展的价值取向。但是,一个不容忽视的现实问题出现了。当我们研究政治发展的目标时,只是把这些目标当作理想的取向。而如何实现这些目标,各项目标之间的关系是什么,却成为困扰正处于现代化进程中的国家尤其是发展中国家的一大难题。一些学者如布莱克、利普塞特认为政治发展的各项目标之间具有内在的相容性,尽管他们不否认现代化运动过程中包含着压力、混乱和冲突,但他们坚持现代化是一个具有整体性和连贯性的过程,认为发展中的社会能够而且实际上几乎同时向这些目标前进,各个目标之间不仅彼此相容,而且互相推动。这一理论的主要依据是西欧和北美已经进入现代的社会。可以发现,西方社会在向富裕、民主、公平、稳定和自主的目标发展时确实相对和谐,呈现直线式发展的特点。

然而,当用相容性假设来考察发展中国家的政治发展进程时却遇到了极大的困难。大量的研究著作集中于政治发展实际过程中遇到的两难境地,比如经济增长与社会公平、政治参与与政治稳定、经济发展与政治民主等。一些经验性研究的结果显示,经济增长与社会公平、经济发展与政治稳定之间存在着相反的或曲线式的关系,如库兹涅茨在20世纪50年代提出的经济发展水平与社会分配之间存在倒 U 形曲线关系,奥唐奈对于经济增长与集权之间关系而提出的官僚权威主义理论等。显然,政治发展的目标相容性假说是不确切的,至少在解释发展中国家的情况时如此。但同样,冲突性假说也不能解释早期发达国家政治现代化进程中出现的情形。

有鉴于此,一些学者提出了一种折中的方案,致力于寻求可以使各种发展目标之间互相调和的途径,特别是关注于目标的选择顺序、调和各种发展目标的制度结构以及推动同时实现各项发展目标的政府战略和政策。这些学者认为,从政治发展的现实来看,一定形式的顺序安排是不可避免的,政府不可能同时均衡地追求各个发展目标,某个或某些目标可能比其他目标更具有优先发展的迫切性。因此,这些学者排出了一些顺序结构。罗斯托认为应依次实现国家统一、政府权威以及政治平等。亨廷顿则强调在形成大众参与政治之前发展有效的政府机构和制度化的重要性。大多数政治学者强调适当的顺序应该是最大限度地实现各项政治目标,而不是实现各项经济目标,要求稳定、秩序优先于民主。但问题在于,政治发展和经济发展密切相关,无法割裂。没有政治的高度发展,经济发展就没有保障;没有经济的发展,政治发展则缺少条件,这是辩证统一的。从二战后发展中国家的政治发展实践看,其不成功的原因主要是缺乏一定的经济基础。因此,在政治发展的过程中,必须以经济发展为前提条件,根据经济发展、生产力发展的状况来调整政治发展的目标、方向和进程。至于政治发展的内部目标安排,只要是能够促进社会经济发展、推动生产力发展、符合社会整体利益需要的,就是合理的政治发展的目标结构。

五、政治发展的目标

在研究政治发展的时候,我们把这一概念同政治变迁严格区分开来,政治变迁是一种描述性的过程,它仅仅揭示了政治生活中随时间推移而出现的客观性变革过程,不带有任何价值判断。政治发展则不同,它属于目的论的概念,政治发展被设想为达到某个或某些目标的运动。因此,政治发展就不是依据它的内容而是依据它的方向来进行研究。这样,政治发展就具有了特定的目标,以及相应的标准和指标来衡量这些目标取得了多大的成就。

马克思主义认为,政治发展是由社会发展推动和决定的,因而,任何社会的政治都将随社会的发展而发展。社会经济发展决定了政治发展,反过来,政治发展为社会经济发展服务。从这样一种政治发展与外部社会经济发展的关系来看,政治发展的最终目的在于推动社会经济的发展和进步,推动社会生产力的发展。这就要求政治发展的基本方向与社会经济发展的方向一致,否则政治发展不仅会破坏和阻碍社会经济发展,而且也会因为社会经济发展的危机而导致自身发展的问题和危机。

历史表明,任何一次真正的政治发展都将为社会经济发展提供新的可能,积极消除阻碍社会经济发展的各种旧的政治、经济因素,解放被旧的生产关系和旧的上层建筑所束缚的生产力,从而推动生产力的迅速发展。近代英国的资产阶级革命尽管并不彻底,革命所确立的君主立宪制也存在很大的缺陷,但由于这场革命总体上符合了社会发展规律,因而为随后英国的资本主义发展提供了巨大的空间,为工业革命的出现创造了可能。马克思高度评价了英国的君主立宪制在历史上的作用,他指出:"在君主立宪制下,手工工场才第一次发展到前所未有的规模,以至后来让位给大工业、蒸汽机和大工厂。……一个新的更强大的资产阶级诞生了;当旧的资产阶级在和法国革命进行斗争的时候,新的资产阶级已在夺取世界市场。这个阶级变得如此神通广大,……它在议会中获得直接代表权,并且利用这种权力来消灭土地所有制保存下来的最后一点点的残余实力。"[1]马克思和恩格斯在谈到无产阶级应该利用政治革命来推动经济革命时,同样强调了政治发展作为经济发展的前提和先决条件的作用,他们在《共产党宣言》中指出:"工人革命的第一步就是使无产阶级上升为统治阶级,争得民主。无产阶级将利用自己的政治统治,一步一步地夺取资产阶级的全部资本,把一切生产工具集中在国家即组织成为统治阶级的无产阶级手里,并且尽可能快地增加生产力的总量。"[2]

政治发展服务于社会经济发展,并不意味着政治发展失去其独立性,相反,政治发展发挥推动社会经济发展和生产力的作用,正是建立在政治发展自身发挥作用的基础上的,也就是说,政治发展还具有自己独立的发展目标。政治发展最终以推动社会经济发展和生产力为目的,决定了政治发展的内部目标以这一最终目的为指导。

从第二次世界大战以后发展研究的领域来看,20世纪50年代末到60年代初,学者们主要关注于民主的先决条件和民主制度的发展,而这种民主制度主要是西方意义上的。60年代后期,发展问题的研究转向了政治秩序和政治稳定。这种状况持续了将近十年,直到80年代初,向民主制的过渡问题才又引起了人们的重视。这表明,在不同的历史时期,政治发展的关注点也即政治发展的目标是不同的。但是,从长期来看,政治发展还是能够表现为某些共性的方面。亨廷顿在区分传统政体和现代政体时指出了三个关键的方面:(1)政治现代化涉及权威的合理化,并以单一的、世俗的、全国的政治权威来取代传统的、宗教的、家庭的和种族的等等五花八门的政治这些职能。(2)政治现代化包括划分新的政治职能并创制专业化的结构来执行这些职能。(3)政治现代化意味着增加社会上所有的集团参政的程度,并认为,这几个方面给正在经历现代化变迁的社会指明了政治变革的方向。[3] 有些学者归纳了政治发展各种各样的目标,包括民主、稳定、合法性、

---

① 马克思、恩格斯:《马克思恩格斯全集》第七卷,人民出版社1959年版,第252页。
② 马克思、恩格斯:《马克思恩格斯选集》第一卷,人民出版社1972年版,第272页。
③ 亨廷顿:《变化社会中的政治秩序》,三联书店1989年版,第32—33页。

参与、动员、制度化、平等、能力、分配、一体化、合理化、安全、福利、正义、自由等等。

第二节　政治发展的类型与战略

对政治发展现象的研究,目的在于揭示政治发展的规律性内容,以此作为各个政治体系进一步发展的指导和参考,减少政治发展的盲目性和无序性。揭示政治发展规律的一种重要途径就是对政治发展的各种具体发展道路进行一定的理论抽象和总结,归纳为某些类型或模式。这也是比较研究方法在政治发展领域被广泛运用的重要形式。当代政治发展研究对政治发展的道路和模式从不同角度进行了研究。根据政治发展的历史起点、发展的动力、发展的时序、现代化的领导力量、政治发展与经济发展的关系等方面的差异,我们大体上将政治发展划分为两种基本的模式,即早发型现代化国家模式和后发型现代化国家模式。

一、早发型国家的政治发展

从人类发展的历史来看,西欧资本主义国家最早启动现代化的进程,这些国家的现代化进程中伴随着政治现代化和政治发展。这些国家中的大部分是通过社会内部的各种力量的变革和作用而促成的,几乎不受外部力量的影响。由于早期现代化国家的政治发展是在文艺复兴、资本主义运动、工业化以及城市化背景下展开的,经历了数百年漫长的发展过程,因此这些国家的政治发展具有了一定的共同特征。

视频:从美国政治与外交看政治发展

在这些社会里,政治发展的进程在政权中心和广泛的社会阶层内部几乎同时开启。在政权中心,现代化的最初进程由强有力的专制君主开创,如英国的都铎王朝、荷兰的威廉皇帝时期。但现代政治结构的建立则都与某种革命过程或事件相联系,虽然这些革命性运动并没有以十分激烈的形式出现,也没有同传统完全割裂开来。在广泛的社会阶层内部,因文艺复兴、工业化运动而新兴的新教团体、城市阶层、工商业者,甚至包括一些贵族和上层农民群体开始向政权中心提出自己的要求,逐步寻求制度化的权利身份,并通过各种社会运动、政治运动改变政权合法性的基础。从政治制度和政治结构来看,这些国家政治发展的步伐较为缓慢,且政权组织结构的变化强于社会性政治结构和组织的变化;其次,在广大社会阶层群体被广泛动员参与经济、政治生活之前,就已经被纳入城市化、工业化运动之中,因而,社会阶层循序渐进地通过组成利益集团和社会运动并进一步形成现代政党以参与政治生活。同时,政治权力方面的变化也能够及时地反映经济、社会结构方面的变化,适应了社会经济发展的需要。

大体上,早期现代化国家政治发展的历程经历了三个阶段:一是民族国家建设,即通过君主集权和绝对主义从封建主义、诸侯割据到建立现代民族国家的过程;二是民主化,即通过资产阶级革命和渐进式改革确立公民权利和政治权利,扩大政治参与,建立民主的政治体制,如代议制、普选制、政党制、现代官僚制和司法独立制度;三是福利化,即随着资本主义发展的深入,国家的职能和政府的干预活动扩大,国家承担了大量的社会职能，建立了现代意义上的福利国家。尽管早期现代化国家在这三个阶段的具体情况有所不同，经历的时间长短不同，具体的表现也不同，但一般都或多或少经历了这三个阶段的发展，这是早期现代化国家政治发展的总体性特征。

虽然早期现代化国家的政治发展都经历了民族国家建设、民主化和福利化三个阶段，但这些国家在具体的发展道路上却存在着明显的差别。其中，又可以区分出三种具体的发展模式。

第一种是渐进—妥协的发展道路，以英国为典型。英国是较早进行资产阶级革命的国家，但在其后数百年的发展历程中总体上比较平稳，虽然期间也出现了诸如"宪章运动"等重大政治运动，但自1688年"光荣革命"创立君主立宪制以后，这一政体一直延续下来。当然，在后来的时间里，英国的政治结构发生了很大的变化，但这些变化很少是以暴力的方式或激烈革命的方式进行，而是通过和平手段一点一滴地完成的。最明显的例子是英国的议会。当代英国的议会与17、18世纪时相比可谓大相径庭，虽然国王、上院、下院等主要结构未变但君主已经彻底从实质性政治权力中淡出，不再干预政策过程，成为"虚位君主"，而议会成为政治权力的真正核心。这种局面的形成是英国统治阶层和被统治阶层以及社会各阶层、集团诸种政治力量之间不断妥协、交易达成的结果。保留君主这一做法本身就表明了资产阶级与贵族的相互妥协。这种发展模式一般较为稳定，不存在疾风骤雨式的革命和破坏运动，主要是统治阶级与被统治阶级之间不断进行妥协斗争，以达成互相认可的法律创新和体制创新的共识，政治发展主要是在现代代议民主框架之下通过和平的方式循序渐进地进行的。走这种发展道路的除了英国以外，还包括瑞典、丹麦、挪威、芬兰、比利时、卢森堡等国。这种发展道路的特点还包括政治生活相对稳定，政体长期延续，尊重传统体制，先例和习惯在政治生活中发挥着重要作用。美国等原英国殖民地国家，大体上走的也是这一道路，但美国与英国略有不同的是，由于美国没有封建主义的历史，政治发展较少受传统的影响而更具原创性，其基本政治制度是通过宪法得以确立的。

第二种是激进—革命的发展道路，以法国为典型。法国自1789年大革命后，又经历了多次起义、暴乱和革命，政局极不稳定，政治体制缺少连续性。与英国宪政体制在形式上基本保持延续性不同，法国从1789年以来颁布了17部宪法，政体形式变化不定。1789年法国大革命后建立了第一共和国，后由拿破仑政变在1804年建立了第一帝国。拿破仑失败后波旁王朝于1814年复辟，导致1830年七月革命再次推翻波旁王朝，建立了"七月王朝"，其后1848年革命建立了第二共和国。1852年路易·波拿巴发动政变又建立了第二帝国。1870年普法战争失败后，人民起义推翻了波拿巴的统治建立了第三共和国。二次大战后第四共和国应运而生，但政局相当不稳定，在从1945年以后的13年里更换了25位总理。戴高乐于1958年重新上台，建立了第五共和国。可见，法国的政治发展主要是在革命和暴力中一步一步向前推进的，政治的道路极不稳定。这种政治发展的模式主要是依靠革命和暴力在政治生活中的颠覆性效果来实现对体制和政权的更替。法国出现激进主义的发展路径并非偶然，这从1789年大革命以后革命力量的不断分裂瓦解过程中得到体现：从斐扬派的失势到吉伦特派的被清洗，再到忿激派被铲除，最后到雅各宾派内部的分裂和清洗，政治上越来越激进，暴力方式的运用也越来越频繁，革命力量也越来越遭到削弱。这种激进—革命的方式使法国的政治发展道路充满了波折和戏剧性，政治形式也在左右之间摇摆嬗变，每前进一步都要经过几次反复，在革命与反动的一再较量中才能最后完成。通常，政治激进主义的思维假定政治生活的发展只有当一种新制度和新政权替代旧制度和旧政权才能实现，政治发展只能以制度和政权的性质发生根本变化为标志。而旧制度和旧政权不会在历史进程中主动退出政治舞台，因此，政治发展只有采取革命和暴力的方式，新政治形式在革命与反革命的反复较量中才能最终完成。与法国的激进—革命式发展道路相似的还有西班牙、葡萄牙、希腊等国。俄国历史上的政治发展也属于这一类型，只是到 20 世纪其革命的性质发生了变化，建立了新型的社会主义国家。

　　第三种是保守—改良的发展道路，以德国为典型。与英国、法国相比，德国的政治发展步履维艰，姗姗来迟。当 15 到 19 世纪英法两国建立强大的中央集权的民族国家并开始民主化的进程时，德国仍陷于严重的诸侯割据的封建泥沼之中，全德国有 300 个诸侯国，包括 7 个大选侯、十几个大诸侯和 200 多个小诸侯。另外还有上千个独立的帝国骑士，他们各自为政，壁垒森严，不仅在政治上对内不能统一、对外不能独立，而且也严重阻碍了经济发展，市场分割，仅货币就有上千种，这使德国在现代化的道路上远远落后于英、法。19 世纪的德国，在英、法等国示范效应的强大压力下，不仅面临着民族国家建设的任务，还受到民主化浪潮的冲击，因而德国的政治发展与英法历史上相比更为艰难。德国的资产阶级在 1848 年欧洲革命的形势下想通过革命的手段实现国家的统一和民主化的双重任务，但没有成功，德国人的民族性格和资产阶级的软弱性也使其很难走法国式的道路。同时，由于德国发展落后，又面临着国际激烈竞争的局面，在 19 世纪它很难像英国那样通过缓慢的渐进方式进行其政治发展的历程，而且也不具备走英国式道路的条件。于是，德国走上了通过王朝战争和强硬统治自上而下实现国家统一的保守主义道路。普鲁士国王威廉一世执政后，于 1862 年任用了容克政治家俾斯麦。俾斯麦以其"铁血政策"，在连续的丹麦战争、普奥战争和普法战争的军事胜利中实现了德国的统一，于1871 年建立了德意志帝国，并在其后短短的几年中实现了司法统一、货币统一、行政统一和市场统一。俾斯麦还通过内部改良，满足资产阶级的政治经济要求，并在 1883—1889年实行福利化，成为世界上第一个向工人提供病、老、伤、残社会保险的国家。只是，由于德国的政治发展依靠的是保守的国家主义力量，民主化的问题没有从根本上得到解决，这使其走上了专制主义和军国主义的道路，经过第一次世界大战的失败、魏玛共和国的夭折、希特勒的上台和第二次世界大战的劫难，最后在盟军占领下才完成了民主化的任务。除了德国以外，日本、意大利等国在进入近代政治发展的历程时也显得远为落后，不仅在时间上滞后于英、法等国，而且面临着来自外部政治现代化示范效应的压力。这些国家同时面临着国家建设和民主化的双重任务，这就决定了它们无法像英国那样通过渐进的方式进行政治发展，也不能像法国那样通过革命和暴力的方式完成政治变革，因此，这些国家采取了改良主义的保守道路，通过政治统治阶级自上而下对原有的制度在保存其实质的前提下进行逐步调整和改进，以适应新的政治形势变化的需要，以此来实现政治发展的目标。

　　大体上，由于历史、社会、文化条件的不同，早期现代化国家的政治发展大致形成了渐进—妥协、激进—革命和保守—改良的三种道路。如果说保守—改良的道路主要是通过自上而下的力量实现政治发展的模式，而激进—革命的道路基本上是通过自下而上的力量推进政治发展的模式，那么渐进—妥协就是一种上下力量互动的发展模式。

二、后发型国家的政治发展

后发型国家又称为发展中国家，主要是指亚洲、非洲、拉丁美洲等一批欠发达的第三世界国家。这些国家的建立大体上有两种成因：一种是 20 世纪二三十年代经过独立运动以后开始本民族或民族联合体的国家建设；另一种是二战后随国际局势变化通过革命的方式取得民族解放。一般所说的政治发展问题主要集中在二战以后的发展中国家进入现代化潮流的过程中。

与早发型现代化国家相比，后发型国家在政治发展的进程中具有较大的特殊性，总体特征表现为后发性。

首先，后发型国家由于启动政治发展的时期较晚，面临着时间和问题的巨大压力。早期现代化国家的现代化发轫于 16 世纪，到目前已有四五百年的历史，经历了王权专制、民主化和福利化时代的嬗变。这一过程主要由社会力量自发驱动生长，在这一过程中所遇到的问题和挑战个别地出现，并一个一个地分别得到解决，且每解决一个问题均有充裕的时间，很少受到其他国家示范效应的影响。而后发型国家处于完全不同的情况，面对西方国家强大的示范效应和激烈的国际竞争压力，它们必须把西方历史上依次出现的若干时代缩为一个时代，需要同时解决上述所有问题。正如阿尔蒙德指出，当今世界的国家建设同时处在产生相互冲突的要求所造成的压力之下，"集权的需要与分权的要求相冲突；提取资源与经济增长及进行投资的需要又与增加福利的要求相冲突。在当代世界中，一个有效的国家建设战略，必须设法调解政治集权与分权、经济增长与分配之间的这些冲突"。其次，后发型国家共同面临的是一种被动型政治发展，即由于在现代化的历史上属于晚来者而不得不具有某些特殊的发展逻辑。被动发展意味着缺乏自主的发展。早期现代化国家的政治发展在历史上先行一步，故这些国家的发展经历在发展目标、方向、路径等方面对后发型国家形成了一种示范效应，这种示范效应因早期国家的成功先例而使后发型国家多少自觉或不自觉地仿照西方发达资本主义国家走过的道路进行自己的发展历程，如许多后发型国家仿效西方民主制建立议会制、多党制、普选制、扩大政治参与等。这也是早期现代化理论主张"西方中心论"的一个重要原因。被动发展的另一层含义体现在现代化理论的后来者们提出的依附论和世界体系论中。与早期西方国家的政治发展的背景不同，西方国家是自主地发展，而后发型国家处在一个国际社会的背景之下，处于整个国际依附或依存体系中。这种依附、依存关系的存在使后发型国家政治体系的结构和功能显得脆弱、不稳定，往往易受国际、地区性政治局势、经济局势的变动而变动，政治发展进程缓慢，缺乏自主性。

此外，后发型国家在政治发展过程中，它们的历史、文化传统因素等也对政治发展产生了不可忽视的作用。后发型国家政治发展的起点一般都是从殖民主义的历史展开的，这些国家在国家地位、主权独立等方面曾受到巨大的冲击，这对独立后的政治发展也有一定的影响。同时，后发型国家的传统文化如缺乏民主、国家的非整合性、法治匮乏等也会对该国政治的发展产生作用。

当然,后发型国家的政治发展也存在一定的有利因素。相对于西方资本主义发达国家,尤其是英、美、法等国家,后发型国家在政治发展过程中国家的主导作用很明显。在西方社会,代议制民主出现以前,社会的生长发育如工业化、都市化早已出现,国家对经济生活的影响、对民主政治的建构,并不具有决定性的作用。后发型国家的政治发展,有着政治体系与整个社会体系同时发展的特点,而且由于这些社会的传统性较强、分化程度较低以及广大社会阶层的内在现代化推动力较弱,因此必然是一种自上而下的、以国家为主的干预性过程,政权为促进和调节社会动员而采取的政策,在现代化进程中具有特殊的重要性。因此,这些社会首先需要进行国家建设,建立有效的政府机构,从而可以大规模地进行民众动员,调动经济建设和政治发展所需要的资源,较快地推动经济增长和政治发展。后发型国家最明显的所谓后发优势,体现为其借鉴性的特点。早发型西方发达资本主义国家的自由发展不可避免地带来了许多盲目性,在探寻适合自己的政治发展道路上付出了巨大的代价,这些国家的军事化、殖民化道路就是这种代价的一种曲折反映。这在后发型国家中得以避免。在政治发展的目标、方向上,后发型国家可以参考早发国家,建立符合自己国情的政治体系。尤其能体现后发优势的是,早发型国家政治发展过程中形成的一套先进的政治制度和机制、治理技术,成为后发型国家迅速建立稳定有效的政治体系,发挥应有功能的参考条件,例如西方体制结构中的文官科层制、权力结构内部的有效制约与监督、法律对公民权利的广泛赋予与保障等。这些制度、技术的可借鉴性,使后发型国家大大减少了政治发展的创新成本和统治成本,从而使有限的政治资源得到更为合理的分配与运用。

第二次世界大战后,一些后发型国家面临的最大困难是发展过程中出现的一系列尖锐的矛盾和问题:种族和阶级冲突不断加剧,社会动乱和暴力事件层出不穷,军事政变接连不断,领导人物推行专断强权政策,政府官员肆无忌惮地贪污腐化,公民权利和自由毫无保障,政治团体和政党相互对立,立法、司法机关缺乏权威等。这些问题严重阻碍了后发型国家的政治发展,也引起了学者的广泛注意。与经济上的不发达相对应,后发型国家的这些政治问题通常被称为"政治欠发展"现象。

针对一些发展中国家面临的这些政治欠发展现象,许多学者提出了自己的看法。派伊认为过渡时期发展中国家的政治问题是由一系列危机引起的。他归纳了六大危机:(1)认同危机。新兴国家建立之初社会整合度低,民众对部落、村落、宗教、家族、语言团体等保持着高度认同与忠诚。这种观念往往与现代国家观念发生冲突。(2)合法性危机。政治体系的权威与职能是否具有正当性、合理性,常常受到民众尤其是传统集团的挑战。(3)贯彻危机。发展中国家国家制度建设尚未完成,政府与民众严重脱离,缺乏沟通,导致政府的政策、法令难以顺利贯彻实施。(4)参与危机。发展中国家的政治体系往往缺乏正式制度化的渠道容纳民众、新兴政治集团的参与要求,从而易导致非正常或暴力方式的政治参与表达。(5)整合危机。政治整合是指把民众纳入政治体系中,使民众在政治参与过程中达成共识,这既能反映民众的利益,又能够顺利贯彻政府的政策法令。但发展中国家的政治体系缺乏政治整合能力,无力实现政治整合过程。(6)分配危机。发展中国家在经济增长的同时往往加剧了社会贫富分化,难以协调来自民间大众的平等分配要求和特殊利益集团对分配的倾斜性主张,这就进一步引发了分配不平等而导致政治危机的爆发。阿尔蒙德认为发展中国家的政治问题产生于政治体系的能力与社会要求之间的脱节。由于有现代国家的范例,这些新兴国家在建立起有效的中央决策机构和形成促进民众参政的组织之前,就受到了要求为民众参与决策开放渠道的压力。此外,由于有现代经济的范例,新兴国家在具备生产福利——资本产品、管理才能、劳动技艺——的能力之前,也受到了要求分配物质福利的压力。毫无疑问,当今世界中的国家建设和政治发展,处于这些同时产生而又相互冲突的要求所造成的压力之下,这使得两者采取不同的比重。上述的双重压力使发展中国家陷入危机,引发种种社会、政治问题。亨廷顿把产生政治问题的原因很大程度上归结于发展中国家现代化进程过快,表现为:(1)现代化进程中中央集权、民族融合、社会动员、经济发展、政治参与、社会福利等同时向政治体系提出要求,政府机构无力解决;(2)公民文化水平提高,大众传媒和通信的发达使民众有了政治参与的可能和愿望,但现有的政治制度缺乏参与渠道和途径;(3)政治体系落后,存在严重的“政治衰败”,如官员腐化、行政软弱、专制独裁等。

一些后发型国家的这些政治问题引起了严重的政治后果,主要表现在:

第一,政局动荡。后发型国家政治发展中的一个显著特点是:政治生活极不稳定,政权频繁更迭,政府如走马灯式地更换。按照亨廷顿的说法,1955 年到 1962 年间发生政治不稳定事件的频率是 1948 年到 1954 年间的 5 倍,当时世界上 84 个国家中有 64 个存在不稳定倾向。政治不稳定的表现形式各种各样,较通常的有:非法的游行、示威和静坐、抗议、骚乱、暴乱、军事政变、革命等。从政治不稳定的原因来看,政治体系的无效似乎是根本因素。后发型国家的政治动荡常常导致政治秩序混乱,政治体系功能失效,进而阻碍社会经济的发展,引起社会倒退。历史实践表明,一些后发型国家缺乏基本的政治稳定条件,这导致不管是经济生活发展还是政治体系本身的发展,都是不可能的事情。

第二,行政不力。行政不力是指后发型国家政府行政体制不健全,行政结构松散,行政效能低下,致使中央政府的政策、法令无法有效地得到贯彻执行,从而影响国家的现代化发展。瑞典经济学家缪尔达尔把这种在现代化进程中国家行政命令贯彻能力的弱化、行政实施效率低下和法令遭到任意破坏而引起的现象称为“软政权化”。后发型国家出现行政不力现象,主要与传统的政治体制有关。不少后发型国家在进入现代政治发展过程时还不是一个权力统一的国家,存在着民族、部落、宗族、宗教或语言团体等多种传统的权力中心,社会整合度低,缺乏对国家的认同,国家内部没有一个从上到下的统一有效的行政机构,从而在政治发展过程中中央政府的行政效能低弱,阻碍了政治发展。对于后发型发展中国家来说,要维持政治体系、社会生活的稳定,追赶西方发达资本主义国家,没有国家的主导作用是不行的,而国家的主导作用关键就体现在全国的政令统一,中央政府能够有效地调动全国的资源。因此,建立有效的行政机构成为后发型国家的一项重要任务。

第三,政治独裁。在一些后发型国家,由于传统因素或社会力量的弱小,政治权力往往高度集中于一人或少数人手中(主要为某一政党或军队)。政治独裁下的权力运作没有或缺乏宪法的制约,权威的合法性不是来自被统治者的认可,而是来自某种特性如个人的超凡品格、国家的神圣使命等。政治独裁的主要特征是取消民主,利用国家机器和意识形态全面控制社会的经济、政治生活。一般地,独裁者反对现代政治制度的发展,或使其徒有虚名;取消公民参与,限制公民团体的生长,建立一种使特权阶层和广大民众相隔离的二元社会,使用强制手段压制要求平等和参与的呼声;取消一切政党或限制反对党,实行个人独裁、一党专政或军人专政。后发型国家的专制独裁,有些是传统专制体制的遗留,但更多的是后发型国家在政治发展过程中由于政治、经济危机,原政治体系无力解决问题而形成的"体制真空"由独裁政府来填补,尤其是军人独裁。尽管在一段时间内,专制独裁有可能促进经济发展,但长期来看,由于政权与社会利益的隔离而最终阻碍了社会经济生活的发展。

　　第四,两极分化。政治生活中的两极分化,是指政治生活中人们参与政治的两极分化。后发型国家在政治发展过程中,往往出现这样的情况,一方面,经济、政治的发展使一部分社会阶层、集团掌握更多的政治权力和政治资源,成为政治生活中的权力阶层或特权阶层;另一方面,一部分社会的中低阶层越来越远离政治权力中心,除了基本的公民权利外,基本上不涉足政治生活。达尔把这种情况称为"有权力阶层"和"无权力阶层"。这种政治发展过程的两极分化实质上还表明,政治权力作为利益分配的工具,是由经济上占统治地位的阶级、集团所掌握的。政治权力分配的两极分化,反映了经济生活中财富分配的两极分化。同经济生活中的两极分化一样,政治权力分配的两极分化,导致了政治生活中不同阶层之间的敌对和社会分裂,往往引发社会不稳定,破坏现代化进程和政治现代化的发展。第五,政治腐败。一些后发型国家在致力于经济、社会发展过程中,普遍伴随着严重的政治腐败现象。贪污、受贿行贿、以权谋私、钱权交易、寻租活动在一些后发型国家比比皆是。由于后发型国家缺乏法治传统,对政治权力很少具有有效的制约,政府官员凭借其所处的职位和手中掌握的权力、资源,将权力用于私人的目的而严重损害了国家、社会利益。这方面的例子如加纳前总统恩克鲁玛、尼加拉瓜前独裁者索摩查、印度尼西亚前总统苏哈托及其家族等。后发型国家的政府官员涉嫌贪污腐败而身败名裂者不计其数。腐败现象不仅危害社会稳定,损耗政府效能,干扰政府管理,而且破坏了社会资源分配,阻碍经济增长,使法治观念和社会道德水准下降。如果不能有效遏制腐败现象的蔓延,则经济发展带来的繁荣、政治发展产生的民主稳定只能是短暂的,严重腐败造成的社会混乱很可能中断现代化的进程。

　　可见,政治发展过程中出现的这些严重政治问题阻碍了后发型国家的政治发展与社会经济生活的发展。如何解决这些矛盾和问题,是后发型国家政治发展的主要任务。而解决这些问题,就需要选择合理、有效且符合本国国情的政治发展方式。

　　布莱克运用比较历史的方法,从现代性的挑战、现代化领导的巩固、经济和社会的转变以及社会的整合四个方面入手,将所有建设现代化的社会分为七种范型。巴林顿·摩尔归纳了政治发展道路的三种历史类型:一是西方式民主的资产阶级革命道路,以英国、美国和法国为代表;二是以法西斯主义为归宿的自上而下的保守革命,以德国、意大利和日本为典型;三是通向共产主义的以工人、农民为主体的革命,以俄国和中国为代表。这些政治发展模式的概括都是十分抽象和简单化的。划分依据、标准不同,进行分析和比较的框架也就不同。

三、政治发展的战略模式

在政治发展过程中,政治体系通常既要面对政治发展本身许多目标的选择,又要关注政治发展作为社会整体发展的一部分而必须处理好同经济、文化发展之间的关系。因此,如何选择政治发展的策略,往往决定了政治发展的最终结果。阿尔蒙德从政府能力、政治参与、经济增长程度和分配角度,把后发型国家的发展战略大体分为以下几项。

(一)民主的平民主义战略

二战以后,大多数新兴国家都建立了民主议会制政权形式,但这种模式实践的结果在相当多的国家中基本上是失败的。这主要是因为:首先,在现代化水平很低的竞争性政权中,政治过程事实上往往为拥有政治参与资源和技能的少数集团所控制。因此,分配的甚至参政的目标在很大程度上未能兑现。而且,尽管民众参政程度相当低,但由于政府能力低弱,各种政策还是难以执行。其次,在略微发达一些的平民主义型政治体系中,广泛的社会动员或逐渐增强的参政压力,使政府不得不满足对民众参政和分配所许的诺言,但这意味着需要大规模地重新分配政治权力和经济资源——这种行动会受到政治权力和经济资源的所有者的强烈反对——因此引起了激烈的政治冲突。此外,在没有经济增长的情况下进行分配,不仅是产生激烈冲突的根源,而且事实上阻碍了为未来经济增长提供资金所必需的资本积累,从经济上看,其结果也是破坏性的。当然,也有少数竞争性的民主政权生存了下来。

(二)权威主义—技术型战略

这一战略的重点放在提高政府维持秩序和促进经济增长的能力上。这种战略往往用制定对工业有利的税收和投资政策、训练工人和吸引外资等办法来促进经济增长。在巴西、印度尼西亚等国家,权威主义的精英人物建立了一套强制性机构来压制人民对平等和参政的要求、所有的政党被解散、新闻自由和结社自由被剥夺、大众的政治权利极为有限,偶尔的选举也只限于选择没有多少权力的立法机构成员。虽然这类政权鼓励物质增长,但对物质的分配是漠不关心的。它使大多数成员相对而言没有享受到现代化带来的益处。这一政权采用压制的办法来"解除"后发型国家的政治和经济由于希望受挫而产生的压力,但还是难以避免长期的动荡不定。这种战略依赖于经济增长,但正是经济增长以及随之而来的不平等现象的加剧,最终必将增加民众要求参政的压力。

(三)权威主义—技术—平等型战略

这种战略是前一种战略加上平等内容而产生的变型。从政治结构的角度来看,这种类型的政权取缔政党,或限制其活动,而且对新闻工具和利益集团施加控制。最强有力的两个机构是政治、行政领导部门和政府行政机构。这类政权将现代化带来的成果能够在一定程度上与民众共享,推动收入分配的平等化。20世纪六七十年代的秘鲁和韩国为这类政权的典型。

(四)权威主义—技术—动员型战略

实行这种战略的国家一般是通过政党(通常是唯一的政党)作为动员民众和渗透社

会的工具,同时作为制定和执行公共政策的工具。而民众被动员来执行政党和精英人物已经制定好的政策,不能参与制定政策。执政党是一个先占性的体系,其他政党及其活动被取缔或被严格限制,不同的意见遭受严格压制。

(五)新传统主义战略

从性质上看,这类政权属于传统的权威主义,将基本上未变化的传统社会的结构和文化带到了新的时代。其特点是低经济增长率,城市化和工业化进程缓慢,识字率很低。在这些国家中,主要的现代化发展就是引进了现代军事组织和技术,出现了一些现代的产业组织形式,并具有民族国家身份。与其说新传统主义战略是被制定和追求的,还不如说它是一种无可奈何的现实,因为传统的那些落后的社会制度、结构和关系模式还未及改变就已被卷入了现代化的世界潮流。因此,在这些国家中,一个极为普遍的场景是——由现代经济结构和受过教育的人口所组成的零星分布的城市与保持着自给自足的自然经济的广大乡村构成的二元社会。

一般地,在政治发展的历史上,主要的发展策略有:

第一,经济发展和政治发展。作为一种政治发展策略的经济发展与政治发展,主要是考虑以经济发展来推动政治发展,或是以政治发展来推动经济发展。因此,先发展经济还是先发展政治,成为后发型国家政治发展策略的一个组成部分。出现这一问题的主要原因是经济发展与政治发展之间的复杂关系。尽管一些学者如利普塞特等认为经济发展与政治发展、政治民主之间存在着正相关,但更多的学者却指出了这两者之间的关系远没有那么和谐,他们发现诸如政治制度化水平较高的社会经济增长速度往往比政治制度化水平较低的社会要快;政治民主水平较低的社会经济增长速度反而比政治民主水平较高的社会要快;迅速的经济发展有时会妨碍一个国家转变为现代民族国家的进程。面对这些复杂关系,后发型国家在经济发展和政治发展中面临着一系列的顺序选择,这些选择包括经济增长、社会平等、政治稳定、政治民主、国家自主等。一些国家把政治目标置于经济目标之前考虑,将稳定、秩序优先于经济增长和分配,另一些国家则将经济增长放在首位,忽视民主、稳定等政治目标。在现实中,过于偏向一方的国家均遇到了很大的困难,其政治发展未能取得良好的社会效果。

第二,权威主义和民主主义。权威主义是二战后一些后发型国家较多采用的一种政治发展模式,一些早期现代化国家在国家建设的过程中也曾经运用过这一策略。这种策略以增强政府维护社会政治秩序能力和推动经济增长为主要目的,通常排除政治参与、压制公民权利、实行封闭的政治过程。阿根廷学者吉列尔莫·奥唐奈概括了现代权威主义的几个特征,包括国家权威机构由履行暴力的专家和致力于经济稳定的专家组成,政治上排斥、打击平民主义势力,关闭民主渠道;经济上主张经济机构的跨国化,大力推行有利于跨国垄断集团的资本积累模式,认可、鼓励社会资源的不平等分配趋势等。实行这一策略的主要为20世纪六七十年代的巴西、阿根廷、智利、韩国、新加坡等国家。民主主义策略主要是二战后的后发型国家,它们仿效早期现代化国家的民主模式,建立议会民主,实行多党制、普选制,扩大民众的参与,赋予民众广泛的公民权利,实行竞争性的政治过程,以此实现政治发展。但20世纪60年代以后,许多民主政府由于社会发育不足、经济增长缓慢而纷纷垮台,继之而起的是军人政府或独裁政权。除了少数以外,民主化实验在后发型国家遭到了失败。70年代中期以来,许多权威主义国家或军人政权开始选择或回到了民主化的道路,掀起了一次新的民主化浪潮。可见,各国在选择政治体制的过程中,经历了艰难曲折的探索。

第三,集权主义和分权主义。在政治发展过程中,尤其是后发型国家,在推动政治发展中面临的一个重要难题是中央与地方的关系的处理。在政治体系中,中央与地方孰重孰轻、中央与地方的权力界限为何、地方是否享有自治权等一系列问题困扰着处于政治发展过程中的任何一个政府。集权主义策略认为政治发展过程中作为整体的国家具有特殊的重要作用,中央政府应作为政治发展的中心,享有对社会、对地方的极大权威,中央应具备强大的调控能力,以处理政治发展过程中面临的各种政治、经济、社会问题,因而,中央有必要集中较大的权力、功能和较多财政资源。分权主义策略则认为,经济发展和政治发展不仅是国家和中央政府的事情,更属于社会和地方的事情,中央政府不应当干预过多,同时,政治发展的民主化目标显然要求中央政府分权、放权,社会、地方应享有充分的自主性,实行地方自治。许多国家的政治发展进程缓慢的一个重要原因就在于未能正确处理中央与地方的关系,要么造成地方割据,各自为政,中央政府形同虚设;要么走向另一个极端,中央过于集权,地方缺乏活力,仅仅是中央的执行机构,导致经济发展缓慢。

对于任何一个正处于政治发展中的国家来说,制定合理的政治发展策略,就是要善于处理各种政治发展过程中遇到的主要矛盾和问题,正确指导政治发展的进程。

第三节　政治文明与政治现代化

政治文明既是人类社会政治生活的进步状态,又是政治现代化的一个重要指标与组成部分。政治现代化也要求实现政治文明、政治稳定、政治民主化。

一、政治文明的含义

政治文明是指人类改造社会的政治成果的总和,是人类社会文明的重要组成部分,是人类政治活动的进步状况和发展程度的标志,与政治蒙昧和政治野蛮相对立。

所谓政治文明,简单地说,就是人类社会政治生活的进步状态.从静态的角度看,它是人类社会政治进程中取得的全部进步政治成果;从动态的角度看,它是人类社会政治进化发展的具体过程.政治文明包括政治意识文明,政治制度文明和政治行为文明三个组成部分。

从现代的意义上理解政治文明,可以有以下三个角度:一是,政治文明意味着一种得以产生并具有持续生命力的政治形态。在这个意义上,我们可以说有资本主义的政治文明,也有社会主义的政治文明,当然也有人类共同的政治文明。二是,政治文明意味着社会政治领域的进步,因为所谓文明通常可以与进步同义。政治进步主要是指人类用和平协商的办法,解决政治难题以及摆脱政治困境,包括制度的发明以及技术的设计等等。

三是，政治文明更意味着政治的发展。文明本身也是一个代表着发展的概念。与经济的发展情况一样，政治也有一个发展与不发展的问题，也有一个评价政治发展与不发展的指标问题。

二、政治文明的特征

（一）从暴力政治走向协商政治

尽管暴力是政治的最后手段，但是非暴力的政治应该是现代政治文明的主要特征。法国思想家卢梭曾说："即使是最强者也决不会强得足以永远做主人，除非他把自己的强力转化为权利，把服从转化为义务。"就是说，一种持续稳定的统治秩序一定是基于权利与义务关系上的秩序，而不是基于暴力的政治。因此，现代政治文明注重以协商政治为导向，通过谈判、妥协、让步来获得政治问题上的共识和认同。

（二）从权力政治走向权利政治

传统的政治以权力为导向，政治活动的主要领域几乎都是围绕权力的问题而展开的。随着政治文明的发展，权力政治的倾向逐步为权利政治所取代。政治文明的发展有一条关于平衡权力与权利关系的主线，反映的就是这方面的变迁。现代政治文明往往以权利为政治的核心，权力服从权利，权力保障权利，权利制约权力，权利是权力的目的，等等。

（三）从无序政治走向有序政治

政治文明的进程实际上也是一个政治制度化、政治秩序化的进程。现代政治文明结束了过去那种政治生活的变幻无常、随心所欲以及动荡不安、政权不稳的时代，建立了一整套保证政治稳定的制度规则和行为规则，从而使政权的交替、政策的变革等等，都能够在一种既定秩序下进行。

（四）从垂直政治走向平面政治

传统政治的一个重要特征就是垂直的权力关系，而现代政治文明条件下权力的关系实现了分散化、平面化。如地方自治政府的建立，政府、非政府以及公民的"多中心治道"，官民的协同治理等等，都体现了现代政治文明的发展取向。现代政治文明既注重公民的权利，也注重公民的责任，强调政府与公民对于社会公共事务管理的共同责任和共同利益。

三、政治发展、政治文明与政治现代化的关系

研究政治发展的学者一般认为，政治发展大致上可以有以下一些评价指标：有关民主、自由、法治等现代政治意识和政治观念已经在社会形成广泛的共识，并成为指导人们从事政治活动、参与政治生活的基本准则；政府结构及其功能的专门化以及政府治理社会能力的提高；社会政治参与渠道的扩大以及民众政治参与的普遍性和有效性。具体讲，政治文明指人类社会政治生活的进步状态和政治发展取得的成果，主要包括政治制度和政治观念两个层面的内容。在政治制度层面，主要表现为由于经济基础和阶级力量对比的变化所引起的国家管理形式、结构形式的进化发展，即政体或国体、政体范围内的

政治体制、机制等方面发展变化的成果。如代议制民主的确立、选举制度的推行、司法制度的近现代化、政党制度的建立、文官制度的形成等等。其中，民主政治制度的建立是政治制度文明发展的最重要成果。在政治观念层面，主要表现为政治价值观、政治信念和政治情感的更新变化。如民主、自由、平等、人权、正义、共和、法治等思想观念的形成、普及和发展，以及人们政治参与意识的普遍增强等等。政治观念文明是精神文明的重要组成部分，它与精神文明的其他部分一起，为政治文明的发展提供强大的精神动力和智力支持。

四、我国社会主义政治文明建设

视频：中国政治制度及其发展

社会主义政治制度的建立是人类政治文明发展的最新成果。建设社会主义政治文明，必须按照社会主义政治生活的发展规律，全面加强政治建设，不断推进社会主义民主法治建设的进程。

社会主义的政治文明是中国共产党领导的政治文明，是人民当家作主的政治文明，是坚持以德治国和依法治国相结合基本方略的政治文明。社会主义政治文明可分为政治民主化、政治公开化、政治法制化、政治科学化、政治高效化、政治清廉化六个层面。因此，巩固和完善中国特色社会主义政党制度是社会主义政治文明的根本保证，巩固和完善中国特色社会主义的国体是社会主义政治文明的本质要求，巩固和完善中国特色社会主义的政体是社会主义政治文明的基本方略。

文档：阅读材料1

要建设社会主义民主，使政治民主化，必须从中国国情出发，坚持走自己的路，在中国共产党的领导下，坚持人民群众当家作主，实现民主选举、民主决策、民主管理、民主监督，保证人民依法享有广泛的权利和自由。

文档：阅读材料2

政治公开化就是增强政治生活的清晰度和透明度，使广大人民群众能够更好地了解政治过程，更好地知政、议政和参政。

实现政治的法治化，就是要真正根据法治精神和法治原则，构筑建立在尊重人的人格、尊严、自由、进取精神和合理要求上的法律体系。不断强化政治主体的法律意识，形成良好的法治社会环境。

文档：阅读材料3

没有政治的民主化，就不会有政治的科学化；没有政治的科学化，政治民主化难以实现。必须建立科学的政治决策机构、程序和方法，吸收和运用现代科学技术成果，力求最好的社会和经济效益，尽量避免随意性和主观性。政治清廉化就是建立健全政治权力的制约监督机制，通过阳光工程，对政治权力实行严密有效的监控和制约，遏制和消除一切政治权力异化和腐败现象，实现政治权力主体清正廉洁，从而巩固政治制度的阶级基础，使国家长治久安。

文档：阅读材料4

本章思考题

1. 为什么说后发型国家的政治发展是一种压力型政治发展？
2. 如何理解依附性政治发展的危害？
3. 如何结合我国国情选择政治发展战略？

【案例思考】

拉丁美洲的依附性政治发展

拉丁美洲,是指美国以南的美洲地区,也就是地处北纬 32°42′ 和南纬 56°54′ 之间的大陆,包括墨西哥、中美洲、西印度群岛和南美洲。拉美国家指的是 19 世纪初独立的 18 个讲西班牙语和葡萄牙语国家以及分别于 1902 年和 1903 年独立的古巴和巴拿马。国际上把上述 20 国和新近独立的 13 国(合计 33 国)以及 12 个未独立地区统称为"拉丁美洲和加勒比地区",有的人把它称为"扩展的拉丁美洲"(Extended Latin America)。拉美有共同的历史背景,保持着许多共同的特征。

世界上现存的几乎所有的社会、经济、政治问题和政策都能在拉丁美洲找到,而"世界上恐怕再没有其他地区能够做到了",这里一直是世界上最令人兴奋的经济、社会和政治变革的活生生的实验室之一。

18 世纪后半期,宗主国所竭力维护的制度日益成为拉丁美洲社会发展的最大障碍,这个主要矛盾的发展,推动着拉丁美洲人民走上独立战争的道路。到 1810 年,武装起义烈火燃遍整个南美洲。经过十多年浴血奋战,人们终于推翻了西、葡统治。到 1826 年,相继建立起 10 个民族独立国家,只有圭亚那等少数地区尚处于英、法、荷统治之下。

当时流行的现代化学说要落后国家的精英们相信,如果不实行"西化",便只有灭亡。它不是拉美国家自己的、独立的思想文化,而是拉美的一种依附性经济自由主义文化。

拉美独立后,不断遭受西方国家的压迫、侵略和掠夺。拉美地区的土生白人掌握了多数国家的政权,实行具有拉美特色的"考迪罗"式的军事独裁统治,维护大庄园土地所有制和封建剥削,经济发展缓慢。英、美等国乘虚而入,将各国变成它们的原料供应地,倾销商品和输出资本的场所。特别是 19 世纪末崛起的美国,凭借其经济实力和有利的地理位置,排挤其他国家的势力,成为南美洲的霸主。

第二次世界大战后,全世界范围内兴起了民族解放运动高潮,第三世界崛起,拉美国家在进行现代化建设和发展民族经济的过程中逐渐磨炼出了自己的求独立、求发展的民族文化性格,并提出了自己的现代化理论——依附论和自主性进口替代工业化(现代化)战略。但是,这个朝气蓬勃的历史阶段只维持了 30 年左右,20 世纪 70 年代以后,特别是 80 年代债务危机爆发后,拉美国家又在中心霸权国家发起的空前规模的意识形态攻势中败下阵来,不得不服从中心霸权国家新自由主义意识形态的统治,接受美国"华盛顿共识"所提出的新自由主义文化思想,再一次陷于文化依附的地位。

20 世纪 70 年代末以来,拉美经历了史上最广泛和最持久的民主化浪潮,这一浪潮是亨廷顿所说的"第三波"民主化浪潮的重要组成部分。1978 年,巴拿马通过间接选举成立文职政府;1979 年,尼加拉瓜游击队推翻索摩查家族长达 42 年之久的独裁统治;同样在 1979 年,厄瓜多尔军政府向文职政府移交权力。此后,拉美国家相继确立代议制民主体制,并在此后近 40 年间延续这一总体政治框架。

1982 年,拉美爆发剧烈的债务危机,导致既有发展模式内在矛盾的全面爆发,地区各国陷入长时间的经济低迷状态。

通常认为民主可能是"最不坏的制度",但是民主制一旦被专权者操控,就只能另当别论了。从拉美各国这几十年向民主制转型的实践来看,主要成果是确立了选举制,但权力依然集中在少数精英手中,任人唯亲和世袭制仍在大行其道,大量的民众仍被排除在有效参与之外。许多情况下,民主是外壳,实际上是专权者以宪法的名义进行施政,多半是一种民粹主义的、半威权主义的,称其为非民主或许更合适。普遍的腐败、庇护与高效率的公司、新的国家机构相辅相成,动荡、混乱和政府的不可治理性并行不悖。

问题:依附性发展理论与现代化的关系? 结合拉丁美洲的依附性政治发展,你是如何理解"民主可能是最不坏的制度"?

第十章　全球化背景中的政治问题

本章导读：

本章主要概述国际政治体系与全球化对政治发展影响的基本概念和原理，分析国际政治与国内政治的关系以及全球化与国际组织、全球化与国家主权、跨国公司的政治影响，进而讨论全球治理的基本内容与范围，提出全球治理的合作模式。

重点与难点：

1. 国际政治准则与惯例
2. 国际政治的国内根源
3. 全球治理的内涵与特征

国际政治是政治学研究的重要内容之一，由于国际政治是一门新学科，有关它名称的说法很多，如世界政治、国际政治、国际关系、世界事务、国际事务、对外事务等。国际政治的内涵和外延影响和制约着国家活动的内容、形式以及相互之间的关系。对国际政治的研究，旨在解释各种国际政治行为主体之间的政治关系及其发展变化的一般规律。

第一节　国际政治概述

一、国际政治的内涵及其本质

（一）国际政治的内涵

国际政治是一种复杂的、处于运动形态中的国际范围的社会现象，反映了国际社会中各种政治力量在不同情况下的对峙、组合、分化、矛盾和斗争。国际政治涉及世界的格局、发展的趋势，国家的独立、主权，国与国之间的平等、和平共处、互助、友好合作以及与此相反的渗透、颠覆、侵略战争，等等。国际政治反映十分复杂的国际关系，其中有外交关系、经济关系、宗教关系、民族关系、地域关系、集团关系等。因国内外学者对其内涵和外延的理解不同，所以对此概念所做的定义也各异，但大致可以归纳为广义概念和狭义概念两类。所谓广义概念，就是国际政治的内涵、外延等于国际关系，即国际政治就是国际关系。所谓狭义概念，就是把国际政治视为国际关系的一部分。

多数观点认为国际政治是指国际社会中各主权国家、国际组织以及各种政治力量相互之间的关系及其矛盾运动过程的综合。或者说国际政治，是指主权国家、国际组织和其他政治行为主体之间的政治关系的总和。

对国际政治的这一含义，可以做如下理解：

第一，国际政治发生于国际政治的行为主体之间，是这些行为主体之间的有机联系。这就是说，国际政治社会是国际政治行为主体为主干构成的。按照国际政治学的研究，国际政治的行为主体，是指国际社会中具有特定的利益要求、行为能力、独立自主性和组织形态的政治实体。

第二，国际政治的本质内容，是国际社会多个行为主体之间的政治关系。

第三，国际政治是国际社会的政治关系体系的总和。国际政治作为各国和其他国际政治行为主体之间形成的普遍政治联系体系，作为全球性的诸行为主体之间的有机政治联系，处于不断变化和发展中，且内容丰富多样。这就是说，所有国际政治行为主体之间的政治关系，无论其层次、内容、影响如何，都是国际政治关系的构成内容。从这个意义上来讲，在当今世界，国际政治实际上是全球范围内的国际政治主体之间的政治联系的总和。

（二）国际政治的本质

国际政治的本质是各种行为体之间的利益关系，核心是国家间的利益关系。主权国家和其他行为体各有其特定的利益，它们为实现自己的利益，在国际舞台上积极活动，力图引导或影响国际形势的发展，创造对自己有利的国际环境。各种行为体之间的利益关系错综复杂，既有共同利益，也有不同或相悖的利益。共同利益和暂时的共同利益，可以构成国际协调与合作的基础；而利益的不同或相悖，则是引起摩擦和冲突的根源。

国家利益是影响、推动或制止国家在国际关系中行为的基本动因，具有多样性和复杂性，其内容主要包括安全、经济、政治、科技、文化、社会制度、意识形态以及国际威望和地位等。在不同类型的或相同类型的国家之间，彼此的国家利益经常存在着差别和对立。国家间利益的不协调是绝对的，协调一致是相对的、有条件的。这就要求一国的外交政策在维护该国利益的同时，还要协调同他国、该地区乃至世界各国的利益关系。当代科技的进步，国际政治和经济的迅速发展，使各国和国家集团之间的相互依存关系日益加深，全人类的共同利益变得日益重要，并引起人们的广泛关注。但当今国际社会，强权政治和霸权主义依然存在，国际形势剧烈变化，动荡不安，广大发展中国家仍要为维护和捍卫本国利益进行长期艰苦的斗争。国家利益依然是国际关系的核心。

二、国际政治体系

国际政治体系是由国际范围的社会现象相互作用形成的相对稳定的系统，反映了国际政治力量之间的整体关系。每一个国家都处在这个大体系之中，并以自己的力量和方式影响这个系统，同时，自己的发展策略又受这个体系的制约。

国际政治体系与国际权力格局是一对共生体，体系与格局互为表现。就国际权力格局看，按照不同的标准有不同的分法，但一般而言，最典型的国际政治权力格局有三种类型，即多极格局、两极格局和单极格局。多极格局表现为三个或者三个以上的战略力量相对均衡、相互制约，各种力量在国际事务中相对独立，相互之间不存在隶属关系。两极格局表现为两个大国或两大集团之间相互对立和相互制约,在整个国际事务中起着支配性的影响。这种类型的格局在历史上曾多次出现,并且更多地表现为两大集团的对立和相互制约。单极格局则表现为国际体系中存在着一个占压倒性优势的国家,即所谓的霸权国。自1648年威斯特伐利亚体系形成以来,国际政治权力格局的流变,经历了五个阶段:威斯特伐利亚体系格局、维也纳体系格局、凡尔赛—华盛顿体系格局、雅尔塔体系格局、多极化趋势体系格局。

（一）威斯特伐利亚体系格局

近代世界权力格局的第一次演变发生在17世纪初期,其标志是该时期席卷欧洲的30年战争。1648年《威斯特伐利亚和约》的签订,成为现代国际关系史的开端。和约确立的国家无论大小、无论是战胜国还是战败国,均能以主权国家身份参与国际协议的原则,作为国际关系发展的重要里程碑而载入史册。如果用国际政治学"多层分析"方法去总结这段历史,则可见此时期发生了多层变化:从国际层面上看,神圣罗马帝国控制欧洲的局面已经走向衰落;从国家层面上看,民族国家成为国际舞台的主要角色;从决策者个人层面看,王权逐步代替了神权,各国君主的国家主权意识增强,国际政治中的纷争更多地体现了决策者捍卫国家和民族利益的主观意愿。总之,此阶段是建立在主权国家基础上的国际政治格局的形成阶段。

（二）维也纳体系格局

资本主义生产关系的发展和生产技术的更新,增强了主权国家的综合国力。威斯特伐利亚和会以后,国际关系中的重要特点就是西欧向世界各地的扩张。西班牙、荷兰、英国、法国、葡萄牙等国均以各种形式在世界各地建立殖民地和进行宗教文化渗透。欧洲扩张的结果之一是导致了以欧洲为中心的国际格局,结果之二是导致了欧洲强国因殖民地等问题而进行的无休止的激烈较量。经过一段时间的竞争,国际关系中形成了以法国、英国、奥地利、俄国和普鲁士等占主导地位的多极格局。18世纪末,法国大革命的胜利冲击了欧洲封建主义制度,对英国霸权地位形成严重挑战。然而,拿破仑于1805年称帝后,法兰西帝国的扩张导致了欧洲反法联盟的建立。英普联盟和西班牙、两个西西里王国和奥地利,这两个反法集团共同组成了反法联盟,经过一系列生死较量后,迫使拿破仑帝国解体。战后于1814年10月至1815年6月召开的维也纳会议,确立了列强并立的维也纳体系,英国、法国、俄国、普鲁士和奥地利相互制约与平衡,成为多极均势国际体系中的主宰。

（三）凡尔赛—华盛顿体系格局

从19世纪末到第一次世界大战结束,是欧洲列强之间从两极对峙到帝国主义战争的时期。协约国、同盟国两大军事集团的对峙和战争,使国际关系的力量对比发生重大变化。由于苏联的出现、德国力量的削弱、英法损失严重、美国由债务国变为债权国、日本跻身世界列强,变化了的国力对比要求国际秩序必须重新组合。

第一次世界大战结束之后,美、英、法等国在同德国签订了《凡尔赛和约》后,又同德国的盟国签订和约,构成凡尔赛体系。1921年至1922年,美、英、日等国在华盛顿召开会议,订立了《四国条约》、《五国海军协定》和《九国公约》,形成了华盛顿体系,确立了战后帝国主义在东亚、太平洋地区的统治秩序。它同凡尔赛体系一起，构成了战后资本主义国际新秩序，即通常所说的凡尔赛—华盛顿体系。

到了20世纪30年代，由于德、意、日等国经济、军事实力的不断发展，打破了凡尔赛—华盛顿体系所建立的平衡。随着第二次世界大战的爆发，凡尔赛—华盛顿体系格局彻底瓦解，国际关系发生了新的排列组合。战争初期，德、意在欧洲同英、法交战，在亚洲日本进行侵华。之后，战争转变为反法西斯同盟国与轴心国之间的生死较量。

（四）雅尔塔体系格局

从19世纪初到20世纪上半叶，世界上先后出现了三个不同的政治格局，即维也纳体系格局、凡尔赛—华盛顿体系格局和雅尔塔体系格局。

当时欧洲是世界上经济最发达的地区，而且在欧洲同时存在着几个势均力敌的大国，前两次格局变化不过是这几个大国纵横捭阖的结果，所以格局体现出以欧洲为中心、以多极均势为原则的共同特点。第二次世界大战从根本上改变了世界多极均势格局。第二次世界大战结束前，以1944年的布雷顿森林会议和1945年的雅尔塔会议为标志，形成了战后持续四十多年的雅尔塔体系格局。雅尔塔体系格局维持的时间比以往任何一个格局都长，经历了形成、分化和解体三个阶段，对其后的世界权力格局都产生了极大的影响。

1. 冷战开始与两大阵营的形成

第二次世界大战后，美、苏两国在战争期间一致反对法西斯的利益基础和战略需要不复存在，两国在社会制度、意识形态、价值观念上的差异逐渐显现，使两国对本国利益和国际局势、对方战略意图及政策行为的认识都发生了变化，在一系列国际问题上的矛盾和对抗日趋尖锐。以富尔顿演说、马歇尔计划和北约组织形成为标志的西方阵营（资本主义阵营）同以共产党和工人党情报局、莫洛托夫计划和华约组织形成为标志的东方阵营（社会主义阵营）阵线分明、对峙尖锐的两极格局形成了。

2. 两大阵营的松动与分化

从20世纪60年代开始至90年代初这30年中，两大阵营对峙的总格局虽没有发生质的变化，但量的变化却在逐步积累。这个量的变化的主要内容就是，两极格局中的活动主体从两大阵营改变为多种力量，即除美、苏之外，西欧、日本，以及中国等广大第三世界国家在国际政治中的地位和作用日趋显著。1961年不结盟运动的兴起，标志着区别于美苏之外的第三世界的崛起。第三世界登上国际政治舞台，开创了国际政治民主化、多极化的趋势，因此是具有历史意义的事件。60年代中期，社会主义与资本主义两大阵营内部控制与反控制的斗争导致了两大阵营的分化瓦解。60年代中期社会主义阵营在中苏两党、两国关系完全破裂后瓦解。与此同时，法国于1966年正式宣布退出北约军事一体化组织，导致了资本主义阵营的分化。此后至70年代，中国、西欧、日本作为独立的政治力量有了重要的发展。而美国则因越战失利，实力衰落，不得不实行全球战略调整。美国在1971年正式承认世界上有"五大力量中心"（即美国、西欧、日本、苏联和中国）。两极对峙的格局已经处于风雨飘摇之中了。

3.两极格局的解体

20世纪80年代末至90年代初,苏联东欧国家政局动荡,并先后发生政权性质和国家形态的改变,使在欧洲存在了近半个世纪的雅尔塔体制崩溃,在此基础上形成的两极政治格局也随之解体。国际格局在和平条件下发生改变,这在世界历史上实属罕见。与近现代国际关系史上几次大的格局转换相比,这次格局转换有不同的特点和时代背景。第一,历史上,世界政治格局的转换都是经过大规模的国际性战争,打破既有国际力量的平衡,使旧格局瓦解,都是由战胜国通过国际会议划分势力范围,瓜分国际权益,确立以战胜国为主导的国际秩序。而这次格局转换的起因,不是新的国际力量压倒了旧的国际力量,而是旧的国际力量因内部问题而自行衰落。第二,新旧格局转换过程中既然没有战争形成的催化剂,则影响其转换的因素具有潜在性、分散性和不确定性,使格局转换经历较长的时期。

(五)多极化趋势体系格局

两极格局崩溃后,新旧两种国际秩序力量的对比进入了一个新时期。西方各发达资本主义国家都对国际政治新秩序发表了自己的看法,都想在新秩序中加强自己的地位。美国早在冷战结束之前就抛出了"世界新秩序"的蓝图。

文档:阅读材料1

尽管对当前的世界格局到底是以什么为基本特征,国际政治学界并未取得共识,但一般的看法是,经过这些年来不断的竞争和较量,目前已基本形成一个由美、欧、日、俄、中及其他一些新兴体力量支撑的多极化新格局雏形。首先,两极格局的终结为新格局的形成提供了历史性的机遇,世界各种力量对比消长造就了"一超多强"的格局。其次,在目前世界的五大力量中心中,除美国仍称得上有全球性军事能力及经济能力外,欧盟、日本、俄罗斯和中国

文档:阅读材料2

各有所长,与美国相比可称为地区性大国或地区性力量,因此以"一超多强"来概括当今过渡时期大国间的力量配置符合国际力量格局的实际情况。

美国是当今世界上唯一的超级大国和唯一的全球性大国。正如美国著名战略理论家布热津斯基所言,美国在全球力量四个具有决定性作用的方面居于首屈一指的地位。在军事方面,它有无可匹敌的在全球发挥作用的能力;在经济方面,它仍然是全球经济增长的主要火车头;在技术方面,美国在开创性的尖端领域保持着全面领先地位;在文化方面,有着无比的吸引力。因而,美国"一超"的地位短期内不会遇到实质性的挑战。

俄罗斯在世界近代史上就一直是欧洲大国之一,又曾维持超级大国的地位达半个世纪之久。欧洲曾长期是国际政治与经济中心,作为近代民族国家和国际关系体系诞生地,其在区域一体化方面的影响力不可小视,欧洲毋庸置疑地成为世界中的"一强"。日本凭借其雄厚的经济实力、与美国的结盟关系、西方七国集团成员的身份,在世界格局中已不可避免地成为重要一极。中国在国际政治中迅速崛起,具备完整的工业体系与创新能力,经济总量稳居第二位,提出构建人类命运共同体,在国际体系新战略平衡中成为一个重要角色。

三、国际政治准则与惯例

国际政治是一个极为错综复杂的国际行为系统,国际政治行为体之间的竞争与冲突、协调与合作是国际政治活动的基本形式。在长期的历史发展过程中,国际政治活动形成了为诸多行为体共同接受和认可的行为规则,这些行为规则成为一切国际政治行为体在从事国际政治活动时都应该遵守的基本行为规范和准则。国际政治的行为准则体现在有关国际政治的成文和不成文的规章和文件中。成文的国际政治行为准则包括具有普遍约束力的国际条约与决议。这些条约与决议既可以是双边的,也可以是多边的;既可以是长期性的,也可以是临时性的;既可以是政治性的,也可以是经济性、文化性、军事性的等。不成文的国际政治行为准则一般包括国际惯例、传统习惯以及道德规范所构成的国际社会中的默认与共识。不过,在国际政治长期发展中,得到大多数国际政治行为体认可和同意的,还是国际政治基本原则层面的行为准则,它们构成了国际政治的基本行为准则。从当今国际政治的基本情况来看,这些国际政治的基本行为准则主要是由国际法和国际政治惯例构成。

（一）国际法的内容与特征

国际法一般可分国际公法和国际私法。国际公法是指经各国协议或承认的,在国际交往中调整国家之间相互关系的,规定国家权利与义务的,具有一定约束力的原则、规章和制度的总称。它为国家间相互关系提供了一系列基本的法律规范和原则,为主权国家和其他国际政治行为体的行为确立了规范;确立了处置国家间争端的标准,保障了国际社会的正常秩序。

国际法的基本内容一般包括平时法、战争法和中立法。平时法涉及的是正常状态下国际法主体的权利义务及其实现和履行方式问题,适用于和平状态下的国际法主体和战争时期的中立国。战争法涉及战争状态下国际法主体之间的关系及其权利义务问题,规定的主要是战争状态下国际法主体行为的基本准则。中立法是对战争状态下中立国的权利义务的特定规定,一般用于战争状态下宣布中立的国家和永久中立国。

国际法的主要特征包括:首先,国际法的主体是主权国家和以主权国家为基础组成的国际组织。国际法的主体,即国际法律范围内权利与义务的直接承担者和主要代表,并非所有国际政治行为体。国家作为国际法主体的法律地位,是自国际法诞生之日起就得到世界公认的。其次,国际法的法律渊源是国际条约、国际惯例和一般法律原则。再次,国际法具有非强制性。国际法与国内法的最大不同就在于此。国际法的实施,并不像国内法那样,由具有权威性的强制机构负责进行,在国际范围内,并不存在凌驾于国家之上的、可以强制约束国家的统一权威机构。因此,国际法的实施是建立在主权国家自动、自愿、自觉地承担与履行其相关义务的基础上,是各有关国家之间的协商、认可和同意(个别情况除外),国际法的效力往往是以一种道德上的或规范性的约束反映出来。主权国家应当遵守国际法,但是也并不一定就会因不遵守而受到惩罚。最后,国际法具有"超阶级性"的特点,但这一特点不是绝对的。国际法所反映的并非某个特定国家或特定阶级的利益,而是世界各种社会制度的国家及各个阶级的利益,是各类国家共同利益的一种结合。但是,从国际法所具有的时代特征来看,在一定的历史阶段,国际法所反映的主要是某一类型国家的统治阶级的利益。

（二）国际政治基本行为原则

国际政治基本行为原则与国际法或国际法的原则从根本上讲是一致的。国际法侧重于国际交往中的法律规范,即主要的国际行为主体或国际法主体（主权国家和政府间国际组织）在国际社会所享有的权利和应履行的义务;国际政治基本行为原则侧重于所有的国际政治行为主体在处理相互关系时所应遵循的道德规范和行为准则,它可以有文字表达的形式,也可能仅仅是一种默契或共识。

第二次世界大战后,根据《联合国宪章》和联合国大会通过的具有普遍意义的法律文件,已经成为各主权国家基本共识的国际政治基本行为原则主要有以下几条。

第一,各国主权平等原则。主权原则是国际法与国际关系中最古老的基本原则。主权原则的核心是国家拥有独立自主地处理对内和对外事务的最高权力。主权原则本身包含三方面的内容:民族主权;国家主权;人民主权。

第二,以和平方式解决国际争端原则。这一原则要求在国际政治中发生矛盾、纠纷和争执的各行为主体,无论其发生的原因是什么,纠纷、矛盾和争端的性质、程度、规模、范围如何,都应以和平的方式解决。

第三,互不侵犯原则。按照这一原则,任何国家在国际交往中,不得以任何借口和理由发动侵略战争。即在国家之间的关系和国际政治活动中,任何国家不得对其他主权国家进行武力侵犯或武力威胁,同时,也不得进行颠覆、渗透和战争宣传。

第四,互不干涉内政原则。内政本质上是属于一国内部管辖的事务,主权国家对内政具有最高决定权和处置权,因此,互不干涉内政原则是在国际政治中保障主权国家的主权得到维护和尊重的原则。

第五,平等互利原则。平等原则是从主权原则中派生出来的,它的核心是主权平等,即国家不分大小、强弱、贫富,不论政治体制和经济制度如何,都具有平等地位,任何国家都不应在国际社会要求任何特权。互利,指任何国家在其相互关系中,不能以损害他国之利益来满足自己的要求,更不能以牺牲他国利益来达到自己的对外目标,而应在平等的基础上,谋求双方的共同发展。因此平等与互利是密不可分的,只有在平等的基础上才能做到互利,只有实现互利才能有真正的平等。

第六,和平共处原则。和平共处原则是上述各项原则赖以实行的保证和必然结果。和平共处包括三层含义:不同社会制度与意识形态的国家之间,求同存异,和平共处;国家之间的争端,以和平方式加以解决,而不诉诸武力;国家之间在平等共存的条件下,发展友好合作与经济交往。

（三）国际惯例

所谓国际惯例,就是在国际交往中逐渐形成的一些习惯做法和先例。国际惯例通常是不成文的,但又是国际法主要来源之一,是处理国际关系的习惯法。国际惯例可分为国际外交惯例和贸易惯例。20世纪以来的许多国际惯例已通过国际公约被确认下来。

1. 国际惯例的形成与特点

国际惯例植根于国际交往实践,是在长期反复实践中逐步形成的某一特定领域内的习惯性做法或通例。这些做法或通例是在各国法律所许可的范围内发展起来的,且经过有关国际组织的整理编纂,获得系统有序的成文表现方式,方便参与国际交往的当事人适用。随着科学技术的发展和社会进步,原有的国际惯例不断地完善,新的惯例则在频繁的国际交往中应运而生。

国际惯例有五个特点:能用性,为大多数国家和地区通用;稳定性,不受政策调整和经济波动的影响;重复性,一般都是反复运用;准强制性,受到各国法律的保护,具有一定的法律约束力;效益性,被国际交往活动验证是成功的。

2. 国际惯例的分类与内容

国际惯例涉及的内容相当广泛,可以从以下两个方面进行探讨。

(1)依据强制性程度划分。

有两种不同的国际惯例:一种是不需要当事人选择,都必须遵守的国际惯例,即强制性的国际惯例;另一种是只有经过当事人选择,才对其有约束力的国际惯例,即任意性的国际惯例。

国际惯例多为任意性惯例,就其本质而言是供当事人在其所从事的特定交易中在法律允许的范围内自愿适用的制度。平等当事人之间进行的国际商事活动所适用的惯例一般都属于任意性惯例。当事人在选择适用某一特定惯例时,通常还可以通过协议的方式,对其进行修改或补充。

惯例对特定当事人的效力,不仅取决于当事人各方的明示同意。对于特定交易中当事人各方应该知道或理应知道的为该特定交易领域内的人们所广泛了解的惯例,即便当事人各方未做出明确表示,也应视为他们已默示同意此惯例。例如,联合国国际贸易法委员会主持制定的《联合国国际货物销售合同公约》第 9 条规定:"双方当事人业已同意的任何惯例和他们之间确立的任何习惯做法,对双方当事人均有拘束力。除非另有约定,双方当事人应视为已默示地同意对他们的合同或合同的订立适用双方当事人已知道或理应知道的惯例。而这种惯例,在国际贸易上已为有关特定贸易所涉同类合同的当事人所广泛知道并为他们所经常遵守。"按照联合国国际贸易法委员会制定的《国际商事仲裁示范法》第 28 条 4 款及《仲裁规则》第 33 条的规定,仲裁庭在处理国际商事争议案件的过程中,无论当事人各方是否选择了适用于争议实体的法律,或经当事人各方同意按照公平合理的原则解决争议,仲裁庭在做裁决时均应按照合同的条款做出决定,并应考虑到适用于该项交易的贸易惯例。

(2)依据是否成文规范来划分。

不成文惯例。许多国际惯例都是不成文的,通常为国际社会普遍遵守的参与国际交往的原则和规则,如契约自由原则、有约必守原则、通过仲裁方式解决争议原则、国家主权原则及由此引申出来的原则和制度,如国家及其财产豁免原则、跨国公司或其他外国公司在东道国从事投资或其他跨国经营活动时必须遵守东道国法律的原则。

成文惯例。即由国际组织或学术团体对不成文的惯例进行解释、整理编纂后的成文形式,它具有条理性、明确性和稳定性。随着国际经济交往的发展和科学技术的进步,这些成文的惯例也在不断地修订和补充,使之适合于现代社会的发展需要。如由国际商会主持制定的广泛适用于国际货物买卖当事人双方权利与义务的《国际贸易术语解释通则》,最初公布于 1936 年,并分别于 1953 年、1967 年、1976 年、1980 年和 1990 年进行了修订和补充。该会于 1933 年制定的《跟单信用证统一惯例》,也进行了多次修订。此外,国际商会还整理编纂了其他有关商事交易的规则和标准合同,如《托收统一规则》、《合同担保统一规则》、商业代理示范合同格式等。除国际商会外,其他一些组织也整理编纂了若干规则,如国际法协会制定的《1932 年华沙—牛津规则》,国际海事委员会的《约克·安特卫普规则》,联合国国际贸易法委员会主持制定的《仲裁规则》与《调解规则》,联合国经济及社会理事会主持制定的《跨国公司行动守则(草案)》以及联合国贸易与发展会议经过多年努力整理而成的《国际技术转让行动守则(草案)》等。

四、国际政治与国内政治的关系

国际政治与国内政治虽然存在着差异,但是两者又存在着千丝万缕的联系。国际政治的概念是从国内政治衍生出来的。例如,国际关系理论新现实主义的代表人物沃尔兹就是根据国内政治定义的三个方面——排列原则、单元之间的区别与功能和单元间的力量分配,来定义国际政治结构的。在经典现实主义者看来,国际政治就等同于"国家间政治"。如现实主义学派的奠基人摩根索的经典名著即以"国家间政治"命名。

在传统的国际政治学看来,国际政治与国内政治有着本质的区别。如舒曼认为,在国内社会,法律代替武力成为解决冲突的手段。国内和平的维持通常依赖政府的强制力量,也建立在多数国民愿将其特殊利益附属于国家整体利益的基础上。因此,国民可通过竞争、讨论、妥协来进行政治活动。国际法则缺少强制力量,主权国家也只在极例外的情况下才将特殊利益附属于国际体系的整体利益之下。在他看来,国家之上如果没有政府组织,则法律与正义均无从体现。摩根索也认为,国内社会成员具有超地域的、超阶级的忠诚。任何个人都可能归属于一个以上的团体,因而彼此利益不至于发生绝对的冲突,而国内社会所形成的社会压力会使意义不同的团体不至于破坏法律与和平。而且人们通常认为在遭受不公正的待遇时,法律会还以公道,无须使用暴力。即使使用暴力,由于政府力量的强大,暴力成功的可能性较小,因此,国内和平较易维持。他认为,除非建立世界政府,否则世界和平不能确保。

沃尔兹对国际政治与国内政治的区别的分析更为系统。他认为,国际结构和国内结构的差别,体现在每个系统的组成单元规定自己的目标和确立实现这些目标的方式上。在无政府领域内,同类组成单元共同行动。在无政府领域里,组成单元在功能上是相似的,并趋向于保持这种状态。同类的组成单元努力保持一定程度的独立,甚至可能会争取绝对的主权。在等级制领域里,组成单元各不相同,它们倾向于加深自己专业化的程度。在国内,一个政府的武力是在权利和正义的名义下使用的。在国际上,国家则是为了保护自身安全和利益使用武力。国家间的战争并不能解决权威和权利的问题。在国内,与权威的各种关系建立起来了。在国际上,产生的只是实力关系。在国内,个人使用的、反对政府的武力,对政治系统构成了威胁。从世界角度来看,国家作为一个公共实体,它使用武力,是个体对武力的使用,但却没有政府被这种武力推翻,也没有政府机器会抓住动武者。国内政治是权威、行政和法律的王国。国际政治是权力、斗争和和解的领域。国际领域显然是政治领域。人们描述出国家领域各种各样的特征,等级的、纵向的、集中的、异质的、受领导的、由人设计出来的;人们把国际领域描绘为无政府的、横向的、分散的、同质的、不受领导的和相互适应的。[①]

国际政治与国内政治真的具有上述截然不同的差异吗? 国际政治是否一定混乱而国内政治必定秩序井然? 如果我们仔细比较,上述看法实际上是将最稳定、最有秩序的国内政治与最不稳、最混乱的国际政治进行比较。但实际上,第二次世界大战后,特别是冷战后,人们更多看到的是国内冲突而非国际战争。另外,第二次世界大战后,国际政治经济关系发生了重大变化。国家间相互依存程度在加深,跨国力量在发展,如跨国公司的扩张、跨国思潮的流动、跨国信息穿透力增强、市民社会的出现等,国家间的联系日益密切,国际政治与国内政治的分野逐渐模糊。这首先是因为,战后资本国际化的速度加快、范围增大,主要资本主义国家间资本、劳务、商品的流动与渗透形成了相互依存的状态;其次,当代科学和技术的革命与进步,增强了国际体系中相互依存的物质能力;再次,由于国际交往和相互渗透的加强,各种国际组织与跨国机构应运而生,并在国际政治中发挥日益重要的作用,国际政治主体多元化趋势不断发展;最后,第三世界的崛起及其争取建立国际新秩序的努力,在国际政治中显示了强大的威力,并使许多全球性问题提上了议事日程。在这种背景之下,一大批敏锐的学者及时捕捉住了这些现象背后的国际政治内涵,纷纷提出了与传统现实主义不同的解释方法。1969年,罗西瑙率先出版了《联系政治》一书,揭示了比较政治学者与国际政治学者之间的“差距”,即比较政治学者忽视国内政治体系因素的外部影响,国际政治学者忽视国际政治对国内政治的影响,进而创设了“联系政治理论”。具体而言,可以有以下三种方法:第一,把握国内政治对国际政治的作用(以对外政策的制定为中心);第二,把握国际环境对国内政治的作用(以国内对应政策为中心);第三,阐明不因国内和国外而存在差异的相互作用机制(以真正意义上的相互联系为中心)。曼宁则更进一步,他认为随着跨国间联系的进一步加强,内政与外交的区分越来越不可能,将会融为一体,因而传统的国际政治与国内政治范式将成为过去,取而代之的将是“内外融合政治”。在相互依存程度日益加深的世界中,各国之间的伙伴关系更为密切,在不同政府和官僚之间,出现了持久的而且是个人的关系(官僚关系)。同时,民间的集团伙伴也密切了民族关系。这样,就不只是单纯的、垂直的内政与外交的融合,而是呈水平状的、国家间的关系,官僚、民间层次的关系的相互进展与渗透。

二、国际政治的国内根源

从修昔底德的《伯罗奔尼撒战争史》到摩根索的《国家间政治》,现实主义理论提出了三个理论假定,那就是:国家是国际政治中的基本行为体;作为目的,也作为对付他国的手段,国家追求权力且使其最大化;国家的行为是理性的。由此推理,国际政治就是单一行为体间为达到利益最大化而进行的理性博弈。具体而言,国际政治仅可看作是各个统

[①] 沃尔兹:《国际政治理论》,中国人民大学出版社1992年版,第122—123页。

一体的主权国家之间的抗衡。摩根索还干脆以自己的书名"国家间政治"来表明这种见解。沃尔兹也是这样理解国际政治的,只是他的做法更简洁。他在其著名的结构现实主义中,通过三层"抽象",将国际政治简化为一幅清晰的图画。第一层抽象是在人、国家与国际体系三个分析层次间,抽象掉前两者,而直接以后者为分析对象。第二层抽象是从国际体系的所有行为体中找出主要的行为体,抽象掉个人、跨国公司等,而主要研究民族国家之间的关系。第三层抽象是在民族国家行为体中抽象出有能力的行为体单元,也即大国。这样,经过三层抽象,复杂的国际政治体系就简化为大国间的博弈。在经典现实主义者看来,国内政治和国际政治不过是同一现象的两种不同表现而已,这一现象就是权力斗争。权力斗争之所以在两个不同领域中表现不同,是因为在各个领域中占主导地位的道德、政治和社会条件各不相同。全部政治,无论国际政治还是国内政治,都显露出三种基本的模式,也就是说,所有政治现象都可归结为三种基本类型之一:一项政治政策所寻求的,或者是保持权力,或者是增加权力,或者是显示权力。对于这三种类型的政治模式,有三种类型的国际政策与之相对应:如果一国的外交政策趋向于保持权力而不是朝着利己的方向改变权力分配,则该国奉行的就是现状政策;如果一国的外交政策目的在于通过推翻现存的权力关系获得比它实际拥有的权力更多的权力,那该国奉行的就是帝国主义政策;如果一国的外交政策寻求的是为维护或增加权力而显示它所拥有的权力,则该国奉行的就是威望政策。[1]

马克思主义理论与自由主义理论中也有这种"由内及外"的分析方法,试图找出决定战争与和平的主要因素,强调国际政治行为的国内根源。这方面最具代表性的就是列宁的帝国主义论与"民主和平论"。[2] 前者认为,只要有垄断资本主义存在,世界和平就不可能真正实现。列宁在分析帝国主义时指出,进入帝国主义阶段后,资本家不仅要用战争来争夺东西,而且为了保存资本主义,他们非打仗不可,因为新兴的帝国主义国家不用暴力手段来重新瓜分殖民地,就不能得到老牌帝国主义列强享有的那些特权。因此,现代战争产生于帝国主义。概括地说,垄断使帝国主义的世界霸权政策导致帝国主义国家之间的战争;垄断使重新瓜分世界的斗争只能采取暴力手段来进行;垄断使"生产力的发展和资本的增长业已超出单个民族国家的狭隘范围并促使'大国'竭力去奴役其他民族,去抢夺殖民地作为原料来源和资本输出场所"[3]。而"民主和平论"则认为,只有作为国际政治主要行为体的民族国家实现了民主化之后,世界和平的保障才能真正成为可能。冷战结束后,"民主和平论"已成为西方的主流声音,甚至成为某些国家政府对外政策的指导思想。

作为一种理论,"民主和平论"的基本假说是:民主国家本质上是爱好和平的,民主国家之间不会(或极少)打仗;当它们产生冲突时,不会(或极少)威胁使用武力。基于前两点原因,引出了它的第三个假说,即只有所有国家都"民主化",世界才会和平。这样,"民主和平论"既是探求和平条件的认识论,又成了改造世界的方法论。

---

① 参见摩根索:《国家间政治:寻求和平与权力的斗争》,中国人民公安大学出版社1990年版,第63—123页。

② 对这两种分析方法的介绍,参见资中筠:《国际政治理论探索在中国》,上海人民出版社1998年版,序言第3页。

③ 列宁:《列宁全集》第二十六卷,人民出版社1988年版,第378页。

"民主和平论"作为学者们探究事理的一种认识，在学理层面上本无不可，然而它却又被西方的一些政治家当作行动指南和理论依据，就是说它既是解释现象的原因，又成了解决问题的办法。在西方，尤其是美国的一些政治家看来，一个独裁国家的存在本身便是对和平的威胁，因而，和平是战争的正当理由，为建立所有国家都能和平相处的环境的"除恶行动"，是民主国家义不容辞的责任。克林顿就认为"世界之所以期待美国的领导，并不是因为美国的规模和实力，还因为我们所支持和勇敢反对的东西。我们是自由的灯塔，民主的堡垒，是世界上自由能给人们带来前景的活生生的例证"①。因而，扩大和促进民主就成了美国义不容辞的责任，从威尔逊的改造世界使之成为一个民主能在其中安全存在的世界，到克林顿直接把扩大民主作为其三大外交战略之一，美国一直把民主作为推行国家政策的幌子。威尔逊派遣军队入侵墨西哥，却自称是来教会他们如何选举一个好政府。冷战期间，美国以对抗共产主义、扩大民主为借口，干涉包括中国在内的第三世界国家的内政。冷战后，美国更为积极地在全球推行"塑造民主"的活动。据统计，在战后的 120 次局部冲突中，属于外国介入型争夺政权的战争达 64％，而美国则是最大的介入势力。莱恩因此指责"民主和平论"是危险的，认为它建立在愿望基础之上，反映了美国干涉主义外交政策，这个政策不会带来和平，只会带来更多的战争。

三、国内政治的国际变量

把国际层次上的因素作为考察国内政治运作，特别是外交政策制定的变量，最系统的莫过于沃尔兹的"三个意象"。他将以往学者对战争根源与和平条件的不同观点，归结为三个层次：个人、国家和国际体系。第一个层次试图考察人的本性，来探究战争的原因；第二个层次试图考察国家的政治、经济和社会构成，也即"由内及外"的方法来研究国际政治；第三个层次通过考察国际政治的结构，也即其本质上的无政府状态，来解释国际政治。最后得出结论：理解国际政治需要把第三个层次，即国际体系层次因素，作为前两个层次得以起作用的背景。也就是说，决定一国外交政策的，不是其领导人的偏好、意识形态与个性，也不是其国家体制、社会构成、国民性等因素，而是其在特定国际体系结构中的位置。这种三层次分析法对其后的国际政治研究产生了很大影响。

尽管各派理论对三个层次的划分甚至具体内容有不同的见解，但从国际体系层次考察国家行为，成为国际政治学的主流。直至冷战后，著名的现实主义理论家米尔斯海默仍然认为，在两极世界中，军事均衡和核武器确保了冷战时期欧洲的和平，德国的统一和美国保护联盟内部和平保证的撤销，在欧洲主要国家之间将导致政治竞争的激化，甚至发生军事冲突。他认为，问题的根源在于国际体系的无政府状态性质，这意味着所有的其他国家都是潜在的威胁，对国家来说最重要的是相对获益而不是绝对权力水平。

在吉尔平、沃尔兹等人看来，国际体系层次也就等于大国关系结构。他们关注的焦点是这种大国力量结构是单极、两极还是多极。这种简单的结构分析方法自 20 世纪 70 年代以来不断受到挑战。在这种情况下，克莱斯勒与基欧汉等人同时注意到，霸权国的出现与世界经济的开放性之间并不完全对应。于是，在他们的努力下，一个新的变

---

① 克林顿：《在希望与历史之间》，海南出版社 1997 年版，第 116 页。

量——国际制度被引入,并成了新的理论热点。特别是克莱斯勒,他在 1985 年发表了《结构冲突:第三世界挑战全球自由主义》一书,分析了南北关系的方方面面。该书的理论框架就是他所谓的"修正结构主义"。国际体系层次上的结构与国际政治结果之间的关系越来越松弛,说明出现了新的自变量。因而,国际制度的概念被引入。他认为全面的分析应同时考虑到权力结构、相关的国际制度与国际政治结果这三者之间的因果关系。他承认,国际制度是以国家的权力结构为基础建立起来的,而且除非得到国际体系中主要大国的支持,否则国际制度的创建与发展都是不可能的。但制度一旦建立起来,就会产生自己的本体论地位,产生独立的价值判断与利益追求,也会由于惯性作用及缺乏替代方案等原因而长期存在下去。国际制度会作为一个独立的变量,影响国际体系权力格局与国际政治结果之间的因果联系,同时,还会设置一种环境,使各参与行为体的行为偏好"社会化",如国际劳工组织、国际红十字会等国际组织与反殖民运动等跨国行为对相关领域国家行为的影响。考察国内政治的国际变量,还必须考察国际制度所起的作用。

根据一国与所处的国际政治环境之间的不同关系,可将其大致分为"内压—投射型"与"外压—反应型"两种。"内压—投射型"指一国国内的利益集团对政府的决策产生了极大的影响,而且投射到了国际体系中。当然,其投射的强度,主要取决于该国影响力的大小。"外压—反应型"即所指的国内政治的国际变量。国际体系层次的变化成为变更国家政策(制度)的压力,国家(政府)在这种压力之下,对国内各利益集团进行劝说与调整。在相互依存的世界中,几乎所有国家都要面临这种"外压"。如日本就经常受到来自美国的要求开放市场的"外压",中国也受到诸如保护知识产权等的"外压"。在传统的国际政治学或决策理论中,没有"外压"这一概念,或者说没有现在意义上的"外压"概念。在传统的国际政治学中,"外压"被当作影响力的变种。即存在 A、B 两个国家时,A 国为了控制 B 国的对外行为,使其朝着自己所希望的方向发展,于是使用各种手段。两者的区别首先在于,"外压"的对象不仅是控制对手国的对外行为,同时涉及其国内社会、经济政策、制度等。其次,在受到"外压"的对象国内,通常形成赞同与反对两派极为对立的势力。也就是说,A 向 B 施加"外压"时,B 的国内,对于 A 的要求同时存在着由赞同集团组成的决策者(官僚组织)和反对它的集团。因此,"外压"必须介入其国内政治之争才能产生结果,而施加"外压"的一方,也必须密切关注对手国的国内政治动向,从而决定适时的"外压"强度和选择施加"外压"的途径。对某一特定国家而言,如果某种决策类型频繁出现的话,就可将其称为"外压—反应型"或"内压—投射型"。"外压—反应型"即该国的决策主要是根据国际体系或某特定强国的要求做出反应的方式完成的,如战后的日本;"内压—投射型"指该国的对外政策主要根据国内的"内压"来决定,并向其他国家投射影响力,如美国。这种差异是由各个国家的国际地位、经济发展阶段、决策方式及政治文化等原因所造成的。

第二节 全球化对政治发展的影响

一、全球化与国际组织

(一)全球化

当今国际政治基本的时代特征是全球化。事实上,早在 19 世纪 40 年代至 50 年代,马克思和恩格斯就指出,资本主义的发展已经把整个世界联结为一个有机的整体,使各个国家不仅在经济上,而且在政治、文化等各个领域相互联系、相互作用、相互依存。"过去那种地方的和民族的自给自足和闭关自守状态,被各民族的各方面的互相往来和各方面的互相依赖所代替了。物质的生产是如此,精神的生产也是如此。各民族的精神产品成了公共的财产。民族的片面性和局限性日益成为不可能,于是由许多民族的和地方的文学形成了一种世界的文学。"①但是全球化的加速发展则是自 20 世纪六七十年代以来的现象。其动因是:首先,西方发达国家出现了新自由主义思潮,主张给市场以充分的自由,由市场来实现资源的最佳配置,这促进了市场经济在全球得以扩展;其次,信息技术革命的迅猛发展在技术上使世界各地更为紧密地联系在一起成为可能;最后,全球公共问题的突显使人类的全球意识增强。

全球化是一个复杂的多维度的进程。它的子系统包括经济、政治、文化和全球问题等各个方面。概括地说,全球化是指世界上各种国际关系行为体、政府、团体、个人之间跨越领土、种族、语言等界限,在全球范围内进行经济、政治、文化等领域的全方位多形式的交流和交往活动,从而使全人类向更加密切的相互依赖、相互作用和相互融合的方向发展。在政治领域,全球化则意味着国际政治行为体在政治领域内横向联系的扩大和相互作用的加强。其主要标志是,国际政治行为体多元化、国家的地位和作用发生变化、国际政治行为体之间关系的扩展和加深、决策框架在各种层次上的相互联系以及全球意识的深化等。

从另一方面说,全球化是一个动态的并非均衡化的过程,也是一个统一性和多样性并存的过程,一个充满着观念更新和范式转换的过程。

(二)国际组织

国际组织是国家间关系不断走向深入的产物。国际组织最早以民间团体的形式出现,随着世界经济政治发展到一定阶段,这种民间的国际团体伸展到人类活动的各个领域,促进了政府间的联系,加速了国家间关系的发展进程。此外,日益频繁召开的国际会议大大促进了国际组织的形成和发展。例如,17 世纪的威斯特伐利亚会议、1899 年与 1907 年的两次海牙会议为国际组织的产生奠定了基础。19 世纪初以后,随着国家之间经济和文化交流的频繁以及科学技术的发展,各国间建立起国际行政联盟组织与各种专

---

① 马克思、恩格斯:《马克思恩格斯选集》第一卷,人民出版社 1972 年版,第 255 页。

业性组织。到 20 世纪,国际组织获得了突飞猛进的发展。尤其是第二次世界大战以后,国际组织的数量和类型激增,作用范围和效用明显增强。据《国际组织年鉴》1993 年统计,各类国际组织与机构已达 4000 多个。这反映了国家间相互依存程度的加深和国际组织地位的加强。国际组织已成为跨国政治经济发展的一个重要标志。

依据不同的标准,国际组织可以分为不同的类型。如果按照国际组织的性质划分,可以把国际组织划分为政府间国际组织和非政府间国际组织。政府间国际组织是由主权国家通过正式的政府间协议组成的国家联盟,具有常设的体系和机构。它既区别于国家又与国家密切相关。一方面,它所具有的行为能力是由主权国家授予的,并非源自本身,因此在一定程度上受到成员国政府的限制。另一方面,它又具有相对独立性,不受某个具体国家权力的管辖,能够独立参与国际事务,直接承受国际社会的义务和权利,并能够做出对参加国政府有一定约束力的决定。政府间国际组织是最重要的非国家行为体,是国际政治的基本组成部分,具有建立和维持国际关系的能力,在国际政治经济生活中起到重大的作用。于 1920 年成立的国际联盟是第一个全球性的政府间国际组织,但它在政治、体制等方面的缺陷决定了它失败的命运。第二次世界大战后成立的联合国是规模最大、普遍性最高的政府间国际组织。它的结构功能、组织体系、政治基础、法律地位、成员范围超越了历史上所有的国际组织,体现了国际组织在 20 世纪发展的最高水平,成为当代国际社会的协调中心、会议中心,是不可或缺的重要角色。它虽然走过了曲折的道路,但在维护世界和平,保障安全,促进经济、社会、文化等领域的国际合作等方面起到了积极而广泛的作用。

非政府间国际组织是相对于政府间国际组织而言的重要的非国家行为体。关于非政府间国际组织的概念,学术界目前并没有统一的界定。有外国学者对非政府间国际组织做过一个较为宽泛的界定,即一个组织只要其成员来自两个不同的国家,且至少有一个成员不是政府官员,这样的组织即可称为非政府间国际组织。联合国经济与社会理事会 1968 年的第 1296 号决议规定:"任何不是根据政府间协议建立起来的国际组织均应被视为非政府间国际组织。"中国学者在这个问题上也存在着不同的界定。有的学者认为非政府间国际组织只包括世界性政党、世界性宗教组织、国际性的政治运动,如世界和平运动、环保运动等;有的学者称其为"民间国际组织",即个人和社会团体依据条约或协定建立的国际组织,其最大特征是"非官方"性。虽然各方对非政府间国际组织的界定不同,但可以看出,非政府间国际组织是不根据政府间协议建立的,具有非营利性、独立性、专业性并且秉持一定主张的国际组织。

非政府间国际组织的迅速发展,是与世界政治的整体演进趋势分不开的。首先,联合国对非政府间国际组织采取支持的态度。一种观点认为,联合国实际上是非政府间国际组织的天然盟友。尤其是 20 世纪 90 年代以来,非政府间国际组织与联合国的关系进入了新的发展阶段。联合国经社理事会给予一些非政府间国际组织以咨询、协商的身份,实际上为非政府组织参与国际事务提供了合法的地位,从而增强了它们在国际社会上的重要性和影响力。其次,人类在全球化进程中面临的新问题日益增多。非政府间国际组织在规模、资金和技术上的优势使它能够致力于解决市场机制和政府职能所无法顾及的重大社会问题。最后,非政府间国际组织的再度兴起反映了国际政治社会化的趋向。国际社会经济上的相互依赖、政治文化上的相互渗透、信息技术革命的突飞猛进，使得世界公共领域凸显。这就为非政府间组织的发展提供了广阔的空间和众多的发展机会。但另一方面，目前国际社会的非政府间国际组织虽然数目众多，但大多处于发达国家，并不具有广泛的地域代表性；非政府组织与国家之间的关系发展并不充分，它们之间并没有建立起关于预期行为的行动框架，国家的主权要求仍然阻碍着这种关系的建立。

与国家行为体不同，国际组织并不拥有固定的领土和居民，也不拥有至高无上的主权。这些特点决定着国际组织作为国际关系行为体的独特作用。美国学者查尔斯·彭特兰从国际组织和国家之间关系的角度分析国际组织的作用，认为表现为三个方面：实现国家政策的目标，修正国家行为，作为独立的政治角色运用一定程度的自主权发挥政治影响力。中国学者从国际法的角度把国际组织的作用归纳为国家间交往的论坛、管理者、分配功能、增强军事能力、维持和平、超国家功能等六方面的作用。

总之，国际组织是在国家间关系发展的基础上进一步发展起来的。一方面，它是其成员协商与谈判的论坛以及实现政策目标的工具，从而扩展了国家进行国际活动的空间，促进了国际协调与合作。另一方面，与国家行为体相比，虽然国际组织享有的权利是派生的、行动能力也是有限的，但国际组织在许多特定问题领域的决策和立法等对国家主权的行使构成直接或间接的限制，甚至制约着各国的决策过程。而国际组织本身作为国际关系的行为体，它们之间也形成了"超国家"体系，实现了对国家间关系结构的超越。

二、全球化与国家主权

视频：英国脱欧的分析

国家主权是国际政治中国家最基本、最重要的构成要素，是现代国际政治的构成基础。主权是国家独立自主地处理自己内外事务、管理自己国家的权力。它是指一个国家可以支配一定空间（领土）里的一切人和物、独立自主处理对内对外事务的最高权力。它不从属于任何其他权力，是国际法规定并被公认的国家最基本的权利。

视频：英国与欧盟达成脱欧协议

国家主权的概念源于法国学者博丹的主权学说。在他的《论共和国》一书中，博丹首次详尽地阐述了他的主权学说。他认为主权是主权者对领土及其居民的最高权力，除自然法和神法之外，不受任何其他权力所制定的任何法律和规则的约束。近代国际法学家格劳秀斯在他著名的《战争与和平法》一书中，接受了博丹的国家主权定义。瑞士学者瓦泰尔被认为是第一个在国际上给国家主权做出确切定义的人。他认为，作为国际人格者的国家，当其独立于他国，自己管理自己，是国际社会的直接成员时，它就是主权者。

主权国家的出现和主权国际体系的形成是国际关系从无序走向有序过程中的产物。人们通常认为，主权国际体系产生的标志是 1648 年签订的《威斯特伐利亚和约》。这个和约体系承认每一个国家都享有处理内部事务和对外事务的最高权力。这样，主权的原则就确立了。作为国家不可分割和不可转让的最高权力，主权像一个"坚硬外壳"，具有某种"不可进入"的属性。它把一个个国家变成可以合法共存的体系，从而构成了一种秩序。在这样一个国际体系中，每一个国家为了确保自己的主权不受干涉，就不得不尊重别国的主权。而正是有了主权，这些国家才成为国际政治行为体，并在它们之间形成了国际体系。但随着全球化的发展,传统的主权观日益受到挑战。西方社会不断抛出各种各样的理论,如"新干涉主义""主权过时论""人权高于主权论"等,而广大发展中国家则针锋相对,坚持认为主权依旧是国际秩序的基石,围绕国家主权的命运,引发了激烈的争论。

不可否认,由于全球化进程的加速、非国家行为体的兴起和发展,主权国家的地位和作用面临着巨大的挑战。英国国际政治经济学权威苏珊·斯特兰奇指出,国家正变得在经济和社会中同其他实体(政府间组织,非政府组织、跨国公司等)分享权威,在国家内部,中央政府的权威正越来越由地方和地区的权威所分占,国家权威已经转移——向上面、向旁边和向下面转移。但事实上,国家存在的根基并没有受到明显的伤害,即国家存在的基础并未因此而发生根本性动摇。众所周知,当代国家主要由四要素构成:领土、人口、中央政府和主权。领土与主权紧密相连,是国家存在的基础。没有领土,就不可能形成真正的国家。虽然也存在着个别国家领土的局部变更,但是应当说,当今国家的领土是相对固定和稳固的,整个世界仍然是被无数条国界线所分割。因此,只要国家的领土范围不发生变化,那么国家就将会继续存在下去。诚然,人口跨国流动的数量和频率都在提高,但无论人口怎样流动,除极少数无国籍者外,每个人都拥有自己的国籍,都属于一定的国家管辖之下。也就是说,几乎世界上的每个人都与某一特定的主权国家相联系,是具有特定国家身份的人。而政府依然能够有效地保护其公民,维护国内的秩序和公正,并通过一系列制度安排应对全球化带来的冲击。

应当承认,全球化确实在一定程度上和特定的问题领域内使国家主权面临巨大的挑战。但是,国家主权仍然是国际关系合法化的重要基础。当代国际关系合法化的基础在于它是主权国际体系,以承认民族国家主权平等为前提。同时,由于在全球化进程中,世界经济政治秩序将面临变化与调整,新国际关系规范与原则制定的过程也是国际政治行为体,尤其是国与国之间重新订立契约的过程,国家主权原则还需要在新国际关系规范和原则的形成中发挥作用,从而成为全球化进程中主权实现的重要形式。

当前,国家主权最为突出的变化是从绝对主权向相对主权的转变。绝对主权一般是那些处在民族国家形成初期的主权国家所奉行的一种内外政策,其主要目的是对内巩固中央政府的绝对权威,维护国内社会的稳定,对外保持国家的独立性和完整性。在绝对主权下,国家主权的权力结构不仅包括国家的最高权力如最高立法权、最高行政权和最高司法权,同时也包括最高权力下属的一切普通的国家管理权力,这些权力均属于国家主权的组成部分。尽管国家主权的核心内容是国家的最高权力,但是,普通的国家管理权也是国家主权不可分割的一部分,两者共同构成了一个有机整体。对这一有机整体的任何分割都将严重破坏国家主权结构的完整性,从而导致国家主权不同程度的丧失和对国家利益不同程度的损害。国际形势的发展特别是经济全球化的巨大影响,导致了全球性国际相互依赖关系的产生,使国际合作成为国际社会中一种极为普遍的现象,从而有力地促进了国家主权从绝对性向相对性的发展。在相对主权下,人们重视的是国家主权的最高权力部分或核心部分,并且人们将国家主权与国家最高利益联系起来,以国家最高利益作为维护国家主权的最高标准和最后依据。

国家主权不仅可分,而且还可以让渡部分出去,这样做并不会损害国家主权的完整性;相反,人们认为这样做还可以进一步巩固国家主权,因为被让渡出去的那部分国家主权实际上只是普通的国家管理权,并不是国家主权的核心部分。国家主权在地区和国际机制中的部分让渡,为民族国家获取了新的发展空间,有助于跨国界问题的解决,有助于民族国家在全球化背景下的生存和发展。如欧盟这类超国家机构,甚至有权制定可以施加于其成员国的法律,有权使其成员国向欧盟让渡部分主权,从而提高欧洲民族国家在全球化中的国际竞争力。从这个意义上说,主权的让渡也是主权的实现形式。当然,作为国家主权核心部分的国家最高权力即国家的最高立法权、最高行政权和最高司法权在国际关系中具体表现为最终决定是否让渡国家主权、让渡哪部分国家主权以及随时收回已经让渡出去的那部分国家主权的权利和权力。如果一个国家丧失了随时收回其已经让渡出去的部分国家主权的权利和权力,只能说,其让渡部分国家主权的做法是一种主权行为,但在其让渡出去这部分国家主权之后,就不再是一个完整的主权国家了。因此,在主权国家存在的大前提下,国家主权的核心部分无论如何是不能让渡出去的,否则,让渡核心国家主权的国家将不再是一个完整的主权国家。

虽然客观形势的发展不利于发展中国家当前所持的大主权观,但是,发展中国家所反对的并不是客观形势带来的主权相对性,而是发达国家在主观上利用主权相对性所奉行的霸权主义政策。从法理上讲,主权平等原则是国际关系的基本准则之一。但是发展中国家与发达国家的主权在事实上并不平等。由于历史和现实的因素,主权国家之间在主权行使的范围、主权行使的质量和主权行使的手段方面都存在着差异。随着全球化趋势的增强,国家主权之间事实上的不平等有增大的趋势。而这种不平等并不有利于国际社会的整体发展。在这种情况下,发展中国家为了维护自身的利益不可能提倡或主张相对主权论,为西方发达国家干涉其内政提供机会。当然,主动去适应客观形势的变化则属于另一回事。事实上,发展中国家应该根据自身的国力和国情,强调全球体系中存在的主权事实上的不平等,有组织有步骤地去主动适应国际社会的发展变化,以便最大程度、最有效地维护国家利益,特别是国家最高利益。从某些方面说,国家的主权与自主性甚至随着全球化而更为坚实,因为主权国家在全球化进程中并非陷入完全的被动,而是成为全球化的重要参与者甚至是推动者。主权国家在受到限制的同时也在通过调整和改革,增强自身的行为能力,并寻求实现主权的新形式,使国家的有关功能得到强化。而且,全球化的进程并未产生能取代国家的崭新行为体,主权国家在可预见的时间内仍将是国际政治中最重要、最有能力的行为体,是当今世界各国普遍的国家形式。它们之间的关系决定了国际政治的主要内容和基本形式,并在很大程度上决定了跨国公司等非国家行为体的活动空间。

三、跨国公司的政治影响

跨国公司也是重要的非国家行为体。联合国秘书处在 1973 年发表的《世界发展中的多国公司》中指出,跨国公司是指在两个或两个以上的国家拥有资产,包括工厂、矿山的生产、销售和其他营业机构的所有企业。马克思主义的经济学家根据列宁关于垄断资本主义的分析,指出跨国公司是生产和资本国际化发展到一定阶段的产物,是以谋取高额利润为目的的国际垄断组织的新形式,是通过对外直接投资向国外进行经济扩张的一种手段。这就揭示出跨国公司产生的历史必然性。

跨国公司最初起源于 19 世纪后期,在两次世界大战期间处于缓慢发展的阶段。在第二次世界大战后尤其是 20 世纪 60 年代,跨国公司得到了迅速发展,到 20 世纪 80 年代达到了空前的规模,而到 1995 年,全球已有跨国公司约 4 万家,对外直接投资总量达 2.7 万亿美元,海外分支机构的销售额达 6 万亿美元,超过了同期全球出口总额。显而易见,跨国公司的迅猛发展对世界经济的各个方面,如生产、销售、贸易、金融等的国际化产生重大的影响,在全球经济生活中扮演着越来越重要的角色。同样不可忽视的是,由于跨国公司具有较强的行为能力,它已不再满足于单纯充当经济角色,而是日益介入国际政治关系,影响国际政治的进程,成为国际政治的重要行为体之一。

跨国公司参与国际政治事务的特点和内容主要表现在以下几个方面。

第一,跨国公司具有对国际政治体系产生影响的巨大资源。跨国公司是巨大的企业,其资产和销售额比许多民族国家的国内生产总值还要大得多。一份研究报告表明,在当今世界上 100 个最大的经济单位中,有一半是民族国家,另一半是跨国公司。在世界经济与政治相互渗透的情况下,拥有巨大经济实力的跨国公司具有较强的行为能力,因而能够对国际政治的进程产生巨大的影响。除此之外,跨国公司的灵活性和自主性使它们能够调用其资源和发挥其能力,在全球层面而不是单个的国家层面运作。

第二,跨国公司能够以多种方式影响国际政治的内容和进程。约瑟夫·奈把跨国公司对国际政治的参与方式概括如下:首先,它们追求实现自身的"私有外交政策"。例如,美国电报电话公司在 1972—1973 年曾参与策划了推翻智利合法总统阿连德的军事政变。其次,跨国公司能够充当政府实现其政策的跨国工具。例如 20 世纪 70 年代石油危机中的一些大石油公司的行为就表现了这一点。

第三,跨国公司成为政府的"议程设定者"。例如,在税收政策方面提出要求。事实上,跨国公司还可能在国际组织内部提出相关的政策问题。跨国公司追求超额利润的最高目标也可能使其与母国或东道国的政治目标相悖,甚至为这些国家的政策所不许。跨国公司则凭借其强大的经济实力,来影响这些国家的决策过程,并且会影响母国和东道国之间的关系。跨国公司在母国之外的分支机构的管理权则可能引起母国与东道国在管辖权问题上的冲突。同时,跨国公司的跨国性质使它可以迅速地把经营活动从一个国家转移至另外一国,从而削弱民族国家政府贯彻其经济政策的力量,影响国家的经济主权和经济安全利益。

此外,虽然跨国公司确实具有跨越国界活动的能力,但它并不具有完全的行动自主性。在很多情况下,国家决定了它们运作的框架和背景。如若离开了其进行经营活动的民族国家的政策和行动支持,这种活动能力将难以为继。事实上,两者处于一种既矛盾又统一的关系中。而一些国际组织如国际劳工组织、欧盟、联合国等,则致力于制定一系列的行为规约来管理跨国公司的行为。

非国家行为体的活动渗透到国际社会的各个领域,对当代国际政治的演变和发展产生了深刻的影响,并且大大拓展了国际政治的内涵和外延。

第三节　全球治理的模式

一、全球治理的内涵与特征

1989年,世界银行在概括当时非洲的情形时,首次使用了"治理危机"一词,此后"治理"被广泛地用于政治发展研究中。在最近的十几年中,治理的概念被用于对解决全球性问题的途径的探讨,"全球治理"的概念被提了出来。治理理论的主要创始人之一罗西瑙认为,治理是一系列活动领域里的管理机制,它们虽然并未得到正式授权,却能有效地发挥作用。与统治概念不同的是,它所指的是一种由共同目标支持的活动,这个目标未必出自合法的以及正式规定的职责,而且它也不一定需要依靠强制力量克服挑战而使别人服从。对于全球治理,他指出,全球秩序中的治理并不局限于某个单一的行为领域,它指的是通行于规制空隙之间的那些制度安排,或许更重要的是当两个或更多规制出现重叠、冲突时,或者在相互竞争的利益之间需要调解时才发挥作用的原则、规范、规则和决策程序。在关于治理的各种定义中,全球治理委员会的定义具有很强的代表性和权威性:治理是各种公共的或者私人的个人和机构管理其共同事务的诸多方式的总和。它是使相互冲突或不同的利益得以调和并且采取联合行动的持续的过程。这既包括有权迫使人们服从的正式制度和规则,也包括各种人们同意或以为符合其利益的非正式的制度安排。

由此可以看出,全球治理的基本特征是:第一,在全球范围内虽然缺乏某种中央权威,但仍存在能够实施某些决定的机制。换言之,全球治理的实质是以全球治理机制为基础,而不是以正式的政府权威为基础。第二,全球治理存在一个由不同层次的行为体和运动构成的复杂结构,强调行为者的多元化和多样性。全球治理并不排斥国家政府在全球治理中的重要作用,但它认为国家只是进行全球治理的众多行为体的一部分。各种国际组织、跨国公司、次国家行为体以及社会运动等作为全球治理的重要参与者,与国家政府协商合作,从地区到全球层次解决共同问题。第三,全球治理的方式是参与、谈判和协调,强调程序的基本原则与实质的基本原则同等重要。

正如前文所指出的,全球化并不是一个同质化的、均衡的和静止的过程,它一方面加强着整合、秩序与合作,另一方面又蕴涵着分裂、冲突和无序的力量,是一个矛盾统一的动态过程。因此,全球治理也将是一个变动、辩证的过程,其中既有支持全球治理的因素,也有否定全球治理的力量。而随着全球化的进程,全球治理在处置各种问题时,其本身的范围、内容和意义也总是处在变动中。在目前以及可以预见的将来,全球治理将主要停留在概念的层面。

第一,从全球化进程的本身来看,它既不能完全实现国际社会的一体化,也无法克服国际政治的无政府状态,这将是全球治理难以展开的根本性障碍。就目前全球化的程度来看,伴随着经济全球化的进程,世界经济的边缘化也在不断扩大,贫穷国家和富裕国家之间的差距甚至还有拉大的趋势。而在政治领域内,世界各国仍然保持着政治上的独立性。它们依旧垄断着合法的权力,依然是政治权力的中心和治理政策的制定者。当全球治理因缺乏国际性的制度支持而丧失有效性时,国家和政府则在维持国内秩序、解决贫困问题、发展教育和保护弱者等方面发挥着主导作用。而这是跨国公司、非政府组织等不可比拟的。全球整体意识没有完全形成,因此全球治理的价值也没有得到普遍的承认。

第二,从全球治理的设想而言,它本身也存在着缺陷。首先,决策模式缺乏可行性。全球治理设想使以各种不同的方式经营管理其共同事务的公、私机构和个人汇集在世界舞台上,产生全球治理委员会,亦即詹姆斯·罗西瑙所说的著名的"总和"。这种"总和"意味着以公正、安全和再分配等价值为大方向。但是,按照其定义,治理的概念是要排除任何中央集权的组织和控制的思想,它主张的是具有多种组织、多个层次和决策当局的模式。但是这些多层结构中的各种行为体是否能够自发地联合起来,互相弥补各自治理能力的不足是令人怀疑的,如何协调它们之间不同的利益取向也并非能够一劳永逸地得到解决。因为正如前文所述,全球化越是发展,各群体越会按自己的特点采取行动,从而使全球治理难以产生协调行动。其次,全球治理的一个重要理论基础是新自由主义。新自由主义把市场当作当今世界上唯一起作用的调节者,据此,全球治理遵循的是市场原则,试图以市场式的决策排斥政治,其基本标准就是效益。这样看似乎有利于参与各方,但实际上,这是带有理想主义色彩的设想,不能克服经济自由主义内在的缺陷。全球化并不能缩小发达国家和发展中国家之间的差距,而全球治理也不能改变这个事实。最后,全球治理并没有改变国际政治中既有的权力分配模式和强权政治的现实。在全球层面,治理首先表现为各国之间,尤其是大国之间制定的各种原则、规范、规则和决策程序。但是,它们往往是大国之间妥协的产物,由大国主导,主要反映了大国之间的利益。政府间国际组织虽然具有一定程度的独立性和自主性,但是它们的权限、职能和纲领以及所从事的计划项目是由成员国规定的,尤其是受到大国利益和权力的影响。而跨国公司也与各国保持着紧密复杂的联系,能够扩展国家的影响甚至霸权,发挥一定的政治和社会作用。就跨国公司本身来讲,并没有管理公共事务的使命,而是把盈利作为首要目的,因此它们在全球治理结构中的作用是极为有限的。

二、全球治理的制度建设

(一)全球治理的制度建设环境

新型全球治理体系的发展需要制度建设同步完善。由于历史的原因,现有的制度存在不公正、不合理以及失灵的现象,必须按照民主化的原则改造那些不合理的制度,按照国际上广泛接受的制度框架来界定利益、规范行动,形成多层次、多领域、高效率的会晤、协商机制和多边合作机制及载体。改革传统的全球治理体系与构建新型体系和制度两者要齐头并进,走双轨增量的渐进道路,确立更为公正、有序、均衡、包容的新型全球治理体系和制度。

　　新兴国家在群体性崛起之后,不仅积极参与全球政治、经济体系的重新构建,而且也积极投入到全球及地区组织的制度与规则的建设中,从而推动着传统治理走向更现实、更具内涵和代表性的新型治理新范式。"G20"的成立及发展打破了由西方单独掌控世界经济的格局,进而开启了建立新型国际体系与制度的大门。它反映了全球经济、政治治理不能缺少发展中经济体的参与,否则任何全球性问题的解决都是难以想象的。在新兴国家、发展中国家及一些发达国家的共同努力下,国际社会以此为核心制度平台,展开了一系列富有成效的改革,以促进"G20"的机制化建设,加强"G20"峰会的执行力度。"G20"已经代替"G8"成为全球经济治理体系和宏观经济协调的核心平台,大大拓展了全球经济治理的合法性和代表性。

　　全球治理的制度建设将是一个曲折、复杂而又激烈的过程。

　　首先,国际关系民主化受到国际体系的结构性限制。国际金融危机以来,围绕全球治理体系的改革,目标的多元性决定了发达国家与发展中国家的立场差异。新兴国家、发展中国家认为,在全球金融一体化背景下,任何国家都不可能在危机中独善其身,如不能在权责分配中充分体现多元化要求,现行国际治理机构在国际沟通和协调中的作用就很难发挥出来,因而需要从根本上改革现行全球治理体系。发达国家则认为,改革固然重要,但如果损害了它们的主导地位,那将是不可接受的,全球治理体系的改革只能在不损害其核心利益的前提下进行。

　　其次,每一次治理都是力量博弈和激烈讨价还价的结果。国际上任何新范式的建立往往都伴随着剧烈的阵痛。虽然国际金融危机重创了资本主义发展模式和价值体系,但西方国家并不认为资本主义已经走向没落,仍然要维护西方获得的既得利益,捍卫其统治地位,这就给全球治理增添了许多复杂因素。一是在重大问题上的"一致原则"使得关于全球治理的谈判进程越来越长。二是发达国家与新兴国家的矛盾和对立逐渐成为主流。过去,在全球治理问题上主要是发达国家内部美欧、美日之间的对立,如今发展成为发达国家与新兴国家、发展中国家的对立。过去由发达国家控制的世贸组织、国际货币基金组织、世界银行等国际组织及其国际谈判,如今都面临新兴国家要求权利与义务平衡的问题。世贸组织谈判未能取得进展的主要原因就在于在农产品问题上美国与中、印的对立以及在工业品问题上美、中的分歧。三是西方体制充分暴露出劣势。以美国为首的西方国家受各种民主选举所困,急于在全球治理方案中取得立竿见影的功绩。欧盟的处境更为尴尬,既期望以"快"掩盖其内部成员国办事拖拉、缓慢的弱点,又受债务危机等内部问题困扰,有被美国及新兴国家"边缘化"的危险。而包括中国在内的一些新兴国家却能制定出长远发展的战略目标,在多边谈判中拥有时间优势,每稳定发展一年,就在与西方的赛跑中赢得一大步。但是,美国等西方国家不会轻易放弃已获取的既得利益,因此每一次"共同治理"都将是各方激烈较量、斗争的结果。

　　全球治理的制度建设根本动因是全球面临的各种挑战促使各国意识到加强全球合作、改革旧的不合理的国际政治经济秩序、加强全球治理的必要性和紧迫感,毕竟在全球经济一体化的时代,一损俱损,谁也不能独善其身。

　　(二)全球治理的制度建设的内容

　　首先,形成国际治理制度"固定加可变"的"P5+GX"模式,即由联合国安理会五个常任理事国组成的稳定政治安全固定量的"P(permanent)机制",加上全球治理可变量的"Group＋X"机制,从而形成"固定的 P5"＋"可变的 GX"机制,进而在此基础上演变出五级"塔型"治理结构和多层治理对象。第一级由所有成员国参加的大会构成塔基,是所有成员国表达立场、看法的场所,如联合国大会;第二级由部分国家因利益、经济、地缘、历史趋同而组成专门委员会或利益集团,即"可变的 GX"形式,如"G8""G20"和哥本哈根会议时出现的"基础四国"等;第三级由若干关键国家组成,在达成最终协议前完成相互妥协和利益分配,如多哈谈判中出现的美国、欧盟、巴西、印度四方,以及哥本哈根会议上的美国、中国、印度、巴西和南非五国核心;第四级为"固定的 P5",即安理会五个常任理事国,肩负着维护世界和平与安全的重大责任,未来在较长时期维持常任理事国现有数量对全球维稳的意义重大;第五级为塔尖,通常由两个对立的、下注最大的玩家形成轴心。

其次,形成最具广泛性的治理主体,包括个人、群体、国家、国家间或跨国家等全球社会的所有角色。例如,成立金砖国家(巴西、俄罗斯、印度、中国、南非,并称金砖五国)开发银行,填补国际货币基金组织和世界银行等体系在国际公共物品供给上的能力不足和严重缺陷,为寻求发展的落后国家提供更多、更灵活的选择,成为国际金融机构民主化改革的重要助推器。

再次,强调国家在全球治理中的核心作用,给予国家"责任化"以足够的关注。这是新型全球治理与以往西方主导下的全球治理的最大区别,也是承认现实、尊重现实的表现。国家仍然是全球社会政治舞台的支点,国家的权威与功能仍无法替代。在国内治理、次区域共治、区域共治和全球共治的过程中,国家扮演了最重要的角色。

三、全球治理的基本内容与范围

(一)全球治理的责任化

新兴国家、发展中国家的话语权和投票权不断增加,既表明发达国家已承认不能单靠自己来处理全球经济事务,要求新兴国家、发展中国家在全球事务中承担更大的责任,也意味着新兴国家、发展中国家在全球经济体系改革中任重道远,将承担起制定未来改革蓝图的重要责任。近年来,随着新兴国家在国际舞台上的地位和影响逐步提高,传统发达国家与新兴国家、发展中国家围绕责、权、利的斗争与摩擦也日趋激烈。

就现阶段而言,发达国家仍在世界经济体系中占据主导地位,新兴国家要想取得任何实质性权力、发达国家被迫做出的让步都是双方激烈博弈的结果。尽管新兴国家的权力有所增强,但也存在着新兴国家承担的责任与权利、影响力与代表权之间不平等的情况。新兴大国的崛起必然激起现有大国的反应,崛起和遏制崛起将是国际社会在相当长一段时期内的主要矛盾之一。

既有利益者(西方发达国家)与既有利益的挑战者(新兴大国)如何共处,处理好"责任"问题极为重要。因此,推动治理主体间的责任化是走向新型全球治理的第一步。现有大国、新兴大国或地区集团可根据自身综合实力和影响力的不同,在不同地区和国际事务中承担起分量不同的责任和义务,确立各司其职、各尽其能的"责任国家",从而积极、有效地化解国家间矛盾，处理好国际或地区问题，维护世界和平与稳定。比如"G20"的建立及运作、欧盟在应对气候变化问题上积极发挥带头作用、金砖国家成为拉动世界经济复苏的关键因素等，均是责任化的成功经验和范例。但责任还需要有国际社会与联合国的控制和监督，以避免出现"责任背离"。要在全球治理和制度改革上实现发达国家与新兴国家、发展中国家真正意义上的相互平等、问责、节制、包容，责任化是一种有效的选择。

（二）体系内各要素的多极化和多元化

与以往西方国家作为治理的"单边控制"主体不同，全球治理的主体、客体、价值取向等要素越来越多极化、多元化。客观现实是即使如美国这样的超级大国也难以依靠自身的实力应对各种挑战和威胁，世界正在逐步由"单边控制"走向发达国家、新兴国家和发展中国家"共同治理"，"一超趋弱、多强共治"的格局已经出现。

治理客体或对象的多元化包括了全球层面、区域层面、次区域层面、其他多边与双边层面、国家层面和地方层面各种问题的治理。除了传统的政治军事安全，还有经济安全、反恐、反对大规模杀伤性武器扩散、移民、气候变化、环境保护等非传统安全问题。各国或区域组织越来越将国际多边主义视为维护自身利益的重要途径与方式，任何一个行为体都不可能游离于国际社会之外，多边组织已成为维护国家利益的主要方式和渠道，成为国际体系普遍的对外关系基本准则。

（三）治理方式的共同化

新型全球治理的重要一点是突出共同治理，强调行为者的多元化、合作性、行动性以及治理的多层次性。共同治理主要由国家间关系构成，特别是在全球社会的政治、军事、经济等领域，涉及的主要问题有和平、安全、裁军、防核扩散、国际恐怖主义和经济合作等，这些问题往往关乎国家，尤其是大国、强国的政治意愿及其相互作用，关乎它们的政治、军事、经济等各项权力的转移。与传统治理的"少数垄断"不同，新兴国家与传统发达国家在全球治理上已经形成了共同合作、共同策划的方式，其原因基于以下几点：（1）人类的共同利益正面临前所未有的挑战，任何一个国家仅靠自己的实力难以应对这种挑战，因此需要各个国家共同合作应对。（2）随着科技创新使人类获取利益的方式不断扩大，利益在逐步拓展，只有通过合作的方式才能达到互利互惠、共同发展的目的。相反，传统的"零和博弈"理论已经过时，通过军事冲突的手段解决问题，不仅会增加战争成本，而且即使赢得胜利也会导致国家的综合实力受损，甚至引发国内政治、社会和经济危机。（3）出现了灵活多样的合作关系。例如，新兴国家与发达国家间的集团式结对，进而形成对称、公平、公正的格局（"G20"），或者国与国之间结成战略伙伴关系（"法德轴心"、中俄新时代全面战略协作伙伴关系），等等。（4）应对各种全球问题所需要的国际合作进一步催生了国际关系的民主化治理，即将民主机制运用于国际关系，或在国际事务中实行民主原则。这一理念强调每个国家都是国际社会的平等一员，国际事务中的重大问题都要由每个国家协商解决，而不分国家大小、强弱和贫富。

（四）发展趋势的集团化

近年来，在多极化加速演进、不断深化的过程中出现了一种新变化，即以发达国家为一大集团、以新兴国家和发展中国家为另一大集团的集团性合作与竞争在全球体系的塑造中日渐明朗：一方是传统发达国家为应对新兴国家和发展中国家加紧抱团，另一方则是新兴国家、发展中国家为捍卫自身利益日趋团结。大国重新集团化正成为大国互动的新态势。

从现实来看，各集团内部均由一些中坚力量形成凝聚力和号召力，而能成为中坚力量的国家一般具备下列条件：一是具有较强的综合国力，特别是经济、科技和军事实力；二是具有一定的地缘政治优势；三是具有较强的国际影响力和凝聚力，能在自己周围吸引和团结程度不等的支持国。集团之间往往既互相对立，又互相依存，既展开竞争，又合作对话。集团化源于多极化中多极力量的重组改变，源于不同价值理念、不同文明、不同治理模式国家和集团的重新"合并同类"。因此，集团化将是一个长期、复杂、曲折的发展过程。这种集团化趋势绝不同于冷战时期美苏两大集团之间围绕意识形态和国家利益竞争的对抗，而是试图在平衡与发展中确保自身利益最大化。换句话说，由美国主导的传统治理体系是失衡的单轨制，获益的只是少数发达国家，世界上大多数国家以及整个国际体系的利益则受到严重损害。而在集团化状态下，世界因为新兴国家、发展中国家集团的出现以及与传统发达国家的共存性、伙伴性而变得更趋均衡、公平、合理。

四、全球治理的合作模式

（一）全球治理的合作模式

在全球治理问题上，单边的传统型治理模式已经过时，由新兴国家、发展中国家共同参与、合作、竞争、对抗的新型治理体系与制度的雏形日趋显现。首先，全球化运动把世界各个地区、国家甚至地方紧密地联结在一起，相互依存代替了以往的零和博弈。国际关系中的行为主体不限于国家，非政府组织和跨国公司对国际政治的参与也成为对外关系的一部分。其次，由于科技革命、信息革命以及全球化带来的国际价值认同和权力集中，一种循序渐进的国际合作关系开始建立，目的是在新的历史条件下为全球、区域或次区域提供安全、稳定、秩序、发展环境等重要而急需的公共利益和公共物品。

文档：阅读材料6

文档：阅读材料7

到目前为止，在各治理主体参与全球治理的过程中，可以归纳为三种不同的治理模式：一是国家中心治理模式。即以主权国家为主要治理主体的治理模式。具体地说，就是主权国家在彼此关注的领域，出于对共同利益的考虑，通过协商、谈判而相互合作，共同处理问题，进而产生一系列国际协议或规制。二是有限领域治理模式。即以国际组织为主要治理主体的治理模式。具体地说，就是国际组织针对特定的领域（如经济、环境等领域）开展活动，使相关成员国之间实现对话与合作，谋求实现共同利益。三是网络治理模式。即以非政府组织为主要治理主体的治理模式。具体地说，就是指在现存的跨组织关系网络中，针对特定问题，在信任和互利的基础上，协调目标与偏好各异的行动者的策略而展开的合作管理。

（二）新兴共同体全球合作治理实践

1."一带一路"下全球治理的合作实践

全球化的经济需要全球化的治理。从亚欧大陆到非洲、美洲、大洋洲，共建"一带一路"为世界经济增长开辟了新空间，为国际贸易和投资搭建了新平台，为完善全球经济政

治治理拓展了新实践。当前"治理赤字"问题是摆在全人类面前的严峻挑战。中国以"一带一路"倡议在新时期参与全球治理,正在与沿线各国积极共同探索全球治理的新模式。在价值理念上,以"共商共建共享"原则为基础的人类命运共同体构建,为治理新模式提供理念支撑。

共建"一带一路"倡议及其核心理念已写入联合国、二十国集团、亚太经合组织以及其他区域组织的有关文件中。中国倡导的"平等参与"互动模式,弱化了参与主体之间的权力博弈,强调参与主体的主权平等,突破了"权威主导"的藩篱。在经济治理上,"一带一路"基于中国自身的经验,把基础设施建设和互联互通放在突出位置,以区域合作为基础,以发展战略对接为方式,共同推动经济一体化合作,培育了区域内新的经济增长点和创新优势,为助力全球经济治理交出答卷。在环境治理方面,"绿色发展"一直都是共建"一带一路"的重点,而通过"政策沟通"的方式,"一带一路"绿色发展更加注重发挥东道国的核心作用,吸纳当地企业和政府参与,提高了治理效率和内生动力的培养。而随着共建"一带一路"的深入发展,中国还将开拓与沿线国家在反腐领域的合作,对国际反腐败治理做出贡献。

"一带一路"倡议取得了多方面的成就。第一,完善顶层设计,建立全面立体的合作格局。一方面,签署共建"一带一路"政府间合作文件的国家和国际组织数量逐年增加。截至 2019 年 3 月底,中国政府已与 125 个国家和 29 个国际组织签署 173 份合作文件。另一方面,中国与沿线国家开展有序的政策对接,从发展计划到专业领域,从双边对话到多边共商,立体化合作格局逐渐成熟。第二,以基础设施建设为基石,完善合作保障。目前,包括铁路、港口、机场、原油天然气管道等建设在沿线国家稳步推进,基础设施互联互通水平显著提升。在尊重沿线国主权、顺应其发展需求的前提下,"一带一路"沿线逐渐形成复合型基础设施网络。第三,以多种方式开展文化交流,夯实"一带一路"共建的人文基础。"一带一路"涵盖国家多、范围广,中国在教育、文化、卫生、旅游、救灾等各个方面与沿线国家开展多样合作,使更多国家增加对中国文化与理念的理解,凝聚国际合作共识,使中国提出的合作理念得到越来越多国家的认同。共建"一带一路"为完善全球经济治理拓展了新实践。

2. "金砖＋"的合作新模式

金砖方案是共同构建相互尊重、公平正义、合作共赢的新型国际关系。"金砖＋"构建新兴市场国家和发展中国家加强团结合作和构建紧密伙伴关系的新模式。2017 年 9 月,在金砖国家领导人厦门会晤上首次举行新兴市场国家与发展中国家对话会。金砖国家领导人同埃及、墨西哥、塔吉克斯坦、几内亚、泰国领导人共商国际发展合作和南南合作大计。厦门会晤确立了"金砖＋"合作理念,其要义是在不断强化五国团结协作内核,提升金砖向心力、凝聚力的同时,持续扩大金砖"朋友圈",同广大新兴市场国家和发展中国家实现共同发展繁荣。这是一种全新的合作模式。"金砖＋"模式意味着金砖国家将进一步加强与其他发展中国家联络、互动、对话,通过金砖国家合作更好地体现发展中国家的共同立场和集体意愿。这一模式和理念的提出不仅提升了金砖国家在国际形势迅速变化条件下应对问题和挑战的能力,而且扩大了金砖国家合作前景,发挥了金砖国家在推动广大发展中国家和新兴经济体发展中的重要作用。

"金砖＋"是深化南南合作的新平台。当今世界正处于大发展、大变革、大调整时期，国际格局和力量对比加速演变，新兴市场国家和发展中国家群体性崛起势不可当。新兴市场国家和发展中国家对世界经济增长的贡献率已达80％，这些国家经济总量占世界的比重接近40％。人工智能、大数据、量子信息、生物技术等新一轮科技革命和产业变革正在积聚力量，催生大量新产业、新业态、新模式，给全球发展和人类生产生活带来翻天覆地的变化。全球治理体系正处于深刻重塑过程中，世界多极化、经济全球化在曲折中前行，地缘政治热点此起彼伏，恐怖主义、武装冲突的阴霾挥之不去，单边主义、保护主义愈演愈烈，多边主义和多边贸易体制受到严重冲击。新兴市场国家和发展中国家面临共同的机遇和挑战，加强团结合作愈显重要。

金砖国家应该彼此理解，相互支持，守望相助，拓展"金砖＋"合作，共同深化互利伙伴关系；通过金砖国家新工业革命伙伴关系，共同把握机遇，抢占面向发展制高点，把互补优势和协同效应充分释放出来，实现创新、联动、包容发展；创造有利的外部环境，共同维护多边贸易体制，建设开放型世界经济，继续推动全球经济治理改革，提高新兴市场国家和发展中国家代表性和发言权；坚定维护多边主义，推动国际秩序朝着更加公正合理的方向发展，共同落实2030年可持续发展议程，坚持南北合作为主渠道、南南合作为补充的国际发展合作格局。

总之，全球化带动世界进入了一种新型治理体系，即一种以全球广泛参与、国家共同治理为核心的新型体系，而非霸权或强权治下的体系，从而实现全球范围内应对冲突、解决问题和达成目标的根本性制度安排。

本章思考题

1. 为什么全球化的深入会导致政治生态的变革？
2. 如何理解全球治理与主权政治之间的关系？
3. 如何结合我国国情确定国际合作战略？

文档：学习
参考网站
与书目

【案例思考】

全球化与主权债务危机脱不了关系

长期以来人们一直认为市场经济和资本主义理念创造了全球经济繁荣，以及提高全世界人民生活水平的奇迹，尤其是20世纪40年代以后西方发达国家和日本的经济发展都证明了这一点。资本开疆拓土打破了各种障碍与壁垒，使得要素在全球范围实现配置流动，推动了经济全球化的到来。然而，在一个全球化和商业化的时代，是否还能继续享受这一理念所带来的繁荣？特别是当债务缠身的西方国家发现维持这个繁荣假象越来越困难时。

全球化是一种人类社会发展的现象过程。通常意义上的全球化是指全球联系不断增强，人类生活在全球基础上发展及全球意识的崛起，国与国之间在政治、经济贸易上互相依存。全球化亦可以解释为世界的压缩和视全球为一个整体。20世纪90年代后，全球化势力在人类社会影响层面上的扩张，已逐渐引起各国政治、教育、社会及文化等发生

变化。"全球化"是好是坏呢？目前仍是见仁见智。例如全球化对于本土文化来说就是一把双刃剑，它也会使得本土文化的内涵与自我更新能力逐渐模糊与丧失。

美国著名的经济史学家查尔斯·P.金德尔伯格在其名著《世界经济霸权1500—1990》中曾意味深长地说，一个国家的经济最重要的就是要有"生产性"，历史上的经济霸权大多经历了从"生产性"到"非生产性"的转变，这就使得霸权国家有了生命周期性质，从而无法逃脱由盛到衰的宿命。

近些年来，国际资本市场的全球化融合程度越来越高，每个国家独自生存变得越来越不可能，世界经济从威斯特伐利亚体系的严格国别壁垒走向全面的一体化。其实这只是工业革命以来资本在世界市场全球扩张过程中的延续，全球市场的建立使国家之间的联系更为密切，主权国家间的关系也从过去的安全外交发展到商业贸易伙伴的互动，再到如今资本领域你中有我、我中有你的交互融合。某个商品的价格波动，千里之外的国家的经济和政治都会受到影响。当殖民者将旗帜插到全球各地，各国人民的富裕有了更强的互相依赖性，原有的主权国家体系规则也随之悄然改变；而当一个新时代开启，华尔街的金融崛起、银行业的混业经营，使商业经济体的联合不再只限于国际贸易的范畴，资本流动和跨国交叉投资的兴盛逐步使金融资本取代了商品，以投资银行和跨国公司为重要载体、依托广泛发展的更加先进的通信技术，资本正在消除金融领域的国家壁垒。资本作为经济发展的要素之一，率先实现了大范围的跨国界流动，而国际资本市场这个由分割到融合进而走向全球化的发展历程，正有可能在世界范围内建立起一个超越国家主权体系的新政治联合架构。

全球化下各国都会重视本国的国家认同，各国政府就需要扩大福利范围、提高福利水平以换取选民的支持，进而各国政府都不同程度地推行赤字财政政策。

主权债务，是指主权国家以自己的主权为担保，通过发行债券等方式向国际社会所借的款项。由于主权债务大多是以外币计值，向国际机构、外国政府或国际金融机构借款，因此，一旦债务国家的信誉评级被调低，就会引发主权债务危机。

2008年10月，全球金融风暴的"骨牌效应"显现，继西方大型金融机构落难之后，矛头直指欧亚小国：货币全面贬值，股价跳水，银行相继倒闭。至此，一个新的名词开始进入全球视野：国家破产。冰岛金融业"连累"冰岛成为第一个被称为"国家破产"的国家。

2009年11月25日，阿联酋第二大酋长国迪拜酋长国宣布其最大国企"迪拜世界"590亿美元债务延迟偿付，由迪拜债务危机引发的担忧情绪在全球蔓延。从全球范围看，类似的主权债务危机以前也出现过，未来也可能会有一波主权债务危机，这将大大减缓全球经济复苏的步伐。

从冰岛到迪拜，两个没有实体经济撑腰的地方爆发的债务危机如出一辙，其警示意义不可小视。一再出现的主权债务危机表明，一国一地经济能够迅速从经济复苏之中跌入新的困境。

抛开其他的因素，全球化与主权债务危机究竟有没有关系呢？

问题：全球化的政治动因是什么？结合主权国家债务危机，应如何看待全球化的利与弊？